NIGEL KENNEDY
MEIN REBELLISCHES LEBEN

AUS DEM ENGLISCHEN VON
BERNHARD SCHMID

TROPEN SACHBUCH

Tropen
www.tropen.de
Die Originalausgabe erschien unter dem Titel »Uncensored!«
im Verlag Essentialworks, London
© 2021 by Nigel Kennedy
Für die deutsche Ausgabe
© 2022 by J. G. Cotta'sche Buchhandlung Nachfolger GmbH,
gegr. 1659, Stuttgart
Alle deutschsprachigen Rechte vorbehalten
Cover: Klett-Cotta-Design
unter Verwendung einer Abbildung von © Rankin
Gesetzt von C.H.Beck.Media.Solutions, Nördlingen
Notensatz: Notengrafik Werner Eickhoff-Maschitzki, Freiburg i. Brsg.
Gedruckt und gebunden von GGP Media GmbH, Pößneck
ISBN 978-3-608-50020-2
E-Book ISBN 978-3-608-11866-7

Bibliografische Information der Deutschen Nationalbibliothek
Die Deutsche Nationalbibliothek verzeichnet diese Publikation in der
Deutschen Nationalbibliografie; detaillierte bibliografische Daten
sind im Internet über http://dnb.d-nb.de abrufbar.

INHALTSVERZEICHNIS

11 Warnung
12 Glossar

13 **Intro**

17 **Aller Anfang**
17 Aller Anfang, Teil 1
19 Die Yehudi Menuhin School
32 Freunde und Einflüsse: Stéphane Grappelli
45 Freunde und Einflüsse: Yehudi Menuhin
56 Wieder mal abgezogen

61 **Meine schlimmsten Gigs – *ever!***
62 Ritsch-Ratsch-Rutsch (Britische Botschaft, Washington, D. C.)
66 Pop – Pop – Pop Muzik (das Juilliard Orchestra, Alice Tully Hall, NYC)
72 Trouble mit Brahms – ein Juilliard-Konzertwettbewerb
79 Schlimmste Gigs Outro

80 **Klassische Musik**
82 Aller Anfang, Teil 2
84 My way – Sound & Einstellung

89 VIV – *Die Vier Jahreszeiten*
94 John Stanley – der Djagilew unserer Zeit
100 My way – die Geburt des Punk-Geigers
109 Risiken? Klar!

112 Die Kennedy-Formel
119 Brief an einen jungen Künstler

121 Ein Leben im Geiste Lauri Kennedys

133 Unterhaltung mit Ludwig van Beethoven
133 Präludium
135 Unterhaltung

146 Unterhaltung mit Jimi Hendrix

154 Die Rock-Aristokratie – die Bedeutung des Narrativs
157 Sir Paul McCartney
163 Planty (Sir Robert Plant)
174 Transitoire – musikalische Vorurteile
179 The Who – Baba O'Riley
186 EMF/Neil Tennant (Spaßbremse ehrenhalber und einer der besten Songwriter, denen ich nie begegnet bin)
189 Jon Lord, Purple, Smoke
192 Donovan
195 Interludium, Donovan gg. Dylan
196 Jean-Luc Ponty
202 Roy Wood
205 Boy George
208 Kate Bush

211	Talk Talk
214	Mark King

216	**Auf Tour mit Nigel: »Erinnerungen meines dienstältesten Musos« – von Rolf »das Kobra« Bussalb**
216	Erste Begegnung
219	Den Haag
222	Deutsche Bambi-Verleihung 1991
225	Deutschland-Tournee 1992
226	Stuttgart
227	Fliegende Schnitzel
228	Europäischer Filmpreis 1992
232	Nyon
235	Amsterdam

237	**Die BBC**
238	Meine Beziehung mit der BBC – die Anfänge
242	Alles andere als überbezahlt
243	Die Proms (die Henry Wood Promenade Concerts)
244	Ich & die Palestine Strings – Vivaldi nebst den *Vier Jahreszeiten*
248	Zensur durch die BBC
249	Die Farce der Night of the Proms
253	Best of Unterdrückung

261	**Im Wechsel der Jahreszeiten**
261	Pausa – Family-Time
265	Germany – mein Deutcheland
271	Irland
272	Japan

274	Australien
276	Polen
281	Die Barbarossa, ihre Lebensraum-Politik, der Holzzuber und der Grabhügel
289	Erzwungene Inaktivität
291	Ich bin keineswegs im Ruhestand oder so
294	**Meine TOP 10 der Begegnungen mit der Polizei**
295	Gemeinsamer 1. Platz
302	Gemeinsamer 3. Platz
309	5. Platz: Das NYPD (New York City Police Department)
314	6. Platz: Die Frankfurter Flughafenpolizei
316	7. Platz: Die Polizei von Madrid
319	8. Platz: Die Polizei der West Midlands
320	9. Platz: Die ungarische Grenzpolizei
330	10. Platz: Die bayerische Polizei Bad Wörishofen
338	Zugabe zum Thema »Polizei«
339	**Fussball: Aston Villa**
339	Einführung
345	Mein erstes Spiel und die Anfänge
361	Meine Beziehung zu Aston Villa
366	Villa als Inspiration für meine Karriere
368	Fußball? Fußball? Fußball? – Wo sind die Stories aus der Welt der Musik?
370	Parallelen zwischen Fußball und Livemusik
372	Der Unvergleichliche – Doug Ellis
380	Nigel Spink – Europapokalsieger und rundum großartiger Torhüter
386	Paul McGrath

390 Andy Robinson
400 Gordon Cowans – Sid
403 Tony Morley
407 Jack Grealish

410 Gary Lineker
410 Gary
412 »Loinacker«
414 Küchengolf

418 Cracovia und St. Pauli
418 Cracovia
420 St. Pauli

422 Die Kunst des Faustkampfs
426 Muhammad Ali
429 Sean Connery
432 Barry McGuigan
433 Frank Bruno
435 Kirkland Laing

437 Zugaben
437 Meine Konzertaufnahmen
467 Meine Alben

498 Freunde – privat, beruflich oder sowohl als auch

506 Outro

509 Index
519 Redaktionelle Anmerkungen

WARNUNG

Wo ich nun mal vierundsechzig bin, mag meine Ausdrucksweise der heutigen Gedankenpolizei möglicherweise hier und da politisch nicht ganz korrekt erscheinen, vor allem wenn ich witzig zu sein meine. Diskriminieren Sie mich also nicht meines Alters wegen, indem Sie meine Art zu schreiben kritisieren. Ich habe mein Leben lang Barrieren zwischen Menschen einzureißen versucht und denke, das vorliegende Buch ist dafür Beweis genug.

Bitte ärgert euch nicht, entspannt euch! Ihr habt die Wahl ...

GLOSSAR

ARCM	Associate of the Royal College of Music (nicht länger vergebenes Konzertdiplom)
BULLSHIT-O-METER	instinktive sensorische App, die Albernheit, Bullshit, Dummheit oder sonstige geistige Instabilitäten anzeigt
CLASSICO	klassischer Musiker von der Stange
EXPERTE	Trottel oder Person, deren Kenntnisse weit überschätzt werden (meist von ihr selbst)
IRRIGENT	Typ, der mit einem weißen Stöckchen (meist) gegen das Orchester andirigiert
KOOL	gut
MAESTRO	je nach Kontext ein Kamerad oder ein besserer Affe
MATE	Freund, Kumpel, Spezi
MUSO	Musiker
PLATZ	angestammte und einzig korrekte Bezeichnung für den Ort, wo Fußball gespielt wird
SCHEISS	Sachen, Zeug, Kram
SCHMIERIGENT	Typ, der mit einem weißen Stöckchen (meist) gegen das Orchester andirigiert
SHITUATION	heikle, ungute Situation
SPEZI	Freund, Kumpel
ECHTER SPUTNIK	russische(r) Toptyp*in
TUTTI-FRUTTI	Konzertteil, bei dem das Orchester ohne den Solisten loslegt
WICHSER	jemand, der es charakterlich oder musikalisch nicht draufhat
ZWEISTEIN	zweimal so helle wie Einstein (**DREISTEIN** = dreimal dürfen Sie raten)

INTRO

Liebe Freundin, lieber Freund,

willkommen in meinem Buch. Schnallen Sie sich bitte an, sofern Sie das nicht als Übergriff auf Ihre sauer verdienten bürgerlichen Freiheiten empfinden und Sie schon genug in die staatliche Krankenversicherung eingezahlt haben, die sich im Ernstfall um Sie kümmern müsste.

Ein Anfang

Es war einmal ein Anfang, der fast mit dem Beginn meines Lebens zusammenfiel ...

Von meiner Warte in dem Kokon aus ist es um mich herum hell, aber es herrscht eine durchdringende Kälte, die allmählich zunimmt. Und mit ihr auch der Hunger in mir. Mein Kokon ist so eng, dass ich mich nicht bewegen kann. Die Gefühle sind übermächtig, aber nicht voneinander zu trennen. Die Kälte und der Hunger werden jetzt unerträglich. Was kann ich tun? Normalerweise wäre ich bereits im Warmen und bekäme meine Milch. Ich weiß das. Ich kann mich nicht bewegen, aber ich kann schreien und heulen. Ich kann fühlen, wie das Gebrüll langsam in mir aufsteigt. Das sollte wohl genügen, jedenfalls tut es das normalerweise. AAAAOOOOUUUUWWWW! ... Sie ist noch immer nicht da ... keine Milch ... AAAAOOOOUUUUWWW-

WAAAA! ... kalt ... kälter ... keine Wärme ... KALTER HUNGER ... Das ist meine früheste Erinnerung aus der Wohnung am Regency Square in Brighton. Ich war gerade mal ein paar Monate alt. Meine Mutter war nach London gefahren, um Klavierstunden zu geben, vielleicht auch zu einer Probe. Ich bin mir nicht sicher, ich war nicht dabei. Sie musste sich verspätet haben, jedenfalls hatte sie mich auf dem Balkon vergessen. Es vergingen einige lange Stunden, bis sie wieder zurückkam, aber ich habe ÜBERLEBT! Heute würde man das Verwahrlosung nennen, aber Tatsache ist, ich verdanke der Episode eine frühere Erinnerung, als die meisten Menschen sie haben. Es ist heute große Mode bei Überprivilegierten aller Schichten, darüber zu lamentieren, wie »benachteiligt« sie aufgewachsen sind, um ihre ach so gewaltigen Leistungen herauszustellen. In dieser Zeit der Überfülle an Informationsmüll aus dem Internet ist Übertreibung an der Tagesordnung. Unterm Strich war mein Tag ohne Milch sicher hart, aber auf lange Sicht spielte er keine Rolle ... Mittlerweile mag ich Milch nicht mal mehr.

Seither ging es mit meinem Leben aufwärts; es war erfüllt, abwechslungsreich und milchfrei. Nach der relativen Enge der Yehudi Menuhin School und der Juilliard School (künstlerischer Mittelmäßigkeit) erweiterte sich mein Horizont glücklicherweise, und ich durfte mit Robert Plant, Roger Daltrey, Pete Townshend, John Entwistle, Paul McCartney, Kate Bush, Jean-Luc Ponty, Stéphane Grappelli und natürlich, wie zu erwarten, mit vielen klassischen Interpreten zusammenarbeiten, von Yehudi Menuhin bis André Previn.

Außerdem war mir viel denkwürdige Zeit mit Freunden aus den Reihen der Boxer und Fußballer vergönnt, nicht zu vergessen die großen Augenblicke mit den ehrenwerten und großartigen

Fans und Spielern des Clubs, dem wir den Fußball verdanken, wie wir ihn heute kennen: ASTON VILLA F. C. Es ist mit Abstand das größte Team, das die Welt je gesehen hat.

Für mich gehören Erinnerungen nur dann in ein Buch von mir, wenn sie entweder amüsant sind oder ein Ungleichgewicht korrigieren. Ich respektiere die Balance als Gegenpol zum Bullshit, und das innere Bullshit-o-Meter, das ich schon in jungen Jahren entwickelte, ermöglichte es mir, um mich herum ein ausgewogeneres Umfeld zu schaffen für meine Freunde und Kollegen in und außerhalb der musikalischen Welt. Genau darum und um nichts anderes ging es bei all den Scharmützeln, die ich mit Plattenfirmen, der BBC, der bayerischen Polizei, Dirigenten und anderen Machthabern von eigenen Gnaden ausgefochten habe. Es ist ein Verbrechen, uns unsere Welt von Schwachköpfen jeder Art verderben zu lassen. Näheres dazu später!

Frage: Nige, wozu schreibst du ein Buch für mich?

Antwort: Kurze Frage, lange Antwort. Vor vier Jahren boten mir eine Menge Leute eine Menge (wenn auch nicht genügend!) Moos, damit ich meinen Sechzigsten feiere. Was für eine alberne Idee. Sechzig ist ein durch und durch unbemerkenswertes Alter, zu jung zum Sterben, aber nicht jung genug, um unumstrittener Boxweltmeister im Weltergewicht zu werden wie Lloyd Honeyghan oder Sugar Ray Leonard. Und so sagte ich denen denn auch: »Kommt nicht in die Tüte, ihr Arschgeigen.«

Mittlerweile bin ich (fast) vierundsechzig, was denn schon ein weit amüsanteres Alter ist. So werde ich in einem Jahr kostenlos mit dem Bus fahren können, und man wird mich mit einem Song der berühmtesten Band aller Zeiten assoziieren. Es ist ein Alter, in dem man zwar noch eine Zukunft, aber andererseits auch genügend Jahre auf dem Buckel hat, um einige potenziell interessante Reminiszenzen zu haben. Ich schreibe das hier für Sie – einen Freund, der vielleicht mal in einem meiner Konzerte war oder sich eine meiner Platten zugelegt hat. Oder für den Fall, dass Sie nie was von mir gehört haben: Kommen Sie doch rein, setzen Sie sich, schlendern Sie ein bisschen rum und hören mal rein. Und falls Sie ein Fan des wichtigsten Vereins der Welt sein sollten, dem der Fußball alles verdankt – angefangen beim Ligaformat: Es gibt ein ganzes Kapitel über Aston Villa.

Wir sehen uns dann auf der nächsten Seite.
Nigel Kennedy

ALLER ANFANG

ALLER ANFANG, TEIL 1

Angefangen hat alles 1956 in Brighton; geboren zu werden lässt sich ja bekanntlich nicht vermeiden. Meine Mutter hatte es alles andere als leicht. Die Klavierstunden waren nicht sonderlich einträglich, und da so das nötige Kleingeld für einen Babysitter fehlte und meine Mutter alleinerziehend war, lag ich in einem Kinderbettchen unterm Klavier, während sie einem endlosen Reigen von Schülern Unterricht gab. Das Haus gehörte einem Zahnarzt, der seine Praxis in den beiden unteren Etagen hatte, während wir oben zur Miete wohnten. Die Wohnung bestand aus einer Küche, einem Wohnzimmer, in dem das Klavier stand, und drei winzigen Zimmern mit schrägen Wänden (ich weiß jetzt nicht mehr, ob es eine Mansarde oder ein Dachboden war). Den Zahnarzt jedenfalls schien es nicht zu stören, dass da klassische Musik durch die Decke kam, während er mit Bohrern, Hämmern und Zangen an seinen Opfern zugange war. Wahrscheinlich hat er durch die einschläfernden Klänge einiges Geld für die Narkose gespart, ganz zu schweigen davon, dass das Ganze seinen Quälereien einen noblen Anstrich gab. Meine Mama hatte zu viel Geschmack, um etwas anderes als intellektuelle Musik zu unterrichten; der Zahnarzt musste sich also keine Sorgen machen, dass da ein Hitchcock-Soundtrack heruntertönte.

Rechnerisch gesehen rentierte sich diese Kombi aus Babysitting und Unterricht gleich in dreifacher Hinsicht: Der Zahnarzt wurde kostenfrei musikalisch beschallt, es brauchte keine Babysitter und darüber hinaus gab es vom ersten Tag an noch kostenlosen Musikunterricht für meiner Mutter Sohn. Nicht nur bekam ich unter dem Klavier Bach, Beethoven, Chopin und Konsorten zu hören, die Led-Zeppelin-eske Lautstärke hob auch die wichtigen inneren Stimmen der Musik hervor. Das Unvermögen von Schülern und Sängern, auf ihre Kollegen im Orchester einzugehen, ist oft frustrierend, und die leblosen musikalischen Resultate zeugen von einem Mangel an harmonischem Verständnis dafür, was die anderen Musiker spielen. Ich denke mir dann immer: »Wo zum Geier sind die denn? In einer Telefonzelle, verflucht noch mal? Was ist mit den Komponisten und all den anderen großartigen Musikern, mit denen sie auf der Bühne stehen? Wo ist ihr Gefühl für die Situation, für die Kollegen, das Publikum? *Mann,* das ist alles so was von mechanisch.«

In solchen Augenblicken muss ich an meine Zeit unterm Klavier zurückdenken, die mir zu einem besseren Verständnis für Harmonie und das größere musikalische Ganze verholfen hat, das zu erlangen andere, die ganz auf die Entwicklung ihres technischen Könnens konzentriert sind, nie eine Chance haben. Dieser Mangel an Wissen in der Brust des Interpreten ist der Grund dafür, dass klassische Musik so oft zwar beeindruckend klingt, irgendwie aber nichts zu passieren scheint. Hey! Grünschnäbel! Wenn ihr wollt, dass das Publikum die von euch gespielte Musik wirklich schätzt und ihr die Musik auch selbst wirklich schätzen wollt, dann schlage ich vor, ein bisschen Klavier oder Gitarre zu lernen, um euch das Wissen in Sachen Harmonie anzueignen, das es in eurem Job braucht.

DIE YEHUDI MENUHIN SCHOOL

Im Alter von sechs Jahren hatte ich bereits Klavierunterricht bei meiner Mum und lernte seit einiger Zeit Violine bei Amina Lucchesi, einer ausgezeichneten Lehrerin in Brighton. Ich zog das Klavier zwar vor, kam aber auf beiden Instrumenten gut voran.

Miss Lucchesi erzählte meiner Mutter zu dieser Zeit, dass Yehudi Menuhin jüngst eine Musikschule für Hochbegabte aufgemacht hatte und ich ihrer Ansicht nach das Zeug dazu hätte, um dort unterzukommen. Wie für viel zu viele andere Mütter auf dieser Welt kam auch ich für meine Mum gleich nach Jesus Christus, und eh ich mich's versah, war ein Vorspielen arrangiert.

Zum Vorspielen fuhren wir nach London, mein erster Besuch in unserer hammergeilen Hauptstadt. Ich fand mich in einem Raum mit drei Typen wieder, von denen der eine sich als Yehudi Menuhin entpuppte; links und rechts neben ihm saßen Marcel Gazelle (der musikalische Direktor) und Robert Masters (der Chef der Streicher oder was weiß ich). Da ich mich in keinster Weise unter Druck gesetzt sah, besonders gut abschneiden zu müssen, stellte für mich das Ganze nur eine interessante neue Erfahrung dar. Da ich erst einige Monate Violine spielte, war ich mir sicher, dass ich nicht wie ein Weltmeister rüberkam, aber am Klavier war ich ganz okay. Gazelle und Masters waren nur irgendwelche merkwürdigen Anzugtypen, die eben zufällig dabei waren, aber Menuhin mochte ich. Er war derjenige, der mit mir sprach, und da ich zu meinem fünften und sechsten Geburtstag ein paar seiner Alben bekommen hatte, kam er mir wie ein Bekannter vor. Zuerst bat er mich ein, zwei musikalische Phrasen nachzusingen, die Gazelle am Klavier spielte. Kein Problem. Dann spielten sie mir ein paar musikalische Phrasen vor, für die ich mir eine zweite Hälfte ausdenken sollte. Ich mochte das Spiel und machte meine Sache gut. Und natürlich spielte ich ihnen ein bisschen was vor, sowohl auf der Violine als auch auf dem Klavier. Damit hatte es sich. Nach dem Vorspielen ging Mum mit mir in den Londoner Zoo. Ich sah ein paar Giraffen, Schimpansen und Gorillas und durfte mich auf einen Elefanten setzen. Alles in allem ein guter erster Tag in London. Danach ging es zurück nach Brighton.

Schließlich ließ man meine Mutter wissen, dass ich die Aufnahmeprüfung bestanden hatte. Aber so toll das auch war – schließlich bedeutete es, dass ich Talent hatte –, verdiente meine Mutter bei Weitem nicht genug für die immensen Schulgebühren, die dort anfielen. Und so hieß es denn auch gleich wieder GAME OFF. Klassische Musik war offensichtlich ein Spiel, das ausschließlich Kindern irgendwelcher Geldsäcke vorbehalten war. Bei einem Telefonat mit meiner Mutter sagte ihr Menuhin jedoch, sie solle die Hoffnung nicht aufgeben, vielleicht ließe sich da etwas arrangieren. Kurz darauf kam ein Brief von ihm, in dem es hieß, er habe ein Stipendium für mich arrangiert. Das Menuhin-Stipendium, so schrieb er, würde Schulgebühren und Unterkunft abdecken, und zwar für die ganze Zeit, in der ich an der Schule war. GAME ON.

Es sah ganz so aus, als hätte Menuhin meine Fähigkeit gefallen, für musikalische Phrasen einen zweiten Teil zu komponieren, und außerdem hatte ich auf der Fiedel offensichtlich nicht nur die Noten getroffen, sondern auch klanglich Eindruck gemacht. Etwas schmerzlich sollte die Trennung von Amina Lucchesi werden, weil ich sie mochte; sie gab mir nicht nur Süßigkeiten, sie hielt mich auch für gut genug für ihr persönliches Schülerorchester. Ich fand es aufregend, endlich mit anderen jungen Musos aus meiner

Gegend spielen zu können, anstatt immer nur Einzelunterricht zu haben und allein vor mich hinzuüben. Dass sie eine großartige Lehrerin gewesen sein muss, sieht man schon daran, dass sie einige Jahre später zwei weitere ihrer Schüler an der Menuhin School unterbrachte. Sie war damit die einzige Lehrkraft, von der mehr als ein Schüler an diese so winzige wie exklusive Schule kam. Was mich anbelangt, so hatte ich einen ausgezeichnet strukturierten Unterricht bei Amina Lucchesi; sie hatte ein wirklich solides Programm. Und das alles sollte ich über mein Zuhause hinaus jetzt hinter mir lassen, um einen großen Schritt ins Unbekannte zu tun.

Die Idee zu seiner Schule ist sowohl ein Kind von Menuhins Begeisterung als auch seiner Enttäuschung über die russischen Konservatorien. Offensichtlich hatten er und seine Gattin bei einer Russlandreise die Produkte selbiger zu hören bekommen. Ein junger Violinist nach dem anderen stand auf und spielte mit unglaublicher Fertigkeit, aber ohne Seele und Individualität, was Yehudi überlegen ließ: Was, wenn er in England eine ähnliche Schule aufzöge, nur eben mit einer humaneren musikalischen Agenda? Es schien ihm so nützlich wie erfüllend. Ihm schwebte eine ganzheitlichere und entschieden philosophischere Ausbildung junger Talente vor. Ich halte es mit der Ansicht, dass man jedem Zwergaffen[1] das Violinspielen beibringen kann, und das mit beeindruckenden Ergebnissen, solange er ausreichend Arme, Hände und Finger hat. Die weit brennendere Frage ist, ob jemand mit all seiner technischen Fertigkeit auch tatsächlich etwas zu sagen hat. Dem Zwergaffen die Möglichkeit ästhetischer Überlegun-

---

[1] Nicht gleich weinen, mein sensibles Pflänzchen. Ich habe weder etwas gegen Zwerge noch gegen Affen.

Die Yehudi Menuhin School

gen zu erschließen, ist weit wesentlicher, als ihn endlos technische Fingerspielereien wiederholen zu lassen. Wie an den russischen Schulen mochten die mit ihren diversen Aufgaben betrauten Lehrer zwar die musikalischen respektive schulischen Referenzen haben, nur hatten sie, wie ihr vermutlich längst erraten habt, absolut keine Ahnung, wie man mit Kindern umgeht. Ergebnis all dessen waren eine Menge hochtalentierter, richtungsloser, unglücklicher kleiner Scheißer. Was soll groß an Positivem dabei herauskommen, wenn man ein siebenjähriges Kind vier Stunden lang allein in einem Raum üben lässt? Meine persönliche Art, damit umzugehen, bestand darin, fünfzehn Minuten zu üben und mich dann eine halbe Stunde auf dem Klo in einen Science-Fiction-Roman zu vertiefen (ein Genre, das ich bei meinem Mitinsassen Simon Parkin aufgeschnappt hatte). So verschwendete ich einen ordentlichen Teil meiner Zeit. Einige von uns Jungs machten einen Wettbewerb daraus, unsere Violine fallen zu lassen (die Mädchen machten so etwas nicht – was keine sexistische Bemerkung, sondern einfach eine Tatsache ist). Ziel dabei war es, die Violine so geschickt fallen zu lassen, dass sie nicht brach. Das entwickelte sich recht zufriedenstellend, bis die Fallhöhe eines Nachts die des obersten Stockbetts überschritt. So knapp unter der Zimmerdecke losgelassen, wirkte auf die Violine freilich eher die Schwerkraft als das Geschick, sodass dabei eine wertvolle Gagliano zu Schaden kam. Das Knirschen des Holzes war so aufregend wie das scharfe Jaulen der Saiten des italienischen Instruments, weniger freilich die neue Form. Hier mussten kreative Erklärungen für die Obrigkeit her. Eines jedoch stand fest: Selbst die russischen Schulen kamen bei dieser violinistischen Form des Russisch Roulette nicht gegen die unsere an. Als uns der Wettbewerb zu beschwerlich und riskant wurde, verlegten wir uns darauf, aufs Dach zu klettern ... (natürlich ohne Sicherheitsnetz).

Das Problem, dass man als junger Scheißer Planung und Einhaltung der eigenen Übungszeit unmöglich selbst übernehmen kann, hatte ein Ende, als die Obrigkeit auf die Idee kam, unangekündigt vorbeizukommen und uns beim Üben zuzuhören. Eine dieser Aufsichtspersonen, Mrs. Masters, die Frau von Robert Masters, dem Mann, der Yehudis britisches Orchester mit aufbauen half, nickte dabei regelmäßig ein, möglicherweise weil sie mein Spiel zu langweilig fand. Ich machte mir das auf Quidproquo-Basis zunutze – wenn sie es nicht der Mühe für wert fand, die gesamte ermüdende Übungssession über dabeizubleiben, hatte ich dazu auch keine Lust. Immerhin war sie der Profi von uns beiden. Kaum sah ich ihren Kopf wegkippen, war ich auch schon zum Fenster raus, um irgendwo außer Sichtweite Fußball zu spielen. Ich hätte zu gern ihr Gesicht gesehen, wenn sie aufwachte und sich in einem leeren Übungsraum wiederfand – was freilich aus geographischen Gründen nicht ging. Wie es schien, waren wir zu einer stillschweigenden Übereinkunft gekommen. Ich machte meinen Job nicht, sie machte den ihren nicht, und so wurde ich denn auch nie verpetzt. Womöglich verschlief sie auch die musikalischen Leiden anderer Kinder, denn im folgenden Jahr war sie nicht mehr da. Sie fehlte mir, wenn auch aus den falschen Gründen.

Die Welt, in der wir lebten, war Yehudi Menuhins Schöpfung und hatte mit den besten Absichten begonnen, aber irgendwie war die Schule eine Mischung aus Gormenghast und Hogwarts. Ich habe noch mit keinem Ehemaligen gesprochen, der sie als wunderbaren Ort in Erinnerung gehabt hätte. Was mich angeht, so bin ich aufrichtig dankbar für Menuhins Großzügigkeit, fühle aber nicht weniger aufrichtig für einige meiner Mitschüler, die dort für den Rest ihres Lebens traumatisiert wurden. Einige der Probleme dort sind mir nicht wichtig genug, um hier auf sie einzugehen, schließlich habe ich die Erfahrung völlig unversehrt überstanden, aber ich stehe nach wie vor zu allem, was ich in einem Zeitungsinterview gesagt habe, auf das hin mir die Schule mit einem Prozess gedroht hat, anstatt die Probleme anzugehen.

Die Schule hatte freilich auch viel Gutes zu bieten und daneben so einiges, das fast schon komisch anmutete, und ich bin mir sicher, dass Yehudi Menuhin selbst dafür verantwortlich war. So gab es jeden Sonntagvormittag Unterricht in einer anderen Religion oder Philosophie, damit wir nicht Gefahr liefen, der einen oder anderen von religiösen Vorurteilen bestimmten selbstherrlichen Propaganda auf den Leim zu gehen. Sprüche wie »Unser Gott ist besser als euer Gott« oder »Es gibt nur einen Gott« sind so was von schwachsinnig. Wir wissen alle, dass Aston Villa FC die einzigen Götter sind. Das Jahrbuch des Vereins gehörte leider nicht zu den diversen Kopföffnern, die man uns in kleinen Dosen verabreichte, aber Buddhismus, Taoismus, Judaismus, Christentum, die Werke von Dostojewski, Tolstoi und anderen gehörten dazu. Auch die Musik kam an diesen Sonntagvormittagen nicht zu kurz. Wir sangen Bach-Choräle, bis dann einer von uns ein eigenes, eigens für die Stunde geschaffenes Werk zu präsentieren hatte. Für so einige dieser Werke zeichnete ich verantwortlich.

YOGA: Wann immer Yehudi selbst in der Schule vorbeischaute, war er einer weiteren Marotte zum Opfer gefallen, die er dann uns unschuldigen Kindern aufs Auge drückte. Einmal waren es Scholls – klobige kleine Holzbrettchen, die wir an den Füßen zu tragen hatten, sodass wir mehr durch die Gegend stolperten als gingen. Ein andermal war es Bio-Strath, eine Nahrungsmittelergänzung, die uns als widerlicher brauner Trunk das Frühstück verdarb. Außerdem gab es Algentabletten, die in unseren Hosentaschen landeten und dann beim Waschen zu betonartigen Gebilden mutierten. Das Schlimmste freilich war das Yoga. Der Lotussitz war unbequem. Es war alles irgendwie albern. Und um das alles, wenn auch unbeabsichtigt, noch schlimmer zu machen, setzte man uns einen dicken Guru vor die Nase, der uns die Freude am Tischtennis verdarb, indem er die Platte dazu missbrauchte, uns all diese Albernheiten zu demonstrieren. Die Form der Platte war nie wieder die alte, nachdem sie sich seinem Gewicht ausgesetzt gesehen hatte. Wenn es mehrere Gründe dafür gibt, warum etwas *scheiße* ist, dann ist es normalerweise auch wirklich *scheiße*, also ist Yoga *scheiße*, denn 1) es ist unbequem, 2) es ist albern, 3) es lässt einen Fettsack die Tischtennisplatte verbiegen, 4) es ist eine kulturelle Aneignung fauler Arschgeigen, die darin einen Aerobic-Ersatz sahen und die spirituelle Komponente mitsamt ihrem halb verdauten Kentucky Fried Chicken zum Klo runterspülten, und 5) Menuhin selbst fiel beim Yoga auf den Kopf, was sowohl seine Omme als auch seine Wirbelsäule schlimmer in Mitleidenschaft zog, als ihm das ohne Yoga je hätte passieren können. Da haben Sie's ... fünf Gründe ... die beweisen, dass Yoga *beschissener* als *scheiße* ist.

RÜHREIER! Als wir eines Nachts auf Raubzug die Küche durchstöberten, fand ich die Rühreier für den nächsten Morgen fertig und ausgesprochen wirtschaftlich mit Wasser verdünnt. Sah ziemlich fies aus und war anscheinend eine bis dahin übliche, wenn auch unbekannte Praxis. Als Wink mit dem Zaunpfahl kippte ich noch ein paar Liter Wasser in den ekligen Kessel, damit die Eier unbrauchbar wurden. Die Eier waren danach nie wieder verwässert, und niemand machte eine große Geschichte draus, vermutlich weil es rechtlich und gesundheitlich fragwürdig war,

Yehudi Menuhin with his yoga teacher B. K. S. Iyengar

Eier so rumstehen zu lassen. Das Personal muss wohl kapiert haben, wer dafür verantwortlich war, als ich meine Kenntnis von der Straftat signalisierte, indem ich meine Hilfe bei der Suche nach dem Superhirn anbot, das die Eier verwässert hatte. Wie auch immer, am nächsten Morgen gab es Rindswürstchen, sodass das Ganze für alle eine Win-Win-Shituation war.

Es war schon komisch auf dieser merkwürdigen Schule, die von ehrgeizigen Eltern befallen war, die ihre Kleinen für den nächsten Christus auf der Violine oder auf dem Klavier oder weiß Gott was hielten; und als ich dann nach Hause kam, war alles ganz anders und nicht gerade großartig für ein Kind. Meine Mutter hatte wieder geheiratet und wir waren nach Birmingham gezogen. Was bedeutete, dass ich meine Freunde, sofern ich welche gehabt hatte, in Brighton zurückließ. Mein Stiefvater war Arzt und etwas betuchter als wir. So hatten wir zum Beispiel nie einen Fernseher gehabt, bevor Mum ihn kennengelernt hatte, und dann hatten wir plötzlich einen Farbfernseher. Unser neues Haus lag am Rand von Birmingham, hatte drei Stockwerke und war größer als alles, was ich je gesehen hatte. Meine Stiefschwester und ich hatten unsere Zimmer oben, unsere Eltern in der Mitte. Ich glaube, dass unten zwei Wohnzimmer waren, jedenfalls war es ein großes Haus. Es ist jedoch allemal besser, in einem kleineren Haus zu leben, in dem weniger Scheiße läuft. Jedenfalls wäre mir das lieber gewesen.

Mein Stiefvater war ein ziemlicher Wichser, der meine Mum schlug. Ich weiß noch, wie ich mal so mit neun oder zehn dazwischenzugehen versuchte; ich sprang ihn an, aber ich war ein kleines Kerlchen und er ein großer Scheißkerl. Das Ganze endete damit, dass er mit dem Messer hinter mir her rannte. Ich lief aus dem Haus und verbrachte die Nacht im Park. Ich erinnere mich noch, dass ich im Gebüsch nächtigte und dass irgendwelche Leute so was wie eine schwarze Messe feierten – wahrscheinlich opferten sie irgendwas. Wissen Sie was, ich hatte weniger Angst vor deren Scheiß als vor meinem Stiefvater mit seinem Messer; welcher Zehnjährige will schon ein Messer in den Bauch kriegen.

Danach rief ich dann immer die Polizei, wenn er sie schlug. Ich bin ja normalerweise nicht der Typ, der die Polizei ruft, aber als Arzt hatte er wohl auf seinen Ruf zu achten, und instinktiv dachte ich mir wohl: »Scheiß drauf, so nicht!« Er hörte dann eine Weile damit auf, so hatte es denn doch was gebracht.

Am Wochenende zu Aston Villa zu gehen, war wie eine Flucht aus diesem schrecklichen Haus. Überhaupt war Fußball eine hammer Fluchtmöglichkeit. Ich fand neue Freunde, mit denen ich zu den Spielen gehen konnte, und mochte diese unglaubliche positive Energie. Aston Villa spielte damals noch in der Dritten Liga, aber zu den Spielen kamen immer 48 000 bis 50 000 Leute. Uns alle auf derselben Wellenlänge zu wissen, war ein großartiges Gefühl. Für mich war diese Riesenmenge Leute um mich herum wie eine Großfamilie, die mir als Ersatz für die Familie diente, die ich nicht hatte.

FUSSBALL: Sport stand praktisch nicht auf dem Lehrplan dieser Schule für kostbare Treibhausgewächse. Und bei gerade mal fünfzehn Jungs jeden Alters war es ohnehin praktisch unmöglich, elf für eine Mannschaft zusammenzubekommen, zumal die kulturelle Grundausrichtung knapp der Hälfte von ihnen mit sich brachte, dass ihre Priorität darauf lag, keinen Dreck an die Shorts zu kriegen.

MUSIK AN DER SCHULE: Musikalisch passierte an der Schule ständig was. Ich erinnere mich noch daran, mir beim Fußball den kleinen Finger gebrochen zu haben, sodass ich draußen im Gras liegen und all der phantastischen Musik von Chopin und Debussy lauschen konnte, die aus den Übungszellen im ersten Stock kam. Verdammt, wenn das kein Leben war!

Es kam jedoch auch mal so weit, dass das Üben zum Problem wurde. Irgendwann begannen einige der Schüler, einfach ZU VIEL zu üben! Zu der Zeit unterschieden sich die Geschlechter noch weit mehr als heute, und nie und nimmer hätte man das den Jungs unterstellen können. Die Mädchen dagegen begannen zu jeder Tages- und Nachtzeit zu üben, und das mit geradezu bemitleidenswertem Fleiß. Das nahm schließlich epidemische Ausmaße an, als sie immer früher aufstanden, um noch vor dem Frühstück zum Üben zu kommen. Irgendwann war der Punkt erreicht, an dem die Mädels in ihrem verzweifelten Bemühen voranzukommen schon morgens um halb fünf mit der Arbeit begannen, was uns Jungs zu dem Entschluss brachte, die Shituation ad absurdum zu führen. Wir kamen überein, gar noch früher aufzustehen, was dann dazu führte, dass noch vor Morgendämmerung eine enervierende Kakophonie kreischender, blökender, jaulender, kratzender und süßlich weinender Violinen erklang. Was denn auch den Lehrkörper aus dem Schlummer riss. Die dergestalt heimgesuchten Lehrer hielten es daraufhin für nötig, das Üben vor sechs Uhr morgens zu untersagen. Das wirkte sich fast auf der Stelle zugunsten der Mädchen aus, die bald weniger ausgeprägte Ränder unter den Augen hatten, und ihre Gesichter waren nicht mehr gar so aschfahl. Ich hatte meine Freude daran, auf das Niveau dieser überarbeiteten »Musterschülerinnen« zu kommen, obwohl ich grade mal fünf Minuten vor dem Frühstück aufstand. Bin eben ein besonders cleveres Kerlchen ...

JAZZ: Der aufregendste Aspekt meines musikalischen Lebens während meiner Schulzeit war die Entdeckung des Jazz und einiger anderer nichtklassischer Formen von Musik. Einer meiner Mitschüler, Garfield Jackson (der große Bratschist aus dem Endellion Quartet), hatte ebenfalls ein, wenn auch eher flüchtiges Interesse am Jazz, weil sein Dad Sid Jazztrompeter war. Mein Interesse wurde in dem Maße stärker, in dem das seine abflaute, aber bevor er das Genre ganz aufgab, durften wir noch für eine Handvoll Bauarbeiter zur Einweihung des eben fertiggestellten Konzertsaals der Schule spielen. Nach Ansicht der Lehrer war den Handwerkern unser Jazz wohl lieber als Bartóks Greatest Hits.

Mein Interesse am Jazz war dem Lehrkörper der Yehudi Menuhin School ein Stein, ach was ... ein FELS des Anstoßes, aber ich hatte zwei starke Verbündete: Yehudi Menuhin selbst sowie die spirituelle und musikalische Pädagogin Nadia Boulanger. So oft, wie er mit Stéphane Grappelli gespielt hatte, konnte mir Yehudi den Jazz schlecht ausreden, abgesehen davon, dass er zeitlebens ein immenses Interesse an Volksmusik, vor allem der indischen, aber eben auch am europäischen Jazz gezeigt hatte. Um feststellen zu lassen, ob ich nun ein Kind des Teufels war oder nicht, musste ich schließlich Nadia Boulanger eine Kostprobe einiger meiner Jazzsachen geben. Normalerweise gab es keine Einzelaudienzen bei dieser Halbgöttin der Musikwelt, die übrigens, obwohl die Lehrer irgendwie vor ihr kuschten, uns Kinder nie auch nur einen Augenblick einzuschüchtern versuchte. Sie saß da, einen Heiligenschein um ihr greises Haupt, und schien aufrichtig erfreut, mal etwas Neues zu hören. Sie sprach mir sogar Mut zu, aber es war ein Samstagvormittag, und ich wollte den Zug nach Birmingham nicht verpassen. Villa spielte an dem Tag gegen Notts County und gewann 4:0 – und ich erinnere mich noch an ein umwerfendes Tor von Bruce Rioch. Nicht dass der je andere Tore geschossen hätte.

SCHULKONZERTE: Die Gigs, die wir als phänomenal frühreife Zöglinge der Menuhin School spielten, waren für gewöhnlich musikalische Höhepunkte. Die meisten dieser Auftritte habe ich vergessen, aber ich erinnere mich noch an meinen ersten Besuch als Dreizehnjähriger in Paris. Bevor es zur Probe ging, wurden wir in gepflegte Hotelzimmer einquartiert. Ich genoss den Luxus, endlich ein Zimmer für mich alleine zu haben, und dachte:

»Kool, mein eigenes Luxusklo, da leg ich doch gleich mal 'n Ei!« PFRRRR … PFRRRR … BRRRR … PFLATSCHHHH.

Auftrag ausgeführt. Schön weiches Klopapier haben die hier. Frankreich gefiel mir. Selbst so ein Schiss hatte was. Als es dann so weit war, das Resultat meiner Anstrengungen wegzuspülen … wie denn, wo denn, was? Keine Spülung? Die haben echt keine

Spülung hier! In der Annahme, dass die Franzosen den Spülmechanismus womöglich unter der Schüssel oder weiß Gott wo hatten, inspizierte ich den Raum von oben bis unten, aber all meine forensischen Bemühungen brachten mich über das Corpus Delicti meines arrogant glänzenden Kaktus und das weiche Klopapier nicht hinaus. Es gab eine Armatur mit zwei Griffen und einem Hahn, aber wo um alles in der Welt sollte meine Kreation hin? Es gab eine zweite Toilette, die eher normal aussah, aber es war zu spät. Während ich mein Geschäft erledigte, war mir Folgendes durch den Kopf gegangen:

»Das ist ja nett, wenn ich eine Freundin mithätte, dann könnten wir gleichzeitig aufs Klo gehen – mit den zwei Schüsseln. Wirklich nett.« (Ich war damals ein furchtbarer Romantiker.)

Schließlich wurde mir klar, dass mich meine Wurst geistig bei Weitem überforderte, sodass ich denn bei meinem Kumpel klopfte, um mir Rat zu holen. Ich glaube, es war entweder Simon Parkin oder Felix Schmidt, der mitkam, um nach dem Rechten zu sehen.

»Hey, *mate*. Wie krieg ich hier die Spülung in Gang?«

Aus gebührender Entfernung sah er sich die Bescherung an. Es dauerte nicht lange, bevor ich seine fundierte Meinung zu hören bekam.

»Du hast ins Bidet geschissen, Mann. Das kriegste da nie wieder raus.«

»Bi-day?«

»Ja. Die Franzosen stehen nicht so aufs Duschen, also machen sie sich in diesen Dingern untenrum sauber. Das nennt man Bidet.«

»Bi-day. Das ist ja eklig. Oh Mann.«

»Ja, und jetzt ist es noch ekliger. Sag besser mal Mr. Norris Bescheid. Vielleicht kann der helfen.«

»Gute Idee.« Ich ging rüber zum Telefon. »Puis-je parler avec Monsieur Norris, s'il vous plaît?«

»Quoi? Spreschen Sie einfah Englisch.«

»Mr. Norris, bitte ... Ähh, hallo, Mr. Norris ... gut, gut, ähh, ich habe da ein Problem. Bei mir hat jemand ins Bi-day gekackt und alles drin gelassen. Ich sollte wohl das Zimmer wechseln, ich meine, ich kann damit nicht leben ... das ist echt eklig.«

Aus dem Zimmerwechsel wurde nichts, aber dafür kamen zwei Zimmermädchen und taten mit verschnupfter Miene, was nötig war, um das anstößige Ding zu entfernen. Eine der beiden sah ganz nett aus, und ich überlegte schon, ob ich sie nicht zu meinem Auftritt einladen sollte, bis mir der Gedanke kam, dass mein Mendelssohn-Trio sie wohl kaum bezaubern würde. Sie würde nur dasitzen, in Gedanken bei meinem Bi-day und seinem Inhalt und in dem Wissen, wer das war. Erste Eindrücke sind einfach zu wichtig, und ihr Eindruck von mir war nun mal ... Scheiße.

Nach dem *La-merde*-Szenario gingen wir uns den Eiffelturm ansehen. Ich denke mal, die Schilderung unseres Ausflugs dorthin würde durchaus zu einem Typ passen, der klassische Musik spielt, aber ich schenke sie mir. Wenn es Sie interessiert, können Sie ja im *Lonely Planet* nachsehen. Eine ausgesprochen australische Publikation.

FREUNDE UND EINFLÜSSE: STÉPHANE GRAPPELLI

Eines Vormittags brummte die gesamte Yehudi Menuhin School geradezu vor Aufregung. Man hatte eben bekannt gegeben, dass am späten Nachmittag der größte Jazzgeiger aller Zeiten für einen

Auftritt vorbeischauen würde – nur für uns. Ich hatte damals schon mit dem Improvisieren begonnen, das heißt, bei diversen Jazzplatten mitgefiedelt und auch am Klavier den einen oder anderen rudimentären Scheiß gespielt. Womit ich sagen will, dass ich von all den Kids dort dem Gig am erpichtesten entgegensah. Zumal es eine Win-Win-Geschichte war, weil damit Mrs. Hendersons Stunde ausfiel. Sie hatte die erstaunliche Fähigkeit, Geschichte in eine absolut belanglose Abfolge von Jahreszahlen und sonst nichts zu verwandeln.

Der Name des Jazzers war Stéphane Grappelli, dessen Karriere Yehudi Menuhin aus der Flaute geholt hatte, als er zusammen mit ihm 1971 bei Parkinson, der damals wichtigsten britischen Talkshow, aufgetreten war. Die Kombination der beiden größten und charismatischsten Violinisten ihres jeweiligen Genres faszinierte das Publikum. Menuhin, der vibratoschwanger und gewissenhaft Note für Note spielte, und Grappelli, dessen Violine elegant und behänd wie ein Kanarienvogel sang (nicht wie ein Kanarienvogel in der Kohlengrube ... seid nicht albern). Und jetzt kam Grappelli auf Yehudis Einladung vorbei, um uns kleinen klassischen Scheißern was vorzuspielen! Grappellis jazzige Spielweise hörte sich so mühelos an im Vergleich zu dem eher bemühten klassischen Stil, den man uns beibrachte, dass er schlicht eine Offenbarung war – und jetzt hatten wir Gelegenheit, diese Legende aus nächster Nähe zu hören.

Fünf Minuten vor dem Gig hatte mich Peter Norris, der musikalische Direktor der Yehudi Menuhin School, zu sich gerufen. »Was zum Geier hab ich denn jetzt wieder angestellt?«, dachte ich mir auf dem Weg zum Lehrerzimmer. »Ich hoffe, es geht nicht um das Zeug, das ich in der Küche geklaut habe. Ich meine, wenn die Köchin was rumliegen lässt, dann verschwindet das eben.« Ins Lehrerzimmer zitiert zu werden, bedeutete in der Regel nichts Gutes. Ich klopfte ... »Ah, Nigel, komm rein.« Ich ging rein.

»Sie wollten mich sprechen.«

»Ja, Nigel. Du gehst mal besser deine Violine holen.«

»Aber Mr. Norris, ich hab doch heute schon geübt, und das Konzert geht gleich los.«

»Tja, man kann nie wissen, Mr. Grappelli könnte dich ja womöglich auf die Bühne bitten, und so eine Chance lässt man sich doch nicht entgehen.«

Mr. Norris war immer ausgesprochen ungehalten, wenn ich mich im Aufenthaltsraum ans Klavier setzte, um meinen eher klobigen Jazz zu spielen. So oft, wie wir deswegen aneinandergeraten waren, schien mir das hier wie eine 180-Grad-Wende.

»Okay, danke, Mr. Norris.« Ich flitzte los, holte meinen Geigenkasten und verstaute ihn im Saal unter meinem Stuhl.

»Was willst du denn mit deiner Geige«, fragte mich mein Spezi Garfield Jackson mit seiner John-Arlott-Stimme. An der Violine wirkte er ziemlich unsicher, aber er entwickelte sich zu einem der besten Bratschisten, die Großbritannien je hervorgebracht hat.

»Keine Ahnung«, sagte ich.

Schließlich war es so weit. Stéphane hatte die Jazzgrößen Alan Clare (Klavier) und Lennie Bush (Bass) mitgebracht. Alle drei spielten rein akustisch, kein Mikrofon weit und breit. Vermutlich hatten sie deshalb auch keinen Drummer dabei. Die Musik war der absolute Hammer, das ganze Trio der reine Wahnsinn.

Stéphane kam in einem seiner Paisley-Hemden auf die Bühne (Hosen trug er natürlich auch, was denkt ihr denn?). Hinter ihm kamen Clare und Bush. *Mann*, das war echte Musik im Vergleich zu dem Zeug, das wir sonst so zu hören bekamen. Stéphane schien mir ziemlich nervös vor diesem Saal mit frühreifen Treibhausgewächsen. Er schien gar nicht auf den Gedanken zu kommen, dass ER hier der Meister war. Überhaupt befallen eine ganze Reihe von Jazzern irgendwie unlogische Minderwertigkeitsgefühle, wenn sie sich mit klassischen Musos vergleichen. Gegen Ende des Gigs wandte er sich fast schüchtern an sein Publikum, also uns. »Möchte jemand einsteigen?«

Er hatte seine Frage kaum gestellt, schon stand ich mit dem größten Swing-Violinisten aller Zeiten auf der Bühne. Wir spielten »Ain't Misbehavin'« und »Honeysuckle Rose« von Fats Waller, den »Limehouse Blues« von Furber und Braham und schließlich noch »Lady Be Good« von den Gershwins. Man konnte Stéphane seine Freude darüber ansehen, dass der kleine Racker da, der mindestens zwei Generationen jünger war als er, derart auf dieses Zeug stand und obendrein auch noch wirklich was draufhatte. Er spielte natürlich diese flüssigen, leichtfüßigen Notenkaskaden, auf die wir alle so abgehen. Mein eher kantig-bluesiger Stil taugte ihm aber anscheinend, und unsere Musik profitierte davon, dass ich ihn nicht zu kopieren versuchte. Kurzum, dieser Tag veränderte mein Leben, und uns verband von da an eine lange und innige Freundschaft.

Wann immer Steff in England war, lud er mich zu seinen Freitag- oder Samstagabend-Gigs ein, wenn nicht gar beiden – an allen anderen Tagen hatte ich ja Schule. Auf die Weise hatte ich Gelegenheit, die Musik der ganz Großen wie Kern, Gershwin und Porter auf die bestmögliche Art kennenzulernen ... indem ... man ... SIE SPIELTE! Wir begannen in Folkclubs, aus denen dann, als Stéphanes Karriere wieder Fahrt aufnahm, Konzertsäle etc. wurden. Mit Steff und seiner Band abzuhängen, offenbarte mir ein musikalisches Leben, das so ganz anders war als das des Elfenbeinturms der klassischen Musik, die irgendwie etwas von der Atmosphäre eines Zahnarzt-Wartezimmers hat. Überhaupt offenbarte sich mir der Jazz als eine Musik von richtigen Menschen ohne affektiertes Gehabe und für Fans ohne Allüren.

Abgesehen davon, dass er mir eine musikalische Welt offenbarte, in der Leute ohne Wichtigtuerei großartige Musik spielten, sollte die positive Einstellung des Jazz auch auf mein klassisches Spiel abfärben. Ich hatte entdeckt, dass buchstäblich alles passieren konnte, auch wenn alles niedergeschrieben schien. So hat ein toter Komponist schlicht keine Kontrolle darüber, ob gerade Montag ist oder Freitag, ob es regnet oder die Sonne scheint, ob ein Generalstreik ausgerufen wurde oder was weiß ich. Es gibt viele, viele Faktoren, die sich auf die Vermittlung der Komponistenseele auswirken, nicht nur das, was auf dem Notenblatt steht. Veränderung schien mir die einzige Konstante im Leben.

Nicht weniger inspirierend für mich war, dass Stéphane immer mit der Crème de la Crème der Musikwelt spielte, anders gesagt, seine Band war immer vom Feinsten. Zu den Musikern, die sie durchliefen, gehörten Leute wie die Gitarristen Diz Disley (ein absoluter Jünger Django Reinhardts), John Etheridge (von Soft Machine et al.), Jeff Green (irres Feeling), Ike Isaacs (smart wie Joe Pass) und Denny Wright (großartige Rhythmik und Virtuosität). Am Bass standen Brillo (Haartracht), Len Skeat (vollsatter Sound und immer ein Solo bei »Satin Doll«) oder Jeff Klein (geradlinig und flüssig).

So mit vierzehn oder fünfzehn kam es zu einem Highlight in meinem Leben, als ich mit Steff in Ronnie Scott's Club in London auftrat. Hier waren alle Jazzgrößen der Welt aufgetreten, was dem Club etwas durch und durch Magisches verlieh. Mal abgesehen von meinen lausigen Witzen und ganz zu schweigen von meinem

Haarschnitt war das ein wirklich großer Gig. Und in dessen Nachgang passierte dann etwas, das meinem Leben um ein Haar eine ganz andere Richtung gegeben hätte. Ray Nance hatte bei der Duke Ellington (Big) Band aufgehört, bei der er Violine und Kornett gespielt hatte. Als Duke Ellingtons Manager mich mit Stéphane bei Ronnie Scott's hörte, bot er mir Nances Posten an. Der Duke wollte einen neuen Violinsound in seiner Band. Duke Ellington war einer der größten Komponisten des 20. Jahrhunderts (wenn nicht DER größte), und er wollte so viele unterschiedliche Timbres, wie er kriegen konnte. Mit das Wichtigste war hier neben der richtigen Sensibilität – schließlich sollte Nance ersetzt werden –, alles auf Anhieb vom Blatt spielen und ordentlich improvisieren zu können. Ich erinnere mich noch, wie ich Nance einige Jahre später, nachdem ich nach New York gezogen war, in einem Club hörte. Sein Spiel war der Hammer, auf der Violine wie auf dem Kornett. Er beendete die Show mit einer Steppeinlage auf dem Tresen des Clubs. Das waren natürlich Fertigkeiten, über die ich nicht verfügte, aber ich hatte einen ordentlichen klassischen Sound drauf und war gut im Improvisieren – Qualitäten, die der Duke sich in seiner originellen Instrumentation wohl gut hätte vorstellen können.

Wie auch immer, die ganze Geschichte landete vor der Komintern, die sich aus Yehudi Menuhin, meiner Mum, meinem Stiefvater und Peter Norris (dem bereits erwähnten musikalischen Direktor der Schule) zusammensetzte. Man hielt die Angelegenheit offensichtlich für wichtig, da ich mich nicht erinnern kann, dass es jemals sonst zu einem Meeting zwischen Menuhin, meinen Eltern und mir gekommen wäre. Man entschied sich gegen das Angebot, ein Entschluss, zu dem es wohl an zwei Fronten kam, die eine offen diskutiert, die andere eher im Hinterkopf. Menuhin und meine Mum wollten, dass aus mir einer der besten klassischen Violinisten aller Zeiten würde (was ja wohl geschafft wäre). Was sie weniger offen diskutierten, war das Bild, das sie sich meiner Ansicht nach in ihrer Phantasie ausgemalt hatten: Tourbusse voller Typen mit braunen Papiertüten, in denen sich allerhand Hochprozentiges verbarg. Da ich eher der leise Typ war und obendrein minderjährig, musste ich mich ihrer Entscheidung fügen, aber zum größten Komponisten des 20. Jahrhunderts NEIN zu sagen, war ein Riesenverzicht – allein mit all den Genies in seiner Band spielen zu können, wäre ein Traum gewesen.

So bewegte sich denn mein Leben weiter auf die Rolle des klassischen Solisten zu. Vielleicht könnte ich ja jetzt daran etwas ändern, angeblich ist es ja nie zu spät ... Ach, Augenblick mal, das hab ich ja längst getan!

Etwa ein Jahr später hatte ich mich in New York eingerichtet, um bei der Violin-Pädagogin Dorothy DeLay in die Schule zu gehen. Bei einer meiner Stunden mit Dorothy DeLay (DeLate sollte man besser sagen, so spät, wie sie immer dran war!) erwähnte ich, dass Stéphane Grappelli an dem Abend in der Carnegie Hall spielte und mich wahrscheinlich zu sich auf die Bühne bitten würde. Worauf sie meinte: »Das würde ich an deiner Stelle nicht tun, Nigel. Jemand von CBS (jetzt Sony, lieber Leser) wird sich das anhören. Die sind an einer Mozart-Aufnahme mit dir interessiert, aber die werden die Idee sofort verwerfen, wenn sie denken, du seist ein Jazzgeiger.« Das war lange, bevor meine Karriere die kleine Szene der klassischen Musik aufmischte und noch bevor amerikanische Classicos den Eindruck zu erwecken versuchten, sie könnten Bluegrass oder Jazz spielen – oder bevor europäische Classicos sich an praktisch allem versuchten! Heute ist es fast schon obligatorisch, irgendwelchen billigen Crossover-Kitsch herauszubringen, wenn man einen Plattenvertrag bei einem Klassik-Label haben will.

Als ich in die Carnegie Hall kam, ging ich in die Garderobe der Band, um Hallo zu sagen. Stéphane fragte: »Nieeeschell, spielst du mit uns den ›Tigare Rag‹ *ce soir?*«

»Das würde ich gerne, Stéphane, aber meine Lehrerin Dorothy DeLay hält das für keine so gute Idee.«

Er nahm meine Undankbarkeit in gewohnter Bescheidenheit hin. »Na ja, falls du es dir noch anders überlegen solltest ...« Damit ging er mit der Band auf die Bühne. Mit meinen Gedanken in der Garderobe allein, ging ich dort auf und ab und begann wütend gegen einen Türstopper zu treten, während ich bei mir dachte:

»Ich habe eben dem besten Violinisten der Welt einen Korb gegeben.«

KICK.

»Wie ungezogen und egozentrisch kann so ein frühreifer Scheißer nur sein!«

KICK.

»Was hast du dir dabei gedacht? Du bist in der Carnegie Hall und hast eben gesagt, dass du hier nicht spielen willst ... mit dem größten Violinisten der Welt!«

KICK!

»Ist dir klar, was für ein Spaß dir da entgeht? Und was willst du denn nach dem Gig machen, für den du dir zu etepetete warst?«

KICK!

Der Türstopper schoss auf den Tisch mit den Erfrischungen zu, und dann sah ich die Flasche Scotch. Ich merkte, dass ich sie zu zwei Dritteln mit Luft gefüllt hatte. »Scheiß drauf!«, dachte ich mir. »Ich hab meine Fiedel dabei, das ist doch ein Zeichen. Ich bin doch nicht blöd. Stéphane ist besser als irgendeiner dieser

Classicos von der Juilliard School. Ich lass mir das nicht entgehen ...«

Ich holte meine Fiedel aus dem Kasten und ging hinter die Bühne, um auf den richtigen Augenblick für meinen Auftritt zu warten. Als mir der gekommen schien, steckte ich meinen Kopf um die Ecke. Diz Disley winkte mir zu, und ich trat auf die Bühne einer gerammelt vollen Carnegie Hall. »Ah, Nieeedschell, *c'est vrai*, da bist du ja.«

Der »Tiger Rag« schlug ein wie eine Bombe. Einige Freunde von mir, die im Publikum waren, sprachen noch Jahre später über den Gig, sogar bis heute tun sie das.

Als ich die Woche darauf wieder zu meiner Stunde bei Dorothy DeLay ging, sagte sie: »Tja, Schatzi, die Leute von CBS waren auf dem Konzert, das du mit Grappelli gegeben hast. Du hast doch gespielt, oder?«

»Ja ... und?«

»Sie fanden es ganz ausgezeichnet und hatten ihre Freude an dem Abend, aber sie sind nicht weiter an einer Aufnahme mit dir interessiert, weil sie der Meinung sind, dass du die falsche Art von Musiker dafür bist.«

Es ist irgendwie komisch, aber hätte ich lausigen Jazz gespielt wie die meisten anderen klassischen Musiker, wahrscheinlich hätten sie in mir einen tollen Mozart-Interpreten gesehen.

»Tja, wenn die keine gute Musik mögen – jammerschade. Dann bin ich auch nicht interessiert.« Sie hatte recht gehabt, aber ich nicht weniger!

Wo wir schon von Lehrern sprechen. Stéphane Grappelli hat nie einen gebraucht. Er hat sich seinen Stil selbst draufgeschafft (wie übrigens auch Albert Sammons), und er war auf seinem Instrument unvergleichlich. Sein Beispiel nährte mein Misstrauen gegenüber Lehrern, wertlosen Diplomen und Titeln – oder überhaupt gegenüber Lehrplänen, wenn wir schon dabei sind. Wer war es denn überhaupt, der entschied, was man uns an Wissen zur Weiterbildung anbieten sollte? Und war deren Leben um so vieles besser als unseres, dass wir von ihren Entscheidungen auch tatsächlich hätten profitieren können? Es gab da einen Punkt, ab dem diese Art von erzieherischer Bevormundung an Propaganda und Zensur grenzte. Bei solchen Fragen ging es nicht nur um die Musik, sondern auch um die Geschichte. Man sehe sich nur all die Länder an, die ihre schmuddeligen Finger heben, wenn es darum geht, die Lorbeeren für den Sieg im Zweiten Weltkrieg einzuheimsen. Welchem Lehrplan sollen wir glauben? Dem englischen? Dem polnischen? Dem amerikanischen? Dem russischen?

Das Leben ist eine Arena, eine echte Erfahrung, nicht eine von irgendeinem Zettel geborgte Theorie. Steff war das Fleisch gewordene Beispiel für meine Ansichten. Von meinem ersten Gig mit ihm im Boggery Folk Club in Solihull an (wo ein damals noch namenloser Jasper Carrott[2] als Conférencier fungierte und mich nicht reinlassen wollte; ich wartete vier Stunden vor der Tür, bis Stéphane persönlich mich reinbat wie einen gottverdammten 13-jährigen Star!) bis zu unserem letzten gemeinsamen Auftritt hat der Mann nie auch nur eine falsche Note gespielt. Seine Fertigkeit und Akkuratesse kamen daher, dass er den Bogen sehr knapp einsetzte und ausgesprochen leicht spielte. Und dann gönnte er sich stets den Luxus eines Mikrofons, was bedeutete, dass er nicht über die Band hinaus projizieren musste. Je lauter man spielen

---

2   Obwohl er ein Puritaner ist, wurden Jasper Carrott und ich noch gute Freunde – bis ich mal einen Gig für ihn am NEC absagte, um ein Spiel von Villa gegen Manchester United zu sehen. Sorry, Jasper, aber Villa *rules* nun mal, okay?

muss, desto schwieriger ist es, in einem derartigen Tempo zu spielen. Ohne Mikrofon verbringt der Solist sein Leben damit, einen Kompromiss zwischen flüssiger Leichtigkeit und Projektion zu finden. Es spielt keine Rolle, wie schnell oder clever man spielt, wenn es niemand hören kann. Total akustische Musik und solche, die ein Mikro zu Hilfe nimmt, sind zwei völlig verschiedene Künste. Stéphane war ein absoluter Meister im Einsatz des Mikrofons, wie übrigens auch Frank Sinatra und Mel Tormé.

Stéphanes Vorkriegscombo mit Django Reinhardt, das Quintette du Hot Club de France, war eine der ersten Jazzcombos, die – im Gefolge der Amerikaner Eddie Lang und Joe Venuti – nur mit Saiteninstrumenten besetzt waren. Die Combo war darüber hinaus das erste wirklich populäre Beispiel für europäischen Jazz. Alles, was es zuvor gegeben hatte, war lediglich eine Kopie des amerikanischen Stils gewesen. Der Hot Club wurde die beliebteste Combo von Paris und weit darüber hinaus, und Steff wusste, wie er mit dem Publikum umzugehen hatte. Er verstand es zu kommunizieren.

Was die Kommunikation anbelangte, wusste Stéphane Publicity zu schätzen (eine Gemeinsamkeit mit meinem anderen Mentor Yehudi Menuhin, der bei all seinen anderen Qualitäten durchaus ein Publicity-Junkie war). Steff sagte mir immer wieder: »Nieeedschell, jede *publicité* ist gute *publicité!*« Leute mit ihren kleinen Computern und ihren kleinen Twitter-Accounts werden ihm da heute zweifelsohne zustimmen.

Ein weiterer Ausspruch von ihm, den ich immer zu hören bekam, wenn er etwas Populäres spielte, etwa einen Schlager, den ich grenzwertig bis bescheuert fand, war folgender: »Nigel, aber das ist gut *pour les touristes* ...« Er hatte erkannt, dass er nicht nur zur ohnehin bekehrten Gemeinde predigte, sondern auch für ein neues Publikum spielte. Er wollte Neulinge in der Welt der Musik willkommen heißen, nicht vor den Kopf stoßen.

Zu meinen letzten Begegnungen mit Stéphane Grappelli kam es im Rahmen einiger Plattenaufnahmen. Zunächst mal hatte er sich bereit erklärt, mit mir »Melody in the Wind« für mein Album *Kafka* aufzunehmen, eine Sammlung von Songs zum Thema Veränderung. Ich hatte den Song eigens mit dem Sound seiner Violine im Kopf geschrieben. Ich fand es wunderbar, dass er sich zu der Aufnahme bereiterklärte, zumal er zur Zeit der Session schwer erkrankt war. Ich hielt es damals für besser, die Aufnahmen abzusagen oder seine Violinparts in seiner Wohnung in Montmartre einzuspielen, damit er nicht aus dem Haus musste. (Übrigens mochte ich seine Wohnung in Montmartre. Steff hasste Banken und stopfte sein Geld in bar in diverse Ritzen in seinen Wänden. Wie das wohl war, als der Euro kam? Wahrscheinlich wär die Wohnung zusammengekracht, wenn er all die Knete auf einmal aus den Ritzen geholt hätte!) Ich schlug ihm die beiden Möglichkeiten vor, die ich mir überlegt hatte; vor allem aber drängte ich auf die Absage der Session. Aber NEIN. Er bestand darauf, in das Studio zu kommen, das ich gebucht hatte, und den Song dort aufzunehmen. Er wollte mich nicht im Stich lassen. Seine Violine sang wie ein Vogel, aber später dann, als ich die Tonspur mit seiner Violine isolierte, hörte ich ihn den ganzen Track über husten. Er lieferte seinen wunderbaren Vortrag offensichtlich aus professionellem Stolz heraus ab, vielleicht auch ein wenig aus Liebe. Wie auch immer, sein Beitrag bedeutet mir unendlich viel.

Etwa zur selben Zeit kopierten drei Tenöre, die als Die drei Tenöre firmierten und alle in derselben Stimmlage (Tenor) sangen, samt und sonders meine und John Stanleys Marketingtechniken, und das ging so weit, dass sie selbst meine Verbindung zum Fußball kopierten, als sie in jenem Sommer im Rahmen des Endspiels zur Weltmeisterschaft in Rom auftraten. Und damit nicht schlecht abräumten. Pavarottis PR-Person hatte wenigstens so viel Anstand, mir gegenüber zuzugeben, dass sie für ihre Strategie eins zu eins von meiner abgeschrieben hatten. »Also echt«, dachte ich. »Die mach ich platt!« Ich rief Yehudi Menuhin an und erzählte ihm von meiner Idee, Die Drei Violinen aufzuziehen und ebenfalls abzuräumen. Stets die Mischung aus Heiliger und Gentleman, sagte er: »Ach, Nigel, was für eine wunderbare Idee. Ich fände es absolut reizend, mit euch zu spielen ...«

Großartig.

Eigentlich hätte ich gedacht, ihn beknien zu müssen, während ich mit Stéphane gerechnet hatte. Als ich dann mal mit Stéphane beisammensaß und ihn fragte, ob er Lust hätte, bei den Drei Violinen mitzumachen, zerriss es ihn schier:

»Nie wieder wird isch mit dies Schwein spiele. Her macht dies schrecklich Fehler und sieht misch dann han, als hob isch sie gemacht 'abe, jede Mal, *mon cher, terrible*. Nein, tuht mir leidt. Isch spiele mit dir – du spielst rischtig.«

Womit die Drei Violinen ins Gras gebissen hatten, bevor sie zur Welt kamen – wir hätten die Drei Tenöre als Vorband gehabt!

Wie auch immer, die Erfahrung, mit Stéphane zu spielen, veränderte mein Leben. Er war ein absolut einzigartiger Charakter, der eine Menge verschiedener Ären und Situationen hinter sich hatte. Und noch etwas an ihm war einzigartig: Sein Spiel wurde immer besser, wie guter Wein. Ich danke dir dafür, Stéphane, dass du den Weg gebahnt hast, der es uns erlaubte, auf mehr als nur eine Weise Violine zu spielen. Du hast mich mal deinen musikalischen Enkelsohn genannt. Deiner Familie anzugehören, ist mir eine Ehre.

FREUNDE UND EINFLÜSSE: YEHUDI MENUHIN

Ich war dreizehn, als Yehudi Menuhin mich zum absolut pervers talentierten, vielversprechendsten Violinisten der Schule erkor. Zur Belohnung dafür durfte ich mit ihm in, ich weiß nicht mehr, war es King's Lynn oder die Kathedrale von Norwich, Bachs Concerto für zwei Violinen in d-Moll spielen. Ich habe es mir zur Tradition gemacht, dieses Stück hier und da mit anderen aufreizend talentierten und vielversprechenden Violinisten zu spielen ...

Wir hatten eine vielversprechende Probe hinter uns und noch mindestens zweieinhalb Stunden bis zum Auftritt. Wir befanden uns mit seiner Frau Diana in seiner Garderobe, und er hatte mir soeben angeboten, ihn einfach mit Yehudi anzusprechen anstatt mit Ihro der Heiligsprechung und des Gottstatus würdiger Sir – was, am Ende eines jeden Satzes benutzt, ja doch ein ziemliches Maulvoll war und jedem Versuch eines Gesprächs zwischen uns im Wege gestanden hätte. Nachdem sie ihm das Haar gekämmt hatte, bereitete Diana Yehudi irgendeine Art Linsenmüsli zu (irgendwas für den Geist). Yehudi fragte mich:

»Nigel, möchtest du etwas von diesem absolut köstlichen Müsli haben? Es ist aus ganz erstaunlich erlesenen und gesunden Zutaten zusammengestellt, mit extra Honig und Algen. Es kann am Tag eines Konzerts ausgesprochen belebend wirken.«

»Ich danke Ihnen vielmals, aber wenn es Ihnen nichts ausmacht, Ihro der Heiligsprechung und ... äh, Yehudi, geh ich auf eine Fleischpastete in den Pub.«

Diana: »Wie schrecklich ... so eine Pastete entzieht deinem Kopf das ganze Blut, und du kannst dich womöglich nicht konzentrieren. Du weißt doch nicht, was da drin ist.«

»Na ja, Rindfleisch, Zwiebeln und lecker Soße. Wenn es Ihnen beiden recht ist, würde ich lieber selber schauen, was passiert. Ich denke, dass die Pastete mich für das Konzert stabilisiert.«

Um die Wahrheit zu sagen, es war mir ziemlich schnuppe, was Diana dachte. Überhaupt habe ich nie verstanden, wie es dazu hatte kommen können, dass der beste Violinist der Welt allem Anschein nach unter dem Pantoffel stand.

Ich verabschiedete mich erleichtert von ihnen und ihrem unappetitlichen Vegetarierfutter und ging in den Pub. Ich bestellte mir eine Pastete mit Rindfleisch und Zwiebeln, die köstlich war, und die Welt war in Ordnung. Das heißt, außer dass ich mich nur noch daran erinnere, dass mir jemand mit dem Fuß gegen den Kopf tippte und sagte:

»Hey, wir machen zu. Sperrstunde ist schon vorbei, und wir kriegen noch 55 Pfund von dir.« (Was nach heutigem Wert so etwa 500 wären.)

Es würde eine Weile dauern, bis ich das mit meinen 25 Pence Taschengeld die Woche abgezahlt hätte. Dann fiel mir der Gig mit Menuhin ein ... Scheiße ... ich hatte ihn verpasst.

»Ufff ...«, ächzte mein Verstand, »vielleicht hätte ich besser bei Mrs. Menuhins Müsli bleiben sollen ...«

Wie sich herausstellte, hatte jemand, nachdem ich meine Pastete verdrückt hatte, meinen Geigenkasten gesehen und gefragt, ob ich auf dem Teil spielen könne. Allem Anschein nach habe ich darauf meine Fiedel ausgepackt und irgendwas Irisches zu Gehör gegeben, worauf mir jemand ein Bier ausgab. Daraufhin hatte ein Lied zum anderen geführt, von denen jedes ein Bier zur Folge hatte, das wiederum ein Lied nach sich zog usw. usf. Und wie es aussah, hatte ich nicht nur mehrere Lokalrunden ausgegeben, sondern obendrein auch noch rundum Zigarren spendiert. Ich habe seither hart daran gearbeitet, mich in dieser Hinsicht zu verbessern, aber im zarten Alter von dreizehn Jahren war ich eben noch kein Profi in Sachen Suff.

Mir war klar, dass ich mich irgendwie mit dem Barmann würde arrangieren müssen. Danach konnte ich mir Gedanken über mein zweites, nicht weniger gewichtiges Problem machen – ich hatte den Gig versäumt. Bei meinem Taschengeld hätte ich viereinhalb Jahre gebraucht, um die Zeche abzustottern, und das ohne Trinkgeld. Aber dann hatte ich meinen Heureka-Augenblick. In einem wahren Kabinettsstückchen brachte ich die beiden Elemente – meine Verfehlung gegenüber Menuhin und die Riesenzeche – unter einen Hut.

»Könnten Sie die Rechnung bitte an Yehudi Menuhin schicken, No. 2, The Grove, Highgate, London N6? Er wird sie bezahlen, ganz bestimmt.«

»Was ... der Geigentyp?«

»Ja, er ist mein Lehrer und ich sollte eigentlich heute ...« Ich biss mir auf die Lippe. Hier mischte sich der andere Barmann ein.

»Ja, das könnte er sein. Der andere Geiger, der junge. Einer von den Gästen heute ist im Konzert gewesen und meinte, dass der andere Geiger nicht aufgekreuzt ist.«

So ließen sie mich denn gehen. Jemand war so freundlich gewesen, meine Violine mitsamt Bogen wieder in den Kasten zu legen. Am Veranstaltungsort war keiner mehr, es war schon abgeschlossen, und so nahm ich an, dass Menuhins Chauffeur meine Konzertkleidung mitgenommen hatte. Ich hatte drei Pfund dabei, die ich mir zusammengespart hatte, sodass ich wenigstens den Zug zurück zur Schule nehmen konnte.

Als ich wieder in der Schule war, kam ich zu dem Schluss, dass sicher Gras über das Fiasko wachsen würde, wenn ich es einfach

Freunde und Einflüsse: Yehudi Menuhin

unter den Tisch fallen ließ. Es war eine völlig alberne Hoffnung, aber siehe da, die Straußentechnik funktionierte tatsächlich. Niemand verlor auch nur ein Wort über die Geschichte, und das Leben ging wieder seinen normalen Gang.

Etwa anderthalb Wochen später erhielt ich eine wirklich nette Postkarte von Yehudi Menuhin. Ich habe es ja nie mit Erinnerungsstücken gehabt, Souvenirs und so, aber ich wollte wirklich, ich hätte die Karte aufbewahrt. Ich erinnere mich fast noch Wort für Wort daran, was er geschrieben hatte:

Lieber Nigel,
ich finde es so bedauerlich, dass wir nicht zusammen Bachs Concerto für zwei Violinen spielen konnten. Ich bin sicher, es wäre grandios gewesen.
Du scheinst dich in dem Pub gut amüsiert zu haben. Ich möchte dir aber doch sagen, dass, obzwar ein gelegentlicher Drink wahrscheinlich nicht schaden wird, Rauchen wirklich schädlich für die Gesundheit sein kann. Rauch bitte nicht.
Es grüßt dich, Yehudi Menuhin

Nie, nicht vorher, nicht seither, ist mir ein solches Maß an Bescheidenheit untergekommen. Und noch bemerkenswerter war, dass sie von einem der größten Musiker der Welt an einen kleinen Schüler wie mich gerichtet war. Normalerweise ist diese Art von Bescheidenheit günstigstenfalls etwas gezwungen, vor allem in der Welt der klassischen Musik. Er hätte mich auch von der Schule schmeißen können, und es wäre absolut normal gewesen.

Einige Wochen später kam ich wieder zu einer Unterrichtsstunde bei ihm zu Hause nach Highgate. Er machte mir selbst auf, den schelmischen Ausdruck eines Schuljungen auf dem Gesicht.

»Wunderbar, dass du gekommen bist, Nigel. Diana ist nicht zu Hause und sonst ist auch niemand da. Sei doch so nett und komm mit.«

Er schlich in die Küche, und ich folgte ihm, nicht weniger verstohlen. Die Szene hatte einen Touch von *Lavender Hill Mob*, dem Film mit Alec Guinness, wo die Bösewichte als Streichquartett getarnt einen Bankraub planen. Ich hatte ja meinen Geigenkasten mit. Er öffnete den Kühlschrank und holte vorsichtig vier Flaschen Bier heraus, als wären es die Kronjuwelen. Wir tranken ein paar Flaschen, und er hatte eine Riesenfreude daran. So einfach mit jemandem abzuhängen wie ein normaler Mensch. Da er sich sonst immer nur in Gesellschaft von Königlichen, Politikern und schockierend privilegierten Leuten sah, schien es gerade so, als sei ihm etwas so Einfaches nie möglich gewesen.

Die letzte Reminiszenz an ihn, die ich Ihnen hier niederschreiben möchte, ist leider ganz anderer Art. Wir alle verändern uns, und zum Zeitpunkt dieser speziellen Begebenheit war ich bereits in meinen Zwanzigern und begann musikalisch eine eigene Persönlichkeit zu entwickeln. Mit anderen Worten, ich war nicht mehr der zweite Menuhin. Ich sah klassische Musik mit eigenen Augen, nicht durch die rosa Brille eines anderen. Ich hatte zu starke Ansichten, eine zu eigene Interpretation dessen, was ich spielte, um noch zurückzurudern und jemanden zu kopieren, selbst wenn es sich bei diesem Jemand um den langjährigen und überaus inspirierenden Mentor meiner frühen Jahre handelte. Ich hoffte verständlicherweise, dass Menuhin sich bestätigt sah und stolz darauf war, dass ich jetzt eine eigene Persönlichkeit und etwas anderes zu bieten hatte.

Menuhin auf der anderen Seite war ein gutes Stück älter. Die Leute hatten mich als seinen rechtmäßigen Erben bezeichnet; ihm dagegen hatte sein Spiel und seine Art zu dirigieren in den letzten Jahren zunehmend Kritik eingebracht. Er schien mir das irgendwie übel zu nehmen, und definitiv wollte er seinen Rang nicht abtreten – weder an mich noch an sonst jemanden. Was er dabei nicht verstand, war, dass ich seinen Rang gar nicht wollte und mit meiner ganz eigenen, speziellen Persönlichkeit bereits das hatte, wonach mir war. Meiner Ansicht nach war Menuhin ein großer Glücksfall für das 20. Jahrhundert, und er war ja immer noch sehr rege; ein zweiter Menuhin wäre einer zu viel gewesen. Dasselbe Gefühl hatte ich, wenn ich Leute Jimi Hendrix imitieren hörte. Der erste Jimi = unglaublich, der zweite = unnötig.

Bei dem bevorstehenden Auftritt sollte ich unter Menuhins Dirigat Beethovens Violinkonzert spielen. Ich glaube, es war in der Kathedrale von Chester, wenn ich mich nicht irre. Wir machten uns an die Arbeit, indem ich einige Tage vor dem Gig in seine neue Bleibe in Mayfair ging (nicht halb so schön wie seine alte in Highgate, die Sting gekauft hatte, glaub ich). Normalerweise erwartet man vom Solisten, eine eigenständige Interpretation des jeweiligen Konzerts zu spielen, das ist so Usus. Der Dirigent folgt dem Solisten und vermittelt dessen Vision dem Orchester. Bei dieser Gelegenheit war das vom ersten Augenblick an anders. Bei unserem ersten Meeting begann ich ihm vorzuspielen, was ich empfand, und sofort ging er dazwischen, sagte mir, wie ich jede einzelne Note zu spielen – ja, selbst wie ich meine Violine zu stimmen hätte. Ich war furchtbar enttäuscht von einem Mann, der früher stets so bescheiden und inspirierend darauf geachtet hatte, dass ich meinen eigenen Weg fand. Schlimmer noch, einer seiner Arschkriecher saß dabei, der ständig »Vibrato, Vibrato« dazwischenrief. (Die Tage, in denen man den Vibrato-Knopf bis zum Anschlag aufdrehte, waren nun wirklich passé.) Nachdem ich eine weitere Viertelstunde lang nicht über ein, zwei Noten hinauskam, wurde mir klar, wie ich das angehen musste. Ich hatte kapiert, was da lief.

»Passen Sie auf, Yehudi, ich habe verstanden und glaube zu wissen, worauf Sie hinauswollen. Lassen Sie mich doch wieder heimgehen, um das Konzert neu zu üben, mal schauen, ob's morgen besser geht.«

Kaum war ich zu Hause, legte ich seine Aufnahme des Konzerts mit Otto Klemperer auf und spielte mit – immer und immer wieder, bis ich Beethoven exakt so wie Menuhin spielte. Vibrato, Glissando, Rubato, Tonfarbe, Tempi und Dynamik – eine exakte Kopie. Die technische und die Vortragsanalyse, die ich mir in New York auf Dorothy DeLays Anraten hin selbst beigebracht hatte, kam mir dabei wie gerufen.

Tags darauf fuhr ich wieder nach Mayfair und spielte ihm das Beethoven-Konzert vor wie eine zweitklassige Menuhin-Kopie aus dem China der Siebzigerjahre (nach der Kulturrevolution vermutlich kaum noch zu finden!).

»Oh, Nigel«, rief Yehudi aus, »was für eine wunderbare Wandlung. Jetzt hast du Beethoven wirklich verstanden, du bist spirituell in seine Musik hineingewachsen.«

»Tut mir leid, Yehudi, aber spirituell ist daran überhaupt nichts, und ein größeres Verständnis für Beethoven habe ich auch nicht. Es steckt dahinter nichts weiter, als dass ich nach Hause gegangen bin und gelernt habe, Ihre Aufnahme mit Otto Klemperer zu imitieren.«

»Aber es hört sich um so viel besser an …«

»Aber ich bin, wer ich bin, und man hat mich gebeten, meine Interpretation zu spielen. Es kommt nicht infrage, dass ich bei dem Konzert eine Kopie Ihrer Aufnahme spiele. Das ist einfach nicht ehrlich, ich würde so tun, als empfinde ich etwas, was ich nicht empfinde ... Sie sind ein so wunderbarer Violinist, wenn Sie eine so strenge Menuhin-Interpretation von Beethoven wollen, warum spielen Sie sie nicht einfach selbst? Ich trete gern zurück und lasse Ihnen den Vortritt.«

»Aber Nigel, du stehst auf dem Programm, und die Leute freuen sich darauf.«

»Tja, wenn mein Name auf dem Programm steht und die Leute sich darauf freuen, dann hören die ja vielleicht gerne, was wir zwei, Sie und ich, der Musik geben können, und nicht Sie und ein Klon von Ihnen. Ich bin weder willens noch in der Lage, unehrlich zu sein und so zu tun, als wäre ich ein anderer – selbst wenn Sie das sind. Ich kann nicht aus meiner Haut!«

»Nigel, bitte überleg dir das über Nacht noch mal. Ich bin sicher, du änderst deine Meinung.«

»Selbstverständlich denke ich noch mal drüber nach, aber ich bin morgen trotzdem noch ich. Wenn Sie die wunderbare Menuhin-Interpretation von Beethoven hören möchten, bin ich gern bereit zurückzutreten, damit Sie sie selbst spielen können.«

Tags darauf war der Tag des Gigs. Menuhin hatte mein Angebot, dass ich mich verpisse, nicht angenommen. Während der Proben hatte das Orchester so seine Schwierigkeiten. Wem sollten sie nun folgen? Mir, mit meiner männlicheren, rhythmisch vorwärtsblickenden Sicht des Konzerts, oder Menuhin, der schwelgerisch jeden schönen Augenblick fast bis zum Stillstand zerdehnte? Recht flott oder SEHR langsam – was sollte es sein? Die Entscheidung, so schien es, würde erst beim Auftritt fallen. Es sah gar nicht gut aus, aber ich hatte einen guten Grund, mich auf das Konzert zu freuen, denn meine Mutter war gekommen; sie wäre nun wirklich furchtbar enttäuscht gewesen, wenn ich die Brocken hingeschmissen hätte, nur um Menuhin Gelegenheit zu geben, unseren musikalischen Differenzen aus dem Weg zu gehen.

Um es kurz – oder wenigstens kürzer – zu sagen, das Konzert war absolut kacke. Jedes Mal, wenn ich der Musik zu etwas Schwung verhalf, stemmte Menuhin sich dagegen und bremste mich aus. Das Orchester hatte Probleme mit der Interpretation seines Beats – es war, als spielten wir im Treibsand, was dem armen alten Beethoven jede Energie entzog. Roll over, Beethoven! Was er vermutlich auch getan hat – im Grab.

Trotz Menuhins Versuch, mir etwas beizubringen, anstatt zuzuhören und sich auf eine musikalische Partnerschaft einzulassen, zerfiel das Konzert nicht völlig. Was uns rettete, war freilich allein der Umstand, dass wir Musiker unseren Ohren mehr trauen als unseren Augen. Die Musiker des Orchesters reagierten also eher auf das, was ihre Ohren von mir hörten, als auf das, was ihre Augen Menuhins Taktstock befehlen sahen. Meiner Erfahrung nach ziehen Orchester grundsätzlich den Solisten dem Dirigenten vor. Es ist einfach die Entscheidung zwischen jemandem, der etwas spielen kann, und jemandem, der dazu außerstande scheint. Aber bei aller Mühe, die sich das Orchester gab, mir zu folgen (während Yehudis Taktstock das diametrale Gegenstück dazu dirigierte), war es doch eine unverzeihliche Peinlichkeit, dass das Publikum seine sauer verdiente Knete hatte hinblättern müssen, um sich diesen Scheiß anzuhören. Ich nehme mal an, dass wir alle, das Orchester, Menuhin und ich, letztlich denn doch so professionell zu Werke gingen, dass die Leute im Saal unser albernes musikalisches Tauziehen nicht mitbekamen. Als Beethovens Leiche dann nicht mehr zuckte, verbeugten wir uns mit der gebotenen frommen, huldvollen Affigkeit und gingen dann zurück in die Garderobe. Aus Respekt gegenüber Menuhins Wunsch spielte ich keine Zugabe, obwohl das Publikum eine zu wünschen schien. Meiner Ansicht nach hatte es nach unserer zweifelhaften Leistung eine anständige Zugabe durchaus verdient.

Rückblickend betrachtet, hatten wir eine Art musikalische Vater-Sohn-Beziehung gehabt; und wie bei Eltern durchaus normal, kann der »Vater« seinem »Sohn« seinen Willen auch noch aufzwingen wollen, wenn es längst zu spät und das »Kind« schon erwachsen ist. Ich hatte einen anderen Weg gewählt, woran sich Yehudis Sinn für Ordnung und Rang stieß – mit anderen Worten, es schmeckte ihm einfach nicht.

Ich weiß noch, wie ich Yehudi, der mir so viel gegeben hatte, gelegentlich etwas zurückzugeben versuchte. So dachte ich zum Beispiel, wo er doch bereits mit Stéphane Grappelli »Jazz« gespielt hatte, könnte ich ihm vielleicht zu neuen Ausblicken in dieser phänomenalen Kunstform verhelfen. So kam ich eines Tages mit einer Platte (aus Vinyl) von John Coltrane bei ihm vorbei. Er mochte sie nicht, vor allem die Drums von Elvin Jones, denen es seiner Ansicht nach an dynamischer Sensibilität und Gefühl fehlte. Bei all der kenntnisreichen und guruhaften Art seiner Argumentation – seine Ansicht zeugte von himmelschreiender Ignoranz. Unsere Wege hatten sich getrennt, und ich wusste und verstand nun Dinge, die er nicht wusste, die er nicht verstand.

Kaum waren wir in der Garderobe, beschloss ich, das mit Menuhin auszutragen, vermied dabei aber alle Unflätigkeiten, weil er gar so heilig aussah.

»Ach, Yehudi, das war einfach grauenhaft. Finden Sie wirklich, dass das gut war? Ich weiß wirklich nicht, was Sie damit bezwecken wollten, aber Beethoven haben Sie mir ruiniert. Ich werde das Konzert in absehbarer Zukunft nicht mal mehr mit der Zange anfassen können ...«

Noch bevor Menuhin (der ganz überrascht tat, als hätte er unsere Probleme auf der Bühne nicht mitbekommen) antworten konnte, klopfte es an der Tür, und man führte meine Mutter herein. Korrekt und anständig wie eh und je, aber in dieser Situation mit einem unangenehm servilen, katzbuckelnden Touch.

»Mr. Menuhin«, winselte sie, »das war phantastisch. Ich danke Ihnen so sehr für alles, was Sie Wunderbares für meinen Sohn getan haben.«

In einem seinem Genie würdigen Geistesblitz hatte er auf der Stelle die richtige Antwort für alle parat: die dankbare Mutter, den stinksauren Solisten und den selbstgerechten Mentor.

»Nigel ist so talentiert – was immer ich getan habe, es schien sich ganz natürlich zu ergeben.«

Das war brillant! Selbst der vermurkste Beethoven hatte sich ganz natürlich ergeben. Von meiner Mutter (oder dem Lakai, der sie hereinbugsiert hatte) unbemerkt, sahen wir einander kurz grinsend an. Dass ihm so prompt etwas so Passendes für alle Beteiligten einfallen sollte, unterstrich einmal mehr, dass er einer der großen Geister seiner Zeit war. So sauer ich gewesen war, jetzt war ich froh, dabei gewesen zu sein. So ein bisschen Humor ist eben gar nicht so schlecht.

Yehudi Menuhin war seiner Zeit weit voraus mit seiner Offenheit gegenüber Kulturen, die dem klassischen Konservatorium fremd waren. Und obzwar seine Familie geschätzte Mitglieder der jüdischen Gemeinde waren, setzten er und die seinen sich so leise wie stoisch für die Menschenrechte der Palästinenser ein. Außerdem ging er nach Indien, um mit Ravi Shankar zu arbeiten, lange bevor die Beatles überhaupt wussten, wer der Mann war.

Mit seinen Ansichten über Menschen und Ökologie könnte man Yehudi als – wenn auch gepflegten und drogenfreien – klassischen Hippie bezeichnen. Ich bin stolz darauf, in meinem Leben einen so einzigartigen und positiven Einfluss gehabt zu haben wie ihn.

WIEDER MAL ABGEZOGEN

»Yo, *Mofo*, gimma deine Kohle.« Ich hörte diese Kurzform von *Motherfucker* während meines zweiten Jahrs in New York so einige Male in Bezug auf meine Person. Als MOFO bezeichnet zu werden, musste wohl einen bleibenden Eindruck bei mir hinterlassen haben, da ich viele Jahre später einen Fanclub hatte, dem ich den Namen THE MOFO CLUB gab. Jeder, der beitrat, wurde automatisch zum *Motherfucker* ehrenhalber.

Wie das Leben so spielt, war bis zu meinem zweiten New Yorker Jahr die Knete aus meinem britischen Stipendium wegen einer Abwertung des britischen Pfunds gegenüber dem Dollar auf 25 Prozent ihres ursprünglichen Werts gesunken. Es hatte irgendwie was mit Edward Heaths Beziehung zu Englands Arbeitern zu tun, womöglich auch dem Mangel an einer solchen. Im Gegensatz zur überwiegenden Mehrheit der Juilliard-Studenten waren meine Löffel nicht wirklich golden, eher bleiern. Also begann ich im Jahr darauf, auf der Straße zu spielen, und gründete sogar ein Quartett, mit dem ich auf Begräbnisfeiern auftrat. Damit war dann für die finanzielle Seite gesorgt, im Augenblick jedoch war ich völlig blank. Mal abgesehen davon, dass ich ein Jahr lang von Käse-Makkaroni lebte (verstehen Sie mich nicht falsch, ich LIEBE das Zeug), musste ich eine Bleibe für unter lau finden. Ich fand zwei ziemlich große Zimmer (in nicht sonderlich gutem Zustand) an der Grenze zwischen Harlem und Spanish Harlem. Miete zahlte ich praktisch keine, und üben konnte ich auch nach Herzenslust, da der Lärm, den ich machte, schlicht nicht ankam gegen all das, was da Tag und Nacht so abging.

Um zur Juilliard zu kommen, nahm ich jeden Tag die U-Bahn, zu der ich zwei Querstraßen laufen musste. Ich war grad wieder mal auf dem Weg zurück in meine Bleibe, um mir meine bewährten Käse-Makkaroni zu machen, als es zum dritten Mal passierte, und das innerhalb von zwei Wochen.

»Yo, *Mofo*, gimma deine Kohle …«

»So eine Scheiße«, dachte ich. Ich ging an den Basketball-Courts vorbei, wo man mich schon zuvor zweimal ganz vortrefflich abgezogen hatte. Jetzt waren sie wieder da; es war dasselbe Quartett von Experten, das mir in den Weg trat. »Die werden doch wohl mittlerweile kapiert haben, dass ich kein Geld habe. Die dachten wohl, aller guten Dinge sind drei. Das muss wohl damit zu tun haben, dass ich weiß bin. Die haben doch schon meine Uhr. Vielleicht sind sie sauer, weil sie erst festgestellt haben, dass sie nicht geht, als ich schon weg war.« Das alles ging mir durch den Kopf. Sie verstellten mir den Weg. Ich zeigte ihnen meinen Asthma-Inhalator, um ihnen zu zeigen, dass ich sonst nichts hatte, aber den kannten sie schon.

BOHNENSTANGE: (*er war der Große*) »Was'n dis für 'ne Gitarre?«

Pummel (*der Untersetzte*), Spider (*hatte was Spinnenartiges*) und Mucki (*trainierte wohl*) nahmen mich in die Zange.

ICH: Das ist meine Geige, die könnt ihr nicht haben, ich verdien damit meinen Lebensunterhalt, *mate*.

SPIDER: Hiehie. Du reds vielleich komisch, Alter.

PUMMEL: Mach dis Ding ma auf.

MUCKI: Ja, mach auf.
ICH: Das ist meine Geige. (*Ich öffnete den Geigenkasten.*)
SPIDER: Was'n dis lange Ding da?
ICH: Das ist der Bogen.
SPIDER: Hiehie – der issa voll krumm!
BOHNENSTANGE: Dis is doch keine Gitarre, dis is'n Stück Holz mit vier Saitn, Alter.
ICH: Ich sag doch, das ist eine Geige, Alter.
PUMMEL: Was macht'n die?
ICH: (*In dem Gedanken, dass ich ja nichts zu verlieren hatte.*) Die macht das hier.

Im Nu war der Bogen gespannt, und im nächsten Augenblick spielte ich was Semi-bluesiges à la Jimi Hendrix – nicht ganz passend vielleicht, eine Geige auf der Straße, keine Chance.

MUCKI: Hn?
PUMMEL: Dis macht voll Töne, dis weiße Ding ... (*gut beobachtet – selbst eine Menge Studenten an der Juilliard hatten das noch nicht mitgekriegt und dachten, es käme alles aus der linken Hand!*)

Ich spielte weiter, weil es mir als die einzige Möglichkeit erschien, das Unvermeidliche hinauszuzögern. Ich meine, ohne Fiedel war ich aufgeschmissen ...

BOHNENSTANGE: Wie nenntma dis?
ICH: Das ist meine Violine ... checkt mal ...
Ich spielte einen verzweifelten Mix aus Irisch und Blues.
BOHNENSTANGE: (*während ich spiele*) Huh, Vi-line.
SPIDER: (*als wäre ihm plötzlich die Idee zu einem irre innovativen Sozialprogramm gekommen; seine Worte find ich heute noch denkwürdig*) Hmmm ... Dis sollt'n wir ma machen ...

Ich ließ es gut sein – es war sowohl mein stressigster als auch mein finanziell undankbarster Auftritt auf der Straße, aber wenigstens hatten ein paar Typen zum ersten Mal eine Violine gesehen und gehört.

PUMMEL: Bis okay – wir ham dich schon ma gesehen.

BOHNENSTANGE: Vi-lina ...

MUCKI: Vie-lin.

ICH: Ja, ja, Violine. Kann ich die behalten? Davon gibt's noch jede Menge an der Juilliard, Sixth Ecke Amsterdam, wenn ihr welche wollt ... und die sind mehr wert als meine (*was nicht gelogen war*).

MUCKI: Dschui-jar.

ICH: Ja.

BOHNENSTANGE: Bis okay. Machen wir, Dschui-jar, du pass auf ... hilfs uns ... wir machen dis klar ...

PUMMEL: Jea, du brings die zur Amstam. Wir dreh'n dis.

ICH: Sorry, Mann, das kann ich nicht. Ich ... äh ... ich habe Asthma, versteht ihr (*ich zeigte ihnen den Inhalator*). Druck macht mich nervös, ich krieg dann keine Luft mehr. Die würden euch schnappen, *mate*.

SPIDER: Hiehie ... *moit* ... du reds ech komisch, Mann.

Ich glaube nicht, dass sie das Ding mit Juilliard je gedreht haben, jedenfalls habe ich sie dort nie gesehen, aber von da an war ich für sie der komische Typ mit der komischen Gitarre, und mal abgesehen von einem Grinsen, mit dem sie mich hier und da zur Kenntnis nahmen, ließen sie mich in Ruhe, wenn ich an den Basketball-Courts vorbeikam ... Und ich hatte gelernt, dass man in unserem kleinen Elfenbeinturm leicht vergisst, dass einige von uns ein ganz anderes Leben hinter sich haben und noch nicht mal wissen, was eine Violine ist – nicht dass es sie interessieren würde. Im Jahr darauf bekam ich meinen Scheiß dann auf die Reihe, zog aus der

Gegend und sah sie dann nie wieder den ganzen Tag Basketball spielen.

Das Leben war aber nicht nur schlecht zu der Zeit. In den Clubs spielten damals viele große Musiker. Die Sessions stiegen immer erst zu späterer Stunde, weil dann all die koolen Typen nach ihren Auftritten dorthinkamen, dort ging es nicht um Geld, sondern nur um die Musik. Mit ihnen abzuhängen war super, auch wenn viele von ihnen mich meines vermeintlich falschen sozialen und kulturellen Hintergrunds wegen scheel ansahen. Die Geschichte von dem blassen jungen Kerl mit der Violine, der ein Protegé von Stéphane Grappelli war, sprach sich so ein bisschen rum. Das öffnete mir (buchstäblich) einige Türen, und wenn ich auftrat, waren Leute wie Helen Humes da, Joe Williams, Ellis Larkins und Major Holley, und ich konnte mit allen spielen. Die Inquisition am Eingang war dafür ein kleiner Preis. Mit diesen Weltklassemusikern jammen zu können, verhalf mir zu einer weit steileren Lernkurve als meine Zeit am Juilliard – und ich brauche wohl nicht groß zu betonen, dass ich mir mit dem Spielen bis in die Puppen meinen Anwesenheitsnachweis beim Vormittagsunterricht versaute. Aber so lernte ich schon früh, musikalisch Prioritäten zu setzen und dass gute Musik und Spaß sich nicht zwangsläufig ausschließen müssen. Ich nahm diese Einstellung mit in mein klassisches Spiel, weshalb ich bis auf den heutigen Tag eher zum Lächeln als zur Grimasse tendiere.

MEINE SCHLIMMSTEN GIGS – *EVER!*

Auch wenn sie nicht ganz so schlimm waren, wie Hummer aus Jayne Mansfields Arsch zu popeln (wie bei Derek und Clive), so hatte ich doch einige Gigs, die alles andere als phantastisch waren. Es mag komisch anmuten, dass beschissene Gigs sich im Gedächtnis weit stärker festkrallen als gute, aber irgendwie, so denke ich, hat das wohl auch seine Logik. Wenn man einen großartigen Auftritt auf dem Plan hat, dann ist eben eine überraschende Abweichung von diesem Plan wohl denkwürdiger. Außerdem bescheren uns gute Gigs bestenfalls mehr Respekt uns selbst gegenüber, während schlechte uns mehr über Musik lehren und dass man eben ein Mensch ist, der Fehler macht.

Natürlich habe ich auch Auftritte erlebt, bei denen die Veranstalter schlicht und ergreifend Geschmeiß waren, aber Veranstalter dieser Art lassen sich wegstecken, man kann dem Publikum trotz dieser Leute das großartige Konzert liefern, für das sie bezahlt haben und das sie verdienen. Meine schlimmsten Gigs *ever* sind anderer Art. Unbekannte und nicht vorhersehbare Faktoren machten jeden dieser Gigs mindestens zu einem Minifiasko. Ich führe sie hier chronologisch geordnet auf:

RITSCH-RATSCH-RUTSCH
(BRITISCHE BOTSCHAFT, WASHINGTON, D.C.)

In den frühen Siebzigern machte man in England und Schottland so ein klein bisschen Wirbel um einen talentierten jungen Geiger, der mit fünfzehn, sechzehn sein Examen am Royal College of Music mit Rekordnoten – 100 Prozent in jeder Kategorie – bestanden hatte und der jetzt auf dem Weg nach New York war, um an »der Juilliard« zu studieren. Oh ja, meine Damen und Herren – und Andersgearteten –, ich war fürwahr ein recht talentierter Kerl! Und irgendwie musste ein Echo der schwätzenden Klasse Großbritanniens über den Atlantik geschwappt sein.

Die English-Speaking Union, von der ich 500 Pfund bekommen hatte – wovon ich ein Jahr hätte leben sollen (klar, 500 Mücken waren besser als nichts!) –, ließ mir ein Gesuch zukommen, demzufolge der junge Zauberer auf der klassischen Violine für einen Auftritt in der britischen Botschaft in Washington zu erscheinen hatte. Bis auf den heutigen Tag sind die britischen Violinisten beschissener als die der Yanks und der Russkis – vielleicht wollte die Botschaft der Schickeria dort drüben unter die Nase reiben, dass die Briten endlich auch einen Champ am Start hatten. Der Gig war ausschließlich für Diplomaten und andere Typen, die es sich auf Kosten der britischen und amerikanischen Steuerzahler gut gehen ließen. Nach Abzug der Kosten für meine Klavierbegleitung, der Anreise für uns beide und einiger Sandwiches für unterwegs, hätte ich unterm Strich 200 Dollar verdient. Was kool war, immerhin konnte ich damit zwei Monate lang die Miete für meine billige Bleibe in Harlem bezahlen.

Ich entschied mich dafür, den letzten (ernsten und aggressiven)

Satz von Brahms' d-Moll-Sonate zu spielen, dazu etwas (spirituellen) Bach für Solovioline und ein paar hübsche kurze Sachen, eine Handvoll Lieder von Fritz Kreisler als Belohnung für das arme Publikum, das all den ernsten Scheiß über sich hatte ergehen lassen. Ich glaube, dass ich mit Peter Orth aufgetreten bin, aber falls ich mich täuschen sollte, es war jedenfalls ein gestandener klassischer Pianist.

Wir nahmen so gegen neun Uhr morgens den Zug (Amtrak) von der Penn Station; der Gig war um vier Uhr nachmittags. Danach, so gegen acht oder neun, würden wir dann einen Zug zurück nach New York nehmen können, sodass wir gegen Mitternacht wieder zu Hause gewesen wären. Alles schön und gut.

Etwa von halb zwei bis zwei probten wir in der Botschaft. Wir spielten in einer Art überladenem Ballsaal mit Kronleuchtern und vergoldetem Gestühl; ein feudaler roter Läufer teilte den Saal in der Mitte wie die Sitzreihen in einer Kirche. So richtig noblig. Oder zumindest opulent. Der Flügel freilich war unter aller Sau und hatte wahrscheinlich weniger gekostet als einer von den goldenen Stühlen. Nichtsdestotrotz waren wir so weit und zogen uns zurück, damit die Geldsäcke reinkonnten, um die Köpfe zusammenzustecken, einander auszunutzen, zu schleimen oder was immer ihnen sonst so einfallen sollte.

Um vier gab man uns Bescheid, dass alle bereit waren und der Gig losgehen konnte. Auf dem Korridor zur Bühne notierte ich mir auf einer geistigen Karte einige Tische, auf denen die eine oder andere Hundertschaft aus gefüllten Weingläsern aufgebaut war.

Obwohl ich mir durchaus Mühe gegeben hatte, dachte sich das Publikum wahrscheinlich: »Ganz niedlich, der kleine Engländer aus dem Beatles-Land muss wohl sehr talentiert sein, denn sonderlich smart ist er nicht.« Wir verbeugten uns zum ach so sachkundigen Applaus all der Pseudokenner und sprangen kopfüber in den ziemlich schweren bis barbarischen Satz von Brahms. Crescendi, Diminuendi, dynamische Kontraste, die ganze Geschichte lief mindestens drei Minuten lang wie geschmiert, auch wenn mein ziemlich ausgeprägter Gig-Radar registrierte, dass das Publikum alles andere als verzaubert war. Ich spürte eher ein »Ach, du grüne Scheiße, wie lang zum Geier soll das denn noch gehen?«

Nicht sehr lange, wie sich herausstellte. Einige Sekunden später hörte ich es ... Ritsch! Ein nervöses Gackern von irgendwoher aus dem Saal ... Ratsch!

Und Rutsch! ... ich hatte keine andere Wahl.

Meine oberste Saite, die E-Saite, war gerissen. »Entschuldigen Sie, meine Damen und Herren, mir ist eine Saite gerissen. Ich muss rasch eine andere aufziehen, dauert nur einen Augenblick.«

Ich konnte die Enttäuschung des Publikums geradezu spüren. »Nicht doch, hat der auch noch Ersatz dabei ... Muss der die jetzt wirklich aufziehen gehen? Großer Gott, jetzt fängt er womöglich noch mal von vorne an, wo doch längst alles hätte vorbei sein können ...«

Ich stakste von der Bühne, den Korridor lang zur Garderobe, wo mein Geigenkasten mit den Ersatzsaiten lag. Unterwegs kippte ich mir ein Glas Wein hinter die Binde. Und dann wirkte der kleine Engel im Dienste des bourgeoisen Pöbels seinen Zauber. So verdammt peinlich das war, aber ich hatte keine Ersatzsaiten mit! Der Geigenkasten war leer. Die Saiten lagen zu Hause in Harlem. Du gottverdammter Amateur! Das Publikum würde definitiv nicht sieben Stunden erwartungsvoll ausharren, während ich meine Saiten holen ging. Die Leute konnten es ja jetzt schon kaum erwarten, endlich abzuhauen. Als ich meine Fiedel in den Kasten zurückgelegt hatte, hatte ich meine beiden – ziemlich geschickten

Hände – jetzt für was Besseres frei. Ich machte ein weiteres Glas Weißen leer und ging mit einem Tablett voll Gläser zurück in den Saal. Eine spürbare Erwartung schlug mir entgegen beim Anblick des gefüllten Tabletts (das ich neben dem Flügel abstellte), und es herrschte auch sichtlich Erleichterung darüber, dass die Violine verschwunden war.

Statt wieder Musik zu machen, improvisierte ich flugs eine zu dem langatmigen pseudokulturellen Anlass passende Ansprache.

»Ma-iene Daah-men und Härrrren,

Sie werden, wie Sie das in diesem Ihrem unvergleichlich wunderbaren Land der Freiheit, Menschenrechte, Bildung und Lebensqualität so an sich haben, über alle Maßen erfreut und entzückt sein zu hören, dass dieses Konzert alter Musik an dieser Stelle mit und durch den Segen Gottes ein vorzeitiges Ende gefunden hat. Wie auch im Leben hier in Amerika, bekommen Sie, nach harter Arbeit und unglaublichem Streben und Trachten endlich, wonach es Sie verlangt und was Sie entsprechend verdienen: Ich erkläre Sie hiermit für vollkommen und wahrhaft ... FREI(I)!

Ich habe hiermit die Ehre, Ihnen in diesem einzigartigen und höchsten Augenblick des Hier und Jetzt das instinktiv, nach demokratischem und allgemeinem Konsens des Popularitätswettbewerbs beschlossene Ergebnis und wahre Highlight des heutigen Nachmittags zu präsentieren ...«

Nachdem ich meine Ansprache auf wahrhaft amerikanische Art (ich heiße nicht umsonst Kennedy) gehalten hatte, machte ich mich daran, an die vorderste Reihe meinen Wein zu verteilen. Brahms war auf der Stelle vergessen, und meinem Publikum war die klassische Musik, da sie sie nicht mehr zu ertragen hatte, gleich doppelt so lieb.

Nach ungezählten Gläsern Gratiswein hatte ich dann Gelegenheit, mich mit dem hochtrabenden Volk zu verlustieren. Unseren Zug zurück nach New York bekamen wir ebenso wie ich meine 200 Dollar. *Yeah*.

Übrigens: Ich spielte das damals geplante Programm einige Jahre später in Malvern, wo das Konzert dadurch unterbrochen wurde, dass das Klavier durch den Bühnenboden krachte. Es hätte also durchaus viel schlimmer kommen können.

POP – POP – POP MUZIK
(DAS JUILLIARD ORCHESTRA, ALICE TULLY HALL, NYC)

Mein zweites Jahr an der Juilliard School (»der musikalischen Mittelmäßigkeit«) war eine prima Zeit für mich – wenn auch nicht innerhalb der Mauern dieses Unternehmens. Die Stadt New York hatte weit mehr zu bieten, und zwar jederzeit und überall. Der Keim meines Engagements in der dortigen Jazzszene hatte zu grünen begonnen, und das weiße Kerlchen aus Engeland begann sich in einigen der Clubs einen Ruf zu erarbeiten (einen guten, du Arsch!). Ich lernte etwas über Musik im weitesten Sinne des Wortes, aber leider beanspruchte Juilliard nach wie vor einen Teil meiner Zeit.

Die Schule hatte ein grauenhaftes klassisches Symphonieorchester, in dem ich mitzuwirken hatte. Das Wichtigste bei einer guten Orchesterarbeit ist, eine Zeitlang sein Ego abzulegen, etwas Einfühlungsvermögen zu zeigen und Teil eines größeren Ganzen zu werden. Die Streicher des Orchesters konnten das leider nicht. Die erste wie die zweite Geige waren Möchtegernsolisten, deren schrilles Gequietsche sich eher nach der Katze auf dem heißen

Blechdach oder Anakrächzka anhörte. Also ging ich zu den Bratschen in der Hoffnung, die dem Instrument eigene Widerborstigkeit hätte einige von denen, die damit hantierten, zu etwas Bescheidenheit inspiriert. Außerdem erhoffte ich mir von den tieferen, inneren Stimmen eine neue Perspektive auf die philharmonischen Zusammenhänge eines Orchesters. Die Hauptsache war jedoch, dass damit die kreischenden Pseudosolisten an den Violinen auf der anderen Seite der Bühne waren.

Jedenfalls, wie ich schon sagte, hatte ich eine irre Zeit in der Jazzwelt, in der ich mir die Nacht um die Ohren schlug und bei Jux und Dollerei mehr lernte, als mir die verdammte Juilliard je hätte beibringen können. Na, jedenfalls war an dem Tag Orchesterabend und ich war spät dran ... was schon mal ungünstig war. Der Gig begann um sieben, und es war schon sechs, als mir klar wurde, dass das eine Mission Impossible war (die Serie, nicht der Film, schließlich war die Shituation noch lange nicht zu Ende). Meine Bratsche stand ohnehin in meinem Spind in der Juilliard, womit schon mal ein Problem gelöst war, aber mein Dienstbotenzwirn hing noch uptown – der bloße Versuch, jetzt noch nach Hause zu kommen und wieder zurück, wäre komplett impossible gewesen. Ich beschloss also, meine Freundin bei den Kostümbildnern der Theaterabteilung zu fragen, ob sie mir nicht was Dienstbotenmäßiges ausleihen könnte, so unter der Hand. Also ging ich rüber und fragte sie.

»Großer Schauspieler bist du aber keiner, was?«

»Na ja, ich kann Taxi fahren und kellnern, und überhaupt, wer trägt denn im richtigen Leben so 'nen Dienstbotenscheiß? Das sollte mich doch qualifizieren. Zumindest für Laurel and Hardy.«

Sie zog ab und kam mit einem Satz Durchschnittskledasche zurück.

»Aber du musst die Sachen spätestens morgen bis fünf zurückbringen. Und dass du mir die Schuhe nicht schmutzig machst, sonst kommt das raus. Ich müsste dir das eigentlich berechnen.«

»Ich kann mich ja erkenntlich zeigen. Ich geb dir eine Freikarte fürs Konzert heute Abend« – der Eintritt war ohnehin frei – »gibt hinterher auch 'ne ordentliche Party.«

»Wenn ich nicht arbeiten müsste …« (was sich als prophetisch erwies) »… würd ich mir deine Show durchaus gern ansehen.«

»Nein, nein, wir machen Musik. Es ist ein Konzert, keine Show – bei der klassischen Musik geht's darum zuzuhören, nicht zuzuschauen. So wie's bei 'ner Flasche ums Austrinken geht und nicht ums Anschauen.«

»Okay, dann gehen wir morgen was trinken.«

Ich ging zu meinem Spind, schlüpfte in die Theaterkluft und flitzte hinter die Bühne der Alice Tully Hall. Scheiße … ich kam zu spät! Der Irrigent war eben rausgegangen, um die Ouvertüre zu erigieren. Gerade schloss sich die Tür hinter ihm. In mich hineinfluchend, lief ich hin und her. Der Manager des Orchesters kam rüber und machte die Sache nicht besser.

»Sie sind zu spät dran, das kostet Sie Ihren Schein.«

»Wenn ich keinen Schein kriege, kann ich auch gleich wieder gehen. Aber wie stehen Sie dann da? Ist dann schließlich Ihre Schuld.«

Mir war der Schein scheißegal. Hat je ein Blatt Klopapier einem Musiker einen Job beschert? Na sicher, von wegen wichtig. Wo wären John Coltrane, die Beatles, Marvin Gaye, Howlin' Wolf ohne ihren Doktor abgeblieben? Solange man mich nicht von der Juilliard warf, konnte ich mit meinem Studentenvisum in New York bleiben! Wenn man mir das Stipendium strich, käme ich durchaus mit dem aus, was ich als Straßenmusiker verdiente, ganz zu schweigen von dem einen oder anderen Gig in einem der Jazzclubs, wo ich gerade aufzutreten begann. Ich hätte sogar mehr Zeit für gute Musik statt für den kindischen Müll, den man mir an der Juilliard beibrachte. Ich könnte zur Not auch auf einigen Sofas nächtigen, wenn es für die Miete nicht reichte. Dorothy DeLay würde mich auch für lau unterrichten, weil sie mich mochte. Ich war keiner von den üblichen schleimigen Strebern, und sie hatte eine Schwäche für kreativen Streit. All diese Gedanken gingen mir in dem Augenblick durch den Kopf.

»Na, dann gehen Sie nach der Ouvertüre raus und setzen sich hinter die Bratschen.« Damit ließ mich der Manager stehen. Er wollte vor dem Irrigenten nicht mit meiner Verspätung in Verbindung gebracht werden. Es würde ihn wie den Amateur aussehen lassen, der er möglicherweise war.

So wie die Dinge lagen, hatte ich auch schon einen Plan. Wenn ich auf die Bühne gelangte, ohne vom Irrigenten bemerkt zu werden, dann schlug mein Anwesenheitsproblem ja womöglich scheintechnisch erst gar nicht zu Buche.

Die Ouvertüre endete mit dem üblichen Gepolter, und der Irrigent verließ die Bühne mit dem üblichen selbstgefälligen Ausdruck im Gesicht. So wie ich stand, war ich unmöglich zu sehen, aber der Mann war so mit sich selbst beschäftigt, dass er mich ohnehin nicht bemerkt hätte. Jetzt kam der schwierige Teil. Der Irrigent würde unter einer Menge Verbeugungen raus auf die Bühne gehen, um lechzend die Bewunderung zu ernten, die er zu verdienen meinte.

Wie ein Spion stahl ich mich anderthalb Meter hinter ihm auf die Bühne – weit genug, um nicht gehört (haben Irrigenten eigentlich Ohren?) oder gerochen zu werden, aber doch nahe genug, um nicht in seinen peripheren Gesichtskreis zu geraten. Geduckt

Pop – Pop – Pop Muzik (das Juilliard Orchestra, Alice Tully Hall, NYC)

folgte ich ihm zwischen der ersten und der zweiten Geige hindurch bis zur vorderen Bühnenmitte. Ich hoffte irgendwie, dass mich das Publikum nicht sah. Womit ich mich natürlich verrechnet hatte, da der Konzertsaal eine Schräge hatte, was bedeutete, dass das Publikum von oben auf meine Heimlichkeiten herabsah, wahrscheinlich auch im metaphorischen Sinne – diese hochnäsigen Schweine. Aber selbst wenn alle die Schildkröte auf Speed, die ich da gab, mitbekamen, die Hauptsache war ja, dass sie dem Irriganten entging. Und der war zu sehr damit beschäftigt, die paar Tropfen Applaus aufzuschlecken, die er sich verdient hatte – in dem aber auch ein gewisses Amüsement über meine rätselhaft befremdliche Aktion zu hören war.

Als ich es fast geschafft zu haben meinte, hob ich den Kopf – und was sah Quasimodo? Hatte einer dieser ehrgeizigen, abscheulich habgierigen kleinen Bratschen-Gollums sich tatsächlich meinen Platz in der vorderen Reihe geschnappt. In der hinteren blickte mir finster ein leerer Stuhl entgegen, als wollte er sagen: »Komm her, du elender Tommy, du, ist doch klar, dass keiner von diesen geistig zurückgebliebenen Scheißern seinen Platz für dich räumt.« Na, das hätte denen so gepasst! Ich ließ die verdammten Bratschen allesamt einen Platz weiterrücken, bis der meine frei war. Er war schließlich rechtmäßig mein. Kam überhaupt nicht in die Tüte, dass ich hinter diesem Haufen notdürftig koordinierter Scheißer spielte. Zähneknirschend kamen sie meinem Wunsch nach und standen langsam auf. Endlich nahm ich meinen hart erarbeiteten Platz ein – nur hatte ich durch das Aufscheuchen der Bratschenriege ein ganz neues Problem ausgelöst. Als man sie aufstehen sah, stand das ganze Orchester auf in dem Glauben, jemand hätte das Zeichen dazu gegeben. Traditionell ist es das Vorrecht des Schmierigenten, dem Orchester den Wink dazu zu geben, um auf diese Weise so zu tun, als wolle er den Beifall teilen, der eigentlich ihm alleine gebührt. Das sieht einfach fürs Publikum besser aus. Oder er will sich beim Orchester einschleimen, auf dass man ihm einen weiteren Job oder gar eine künstlerische Leitung anträgt – köstlich! In diesem Fall war der Irrigent unmanierlicherweise um die Gelegenheit gebracht worden, die Shituation zu melken. Ein, zwei Augenblicke lang nahm er sichtlich eine gehörige Portion Anstoß, drehte sich dann aber um und gab uns ein Zeichen, doch noch mal aufzustehen. Die Geste machte ihn der allgemeinen Ansicht nach nicht gerade zum Zweistein, da das Orchester längst stand. Ich sah, dass ihm was an der Bratschensektion auffiel, aber er hätte nicht genau sagen können, was es war. Etwas verärgert darüber, dass das Orchester ihm so taktlos die Schau gestohlen und ihn so dumm hatte aussehen lassen, trat er mit gezierten Schrittchen noch einmal ab.

Endlich konnte ich aufatmen. Wie das so üblich ist, setzte das Orchester sich wieder, um auf die Rückkehr des Irrigenten zu warten, bevor die Symphonie losging. Meine geborgte Hose saß ein bisschen knapp im Schritt, und ich dachte:

»Das ist ja unbequem. Ich hoffe, die Buxe gibt 'n bisschen nach.«

Der Schmierigent kam wieder auf die Bühne und testete seine bereits fragwürdig gewordene Macht, indem er uns noch einmal aufstehen ließ. Was für ein Arsch. Meine Hose war viel zu unbequem für solche Spielchen. Dann bedeutete er uns in einer letzten Kraftprobe, uns wieder zu setzen. Und da passierte es ...

Uuh, POP – POP – POP MUZIK / POP – POP – POP MUZIK
Shubydooby-doowap – Shubydooby-doowap
Nick nack paddywack
Meine Hose war praktisch explodiert
Talk about – – – POP MUZIK Talk about – – – POP MUZIK

Pop – Pop – Pop Muzik (das Juilliard Orchestra, Alice Tully Hall, NYC)

POP – POP – POP MUZIK / POP – POP – POP MUZIK

Und von dem Augenblick an blieb mir, um meiner Würde und der Unschuld des Publikums willen, nichts anderes übrig, als die Bratsche wie ein Cello zwischen den Beinen zu spielen. Sämtliche Knöpfe waren mir vom Hosenstall GEPOPPT und der Reihe nach mit kleinen Pirouetten auf dem Boden gelandet. Und da ich von Haus aus kein Freund der Unterbuxe bin, musste ich nun mal meine Schicklichkeit wahren. Das Konzert sollte schließlich nicht doch noch zur Show werden – schon gar nicht à la BBC.

Das nenne ich richtige POP MUZIK.

Ich muss wohl nicht eigens sagen, worüber nach dem Konzert diskutiert wurde – und es war nicht etwa das weiße Dingens in der Hand des Dirigenten, sondern meins.

TROUBLE MIT BRAHMS – EIN JUILLIARD-KONZERTWETTBEWERB

Die Juilliard veranstaltete so ein kindisches Shoot-out für Brahms' reifstes Orchesterwerk: sein Doppelkonzert für Violine und Violoncello. Die Sieger sollten das Konzert mit dem Juilliard Concert Orchestra spielen (das Sie bereits im letzten Interludium kennengelernt haben). Englischsprechende Classicos bezeichnen das Konzert als »The Brahms Double«, aber seit dem folgenden Fiasko läuft es für mich bis heute unter »The Brahms Trouble«.

Eine ganze Reihe meiner Leidensgenossen an der Juilliard hatte die Absicht, an diesem albernen Wettbewerb teilzunehmen, und Dorothy DeLay meinte, ich sollte ebenfalls mitmachen, schon wegen meiner starken Beziehung zu Brahms' Musik. In einer kollaborativen und spirituellen Kunstform wie der unseren halte ich Wettbewerbe seit jeher für besonders bescheuert, aber ich war nun mal in New York, um bei Dorothy DeLay Violine zu lernen, also zählte ihre Meinung für mich. Witzigerweise hatte ich bei meiner mit hundert Prozent bestandenen ARCM-Diplomprüfung Brahms gespielt, und darüber hinaus war ich, was die Beherrschung der mitteleuropäischen Musik anbelangt, Menuhins natürlicher Nachfolger. Sollte ich also nicht gewinnen, dann konnte ich mich wenigstens über den saftigen Skandal im Nachgang freuen. Und da ich meiner nächtlichen Jazzabenteuer wegen vormittags kaum zum Unterricht kam, war es um meine Anwesenheitsnachweise so schlecht bestellt, dass es nichts schaden konnte, mal nicht aus der Reihe zu tanzen – die Teilnahme an dem albernen Wettbewerb hätte in dieser Hinsicht also durchaus ihren Sinn.

So traf ich mich denn tags darauf mit Pierre Djokic, dem, jedenfalls meiner Ansicht nach, bei Weitem besten Cellisten der Schule. Pierre unterschied sich insofern von den meisten anderen Cellisten, als sein Spiel mühelos und seine Intonation tadellos war. Auf jeden Fall unterschied er sich damit von den anderen Cellisten an der Juilliard. Außerdem war er ein ruhiger, gutmütiger und lässiger Keil. Er fragte mich, ob ich bei dem Wettbewerb mitmachen wollte, weil wir seiner Ansicht nach die besten Chancen hätten. Ich freute mich aufrichtig über sein Angebot und willigte auf der Stelle ein. Angesichts von Dorothy DeLays Wunsch, dass ich meine Seele verkaufen (pardon, ich meine, an dem Wettbewerb teilnehmen) sollte, schien mir das doch eine recht glückliche Fügung. Abgesehen davon, falls uns zu irgendeinem Zeitpunkt die Lust vergehen sollte, konnten wir immer noch aussteigen. Wir beschlossen also, mitzumachen und die Musik auf unsere ganz eigene Weise zu spielen. Wir waren zwei beinharte Jungs und zum Fight bereit. Die anderen Mittbewerber konnten sich schon mal warm anziehen.

> If you're looking for trouble
> You've come to the right place
> If you're looking for trouble
> Just look right in my face
>
> We've never looked for trouble
> But we've never ran
> We don't take no orders
> From no kind of man

Unsere Teilnahme hatte eine ungemein negative Wirkung auf den Wettbewerb; das ging so weit, dass sich sämtliche anderen Konkurrenten ausklinkten – niemand wollte gegen ein Team aus dem »Menuhin Kid« und dem besten Cellisten der Schule verlieren. Ein weiterer Grund war, so nehme ich mal an, dass Brahms ein TIEFER Komponist war, sodass es für jemanden, der nur gute Technik und kein Verständnis hatte, durchaus furchtbar peinlich hätte werden können.

Die Zusammenarbeit zwischen uns beiden während der Vorbereitungen lief gut, und es sah ganz so aus, als hätten wir eine ganz spezielle Interpretation von Brahms' letztem großen Orchesterwerk zu bieten. Diese Art von Musik spiele ich heute nicht mehr, aber damals und besonders mit einem Kollegen wie Pierre war es ein Privileg, sich dem Auf und Ab dieses einzigartigen symphonischen Werks hingeben zu können.

Natürlich ist es grundsätzlich blöd, die ästhetische und altruistische Form guter Musik in einen Wettbewerb egal welcher Art zu verwandeln, aber andererseits hatten Pierre und ich gerade nichts Besseres zu tun. Trotzdem, auch wenn wir damals noch zu jung zum Wählen waren, es gibt keinen triftigen Grund, aus einer spirituellen Aktivität einen Wettbewerb zu machen, egal wie alt man ist. Der einzige mildernde Umstand, der noch für uns sprach, war, dass es NICHT LÄNGER ein Wettbewerb war. Alle Konkurrenten hatten das Weite gesucht!

Trotz der fehlenden Konkurrenz bestand die Jury (aus größtenteils gescheiterten Musikern) darauf, dass wir den albernen Wettbewerb vor ihnen auszutragen hätten. Die Schätzchen von der Jury hatten es zwar selbst nicht drauf, wollten aber zwei Leuten von unsrem Kaliber sagen, ob wir spielen konnten oder nicht ...

Da Pierre aus Kroatien war und einen Sinn für den Wert von anständigem Rotwein hatte, dem wir dann auch maßvoll zusprachen, hatten wir große Freude an unserer Arbeit – und Brahms' Qualitäten haben ja etwas von einem Mix aus Rotwein und frischer Luft. Brahms hat eine Tiefe, die Mozart nie haben wird. Rotwein hat eine Tiefe, die Weißwein nie haben wird. Brahms und Châteauneuf-du-Pape, Mozart und Riesling. Also verzieh dich, Wolfi.

Einige Wochen später kam dann der Tag, als unsere Arbeit getan war und wir endlich zum Spielen rausdurften, wenn man so will. Kein Schwanz trat gegen uns an, und trotzdem sahen wir uns in der merkwürdigen Situation, auf die Bühne zu müssen, um für die Jury einen Wettbewerb zu simulieren. Das war der Augenblick, in dem uns dieses merkwürdige Prozedere auf dumme Gedanken zu bringen begann. Was zum Geier machten wir da eigentlich?

PIERRE: Was, wenn wir gegen Niemand verlieren? Das wäre noch weit schlimmer, als gegen einen richtigen Gegner zu verlieren.

ICH: Da hast du allerdings recht, *mate*. Das wäre megascheiße. Ich hoffe, wir verlieren nicht.

PIERRE: Ja, wir müssten schon besonders beschissen spielen, wenn wir hier verlieren.

Ich öffnete meinen Geigenkasten, und meine Violine guckte zu mir auf.

MEINE VIOLINE: Hallo, du Scheißer. Du vernachlässigst mich am laufenden Band, und jetzt soll ich dir wieder mal aushelfen. Tja, heute helfe ich dir mal nicht.

ICH: (*leicht verdutzt über die rebellische Haltung meiner Fiedel, mich aber, da ich nicht eigentlich mit meiner Violine spreche, an Pierre wendend*) Na, dann sollten wir mal besser ordentlich spielen, damit wir nicht verlieren.

PIERRE: Alles klar, geben wir unser Bestes. Verlieren sollten wir wirklich nicht.

Er öffnete seinen Cellokasten. Sein Cello schien absolut schlecht drauf.

PIERRES CELLO: Also, ich halte es in diesem Fall mit NKs Violine. Ich bin die Ausbeutung leid ... und nie ein Wort der Dankbarkeit oder ein Lob, wenn ich gut klinge. Es sind immer nur die verdammten Musiker, die sich gegenseitig auf die Schulter klopfen. Ich hab die Schnauze voll. Deshalb hab ich beschlossen, mich heute wie ein Mix aus Kuhscheiße und Elefantendung anzuhören.

Uns der ernsthaften Rebellion gegen uns nicht bewusst, traten wir ziemlich zuversichtlich auf die Bühne. Wir würden die Musik sprechen lassen – durch unsere Instrumente. Was für ein Irrtum. Brahms' Double Trouble ist ein Zwiegespräch, eine Plauderei zwischen Cello, Violine und Orchester. Das Cello hat die ersten Worte – aber das Gespräch beginnt eher garstig.

Die angeblich so profunde und schöne Musik begann.

PIERRES CELLO: Knurrrr ... whieieie ... ien, schlieeewiee w-ie-ie-ie-ie ...

MEINE VIOLINE: BlöööK, krraatz, whieieie ... ien, schlieeewiee w-ie-ie-ie-ie ...

CELLO: Platsch, krrrrätz, hau, knirrrsch ...

VIOLINE: Wi-ie-ie-ie-at-t-t-t-t iee-t-ie

CHEF DER JURY: Ich danke Ihnen (*hörte sich irgendwie hämisch an*), zweiter Satz, bitte.

VIOLINE UND CELLLO: (*in Oktaven*) B-l-ie-ie par-r-r-p, ping – schläähr ... b-l-l-ö-ö-ö-k

CHEF DER JURY: (*knapp*) Dritter Satz, bitte.

VIOLINE: Schling-digga bum-digga, bum-digga, schlong-digga bum-digga schranz-digga schlong-digga bumdiggadiggadigga

CELLO: Prrrr-r-Schling-digga-bum-digga, bum-digga schwanz-digga prrrp-digga tschiggatschigga scheiß-digga gold-digga kack-digga prshlzinggggg digga

CHEF DER JURY: (*unterbrach uns und holte tief Luft*) KLATSCH ... KLATSCH ... das ist mehr als ausreichend ... sssssss (*Einatmen*) ... Sie können jetzt draußen warten, während wir uns beraten.

Wir traten ab mit Gefühl, nicht nur gegen uns selbst verloren zu haben, sondern gegen den Rest der Welt. Unsere Instrumente hatten mit ihrer ausgesprochen sturen und rachsüchtigen Laune, in der sie waren, ihren Teil dazu beigetragen. Ich hätte gute Lust gehabt, meine ungehobelte und selbstsüchtige Violine gegen die Wand zu knallen, nur um ihr zu zeigen, wer von uns der Chef war. Für wen zum Geier hielt sich das Teil? Ich beherrschte mich.

ICH: Mann, das war ja beschissener als scheißbeschissen, *mate*.

PIERRE: Allerdings, Mann. Das war schrecklich. Die disqualifizieren uns wahrscheinlich.

ICH: Scheiß auf die dämliche Jury, wen juckt es schon, was die denken? Wenn es ein paar Wichser gibt, die das noch schlechter gespielt hätten, dann die.

PIERRE: So scheiße die auch sein mögen, es macht unsere Vorstellung nicht besser.

ICH: Scheiße, *mate*, wir haben verloren. Wie haben wir das nur geschafft?

PIERRE: Das ist echt schlimm. Wir sind damit die Ersten überhaupt, die ohne Gegner verlieren.

ICH: Ja, das haben wir echt verkackt. Bei der Olympiade kriegt man wenigstens 'ne Goldmedaille, wenn die Gegner nicht antreten. Ich schätz mal, unsere Medaille ist ein goldener Flop. Wir waren scheiße.

PIERRE: Ja. Was 'n Flop, Mann, wir waren scheiße ...

Je länger wir auf das Urteil der Jury warteten, desto sicherer schien uns, dass wir verloren hatten. Wenn wir gewonnen hätten, dann hätten sie uns das sicher sofort gesagt, ich meine, was gab's da schon groß zu rechnen. Eine halbe Stunde verging, eine Stunde verging. Nach anderthalb Stunden rief man uns wieder rein. Geknickt schlichen wir wieder auf die Bühne.

SPRECHER DER JURY: Glückwunsch, und viel Spaß bei Ihrer Aufführung mit dem Orchester.

Glückwünsche dafür, schlecht gespielt zu haben, aber die einzige Option zu sein. In der Woche darauf lieferten wir dann eine großartige Vorstellung ab, aber wenn ich der Sprecher dieser Jury gewesen wäre, ich hätte mich in Pose geworfen:

»SCHULDIG! Lebenslänglich in den Knast oder ... DEN STUHL!«

Zur Feier unseres Sieges in diesem bescheuerten Wettbewerb hörten wir uns etwas RICHTIGE MUSIK im Village Vanguard an und gönnten uns auf dem Weg downtown eine Flasche Wein.

»Bedauern kommt größtenteils daher, dass man nichts getan hat.« Charles Bukowski.

SCHLIMMSTE GIGS OUTRO

So, das wär's, ma-iene Daah-men und Härrrren ... so viel zu den SCHLIMMSTEN GIGS MEINES LEBENS.

Sie brauchen kein Columbo zu sein, um darauf zu kommen, dass diese drei Fiaskos einen gemeinsamen und exklusiv ihnen eigentümlichen Nenner haben. Sie passierten alle in der Zeit, als ich die Dschulliyard Skuuul of Mjusick besuchte. Muss ich noch mehr sagen?

KLASSISCHE MUSIK

Das folgende Kapitel beschäftigt sich etwas ausführlicher mit meiner Beziehung zur klassischen Musik.

Klassische Musik ist ein Gefühl. Ein Gefühl, das viele schon vor vielen Jahren, ja sogar Jahrhunderten hatten. Dass man es in Noten festgehalten hat, bedeutet nicht, dass es dabei weniger um Emotionen geht als bei anderen musikalischen Genres. Die einzige Art von Musik, die frei von Emotionen wäre, müsste von etwas Nichtmenschlichem geschrieben sein. So leidenschaftslos wir uns vielleicht auch geben wollen, als Menschen spüren wir jederzeit kleinste Dinge, das kann etwas so Belangloses sein wie morgens mit dem falschen Fuß aufzustehen. Vermutlich liegt es gerade an solchen kleinen Irritationen, wegen denen einige von uns lieber hinter irgendwelchen idiotischen synthetischen Formeln herjagen, als der Wahrheit der menschlichen Seele auf den Grund zu gehen.

Mein Trachten geht dahin, instinktiv und emotional die Gefühle des Komponisten zu verstehen (egal wie lange diese schon zurückliegen mögen) und sie als lebendes Wesen im HIER UND JETZT unserer modernen Zeit auszudrücken. Ich habe diese Fähigkeit, und sie ist es, was mich auf dem Gebiet der klassischen Musik von anderen unterscheidet, die sich verzweifelt an Technik und Theorie als Selbstzweck klammern, anstatt sie nur als Mittel zum Zweck zu sehen.

Meine wiederholte Rückkehr zur klassischen Musik (die nur einen Bruchteil meines Outputs darstellt) diente immer der Hege dieser Gefühle und der Suche nach dem besten Weg, sie zum Ausdruck zu bringen. Das war nicht immer so einfach, wie es sich anhören oder aussehen mag. Viele konträre Kräfte haben sich diesen meinen schlichten und ehrlichen Absichten widersetzt, seien es Arschgeigen, die nur ans Geschäft dachten, sei es der Umstand, dass ich der Einzige bin, der nicht am Status quo festhalten mag. Ich war mir jedoch immer sicher, dass ich, sollte mich so ein aufgeblasener Arsch aus dem Musikgeschäft rausschmeißen, immer noch zurück auf die Straße gehen könnte – zumal meine Auftritte als Straßenmusiker sowieso mehr Spaß gemacht haben und einträglicher waren als meine Gigs für die BBC, klassische britische Konzertveranstalter und dergleichen mehr. Einige der Leute, mit denen – oder gegen die – ich arbeiten musste, waren so nervig, dass ich ihren Scheiß nur aus dem einzigen Grund über mich habe ergehen lassen, um auf diese Weise schöne Musik mit einer größeren Menge von Menschen zu teilen, die sie verdienen.

Das folgende Kapitel mag – oder vielleicht auch nicht – erklären, wie ich zum emotionellen Kern der Musik fand. Ganz sicher wird es erklären, wie ich um mein Recht gekämpft habe, ich selbst zu sein – was eine unabdingbare Voraussetzung dafür ist, wirklich und wahrhaftig Musiker sein zu können. VIEL GLÜCK!

ALLER ANFANG, TEIL 2

Klassische Musik war die erste Musik, die ich überhaupt zu hören bekam, da sowohl meine Mutter als auch meine Oma zu Hause Klavierstunden gaben. Es gibt ein paar Faktoren, die klassische Musik einzigartig machen und die, je nach Standpunkt, entweder erhebliche Stärken oder erhebliche Schwächen darstellen.

Klassische Musik war die erste Art von Musik, die überhaupt niedergeschrieben wurde. Das bedeutete, dass jemand die Noten lesen und sie korrekt spielen konnte, ohne sie vorher gehört zu haben. Es bedeutete auch, dass spätere Generationen in der Lage waren, genau dieselben Noten zu lesen und sie genauso zu spielen, ohne dass persönliche Eigenheiten und Buschfunk (Upps! Ich hoffe, die BBC findet den Begriff jetzt nicht POLITISCH INKORREKT... Regt euch ab, Leute, es ist nur ein Wort.) sie veränderten. Je präziser jedoch im Lauf der Jahrhunderte die Notenschrift wurde, desto geringer wurde der Spielraum für die Improvisation, bis er schließlich im 18. Jahrhundert völlig verschwand (bis auf die Kadenzen, für die die klassischen Musos von heute freilich nicht mehr gut genug im Improvisieren sind, um aus dem Stegreif auch nur etwas annähernd Spontanes zu schaffen).

Einen weiteren Vorteil bot die Notation dem Komponisten, da seine Musik damit von zahlreichen Musikern gleichzeitig gespielt werden konnte, wodurch sich seine musikalische Vision ohne willkürliche Patzer verwirklichen ließ. Aufgewogen werden diese Vorteile musikalischer Planung logischerweise durch einen gewissen Verlust an Spontaneität, wie sie heute noch zum Beispiel im Jazz sowie in der World Music oder im Folk zu finden ist. Der Jazz hat dabei seine ganz eigene Art der Notation entwickelt, die der alten womöglich sogar überlegen ist. Grund dafür sind nicht nur ihre Genauigkeit, Spontaneität und Seele, sondern auch die Bedeutung, die dadurch dem Musiker zukommt, der sie liest.

Aber keine Bange. Klassische Musik ist noch nicht komplett tot, und sie kann – gut gespielt – über einen weit größeren dynamischen Umfang von Lautstärke und Kontrast verfügen als jede andere. Leise Augenblicke können sehr persönlich, manchmal fast unhörbar sein, während laute sehr laut sein können, wenn sie von den riesigen Orchestern von bis zu hundert Musikern gespielt werden, wie sie etwa Komponisten wie Strawinsky einsetzen. Falls Sie es noch nicht kennen sollten, hören Sie sich mal Strawinskys *Le sacre du printemps* an; Sie werden sehen, pardon, hören, was ich meine. Die beste Aufnahme ist meiner Ansicht nach die von Antal Doráti. Keine andere Art von Musik setzt derart viele Musiker gleichzeitig ein – mal mit Ausnahme des Tutti in der Südkurve im Villa Park. Aber natürlich haben wir Villa-Fans musikalisch nicht den Klotz technischer Finessen am Bein ...

Noch etwas ist in diesem Zusammenhang interessant ... die Tatsache, dass wir Musikaufführungen jeglicher Art veranstalten und dafür durch ein Karten kaufendes Publikum bezahlt werden, verdanken wir unseren klassischen Brüdern von vor vierhundert Jahren. Anders gesagt, klassische Musik war die erste, die Ende des 17. Jahrhunderts Konzerte für ein zahlendes Publikum veranstaltete. Diese Art der Präsentation ihrer Musik ermöglichte es klassischen Musikern und vor allem Komponisten, ihrer Rolle als gerade mal bessere Lakaien entweder der Kirche oder des Hofes den Rücken zu kehren. Musiker mussten damit nicht mehr länger nur Hintergrundmusik für diese zweifelhaften Institutionen kreieren, und eine nicht weniger wichtige Folge davon war, dass weitere gesellschaftliche Kreise in den Genuss kamen zu hören, wie große

Komponisten ihre eigene Musik spielten. Wer hätte gedacht, dass Musiker aller Genres der klassischen Musik so viel zu verdanken haben? Aber das tun sie: jeden Cent und alle Freiheiten!

Noch was ... klassische Musik ist – wie Jazz, World Music oder Folk – eine ECHTE Live-Erfahrung, nie fällt sie zweimal gleich aus (es sei denn, sie wird von einem Musiker ohne Seele gespielt). Der eine oder andere mag sich jetzt fragen, was sich denn bei klassischer Musik groß improvisieren lässt. ANTWORT: Dynamik (innerhalb der vom Komponisten geforderten Parameter), rhythmisches Maß und Klangfarbe sind nur einige der Möglichkeiten, die einem intelligenten und wegweisendem klassischen Musiker zur Verfügung stehen ... und wir sprechen hier noch nicht einmal von der unabdingbaren Reaktion auf das immer wieder einzigartige Publikum und die Akustik, der man in jedem speziellen Saal an einem speziellen Abend begegnet. Willkommen in der potenziellen Welt der klassischen Musik!

MY WAY – SOUND & EINSTELLUNG

Schon recht früh in meiner Karriere dachte ich mir, wenn ich für ein Publikum oder auf einer Platte Musik so ehrlich wie möglich repräsentieren/wiedergeben wollte, dann müsste das auf meine Art passieren, mit anderen Worten, MY WAY wäre auch THE ONLY WAY für mich.

Ich hatte einige phantastische Mentoren und sah mich von phänomenalen Musikern inspiriert, aber ein zweiter Menuhin, Stern oder Grappelli zu sein, wäre zwar die einfache Option gewesen, hieße jedoch nichts weiter, als (im besten Fall) der zweitbeste Menuhin, Stern oder Grappelli zu sein. Und selbst wenn ich zwei der besten Ohren in der Branche zum Kopieren anderer Musiker habe, hätte es aller Wahrscheinlichkeit nach jemanden gegeben, der besser im Nachahmen gewesen wäre als ich, womit ich dann nur noch der drittbeste gewesen wäre.

Der erste und beste Kennedy zu sein, wäre einem Dasein als Pseudo-Menuhin oder dergleichen in jedem Fall vorzuziehen. In meiner eigenen Rolle wäre ich in der Lage, Kollegen und Publikum etwas Einzigartiges zu geben. Nicht bloß eine Kopie.

Jetzt, wo es von Epigonen meiner selbst nur so wimmelt, die einiges oder vieles von dem machen, was ich mal gemacht habe, während sie sich (in ihren groovigen Klamotten) wie kleine Mini-Kennedys hinstellen und behaupten, »der breiten Masse die klassische Musik nahezubringen«, sehe ich rückblickend, dass ich wohl etwas richtig gemacht haben muss. Es gab keine Mini-Mes, die die klassische Musik vor dem Vergessen zu retten versuchten, als ich meine erste Runde fuhr. Jetzt können Violinisten anziehen, was sie wollen, also hätte ich damals vielleicht sagen können: »Das ist ein kleiner Schritt für einen Violinisten, ein großer Sprung für die Violinistenheit.« Was ich aber nicht tat (so groß ich beide Armstrongs finde, ich stehe doch mehr auf Satchmo als auf Neil).

Selbstverständlich sollte ein Künstler immer der Chef seines Managers sein und nicht umgekehrt, andernfalls wackelt ja der Schwanz mit dem Hund. Im Augenblick jedoch sind in Großbritannien in einer geradezu phänomenalen Berichterstattung so einige exorbitante Behauptungen über Künstler zu hören, die ganz entschieden mittelmäßig sind, was wirklich nur an den Scheißmanagern liegen kann. EY! MANAGER, PLATTENFIRMEN UND BBC! HÖRT AUF, UNS KATZENGOLD ANZUDREHEN!

Lange vor alldem gab es eine kurze Periode in meiner Karriere, in der ich mir all die althergebrachte »Weisheit« klassischer Agenten zu eigen zu machen versuchte. Es gab damals nun mal keine anderen Ratschläge. Ich hatte nicht wirklich Freude dran, wie eine billige Prostituierte herumzutingeln, nach der Pfeife von Agenten und Dirigenten zu tanzen und dabei nur um des nächsten Jobs willen so zu tun, als wäre alles ach so wunderbar, aber fürs Erste wollte mir weder ein Ausweg noch ein anderer Ansatz einfallen.

Etwas war mir jedoch schon vor langer Zeit mehr oder weniger bewusst geworden: Im Vergleich zu klassischen Alben enthielten die Rock-, Soul- oder Pop-Alben, die ich mochte, etwa zehn bis zwölf kurze Stücke, von denen keines viel länger als drei Minuten war. Außerdem hatte ich gemerkt, dass auch einige meiner Lieblinge aus dem klassischen Bereich – wie Kreisler, Menuhin oder Casals – schon in der Zeit der 78er-Schellackplatten mit dreiminütigen Aufnahmen eine Menge »normaler« Leute erreicht hatten. Man sollte hier anmerken, dass nur ein totaler Schwachkopf davon ausgehen würde, dass diese schönen Stücke ihrer Kompaktheit wegen von geringerer Qualität sein sollten als eine endlose, gewichtige Symphonie.

Normalsterbliche haben im Allgemeinen schlicht nicht die Zeit, sich an einem schwülstigen, gefühlt endlosen 15-Minuten-Stück zu erfreuen. Wir hören Musik bei der Hausarbeit oder weiß Gott was für langweiligem Scheiß und brauchen entsprechend was Kurz-und-Bündiges mit etwas Pepp. Ich hatte Vivaldis *Vier Jahreszeiten* oft genug gespielt, um irgendwann zu sehen, wie phantastisch sie auf die Formel dessen passen, was wir unter »Popmusik« verstehen. Zwölf Stücke, jedes davon kurz, dazu hübsche, zugängliche und eingängige Melodien, das Ganze von kraftvollem rhythmischen Schwung. Niemand muss bei drei Minuten Vivaldi über den Sinn des Lebens grübeln; es ist einfach energiegeladene Musik mit gutem Kontrast. Wem in aller Welt sollte es schlecht gehen, wenn er so etwas hört? Ich ging also mit meiner Idee zu EMI in der Hoffnung, dass man verstand, was ich meinte ... was man denn auch tat!

Spätestens seit Mitte der 80er-Jahre stand die Plattenfirma mit Simon Foster und Barry McCann und ihrem Boss Rupert Perry unter neuem Regime. Können Sie sich vorstellen, dass eine große deutsche Plattenfirma wie etwa die Deutsche Grammophon (Herbert von Karajans Hauslabel) keine deutschen Künstler fördert? Nun, genau so war das bei EMI Classics, bevor das Team Simon & Barry in die Chefetage kam und meine Idee mit mir durchzog. Die Leute vor ihnen mussten eine Vorliebe für die Küste gehabt haben, weil sie praktisch alles auflasen und förderten, was dort von fernen Gestaden angespült wurde. Die hätten eine Welle, ach was, einen (in Frankreich gefertigten) Liegestuhl eher gefördert als mich. »Mit großem, größerem, größtem Stolz gibt EMI das unmittelbar bevorstehende Erscheinen des unglaublichen neuen Concertos La Vague No. 1 bekannt, geschrieben, gespielt und mit dem nötigen Bullshit versehen von Maestro-ISSIMO Monsieur Chaise Longue ... blah, bla, BLAA ...« Hätte ich Nigolai Kennedyev geheißen, hätte ich vielleicht eine Chance gehabt. »Mit größter Freude gibt EMI seinen 500-Platten-Deal mit der unglaublichen Violine spielenden russischen Fehlgeburt Nigolai Kennedyev bekannt. Wir haben ihn zwar noch nicht gehört, sind aber der festen Überzeugung, dass sein Repertoire aus den Gulags und der sibirischen Steppe unübertroffen ist ...« (Hört sich fast nach BBC an, oder? Ich melde mal besser gleich ein Gespräch-ski mit denen an.)

All diesem Bullshit haben wir mit einer Scheibe mit dem Titel *The Four Seasons* ein Ende gemacht.

Belassen wir es dabei, dass Rupert Perry mich mit einem richtigen Manager, einem Herrn namens John Stanley, bekannt machte. John Stanley war so ganz anders als diese sogenannten Manager aus der Welt der Klassik, die im Grunde nichts weiter sind als bessere Agenten. Kurzum, es lief darauf hinaus, dass John zu EMI ging und den Leuten dort, vor allem denen aus der klassischen Abteilung, sagte: »Wenn ihr Platten verkaufen wollt, dann müsst ihr Nigel als den und das verkaufen, wer und was er ist, anstatt ihn ummodeln zu wollen, um aus ihm etwas zu machen, was er nicht ist. Sein Wert liegt darin, wer er ist.« Dann verschanzte John sich im EMI-Hauptquartier am Manchester Square, ließ seine Truppen aufmarschieren, und der Rest ist Geschichte, nicht nur für mich, sondern auch für all die anderen, die von Johns und meiner Arbeit an der Front profitiert haben. Wegbereiter müssen immer erst allerhand Scheiß und Ballast aus dem Weg räumen. Wir ernteten also verständlicherweise eine Menge neidischer Kritik für das, was wir da machten, immerhin misteten wir gehörig aus, angefangen mit all dem Scheiß und dem Ballast fest verwurzelter archaischer Anschauungen der alten Garde aus Eton, und dann war unser Erfolg natürlich peinlich für all jene, die dafür verantwortlich waren, dass die klassische Welt auf der Stelle trat.

Auch wenn sich nicht alles zum Guten entwickelte, ich war durchaus stolz, als John auf all die positiven Spin-offs verwies, für die wir hinsichtlich der Vermarktung klassischer Mucke verantwortlich waren. Positive Entwicklungen wie Classic FM, die Drei Tenöre, Vanessa Mae, der Aufstieg so vieler junger britischer Solisten und nicht zuletzt die Tatsache, dass klassische Musik im Radio zu hören nicht länger bedeutete, einer von gerade mal

300 Leuten zu sein, die BBC Radio 3 einschalteten (ich bin da etwas zu nett, einmal brachte man es auf gerade mal 250 Hörer – auf den gesamten Britischen Inseln).

Ich habe immer noch ein ganz ausgezeichnetes Gehör und offene Ohren, freue mich also auf die magischen Worte: »Dank dir, Nige!« (Kein Grund, mich gleich Professor zu nennen, Maestro, Erhabener oder anderen katzbuckelnden Scheiß.) Jeder jüngere klassische Künstler, der heute damit protzt, wie ach so innovativ er seine Musik einem größeren Publikum näherbringt, sollte mir wenigstens dafür danken, das Werkzeug geschaffen zu haben, mit dem er seine Zielvorstellung (oder, genauer gesagt, die seines Managements) verfolgen kann. Na schön, wenn nichts kommt, dann muss ich das eben selbst erledigen. »Dank dir, o Erlauchter und Tugendhafter, der du das Original bist und es wirklich drauf hast und der du uns erlöst hast von bösen Laura-Ashley-Plattenfirmen und alten Eton-Boys in den Agenturen ...«

VIV – DIE VIER JAHRESZEITEN

Wann immer ich zu Villa ging, musste ich feststellen, dass meine Freunde dem, was ich machte, entweder total apathisch gegenüberstanden oder einen ausgesprochenen Widerwillen dagegen hatten. Manchmal nannte es einer nett, aber nur aus Mitleid mit mir, weil sie mir nicht zu nahe treten wollten, aber im Grunde mochten sie meinen Scheiß einfach nicht. So dachte ich bei mir: »Mann, es wäre doch wirklich hammer, wenn einige meiner Freunde tatsächlich was von meinem Scheiß hören könnten.« Was, wenn sie etwas von mir, anstatt es »clever« zu nennen, tatsächlich gut fänden? Wenn ich Motown und Soul und Ska gespielt hätte, es hätte sie nicht gestört; es hätte ihnen gefallen, und sie wären sogar zu meinen Gigs gekommen. Aber das Zeug von Beethoven und Brahms? Nie und nimmer würden die sich auch nur zwanzig Minuten hinsetzen, um sich einen einzigen verdammten Satz eines Konzerts anzuhören.

Auf die Idee, *Die Vier Jahreszeiten* aufnehmen zu wollen, kam ich nicht etwa, weil ich die klassische Musik umkrempeln oder gar dominieren wollte; ich wollte einfach was gegen die traurige Art und Weise tun, in der man diese Stücke damals spielte. Es gab zwei Schulen: auf der einen Seite die langweilige, energetisch eindimensionale »moderne«, auf der anderen die langweilige energetisch eindimensionale und arroganter- bis fälschlicherweise als »authentisch« bezeichnete. Beide waren sie herzlich eingebildet, und es war Zeit für etwas weniger blasierte Selbstgefälligkeit.

Bei einer Bestandsaufname der Barockära, in der Vivaldi komponierte, muss man sich seine Zeitgenossen anschauen, um die Qualitäten zu verstehen, die er und nur er hatte.

Bach ist ganz offensichtlich der Größte, mit seinen längeren, entwicklungsorientierten Formen, seinem hochentwickelten Sinn für Harmonie und Kontrapunkt. Seine ganze Wirkung ist eine Art kosmischer Meditation.

Händel war ein großer linearer Handwerker und relativ mild.

Scarlatti war harmonisch und im Dekorativen komplex und abenteuerlustig.

Was Viv im Vergleich zu den dreien hatte, das waren eingängige Melodien mit vergleichsweise hohen dynamischen Kontrasten.

Ich habe eine natürliche Gabe für das Verständnis von Melodien, aber ich musste in erster Linie überlegen, wie man den Leuten beim Verständnis und der Freude darüber helfen konnte, was zu der Zeit, in der diese Melodien geschrieben wurden, extreme Kontraste waren. Immerhin hatten die Leute in den 80ern bereits Led Zep gehört, und John Cages »4'33« war ebenfalls längst geschrieben. Die Leute würden die dynamischen Kontraste nicht spüren, wenn ich Vivs Mucke in derselben Lautstärke spielte wie alle anderen. Das Bewusstsein für das Problem genügte, um mir bei der Darstellung genau der Art von Kontrast zu helfen, nach der mir war. Ich wusste außerdem, dass – mal abgesehen von Leuten, die sich für clever halten, und einigen halbgaren intellektuellen Speichelleckern – kein Mensch musikalische Cleverness mag, auch nicht beim Hören. Entsprechend mied ich unnötigen Zierrat wie die Pest.

Eine weitere Bestätigung meiner Überlegungen erfuhr ich durch die Meinung meiner Freunde, die mit Klassik nichts anfangen konnten, weil sich für sie alles gleich anhörte. So viel blasierte Cleverness stieß sie ab. Was meinem Album half, war der Umstand, dass ich meine Mitmenschen tatsächlich mag! Ich mochte das Publikum, ich war dankbar, dass sie Zeit und Geld aufwandten, um zu meinen Gigs zu kommen. Ich war deshalb publikumsfreundlich im wahrsten Sinne des Wortes. Ich stellte mich nicht über andere – außer vielleicht die Klassik-Nerds, die herzlich willkommen waren (es immer noch sind!), von ihrem hohen Ross zu steigen und zu mir überzulaufen. Einen Verstand zu haben, ist nicht das Problem, das Problem ist, wie man ihn benutzt!

Resultat all dieser Überlegung war, dass ich die flotten Tempi schnell anging, die langsamen langsam, die lauten so laut, wie das Orchester nur sein konnte, und die stillen Passagen innig und praktisch unhörbar. Nicht zu viele Crescendi oder Diminuendi, und fertig war die Laube. Ich bekam den Kontrast, den wir brauchten.

Meine Aufnahme der *Vier Jahreszeiten* war als Gegenmittel

gegen die kleinlichen, selbstzufriedenen Interpretationen der sogenannten historisch authentischen Schule gedacht. Diese Fatzkes dürften einen Nervenzusammenbruch historischen Ausmaßes gekriegt haben, als das Album rauskam! Außerdem ging es mir um einen Ausweg aus der geradezu ekelhaft selbstgefälligen Schwerfälligkeit der damals angesagten Schule bekannter Virtuosen. Ein Lager war entsetzlicher als das andere, und niemand tat dem guten alten Viv damit einen Gefallen. Es entbehrt nicht einer gewissen Ironie, dass mein Album die Entwicklung eines Personenkults auslöste, auch wenn es bei den Alben der anderen eher um deren Personen und bei meinem mehr um die von Vivaldi geht.

Also noch mal zum Mitschreiben: Ich hatte mit meiner Aufnahme der *Jahreszeiten* weder die Absicht, die klassische Welt zu verändern, noch wollte ich sie übernehmen. Alles, worum es mir ging, war, eine frischere, weniger langweilige Perspektive zu bieten. Zum Glück verfügte ich über eine breitere musikalische Erfahrung als die anderen Solisten der Zeit, sodass ich das Werkzeug hatte, einen neuen Ansatz zu präsentieren, der mehr Energie weitergab. Ich war in Indien gewesen, ich war eine feste Einrichtung in der Jazzwelt, ich hatte regelmäßig für Geld auf der Straße gespielt (bevor man dafür eine Genehmigung brauchte!) und ich hatte auf der Schattenseite New Yorks gelebt. Ich war also bereit. Ganz zu schweigen davon, dass mein klassisches Können keinem nachstand. »Eines der besten Paar Hände in der Branche.« Isaac Stern

Die Aufnahmesessions selbst liefen prima; ich denke mal, das English Chamber Orchestra war durchaus froh darüber, zur Abwechslung mal mit einem Landsmann als Direktor/Solisten zu spielen. Wie schon gesagt, beherrschten – vor der von mir eingeleiteten Wende – Leute zahlreicher fremder Gestade die Szene der Violinsolisten. Kennediski, Kennedberg, Kennedanya, Kennedy-Wu, Kennedenko, Kennemoto – sie alle wären vermutlich in Ordnung gewesen, ein Kennedy dagegen hätte gerade mal zum Filial-, nicht aber zum klassischen Orchesterleiter getaugt.

Die Energie im Studio stimmte, das kann man hören, das Einzige, was euch vielleicht interessieren könnte, wäre ein Augenblick bei den Proben zum zweiten Satz des Frühlings, bei dem eine Solobratsche das Bellen eines Hundes zu imitieren hat. Normalerweise spielt man die Stelle technisch gewissenhaft und derart geziert, dass es einem toten Faultier zur Ehre gereichen würde. Um das Problem zu umgehen, erinnerte ich den Bratschisten daran, dass er einen Hund und nicht etwa eine ausgestopfte Rennmaus darstellen sollte, und bat ihn, entsprechend tierisch zur Sache zu gehen. Ein Kichern ging durch das Orchester. Meine Anweisung war völlig überflüssig, stehen Bratschisten doch zu Recht im Ruf, völlig unabsichtlich, weil von Natur aus so und nicht anders zu spielen.

Auch wenn ich Vivaldi nicht als den besten Komponisten aller Zeiten bezeichnen würde, funkt es, wenn ich seine Sachen spiele, und seine langsamen Sätze bekommen unter meinen Händen etwas von einem Bekenntnis. Es passiert einfach. Qualitäten, die man freilich bei einer weiteren gewissenhaft korrekten Aufführung im Rahmen der Proms vom letzten Jahr vergeblich suchte, so aufregend die Kritik sie auch fand. Ich nehme mal an, dass während der Aufführung im Villa Park das Gras wuchs und ihm der Platzwart womöglich dabei zusah. Es ist noch ein weiter Weg, bis wir jüngeren Scheißern ein Verständnis für die Magie klassischer Musik beigebracht haben. Aber dazu muss man, wie ich das sehe, auch hier und da mal ein Risiko eingehen.

Als das Album rauskam, veränderte es mein Leben, und zwar von Grund auf. Allenthalben riesige ausverkaufte Gigs unter meinem Namen. Mit anderen Worten: Ich buchte die Orchester, nicht umgekehrt. Das Album wurde eine der meistverkauften klassischen Platten überhaupt. Talkshows. *Das ist Ihr Leben.* Die Leute erkannten mich auf der Straße. Das größte klassische Open-Air-Konzert der britischen Geschichte. Und was mir am meisten bedeutete: Meine Spezis sangen auf dem Weg zu Villa den ersten (nicht den ganzen, seien Sie nicht albern!) Satz des Frühlings und taten dabei, als würden sie Geige spielen.

Ja, Vivaldi, das barocke Sackgesicht hat mein Leben auf den Kopf gestellt.

JOHN STANLEY – DER DJAGILEW UNSERER ZEIT

Ich kann auf eine außergewöhnliche Karriere zurückblicken, in der seit meinem vierzehnten Lebensjahr ein Highlight das andere jagt. Das Kapitelchen hier soll das eine oder andere richtig- und klarstellen, was irgendwelche besserwisserischen Spaßbremsen im Lauf der Zeit so behauptet haben. In erster Linie jedoch möchte es den Weitblick, das Verständnis, die organisatorischen Superkräfte und Führungsqualitäten eines Mannes herausstellen, ohne den die erdstoßgleiche Wirkung meines musikalischen Ansatzes auf die klassische Welt nicht möglich gewesen wäre: John Stanley. Um seine (und meine) Arbeit in Perspektive zu setzen, fange ich mal einige Zeit vor Beginn unserer beruflichen Beziehung an.

Schon vor meiner Bekanntschaft mit John hatte ich mit führenden Orchestern und Jazzern gearbeitet und begeisterte Kritiken bekommen, wo immer ich auftrat, was ausnahmslos der Verdienst harter Arbeit war. Ich hatte außerdem Elgars Violinkonzert aufgenommen, 60 000 Platten davon verkauft und jede nur denkbare Auszeichnung dafür kassiert. Ich hatte keine PR-Leute und bekam meine Gigs nur, weil ich den einen oder anderen heißen Scheiß besser spielte als die meisten meiner Zeitgenossen. In einigen Sparten (im mitteleuropäischen klassischen Repertoire und im Pre-Bop-Swing) war ich schlicht unschlagbar, während in anderen eben andere unschlagbar waren. Mein Vorteil bei alledem ist, dass ich mich in eine Menge Genres hineinfühlen kann.

Nach diesen Anfangserfolgen hatte ich in Spanien einige Male *Die Vier Jahreszeiten* gespielt und eine Mordsfreude an deren frischer Energie und dem unmittelbaren Rapport zum Publikum gehabt, den sie bewirkten. Und wie ich schon sagte, fielen mir die Gemeinsamkeiten mit Platten aus den Album-Charts der Zeit auf, das heißt, sie bestehen aus zwölf Tracks/Sätzen, die alle kurz genug sind, um den beiläufigen Hörer nicht zu überfordern. Die Musik selbst ist nicht übermäßig kompliziert und damit nicht weniger *easy* zu hören als die Mucke des britischen Glamour-Rocks in den 80er-Jahren. Es fehlten im Prinzip nur die tuntigen Frisuren.[3]

Ich ging also wie gesagt mit meiner Idee zu EMI. Rupert Perry und ich freundeten uns später an, und ich erinnere mich noch, wie ich mit ihm zum Spiel Swindon gegen Villa ging (er hielt zu den anderen, aber damals gab's eigentlich keinen großen Unterschied zwischen den beiden Teams). Wie auch immer, er hielt meine Idee für gut und meinte dann, er hätte da den richtigen Manager für mich. Er erklärte mir, dass sich ohne gutes Management nichts er-

---

[3] Liebe Heulsusen ... NEIN! Damit kommt ihr mir nicht! NEIN! Absolut NICHT! Der Begriff beschreibt lediglich eine Frisur! Daran ist absolut nichts abfällig!

reichen ließ und dass ohne Schnittstelle zu den Plattenfirmen schlicht nichts ging. So arrangierte er denn ein Treffen zwischen John und mir.

John war (und ist heute noch) ein gut gekleideter Typ, ohne dabei ostentativ zu wirken. Es war aber gut möglich, dass die Kosten für die Klamotten, die er am Abend unseres ersten Treffens trug, mein Klamottenbudget für die fünf Jahre davor überstiegen. Er wirkte so gepflegt, dass ich mir schon Sorgen machte, er könnte die schmuddelige Couch in dem runtergerockten Gartenhaus, in dem ich residierte, nicht überstehen. Er schien jedoch nicht im Geringsten irritiert über meinen eklektischen Stil. Ich kredenzte was zu trinken. Ich erinnere mich noch, dass er meine Zukunft bereits fertig im Kopf hatte und dass er mich warnte: Falls wir zusammenarbeiteten, hätte ich mit an Sicherheit grenzender Wahrscheinlichkeit mit negativen Reaktionen zu rechnen. Seine Einschätzung der Shituation, die sich als völlig korrekt erweisen sollte, lief darauf hinaus, dass die Leute im klassischen Genre eben auch alles auf klassische Weise machten und dass so mancher auf unseren Erfolg neidisch, verwirrt oder peinlich berührt reagieren würde. Und dass ich mir durchaus Feinde fürs Leben machen könnte, meinte er. Dass man versuchen könnte, mich in Misskredit zu bringen. Mystic Meg war ein Waisenkind gegen Stanley! Mir waren diese Arschgeigen scheißegal, und damit, ein paar Wichser gegen mich aufzubringen, hatte ich erst recht kein Problem. Ich wusste nur, dass ich es in der klassischen Welt, so wie sie damals war, nicht lange aushalten würde. Für mich hieß das, sie entweder zu ändern, aufzumischen oder auszusteigen.

Während John Schritt für Schritt seinen Masterplan mit EMI umsetzte, ging ich wieder ins Studio, um für meine an sich bereits fertigen *Jahreszeiten* einige der langsamen Sätze noch mal auf eher

Lauri Kennedy, sehr frühes Foto.

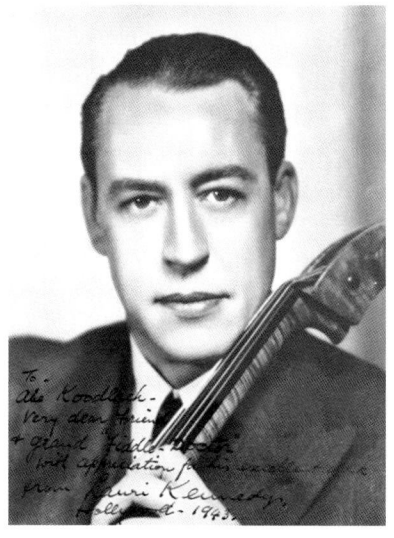

Lauri Kennedy in Hollywood, 1943.

Mein Großvater Lauri Kennedy bei Aufnahmen mit dem Fritz Kreisler Quartett. *Von links nach rechts:* Fritz Kreisler (Violine), William Primrose (Bratsche), Lauri Kennedy (Cello) und Thomas Petre (zweite Violine).

Lauri Kennedy unter der Leitung von Sir Thomas Beecham, aufgenommen in den USA. Er war von 1929 bis 1935 Chefcellist des BBC Symphony Orchestra und spielte dann beim London Philharmonic Orchestra und beim Covent Garden Orchestra. Das Foto ist signiert mit »Einem guten Freund und Kollegen … Laurie Kennedy mit Wertschätzung und Zuneigung, Thomas Beecham 17. Aug. 43«.

Mein Vater John Kennedy in England während seiner Zeit als Chefcellist von Sir Thomas Beechams Royal Philharmonic Orchestra in London.

Daisy Fowler Kennedy (1893–1981), Lauris Cousine und eine Cousine zweiten Grades von mir. Sie war eine berühmte Konzertviolinistin; geboren wurde sie in Burra-Burra, Südaustralien; gestorben ist sie im Stadtteil Hammersmith, London.

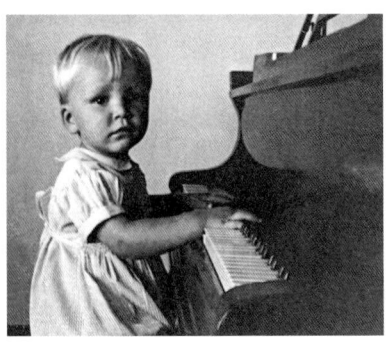

Im Alter von zwei Jahren an Moms Flügel.

Auf dem Balkon unserer Wohnung in Brighton.

 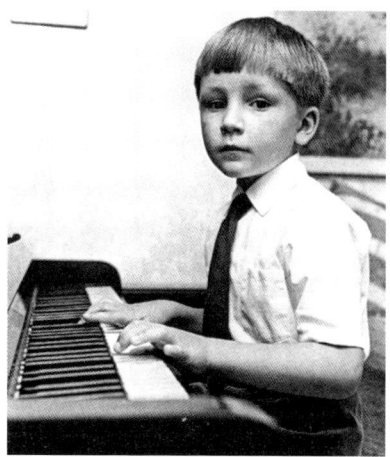

1964, ich hatte eben das Stipendium für die Menuhin School bekommen.

Unterricht bei Nadia Boulanger. An der Menuhin School hatte ich zwei starke Verbündete: Yehudi Menuhin selbst sowie die spirituelle und musikalische Pädagogin Nadia Boulanger. Um feststellen zu lassen, ob ich ein Kind des Teufels war oder nicht, musste ich Nadia Boulanger eine Kostprobe einiger meiner Jazzsachen geben. Normalerweise gab es keine Einzelaudienzen bei dieser Halbgöttin der Musikwelt, die übrigens, obwohl die Lehrer irgendwie vor ihr kuschten, auf uns Kinder nie einschüchternd wirkte.

Mit Yehudi Menuhin und Robert Masters.

Vermutlich ebenfalls um die Zeit meines Eintritts in die Menuhin School, 1964.

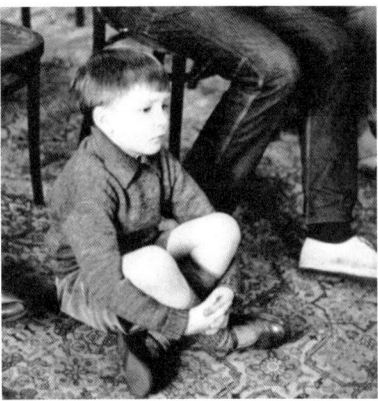

In der Menuhin School. *Mit freundlicher Genehmigung der Yehudi Menuhin School.*

Unterricht aus erster Hand: Yehudi zeigt mir den richtigen Umgang mit dem Bogen.

Acht Jahre alt; auf dem Weg zurück in die Schule.

Das Hochzeitsfoto: Mom und Duncan in der Mitte, Omi *(links)*, Duncans Schwestern mit ihren Gatten, und meine Stiefschwester Jo neben mir. Omi scheint ganz auf mich fixiert.

Mit Stéphane Grappelli; auch wenn ich nie ein Idol an sich gehabt habe, er kam nahe ran. Meine Erfahrung durch das Spiel mit Stéphane veränderte mein Leben. Ich danke dir dafür, Stéphane, so vielen von uns die Tür zu so vielen unterschiedlichen Spielweisen geöffnet zu haben. Du hast mich mal deinen musikalischen Enkelsohn genannt. Es ist eine Ehre, deiner Familie anzugehören.

In der Schweiz beim Menuhin Festival, August 1973 in Gstaad. *Von links nach rechts:* Colin Carr (Cello), Colin Twigg (Violine), Carol Norman, Jacqueline Cole (Klavier), Susan Dorey (Cello), Krysia Osostowicz (Cello) und ich, NK (Violine). *Michael Ward, mit freundlicher Genehmigung der Yehudi Menuhin School.*

Links: In der Menuhin School, März 1974. *Mit freundlicher Genehmigung der Yehudi Menuhin School.*

Rechts: Beim Charleston Manor Festival, 22. Juni 1974. Melvyn Tan und ich spielten auf dem Festival; organisiert hatte es Lady Rhoda Birley, die in dem Anwesen lebte. Ich erinnere mich, an dem Tag Virginia Wade kennengelernt zu haben.

Mit Jimmy Lin Cho-liang an der Juilliard, New York.

improvisatorische und atmosphärische Art einzuspielen. Jetzt, wo ich einen Grund hatte, sollte sich die Mucke so anfühlen, dass sie nicht nur bei selbsternannten Kennern, sondern auch bei meinen Freunden ankam. Die meisten meiner Freunde konnten klassische Musik nicht ausstehen, aber mit diesem Album würden sie sie wenigstens überstehen!

Schließlich brachten wir das Album raus – und SLAM! BAM! BOOM! KACK MIR IN' SCHUH – wir richteten damit ordentlich was an!

Aber um noch mal kurz zurückzuspulen, John hatte sich an die Arbeit gemacht. Zunächst mal hatte er EMI gesagt, dass ich 20 000 bis 30 000 Stück von was auch immer verkaufen könnte (6000 bis 7000 galten in der klassischen Branche als Erfolg!), wenn sie mich als zweiten Menuhin-Milstein-Blabla-Klon-Stein vermarkteten, dass sie jedoch möglicherweise Millionen losschlagen könnten, wenn sie mich als den ersten Nigel Kennedy verkauften.

Nachdem die Leute oben überzeugt waren, richtete er sich bei EMI ein und beaufsichtigte den Rest im Detail. So einige Manager, mit denen ich gearbeitet hatte, gaben immer dem Label die Schuld, wenn was schiefging. »Das Label hat dies versäumt, das Label hat das versäumt, das Label hat dies vermurkst, das Label hat das vermurkst ...« Wenn es zu mehr nicht reicht, als anderen die Schuld zu geben, dann macht man das besser ordentlich – ist auch ein Erfolg. Ich brachte meine Leistung auf der Violine und als Vermittler, John brachte seine Leistung als hammermäßigster Manager aller Zeiten. Wenn denn doch mal was falsch lief, hatte keiner von uns auch nur das geringste Interesse dran, seine Zeit mit Manöverkritik zu verschwenden. John ging zu EMI und kontrollierte das Ganze, ob es den Leuten dort passte oder nicht. Was übrigens leichter gesagt war als getan.

Eine große Plattenfirma war wie ein Brontosaurus; sie hatte einen überdimensionierten Körper und am oberen Ende eines irre langen Halses einen Kopf mit einem Gehirn von Erbsengröße, das schlicht nicht in der Lage war, dem Körper über eine solche Entfernung hin Nachrichten zukommen zu lassen. John dagegen platzierte sein großes Gehirn mitten im Körper und konnte ihn so kontrollieren. (Heute haben Plattenfirmen zwar immer noch das Spatzenhirn, aber keinen Körper mehr.)

Gut möglich, dass EMI in John einen ominösen Manipulanten sah, Tatsache war jedoch, dass das klassische Musikbusiness ihn verdammt noch mal als Jesus Christus und Erlöser hätte feiern sollen. Unter seiner Anleitung gab es keine Schnitzer, nirgendwo wurde gepennt. Und dann fiel mir etwas auf, was eigentlich auf der Hand liegen sollte, und zwar dass er gar nicht erst versuchte, Entscheidungen von irgendwelchen unteren Chargen zu bekommen, die dazu nicht befugt waren. Er ging direkt zu dem Macker, der sie auch tatsächlich treffen konnte. Und dann richtete er es immer so ein, dass die Entscheidungsträger auf ihn zu warten hatten und nicht andersrum. Sie würden staunen, wie viele Manager jeden Tag Stunden damit verschwenden, mit Leuten zu reden, die zu Entscheidungen gar nicht befugt sind.

Ich machte inzwischen so weiter wie gewohnt, und der Erfolg schien mir einfach so zuzufallen. Es dauerte denn auch nicht lange, und die geistigen Zwergpygmäen versuchten intellektuell größer zu wirken, als sie tatsächlich waren. Hier folgen einige der Märchen, die man sich aus den Fingern sog.

Mein »Look« sei fake, den hätte sich weiß Gott wer ausgedacht, wahrscheinlich John und/oder die Plattenfirma, jedenfalls hätte man mein »Image« fabriziert. FALSCH. John hatte die Plattenfirma lediglich angewiesen, mich selbst sein zu lassen, und bei meiner Einstellung hätte sich ohnehin keiner getraut, mir zu sagen, wie ich auszusehen hatte, es sei denn, er hatte sie nicht alle. Ob das nun gut oder schlecht war, ich hatte verdammt noch mal nie im Leben einen Stylisten oder irgendeinen hirnlosen Scheiß dieser Art.

Ich sei nur ein Produkt der Marketingleute und schlicht nicht echt. FALSCH: Mein Erfolg auf eher puristischer Basis während meiner Anfangszeit ist ja wohl nicht zu leugnen. Derartiges Talent verschwindet nicht einfach, nur weil ein neidischer Eierkopf das so will. Meine krasse Art zu fiedeln und der Respekt für mein Publikum, wo immer es herkommen mochte, machten mich einzigartig. Von wegen nicht echt, ich war das EINZIG Echte weit und breit. Ich könnte weitere Belege für die Wahrheit meiner Aussagen bringen, und das nicht zu knapp – aber scheiß drauf, ich muss mich doch nicht vor diesen geistigen Tieffliegern rechtfertigen.

Es gab einige Arschgeigen, die mich nicht mochten und die neidisch waren. KORREKT. In Ordnung. Das ist nun mal der Preis des Erfolgs. Sie hatten ja auch guten Grund für ihren Neid!

Ich sei schlecht für die klassische Musik. FALSCH. Die Öffentlichkeit stimmte mit den Beinen ab, wenn sie in meine Gigs ging. Danke übrigens! Die Labour Party brachte einen Antrag im Parlament ein, laut dem ich gut für die klassische Musik war – und kam damit durch. Ziemlich gut, finde ich. Übrigens danke auch dafür!

Was John mir verschaffte, waren all die traditionellen Möglichkeiten in Sachen Karriere und Promotion, die in eher populären Formen der Musik völlig normal waren.

Ich habe außer John nicht einen Manager kennengelernt, der so eine visionäre Kraft, so eine Inspiration und so einen scharfen Verstand gehabt hätte. Einige Angestellte bei EMI maulten ganz gewaltig, als man John als den Kopf hinter meinem Erfolg lobte. Was haben die denn für meine Alben getan, bevor John kam? Was immer sie geschafft haben, haben sie danach auf dem von John gelegten Fundament geschafft. Wenn man einen weiteren Beweis für Gandalfs (pardon, John Stanleys, aber sie sehen sich einfach zu ähnlich) Qualitäten als Manager möchte, braucht man sich doch nur umzugucken: Wie viele Künstler und Manager haben bis aufs i-Tüpfelchen kopiert, was wir gemacht haben, entweder wissentlich (diese einfallslosen Bengel!) oder unwissentlich (diese ahnungslosen Bengel!).

John hat was von einem da Vinci, wer weiß also, was er noch alles vorhat, aber fürs Erste und fünf, sechs Millionen verkaufte Platten später: Dank dir, Gandalf ... äh, sorry ... John.

MY WAY – DIE GEBURT DES PUNK-GEIGERS

Robert Masters war mein erster Violinlehrer an der Yehudi Menuhin School of Music. Ich war damals so etwa sieben Jahre alt.

MASTERS: (*zeigt mir irgendwas aus Shakespeare*) Also, Nigel, lies das doch mal ... gut ... und jetzt sag mir, was du zwischen den Zeilen siehst?

ICH: ... hmmm ... (*ich nahm meinen ganzen siebenjährigen Verstand zusammen*) ... tja ... (*und dann mit einem Geistesblitz*) ... ich sehe das Weiße zwischen den Zeilen mit den Wörtern, wo keine Wörter geschrieben sind ... (»*Das sollte es wohl tun*«, *dachte ich*).

MASTERS: (*ein Anflug von Unwillen huscht über sein Gesicht*) Versuch es noch mal.

Ich sehe mir das Buch noch mal an in dem Versuch zu erkennen, ob das weiße Stückchen zwischen den Zeilen nicht vielleicht eine etwas andere Farbe hatte – rosig vielleicht oder hellblau oder was weiß ich.

ICH: (*nachdem ich mir die Passage genau angesehen habe*) ... Hat der Zwischenraum in Wirklichkeit eine andere Farbe? Es sieht schon noch weiß aus zwischen den Zeilen ... es könnte aber auch ein bisschen gelblich sein.

Mr. Masters war ein netter Kerl, aber als Lehrer für einen siebenjährigen Jungen war er hoffnungslos. Ich war ein lausiger Schüler und kam weder schulisch noch musikalisch voran. Ich hasste jeden Augenblick dort und hätte mich gefreut, wenn man mich völlig zu Recht rausgeschmissen hätte. Ich hätte dann rauf nach Solihull ziehen und mich mit der neuen Familie arrangieren können, in die meine Mutter eben eingeheiratet hatte, zu meinem versoffenen und gewalttätigen Stiefvater, einem Arzt oder wofür auch immer der Typ sich hielt.

In einem Versuch, die Shituation zu retten, wurde ich einer anderen Geigenlehrerin zugeteilt, einer furchterregenden Tyrannin namens Jacqueline Gazelle. Sie war, übrigens zur selben Zeit wie Yehudi Menuhin, Schülerin des großen rumänischen Violinisten, Komponisten und Dirigenten George Enescu gewesen. Alle ihre Schüler hatten eine Scheißangst vor ihrer hitzköpfigen Tyrannei, und es flossen reichlich Tränen (einige werfen ihr sogar vor, ihnen das Violinspielen vergällt und damit ihre Karriere vergeigt zu haben). In meinem Fall dagegen holte ihre tyrannische Art das Beste aus mir heraus. Ich hatte mit ihr etwas, wogegen sich ankämpfen ließ, und ich wehrte mich zum ersten Mal in meinem Leben. Ich lernte durch sie, kein Opfer zu sein, und mein Violinspiel machte ebenfalls Riesenfortschritte. (Es ist irgendwie komisch, aber die

Zahl professioneller Opfer, die mir in Großbritannien, dem angeblich fünftreichsten Land der Welt, untergekommen sind, ist einfach unglaublich. Diesen Leuten, die immer mit dem Finger auf andere zeigen, fehlt es keineswegs an Geld, aber sie denken, sie könnten bekommen, was immer sie wollen, ohne selbst etwas beizutragen. Immer hat ein anderer die Schuld. Ich für meinen Teil bin froh, weder ein tatsächliches noch ein Pseudo-Opfer zu sein. Wenn mir ein Pseudo-Opfer unterkommt, dauert es nicht lange, und ich sag meine Meinung dazu.)

Wie auch immer, meine Weigerung, ein Opfer zu sein, und meine Fortschritte beim Violinspiel brachten mir Gazelles Achtung ein. Ihre tyrannische Art verschwand fast völlig.

Mrs. Gazelle hatte für ihre Violinstunden eine strenge Kleiderordnung, zu der unter anderem Reinlichkeit gehörte, aber selbst die durfte ich infrage stellen. Ich konnte bei ihr direkt vom Bolzplatz aufkreuzen und eine Dreckspur über ihren nobligen Teppich ziehen. Solange ich meiner Violine süße Klänge entlockte, war alles okay. DAS WAR MEINE ERSTE BESTÄTIGUNG DAFÜR, DASS IN DER MUSIK DER KLANG WEIT WICHTIGER IST ALS DAS AUSSEHEN. Es ist erstaunlich, wie wenig Leute in unserer Musikbranche das kapieren – selbst heute noch. Was ist los mit denen? Selbst ein zehnjähriger Junge wusste das.

Ich denk mal, so rumzulaufen, wie man will, ist einfach ein Fortsatz unseres Menschseins – und es wirft doch wohl Fragen nach der Persönlichkeit von jemandem auf, der in einem Aufzug rumlaufen zu müssen meint, der ihn wie eine halbmenschliche Fledermaus aussehen lässt. DRAKUL IST DER BOSS, KLAR? Aber obwohl man dazu nicht unbedingt Einstein sein muss, scheint es doch (vor allem in der klassischen Musik) den Horizont einer ganzen Menge Leute bei Weitem zu übersteigen, die offensichtlich der Ansicht sind, dass die Kleider die Fledermaus, sorry! ... den MANN machen ... oder, um kurz in der Erinnerung an Tyson Fury zu schwelgen: den BATMAN.[4]

Aber zurück zur Yehudi Menuhin School, wo ich mittlerweile das historische Alter von zwölf Jahren erreicht hatte. Es gab die eine oder andere Diskussion um meine Haare, die immer länger wurden, weil ich sie mir nicht schneiden lassen wollte. Dann kam es zu einem Zwischenfall, der meiner Lernkurve einen ganz neuen Winkel gab. Als einer der frühreiferen Bälger der Schule hatte man mich auserkoren, einige Nummern zum Schülerkonzert der Yehudi Menuhin School in der Londoner Wigmore Hall beizutragen. Ich sollte Brahms und Ysaÿe spielen.

Ich hatte ein nettes Paisley-Hemd gefunden, so in der Art, wie Stéphane Grappelli sie trug, weshalb es mir auch so gefiel. Dazu hatte ich ein halbwegs passables Tweedjackett, in dem ich allerdings die Arme nicht richtig bewegen konnte; ich kam mir darin vor wie Worzel Gummidge in einer Zwangsjacke. Ich hielt es mit der ausgesprochen humanen Bekanntmachung der Trotzki-Propagandaabteilung des russischen Politbüros vor dem Moskauer Tschaikowski-Wettbewerb, in der es hieß: »Genossen, ES IST WICHTIG, BEIM VIOLINESPIELEN DIE ARME BEWEGEN ZU KÖNNEN – PRAWDA.« Entsprechend hatte ich mir fest vorgenommen, ohne Jackett zu spielen, um so in bester russischer Violintradition die Arme bewegen zu können. Gerüchten zufolge

---

[4] Das soll jetzt kein sexistischer Seitenhieb gegen Frauen sein, nur gegen Männer, wo so was ja keine Rolle zu spielen scheint. Es ist nur einfach ganz zufällig so, dass Männer in dieser albernen Bestatterkluft aufzutreten haben; Frauen dagegen können anziehen, was immer sie wollen – auch wenn sie es vielleicht nicht übertreiben und in Hotpants und Minikleid auftreten sollten, es sei denn, sie wollen das, dann geht das natürlich durchaus.

müssen auch Violinisten anderer Länder beim Spielen die Arme bewegen können.

Als sie mitbekam, dass ich mich anschickte, ohne Jackett auf die Bühne zu gehen, tauchte Jacqueline Gazelle vor mir auf wie ein Drache auf Speed. »Wo ist dein Jackett?«, kreischte sie mich an. »Du bist jeden Augenblick dran. Zieh es an, bevor du auf die Bühne gehst. Wenn du es nicht anziehst, darfst du nicht spielen.«

Meine Eltern waren eigens den ganzen Weg von Birmingham heruntergekommen. Was hätte ich also tun sollen? Ich musste spielen.

ICH: Mein Jackett ist zu eng ...

GAZELLE: (*stampft mit dem Fuß auf und fällt mir kreischend ins Wort*) Willst du spielen? Dann zieh es an.

Unter dem Gekicher und den belustigten Blicken der anderen Kinder, die hinter der Bühne warteten, zwängte ich mich denn gehorsam in mein Jackett. Durch ein kleines Fenster in der Tür konnte sie zum Teil mitverfolgen, was auf der Bühne passierte, aber ich war dort vor ihren Kommandos gefeit. Ich konnte tun und lassen, was mir passte. Sie konnte mich nicht davon abhalten, ohne eine furchtbar peinliche Szene zu riskieren, die sie ziemlich dumm hätte aussehen lassen. Und Lehrer sehen nicht gern dumm aus.

Ich legte seelenruhig meine Fiedel auf den Boden, zog dann die schreckliche Zwangsjacke aus, ballte sie zusammen und schleuderte sie unter den Flügel, wo ich hoffte, dass Gazelle sie nicht sah. Das Publikum hielt die Laurel-und-Hardy-Nummer für eher ungewöhnlich und irgendwie komisch. Die physischen und geistigen Barrieren aus dem Weg geräumt, spielte ich meine Sachen wirklich, wirklich gut. Nachdem ich das Publikum mit all den von mir erwarteten Verbeugungen und Kratzfüßen zur Kenntnis genommen hatte, klaubte ich mein zerknittertes Jackett auf. Unter einem kleinen Crescendo beim Applaus zog ich es wieder an, bevor ich abtrat, und versuchte dann so zu tun, als hätte Gazelle keinen Grund, mich zur Rede zu stellen. Sie hatte auch keinen und ließ es denn auch bleiben, weil ich einfach saugut gespielt hatte. Das begeisterte Publikum rief mich mehrere Male auf die Bühne zurück. Ich hatte was, und ich wusste es. Das Publikum hatte seine Freude an einer Handvoll ordentlicher, von einem Freigeist gespielter Sounds, und es war auch nicht so, dass die klassische Musik unter dem fehlenden Jackett gelitten hätte.

Der letzte Nagel in den Sarg des Dienstbotenzwirns war ein Auftritt in der Londoner Royal Festival Hall. Das war einige Jahre später und während einer Phase, in der man mir seitens der allgemein als klassisches Musik-Business firmierenden herablassenden Möchtegern-Nobilität nahegelegt hatte, wieder in der Fledermaus-Kluft zu spielen. Ich sollte ein Konzert (wahrscheinlich Brahms, jedenfalls nicht Liszt) spielen, und sämtliche Proben hatten großartige Ergebnisse gebracht; das Orchester und ich hatten so richtig Spaß am gemeinsamen Musizieren, und alle waren bereit. Auch kleidungstechnisch stand ich Gewehr bei Fuß. Ich hatte alles, was es brauchte, um wie ein unterbezahlter Snob von einem Butler zu wirken, der in einem halb verfallenen Herrenhaus einer siechen Dynastie den Schein zu wahren versucht. Der Putz hing (wie Fledermäuse untertags das so an sich haben) bereit. Ich bräuchte ihn nur noch anzulegen. Oder jedenfalls dachte ich das.

Am Tag des Gigs öffnete ich den Kleidersack mit meinen Konzertsachen, um die Elemente meiner Fledermaus-Kluft zur Glättung auch des letzten Fältchens separat an die Luft zu hängen. Sie sollte schließlich schon nach der Generalprobe am Vormittag zum

Anlegen bereit sein, damit ich mich ein bisschen daran gewöhnen konnte, in der beengenden Affenmontur zu spielen. Wie auch immer, wie ich schon sagte, ich zog den Reißverschluss auf und sah mich vor ... NICHTS. Bierernst und wissend erwiderte der leere Kleidersack meinen Blick. Ich möchte fast sagen, dass sein Blick beunruhigend unverschämt war. Ich hatte vergessen, die Sachen für den Auftritt in den verdammten Sack zu tun, was bedeutete, dass meine Gig-Kluft sauber und vampirgleich in meinem New Yorker Apartment hing.

Das war durchaus ein Problem, da wir Sonntag hatten; alles war geschlossen, sodass die blöden Klamotten noch nicht mal zu mieten waren. Das war übrigens noch in der Ära, bevor Thatcher, die teuflische Unholdin, Gesellschaft und Gemeinschaft durch Business ersetzte. Ist etwa Deutschland hinsichtlich des Lebensstandards schlechter dran als Engel-Land, weil man den Leuten dort Raum gibt, am Sonntag an etwas anderes zu denken als Geld? Hmmmm ... NEIN! Eigentlich nicht!

Aber ich schweife ab. Es war Sonntag, und ich hatte einen Gig am Abend, aber keinen affigen Putz. Da hieß es, was organisieren. Ich nahm nach der Generalprobe ein Taxi und fuhr schnurstracks zum einzigen Ort, von dem ich wusste, dass er am Sonntag offen war: Camden Market. In dieser Guten Alten Zeit war das ein kooler, billiger Markt mit in erster Linie britischer Kundschaft – keine Spur von all dem I ♥ LONDON-Quatsch. Das war übrigens auch lange vor dem verdächtigen Brand und der Sanierung des Markts zur Begünstigung der kommerziell motivierten ethnischen Säuberung[5], die als Tourismus bekannt ist. Ich hatte die Ab-

---

[5] Bevor Sie sich künstlich aufregen, schlagen Sie »ethnische Säuberung« im Wörterbuch nach.

sicht, mir was Schwarzes zu kaufen, weil sich das für Classicos so gehört – mit Ausnahme von Solistinnen, die anscheinend in jeder Art von nuttigem Designerfummel auftreten dürfen. Hol doch mal die Peitsche raus, Baby![6]

Mir wurde rasch klar, dass alles, was ich dort an Klamotten kriegen könnte, Punkoutfits mit Ketten und einem Touch von Grufti waren. Für knapp fünfzig Pfund staffierte ich mich damit aus.

Ich bin mir nicht sicher, inwieweit Sie da Bescheid wissen, aber in traditionellen klassischen Konzerten sind Solisten lediglich Gast des Orchesters, es ist also nicht deren Show. Entsprechend hatte ich vor dem Gig hinter der Bühne so meine Bedenken, was die Reaktion der Kollegen auf meinen neuen Aufzug anging. Der Dirigent zog eine Braue hoch, schien sich aber nicht weiter daran zu stören, obwohl wir – er in seinem Butleraufzug, ich in meiner Punker-Kluft – auf dem Weg durchs Orchester zur vorderen Bühnenmitte ein recht merkwürdiges Paar abgegeben haben müssen. Unter den Kollegen im Orchester tauschte man hier und da ein hämisches Grinsen aus – sie schien diese Herausforderung des Systems zu freuen. Im Publikum tauschte man ebenfalls einige Blicke aus: »Was hat er denn jetzt vor?«, »Wie sich das wohl anhören wird?« und »Der vergeigt das doch jetzt nicht, oder?«

Das Wichtigste jedoch war, dass die Vorstellung hammermäßig gut über die Bühne ging. Ich spare mir mein Bestes immer für den Gig auf, wenn es zu der einzigartigen Synchronizität der Energien zwischen Publikum und Musikern kommt. Alles, was vorher kommt, dient hauptsächlich der Vorbereitung, aber wenn wir

---

[6] Das ist keine sexistische Bemerkung, sondern einfach eine Beobachtung und Reaktion eines 64-jährigen alten Zausels. Diskriminieren Sie mich bitte nicht wegen meines Alters.

dann frei sind, die Musik und den magischen Augenblick des JETZT zu leben, verklärt sich alles irgendwie und rückt auf eine höhere Bewusstseinsebene.

Nachdem der Gig so super gelaufen war und das Orchester und ich die gemeinsamen magischen Augenblicke genossen hatten, zu denen es nur live auf der Bühne kommt, machte ich mir keinen allzu großen Kopf darüber, was Leute von dem 50-Pfund-Bock hielten, den ich im Camden Market geschossen hatte. Wie nach jedem Gig war mir nur nach dem traditionellen Besäufnis mit Familie und Freunden. Aber dann, als ich der Reihe begeisterter Gratulanten Drinks einschenkte und Autogramme gab, passierte was ganz Merkwürdiges.

»Nigel, das ist wunderbar, was Sie da machen – die klassische Musik ins 20. Jahrhundert zu bringen ...«

»Wunderbar, Nigel, wie Sie gegen die schrecklich langweiligen klassischen Konventionen rebellieren ...«

»Nigel, Ihre Kleidung haucht der Klassik neues Leben ein. Sie hauchen der klassischen Musik neues Leben ein.« (Die zweite Hälfte stimmt!)

»Eine super punk-klassische Innovation ...«

»Wann sind Sie denn ein Punk geworden?« (Diesen Nachmittag für fünfzig Pfund.)

»Danke, Nigel, dass Sie die klassische Musik retten ...«

»Sie sind ein PUNK-GEIGER ...«

Tja, da haben Sie's. Damit war der PUNK-GEIGER geboren! Als ich nach New York zurückkam, besorgte ich mir etwas Paraffin und ging mit einigen Freunden rauf auf das Dach des Hauses, in dem ich wohnte, und verbrannte in feierlichem Zeremoniell den Fledermaus-Aufzug. Er hat nie so gut ausgesehen wie in dem Augenblick. Seither spiele ich, worin auch immer ich mich gerade wohlfühle. Das Ergebnis war bessere Musik fürs Publikum, für meine Musikerkollegen und für mich selbst.

Den höhnischen Schlussfolgerungen einiger ach so netter pseudo-intellektueller Spaßbremsen zum Trotz war weder mein »Look« noch mein »Image« je ein geschäftlich motivierter oberflächlich-kosmetischer Schritt. Mich als der wohlzufühlen, der ich wirklich bin, ist das Wichtigste für mich – wenn das ein, zwei Spaßbremsen Unbehagen bereitet, so ist das deren Problem, und sie sollten damit zum Therapeuten gehen. Ich möchte wetten, dass die überwiegende Mehrheit derer, denen ich auf die eine oder andere Art auf den Schlips getreten bin, längst in psychiatrischer Behandlung waren – nötig haben sie die allemal.[7]

Tatsache ist, dass ich ein Risiko einging, was mich denn auch zu Folgendem bringt:

RISIKEN? KLAR!

Mir ist aufgefallen, dass wir seit Jahren in einer Welt leben, die mehr und mehr an dem Stückchen Klopapier interessiert ist, das sie für ihr Studium bekommen, als daran, Erfahrungen fürs Leben zu sammeln. Diese vernagelte Einstellung, gepaart mit der pandemischen Abhängigkeit von Computern, hat dazu geführt, dass wir in einem ständig zunehmenden Sumpf so zusammenhang- wie hirnloser Fakten ertrinken, denen es an Kontext und originellem

---

[7] Der Besuch eines Psychiaters ist nicht stigmatisiert, und falls Sie sich analysieren lassen, heißt das nicht automatisch, dass Sie eine Spaßbremse sind. Es ist einfach so, dass die meisten Spaßbremsen nicht ganz sauber sind, das ist alles.

Denken fehlt. Kopieren scheint sich größerer Beliebtheit zu erfreuen als Denken. Außerdem verwechseln die Leute Praxis und Theorie. Resultat ist das Wiederkäuen von Theorien und Statistiken ohne jeden praktischen Wert. Wir erleben eine Art risikofreier Politik, in der einen schon eine geringfügig abweichende Idee zum schwarzen Schaf macht, das dann unweigerlich auf eine pseudointellektuelle Schlachtbank geführt wird. Das ist in etwa das Resümee fast aller aktuell modischer Ideologien, von denen die eine wie die andere auf ziemlich dürftigen Fundamenten steht, was ihre Anhänger furchtbar unsicher macht. So unsicher, dass sie jedes Mal gleich ausrasten oder nach Zensur schreien, wenn jemand eine etwas durchdachtere Idee zum Ausdruck bringt, als der prosaische Status quo der schwätzenden Klasse es erlaubt. Nur wenn man sich des Verdachts nicht erwehren kann, vielleicht doch im Unrecht zu sein, erscheinen einem Zensur oder Niederbrüllen eines Gegenarguments attraktiv – oder wenn man die vorherrschende Meinung nachplappert, ohne selbst darüber nachgedacht zu haben.

Ich erwähne das hier, weil Musik und »richtiges Leben« einander bis zu einem gewissen Punkt reflektieren. Meiner Ansicht nach sollte Musik jedoch einige emotionelle Türen öffnen, die einem im »richtigen Leben« womöglich verschlossen sind. Deshalb finde ich es so traurig, dass diese gotterbärmlich ernste Herdenmentalität noch immer das durchdringt, was doch eigentlich unsere ureigene und einzigartige Welt der musikalischen Freiheit sein sollte.

Es wird Zeit, dass die jungen Leute einsehen, dass ein Solist, der nicht kreativ denkt, sich der Nachlässigkeit schuldig macht. Kreativität und Risiko gehören ebenso zusammen wie Plagiat und Sicherheit. Das Vortäuschen von Originalität geht einher mit beschissen und abgeschmackt. Es ist unsere Aufgabe als Musiker (mit individuellen Namen und Fingerabdrücken), unserem Publikum etwas zu bieten, das die Leute nicht bereits haben, alles andere ist ein prosaisches musikalisches Gegenstück zur Massenproduktion. Man könnte auch von Etikettenschwindel sprechen. Falls Sie mal originelles Violinspiel hören wollen, checken Sie mal Jerry Goodman in seiner Zeit bei The Flock oder später beim Mahavishnu Orchestra. Das ist um Klassen besser als dieser politisch-korrekt weichgespülte Scheiß, den man bei einer verzweifelten BBC heute unter »Violinspiel« versteht.

Obzwar diese Unfähigkeit zu eigenem Denken vor allem in der klassischen Musik verbreitet ist, sieht man sie längst auch im Jazz, der Musik, die sich doch als Synonym für Originalität und Kreativität versteht. Jazz hat sich im Laufe von hundert Jahren in halsbrecherischem Tempo zur höchstentwickelten und originellsten Musikform entwickelt, die die Menschheit heute kennt. Wozu also all die Coltranes? Wozu all die Charlie Parkers? Wozu all die Kenny Dorhams? Ja, wozu mehr als eine Norah Jones, wo wir schon dabei sind? Sollte nicht ein Exemplar von jeder Sorte genügen?

Das bringt mich auf eine literarische Nebenstraße, die hier nichtsdestoweniger relevant ist, als es sich um ein Risiko handelte, das einzugehen die Sache wert war. Meine Karriere bekam dadurch einen ganz neuen Sinn.

Ich persönlich mag die Leute, die ihren eigenen originellen Ansatz haben, und machen Sie sich da mal keine Sorgen, meine Damen und Herren, es gibt davon genügend. Heben Sie den Blick nur mal über die PR-getriebenen Medien hinaus.

Mangels eines besseren Begriffs bezeichne ich meinen Ansatz hier mal als die Kennedy-Formel. Und wie es zu der kam, erzähle ich Ihnen jetzt …

DIE KENNEDY-FORMEL

Als ich mich entschloss, meine Karriere auf eine verantwortungsvollere, weniger klassenorientierte Weise zu verfolgen, fand ich die Aussicht ziemlich aufregend, klassische Musik mit Menschen (zum Beispiel meinen Freunden) zu teilen, die sie nie erlebt hatten.

Mit meinen New Yorker Erfahrungen als Straßenmusiker im Rücken hatte ich meine Art von Musik querbeet für alle nur erdenklichen Leute gespielt. Jetzt wollte ich das Musikbusiness auf den Kopf stellen und der Erste sein, der klassische Musik allen und jedem näherbringt, unabhängig von ihrem finanziellen oder ethnischen Hintergrund.

Um das zu erreichen, entschied ich mich für einen Ansatz, der in vieler Hinsicht das diametrale Gegenteil des ausgesprochen exklusiven privaten Clubs darstellte, der die klassische Musik damals war. Damit dieses Ziel nicht nur ein Hirngespinst blieb, sorgte mein Manager John Stanley dafür, dass ich mit Leuten (jenseits der verknöcherten Eton-&-Laura-Ashley-Welt) arbeitete, Leuten, die sich ihren Lebensunterhalt damit verdienten, einer breiteren Öffentlichkeit auf eine sehr reale Weise großartige Musik aller Art zu vermitteln, anstatt sich von Mitteln aus der geschlossenen Welt von Arts Council und nobligen privaten Sponsoren zu ernähren. Die Suche nach einem neuen Weg vorbei an der muffigen Welt, die die klassische Musik auf so hemmungslos selbstverliebte Art dominierte, war zu meiner Erleichterung weit aufregender als angenommen und machte obendrein (Gott behüte!) auch noch Spaß.

Es war natürlich ein völlig neuer Weg. John Stanley, der zuließ, dass man ihn als John adressierte – ich nannte ihn John, andere Kollegen und Freunde nannten ihn John, seine Frau nannte ihn John, und ich werde ihn hier fortan als John bezeichnen. Okay, John? Äh ... – John wies mich auf die potenziellen Risiken hin, die es mit sich brachte, seinen eigenen Weg zu gehen:

(1) Das Risiko, die Snobs vor den Kopf zu stoßen, die in der klassischen Sparte das Sagen hatten oder darüber schrieben; ihre kleinen Geister, so John, könnten auf die Idee kommen, populär sei gleich schlecht. Das erwies sich ja denn auch in so einigen Fällen als zutreffend, wenn man sich so ansieht, was einigen kleinen Scheißern aus dem metaphorischen Hintern fuhr.

(2) Das Risiko, die Snobs in Verlegenheit zu bringen, die in der klassischen Musik Regie führten, aber ihre Arbeit nicht richtig machten und später über mich herziehen würden, um nicht so dumm dazustehen. Auch hier erwies sich John als Prophet. Die Eifersucht und der Neid, die meine Bemühungen hervorbrachten, ein, zwei Leute an meine Musik heranzuführen, gebaren eine ansehnliche Menge bösartiger Verleumdungen; schließlich hatten meine angesäuerten Widersacher in dieser Beziehung kläglich versagt.

(3) Das Risiko, die Snobs unter den Musikern vor den Kopf zu stoßen. Glücklicherweise hielt sich das in Grenzen. Die Ohren offen zu halten, gehört bei Musikern nun mal dazu, und abgesehen davon war ziemlich klar, dass ich spielen konnte, dass ich etwas von der Musik verstand, die ich spielte, und dass ich ihr etwas Besonderes gab.

(4) Das Risiko, meinen Lebensunterhalt zu verlieren, falls ich scheiterte und die Konzertgagen ausblieben. Ein Risiko, das ehrlich gesagt so groß nicht war. Für britische Solisten gab es praktisch keine ordentlichen Konzertgagen, bevor meine Karriere ihre Wirkung tat. Ich erinnere mich noch an die 50 Pfund, die mir die BBC für mein erstes Recital im Rundfunk zahlte, für das es zwei Monate Vorbereitung brauchte. Ich verdiente weit mehr in zwei Stunden als Straßenmusiker auf der Fifth Avenue. Ich konnte also, falls die Kacke mal wirklich am Dampfen sein sollte (was nicht als Anspielung auf das Kapitel über meine Begegnung mit der Polizei der West Midlands zu sehen ist[8]), jederzeit wieder auf die Straße gehen – immerhin war meine Karriere als Straßenmusiker etwas Reales, machte Spaß und brachte Miete und Essen ein. Es bestand darüber hinaus die Möglichkeit, die klassische Abteilung bei EMI gegen mich aufzubringen, weil ich sie mit meinem Vorhaben aus ihrer bequemen Lethargie reißen, mit anderen Worten ihre verhätschelte Existenz in ihrem spinnwebverhangenen Elfenbeinturm stören würde. EMI hatte die für eine englische Plattenfirma seltsame Angewohnheit, britische Künstler in ein kleineres Sub-Label abzuschieben, dessen Platten nur in Großbritannien erhältlich waren. Sie behandelten uns Briten wie Bürger eines Vereinigten Leibeigenenreichs Großbritannien. Wie schon erwähnt, kann man sich nur schwer vorstellen, dass die Deutsche Grammophon deutsche Künstler in Acht und Bann schlagen oder Motown sich weigern würde, die Aufnahmen amerikanischer Künstler herauszubringen, insbesondere solche, die in Michigan geboren waren. Unterm Strich hatte ich in dieser Hinsicht also nicht wirklich viel

---

[8] Diese hypothetische Anspielung bezieht sich auf ein spezifisches berittenes Individuum aus besagtem Kapitel.

zu verlieren. Ein guter alter irischer Name wie Kennedy half mir jedenfalls nicht gerade.

Die Arbeit mit einem so kenntnisreichen und weitsichtigen Manager wie John Stanley war eine regelrechte Offenbarung. Das Bild, das er im Kopf hatte, war um so viel größer als der winzige Kosmos der Privatschulabsolventen, mit denen ich zuvor zu tun gehabt hatte. Im Rückblick sehe ich erst so richtig, was meine Arbeit mit John, der die Leute bei EMI auf Vordermann brachte, alles verändert hat. Mein Ziel war, wie gesagt, klassische Musik von absoluter Topqualität an mehr Leute zu bringen, die sie verdienten. Ich hatte nicht damit gerechnet, dass es Medien und Plattenfirmen beim Anblick eines Kleides oder was weiß ich das Gehör verschlagen würde oder dass sie den Hype von Managern notwendigerweise würden fressen müssen, um ihn dann für uns – das leidgeprüfte Publikum – hochzuwürgen. Aber ich denke mal, Arbeit und Möglichkeiten für Musiker zu schaffen, miese oder nicht, ist besser, als nichts getan zu haben. Aber um die Wahrheit zu sagen, man kann das nicht wirklich Managern, A&R-Leuten oder Rezensenten vorwerfen. Hätten sie nicht Bohnen in den Ohren, dann würden sie meinen Job machen, nicht ihren.

Nachdem ich Sie, meine Freunde, also möglicherweise auf klassische Musik gebracht habe, kann ich Sie beruhigen: Sie werden noch so einiges hören, was die BBC oder irgendeine andere »gelehrte« Einrichtung Ihnen als aufregend, brillant oder, schlimmer noch, politisch korrekt verkauft hat. Sie werden sich fragen, warum sich dieses Zeug dann so langweilig und fade oder, schlimmer noch, grauenhaft korrekt anhört. Warum? Weil es genau das ist! Suchen Sie die Schuld nicht bei sich selbst, wenn Sie damit nichts anfangen können. Es ist wahrscheinlich einfach Scheiße. Was man Ihnen als Rolls-Royce angedreht hat, ist womöglich nur ein Fiat Uno in einem hübschen Kleid.

Wichtiger als all die zweitklassigen, von den Medien gehypten Solisten ist das Publikum, sind all die Hörer rund um die Welt, die ich zur klassischen Musik gebracht habe, worauf ich durchaus stolz bin.

Nach all dem Gequatsche möchte ich jetzt aber noch mal kurz auf die *Jahreszeiten* zurückkommen. Der Mix aus Komposition und meiner Art, sie zu interpretieren, hat zu dem Marketingmodell geführt, das in den Jahren darauf so viele kopiert haben – und das BIS AUF DEN HEUTIGEN TAG (ich danke dir, Dillian Whyte). Wenn mir mal nichts mehr einfallen sollte, werde ich darüber schreiben, wie es zu der untrennbaren Verbindung zwischen mir (beziehungsweise einem Teil meines Lebens) und den *Jahreszeiten* kam. Womöglich erzähle ich Ihnen sogar, wie dieser ganz außergewöhnliche Strauß von Konzerten mich, das Orchester und das Publikum jedes Mal aufs Neue mit so außergewöhnlicher Energie erfüllte; und vielleicht erzähle ich Ihnen auch, wie ich dem Publikum etwas von meiner eigenen, ganz speziellen Art von Energie durch die Musik geben konnte. Ich habe mir damit weltweit viele musikalische Freunde gemacht.

Es sei hier nur so viel gesagt: In dem Augenblick, in dem John, ich und die Plattenfirma uns einig waren, dass meine Vivaldi-Interpretation nebst Vortragsstil marktfähig war und dem Publikum etwas zu bieten hatte, machten wir uns ans Werk.

Mal abgesehen von der Freude, meine Musik mit so vielen Menschen teilen zu können, was mein Selbstvertrauen stärkte, wirkte sich dieses musikalische Abenteuer ganz drastisch auf meine Finanzen aus. All die Jahre über, an der Juilliard und davor, war ich von reichen, privilegierten Leuten umgeben gewesen, hatte aber selbst nie was gehabt. Alles, was ich hatte, war ein ständig überzogenes Konto. Wenn ich also an dieser Kampagne was verdienen sollte, würde ich das mit Freuden annehmen; meiner Ansicht nach hatte ich mir das nicht weniger verdient als alle anderen, die daran beteiligt waren. Außerdem hatte ich nicht den geringsten Zweifel daran, dass ich das Geld nicht weniger verdiente als all die feschen Künstler, die sich über ihre aufgeblähten Gagen (und Subventionen des Arts Council) am Geld des Steuerzahlers bereicherten und dafür Musik spielten, die für eben diese hart arbeitenden Steuerzahler völlig irrelevant war. Darüber hinaus war mir der Hochmut durchaus nicht entgangen, mit dem einige Classicos meine Arbeit als nicht intellektuell genug abzutun versuchten. Wie mir später auffiel, zögerten diese Arschgeigen nicht einen Augenblick, sich auf ähnliche Kampagnen einzulassen, als man mit den Dollars winkte – schamlos liefen sie dem Mammon hinterher. Ich mochte Midas sein, aber kein Judas wie sie![9]

Meine Idee lief darauf hinaus, dass eine Menge klassische Musik so schön ist, dass jedermann wenigstens die Chance haben sollte, sie tatsächlich zu hören. Mein Ziel war es, die Türen des hochnäsigen privaten Clubs aufzustoßen, dessen Mitglieder sich für die Besitzer dieser schönen Klänge hielten, ob sie ihnen nun gefielen oder nicht. Jeder sollte da reindürfen. DAS HABEN WIR GESCHAFFT! Zu erwarten, dass jedermann sich in diese klassischen Sachen verknallte, wäre womöglich etwas zu viel gewesen, aber wir haben den bis dahin privaten Club verstaatlicht, und von da an konnte sich jeder mal selbst ein Bild davon machen, ob es ihm dort gefiel. Einige der hyperprivilegierten, selbstgefälligen Mitglieder

[9] Ich erwähne Judas hier seiner Liebe zum Geld wegen. Nicht dass Sie mir da andere Schlüsse ziehen.

des Clubs nahmen mir das übel und versuchten mich auf die eine oder andere Weise zu diskreditieren. Es war jedoch schon zu spät. Bei allen Anstrengungen, die Türen wieder zu schließen, ihr edler Gaul war ihnen dahin ...

SPÄTER ... Mal abgesehen davon, dass Horden junger Nachwuchsmusiker die Kennedy-Formel verzweifelt zu kopieren versuchten, waren meine Begegnungen mit Plattenfirmen und anderen Drohnen der Musikbrache (sorry für das Wortspiel) nicht weniger amüsant. So manches Mal saß ich in den letzten Jahren irgendeinem männlichen oder weiblichen Arschgesicht gegenüber, das hinter seinem Schreibtisch herablassend meinte: »So geht das bei uns, mein Guter« oder »Das ist so üblich«. Und dabei hatte man mir eben die Formel zitiert, die John Stanley und ich erfunden hatten. Diese Ignoranten bildeten sich etwas ein auf ihr Wissen in ihrem Fach und wussten noch nicht mal, wer die Formel erfunden hatte, der sie ihr lauschiges Plätzchen im Leben verdankten.

Um Ihnen die Wahrheit zu sagen, die klassische Musikbranche ist derart voll Scheiße und Scheißern, dass sie tatsächlich ... scheiße ist. Zum Glück gibt es einige Ausnahmen, aber die bestätigen nur die Regel.

Glücklicherweise wiegen meine Kollegen, mein Publikum und die Musik die oben genannten Idioten wieder auf. Es gibt einfach keinen Ersatz für diese magischen Abende, an denen allen das Herz aufgeht wie von göttlicher Inspiration erfasst. Sie lassen einen die Kretins vergessen. Deshalb beschäftige ich mich bis heute mit meiner geliebten Musik und werde immer noch besser, Tag für Tag.

BRIEF AN EINEN JUNGEN KÜNSTLER

»Meine lieben kleinen jungen Leute,
Was völlig sinnlos geworden ist und in den ›Künsten‹ trotzdem viel zu oft passiert, ist, dass eine Institution (allzu oft mit Erfolg) einen Einzelnen zu institutionalisieren versucht. Wenn die Umstände, an die die Institution glaubt, tatsächlich noch existieren würden, dann würden diese selbsternannten Despoten ja vielleicht durchaus rational handeln, aber wenn man es mit einem Freigeist zu tun hat, existieren diese Umstände eben nicht mehr, weil dieser Freidenker sich schneller weiterentwickelt hat, als das einer monolithischen Institution möglich ist, und für eine neue Realität gesorgt hat.

Angst ist in der Musik weit verbreitet, aber Angst ist keine gute Ausgangsbasis für gute Musik. All die Arbeit an ihrer hammermäßigen Technik bei Jazzgitarristen oder klassischen Musikern ist letztlich nur eine Art Schutzmaßnahme. Man beeindruckt die Leute mit seinen flinken Fingern, damit sie einem nicht über diese Fertigkeit hinaus ins Herz schauen. Ich will damit nicht sagen, dass man technisch zu versiert sein kann, aber die Konzentration auf Technik, um andere davon abzuhalten, sich ein musikalisches Urteil über einen zu bilden, ist eben nur Blendwerk. Wir wollen etwas, was uns befreit und uns das Gefühl gibt, wir würden fliegen. Das Element der Angst tut der Musik ganz und gar nicht gut. Angst ist scheiße.

Eine ganze Menge von dem, was ich mir immer erhofft hatte, ist tatsächlich passiert, so zum Beispiel das Comeback der Live-Musik und das Ableben der Plattenfirmen. Ich hätte sie die letzten dreißig, vierzig Jahre über zu gern untergehen sehen. Womit ich nicht meine, dass da Leute ihre Jobs verlieren sollten, aber wenigstens kann einem heute nicht irgendein Typ an seinem Schreibtisch mehr sagen, was man als Musiker zu tun hat, wenn er selbst keinen blassen Schimmer von Musik hat. Die Leute können sich heute so viel mehr Musik anhören, zu der sie früher keinen Zugang hatten. Die Segmentierung der Musik anhand gesellschaftlicher Ebenen ist nicht mehr so stark wie früher. Alles in allem haben wir Künstler heute mehr Autonomie.

Spielt nur die Musik, die euch wirklich am Herzen liegt. Stellt euch euer eigenes Repertoire zusammen, sucht euch dafür Sachen aus, die euch etwas sagen, sodass ihr wirklich etwas Einzigartiges zu geben habt. Ihr seid einzigartig, kein anderer spielt wie ihr. Niemand sonst wird dasselbe wie ihr empfinden, wenn sie die Melodie hören, die ihr spielt. Es gibt nur einen, einen einzigen, der so spielen kann wie ihr. Habt Freude daran, eure Musik mit anderen zu teilen. Das ist nämlich das Schönste daran, ob das nun Kollegen sind oder ein Publikum: Genießt den Augenblick. Habt keine Angst, es gibt nichts, weswegen ihr euch schämen müsstet, das Publikum ist euer Freund. Wenn da verdammt noch mal jemand aufgekreuzt ist, dann nicht um euch zu beurteilen. Das Publikum ist gekommen, um sich von euch in schöne Gefilde entführen zu lassen, wozu ihr voll imstande seid.«

EIN LEBEN IM GEISTE LAURI KENNEDYS

Jetzt, wo die Moleküle meines Körpers so lange schon in alle Winde zerstreut sind, kann ich die physische wie die metaphysische Realität aus einer viel breiteren Perspektive als die des bloßen organischen Zweibeiners sehen. Mein Körper ist sowohl in die Wolken aufgestiegen und darüber hinaus als auch tief in die Erde gesunken. Ich bin Teil des Wassers, des Bodens und der Luft, die die Vegetation des Planeten und damit auch alle Spezies darauf nähren. Mein molekularer Körper hat sich nach außen weiter ausgebreitet, als das Auge selbst durch ein intergalaktisches Teleskop sehen könnte, und nach innen tiefer als selbst durch das stärkste Mikroskop zu sehen. Von meiner Warte aus bin ich jedoch nicht in zwei verschiedenen Welten, sondern in einer einzigen endlosen. Ich kann die kosmische Realität im äußeren wie im inneren Raum als Universum betrachten oder ein einziges Molekül. Beide sind für mich nicht mehr zu trennen. Dass ich in der Lage bin, doch Worte zu kommunizieren, kommt daher, dass ich meinen Enkelsohn Nigel benutze, um sie euch Erdgebundenen zu vermitteln. Er hat mich darum gebeten, und ich komme seiner Bitte mit Freuden nach. Ich sollte noch darauf hinweisen, dass der Ort, an dem ich mich jetzt befinde, sich nicht geographisch lokalisieren lässt und dass Kommunikation etwas Grenzenloses ist – also schreiben Sie mir bitte nicht nach Australien! Ich bin, wie man in Ihrer organischen Welt das nennt, TOT.

Was aber nicht heißt, dass ich nicht gerne zurückdenke an die kleinen Details meines physischen Daseins, und eben darum hat Nigel mich gebeten, einige von diesen Details zu erzählen. Ich habe viele teure Erinnerungen an die Zeit, in der ich Teil der Menschheit war. Erinnerungen an die Musik spielen für mich dabei eine besondere Rolle, weil diese mir Türen zu der spirituellen Welt öffnete, die ich heute bewohne, und das lange bevor ich das Physische gegen das Metaphysische getauscht habe.

Nach meiner Metamorphose hatte ich zunächst durch meinen Sohn John direkten Kontakt zu Ihrer Welt. Heute habe ich dafür meine Enkel, von denen einer mir in diesem Augenblick durch die Niederschrift seines Buches dabei hilft, Sie zu erreichen. Mit Augenblick meine ich Ihren Augenblick. Zeit ist eine Erfindung der Menschheit, in Wirklichkeit gibt es nur die Endlosigkeit. Hier, wo ich bin, wissen das alle, aber auch bei Ihnen gibt es viele Künstler, die Bescheid wissen, und auch eine Handvoll Wissenschaftler.

Eines freilich habe ich gesehen, als ich im Reich des Körperlichen lebte, und zwar dass die Kennedys seit vielen Generationen eine Pforte hatten, durch die sich für sie das Metaphysische erreichen ließ. Mal abgesehen davon, dass sie alle intelligente, intuitive Musiker gewesen sind, hat diese Gabe wenigstens teilweise mit unserem irischen Erbe zu tun. Wir Iren hatten schon immer die Fähigkeit, sowohl mit dem physischen Land zu koexistieren, als auch in andere Welten und Realitäten zu reisen. Musik war uns Kennedys schon immer ein Mittel, die Tür zu der Welt jenseits der physischen zu öffnen. Über bloßes Wissen (das jedem Schwachkopf aus der schwätzenden Klasse zur Verfügung steht) hinaus, haben wir etwas weit Wichtigeres. Seele. Natürlich kann man Wissen vermitteln, und der Clan der Kennedys ist von überdurchschnittlicher Intelligenz. Aber versuchen Sie mal Seele, Empathie oder Weisheit zu lehren. Das ist unmöglich, man kann sie nicht einfach herunterleiern wie ein Papagei. Mein Enkelsohn hat sein ganzes Leben lang gegen die Doktrin des lehrplanorientierten Denkens angekämpft; mir selbst ist nie ein Lehrplan untergekommen, und musikalisch habe ich die Welt der Seele bewohnt wie er auch.

Die Kennedys sind seit jeher Reisende. Ich erinnere mich noch, dass mein Vater Samuel Kennedy mir erzählte, wie unsere Familie Irland verlassen hat, um nach England und dann nach Australien zu gehen.

Die Kennedys verließen Irland, weil selbst der Versuch, unter englischer Herrschaft zu leben, unmöglich ist. Unter englischer Herrschaft überlebten nicht die Tüchtigsten, sondern die mit der größten Wampe. Wie Darwin hatte auch mein Vater seine Theorien in Bezug auf Australien, wenn auch in einem anderen Sinne. Er hatte erkannt, dass die Überlebensrate von sechzig Prozent auf der Überfahrt dorthin weit höher war als die Überlebensrate von zehn Prozent zu Hause. In England zu bleiben, kam auf lange Sicht auch nicht infrage, weil es die dortige Mentalität – keine Schwarzen, keine Iren, keine Hunde – schon lange vor den 1950er-Jahren gab.

Leider kann ich von hier oben immer noch die schwätzende Klasse hören, die sich seit meiner Zeit wie die Karnickel vermehrt zu haben scheint. Auch jetzt stören sie wieder mal meinen Gedankengang. So wie die Karnickel einst eine Plage in Australien waren, sind diese Schwätzer jetzt eine Plage für jegliches intuitive, empathische Denken in der sogenannten westlichen Welt (und damit meine ich wahres Denken). Im Augenblick scheint sie eine Psychose erfasst zu haben, die sie als Erderwärmung bezeichnen (ich kann Ihnen sagen, als ich ein Kind war, war es in Australien um einiges heißer). Und dann sind sie sich politisch noch ach so bewusst oder »woke«, wie sie das jetzt nennen, ein Begriff, mit dem sich die Weißen und einige Schwarze in einem Akt kulturellen Diebstahls ein Wort aus einem ganz bestimmten Segment der schwarzen Gesellschaft angeeignet haben. Diese Leute ruinieren jede Möglichkeit einer philosophischen Begegnung mit der wahren Realität. Ach, was für eine Erleichterung, dass die mal einen Augenblick still sind, sodass ich meine Geschichte erzählen kann.

Bevor die schwätzende Klasse ins Kraut geschossen ist, hat mein Vater Samuel mir ständig von seiner Überfahrt nach Australien erzählt und wie glücklich wir uns doch schätzen könnten, uns dort ein neues Leben aufzubauen. Er erzählte mir von den endlosen Monaten auf dem Schiff und dass es nur Hirse zu essen gab (an einem besonders guten Tag, da man bei den Schifffahrtsgesellschaften so wenig Geld wie möglich fürs Essen ausgab). Und er erzählte von den weniger Glücklichen, die unterwegs umkamen. Die Reise im Zwischendeck, so sagte er, bedeutete, dass er von Glück reden konnte, lebend anzukommen, und dass es mich, wenn er gestorben wäre, nie gegeben hätte. Weshalb auch ich von Glück reden könnte.

Was es zum Aufbau dieser neuen Welt brauchte, war Arbeit. Eigentlich war er nach Australien gekommen, um sich als Kommissionär zu versuchen, aber während sich diese Geschäftsidee als Sackgasse erwies, kam ihm die Idee, es mit der Förderung (oder Ausbeutung) des musikalischen Talents unserer Familie zu versuchen. So entstand die Kennedy Troupe. Wir hatten einen Pferdewagen, auf dem links und rechts in großen Lettern »The Kennedy Troupe« stand. Und in dem zogen wir wie die Nomaden von Stadt zu Stadt. Ich hörte dabei so viel Musik, hauptsächlich Vaudeville – beliebte zeitgenössische Lieder – gemischt mit dem einen oder anderen zugänglicheren klassischen Stück, dass mir das alles in Fleisch und Blut überging.

Es gab Wichtigeres zu tun, als seine ungeheuer kostbare Zeit auf eine formale, orthodoxe Ausbildung zu verschwenden. Wir lernten was über die Realität und dass es, wenn man etwas aus seinem Leben machen wollte, keine andere Möglichkeit gab, als die gute alte Arbeit, Arbeit und noch mal Arbeit. Mit der Hand an der Stirn über Büchern zu sitzen, war ein ebenso belangloser wie selbstsüchtiger Luxus, der uns einfach nicht interessierte, nicht dass wir uns so etwas hätten leisten können. Was immer man an Bildung für nötig erachtete, bekam ich von meiner Mutter Bertha, meinem Vater oder anderen Mitgliedern der Troupe. Ich bin sehr dankbar dafür, dass ich meinen Geist nie in die engen Vorstellungen vorgefassten Lernens und Lehrens gezwängt sah. Ich konnte mitverfolgen, wie mein Enkelsohn sich erfolgreich gegen jede beschränkte Lehrplanmentalität hat wehren können, und begrüße das von ganzem Herzen. Mein Sohn John hatte dieselbe gesunde Einstellung. Als er erfuhr, dass er ein Stipendium für ein Cello-Studium an der Royal Academy of Music bekommen hatte, war er gescheit genug, sein Jurastudium am Oxforder Balliol College sausen zu lassen, um sein Leben der Musik zu widmen. Und seine Entscheidung sollte sich als richtig erweisen. Vier Jahre später schon war er der erste Cellist der Königlichen Philharmonie, und acht Jahre später wurde er erster Cellist bei Sir Thomas Beechams Königlichen Philharmonikern in London.

Ich bedaure außerordentlich, John verstoßen zu haben. So wie er Cello spielte, bestand kein Zweifel daran, dass er mein Sohn war und mein Talent geerbt hatte, aber wo ich ihn nun mal für das Resultat der Affäre meiner Frau mit dem großen Tenor John McCormick hielt, ließ ich ihn im Stich, sodass er in London bei

Frau Atkin-Swan, einer reichen Katholikin, aufwuchs, die ihn denn auch adoptiert hat. Fast wie ein Spiegelbild meines Fehlers, ließ John dann auch Nigel im Stich, indem er ihn in England zurückließ, als er mit einer anderen Frau, einer Sängerin, zurück nach Australien ging. Wenigstens wuchs Nigel bei seiner richtigen Mutter auf, die ihn innig liebte. Ich weiß, dass sie es nicht leicht hatte, mit den fünf Pfund monatlich auszukommen, die John ihnen schickte, aber Nigel war kein unglückliches Kind. Nigel sah sich freilich in gewisser Hinsicht aber dann doch noch verlassen, als er mit sechs Jahren ein Stipendium bekam, das ihn in die beengenden Mauern der eher merkwürdigen Yehudi Menuhin School of Music führte. Ein talentiertes Kind an die Schule eines der charismatischsten und wichtigsten Violinpädagogen aller Zeiten zu schicken, war freilich ein Fehler, den jede Mutter gemacht haben könnte oder gemacht hätte.

Wenn ich von hier aus so darauf zurückblicke, sehe ich, dass John und ich Nigel ein Erbe mitgegeben haben, das unter seinen Zeitgenossen ohnegleichen ist. Ich würde von Genen sprechen, wenn »DNA« in Ihrer heutigen Welt nicht ein gar so modischer Ausdruck dafür wäre. Über die rein musikalischen Gaben hinaus hat Nigel von mir die Fähigkeit, über Genres hinweg zu unterhalten, die ich beim Vaudeville gelernt habe, sowie von seinem Vater den Wunsch, niemanden auszugrenzen und mit seinen Kollegen zu teilen. Diese Mischung, gepaart mit einem intelligenten und gewissenhaften Ansatz, ist ausgesprochen potent und wahrscheinlich auch der Grund, weshalb so viele Menschen nicht nur seine Musik mögen, sondern auch die Art, wie sie zu ihnen spricht. Diese Menschen rangieren von anerkannten Musikern aller Genres bis hin zu solchen, die zuvor nichts von alledem gehört haben, was Nigel so spielt. Diese DNA, wenn Sie es unbedingt so nennen wollen, stellt Nigel weit über das Niveau der einen oder anderen verblendeten Type, die sich einbildet, eine bessere Vorstellung davon zu haben, wie man das macht. Diese ach so gelehrten Ignoranten wären besser beraten, nicht über ihren angestammten Stand hinauszugreifen, und sollten lieber mit anfassen, um einer breiten Öffentlichkeit die Chance zu geben, das einzigartige, allumfassende Talent meines Enkelsohns zu hören. Das würde zu weit schöneren Resultaten führen, als als pseudomoralische »Gedankenpolizei« die Künste zu patrouillieren. Das Verständnis meines Enkelsohns von Musik geht nicht nur über den Intellekt (den einfachen Weg, mit anderen Worten), es kommt darüber hinaus aus seiner unendlichen Seele. Turmhoch überragt er damit all die moribunden Theoretiker, und ich bin stolz auf ihn. Was auf seinen Reisen zu den Spielen eines Vereins namens Aston Villa passiert oder was er damit bezweckt, werde ich nie verstehen, aber wie mein eigenes Beispiel zeigt, ist es gut, im Leben mehr als nur immer ein und dasselbe zu tun.

Ohne mich brüsten zu wollen, habe auch ich musikalisch schon in jungen Jahren außergewöhnliche Fortschritte gemacht. Schon als Kleinkind stellte man mich auf einen Stuhl, damit das Publikum mich sehen konnte, wenn ich sang oder Dudelsack spielte, und mit zehn war ich bereits ein vollwertiges Mitglied der Kennedy Troupe. Ich war bereits recht gut am Klavier, als ich mit Cello begann. Mein Vater hatte in Newcastle (New South Wales) eines billig erstanden. Wer hätte ahnen können, dass ich kurz darauf auf den wichtigsten klassischen Bühnen der Welt spielen sollte, und das mit den führenden klassischen Genies der Zeit.

Mein Leben veränderte sich, möglicherweise zum Schlechteren, wer weiß, als ich einen langweiligen Posten als Musiklehrer am Konservatorium in Melbourne annahm. Aber wie hätte ich nein sagen können, wo die Stellung nun mal weit besser war, als ein ehemaliger Vaudeville-Künstler je hätte erwarten können? Sie garantierte mir neben einem regelmäßigen Einkommen auch eine Rente, was in einer Familie von Nomaden wie den Kennedys beileibe nicht zu verachten war. Die Menschen heute tun sich womöglich schwer, sich eine Welt ohne das infantile Geplapper ihrer Computer, ja selbst eine Welt ohne Telefon vorzustellen, aber damals hatte die Aussicht, sesshaft zu sein und jeden Tag dieselben Leute zu sehen, durchaus ihren Reiz. Bis dahin hatte ich mit der Kennedy Troupe ganz Australien bereist, Indien, Südafrika, Neuseeland, das war normal für mich. Ein langweiliger Job und nicht immerzu reisen zu müssen, war für mich etwas Neues. Alles in allem freilich fehlte auch etwas, nur wusste ich nicht so recht, was es war oder worauf ich mich konzentrieren sollte, um diese unerklärliche Lücke zu füllen. Es war schließlich die große, weltweit bekannte Sängerin Dame Nellie Melba, die das änderte und meinem Leben einen neuen Sinn gab.

Über Dame Nellies Größe als Sopranistin herrschte eine weit größere Einigkeit als bei ihren Kolleginnen von heute. Für eine Galavorstellung an dem Konservatorium, an dem ich unterrichtete, brauchte sie zur Begleitung Piano und Cello. Und so sah ich mich als Cellist rekrutiert. Ob sie nun als ältere Frau von meinem Rudolph-Valentino-haften Aussehen oder von meinem Cellospiel beeindruckt war, werde ich wohl nie erfahren ... Jedenfalls machte sie mir klar, dass ich bei meinem Talent unbedingt auf Tournee gehen müsste – die ganze Welt, so meinte sie, sollte mich hören. So engagierte sie mich, mit ihr zu touren. Da mein Spiel ankam, engagierten mich auch andere! Meine musikalische Beziehung zu Dame Nellie freilich sollte noch lange währen.

Ich erweiterte mein musikalisches Kaleidoskop um eine sechsjährige Zusammenarbeit mit dem wunderbaren irischen Tenor John McCormack. In jüngerer Zeit haben Sie vielleicht einen Tenor namens Pavarotti gehört. McCormack war besser und sogar noch populärer als er. Es ist jammerschade, dass meine Gattin Dorothy, die auf diesen Tourneen Klavier spielte, den Mann noch wunderbarer fand als ich. Wie auch immer, unsere Tourneen mit McCormack führten uns rund um die Welt, und es kam in Amerika zu langen Perioden, in denen wir uns nicht sahen. Die Menschen in Amerika waren besonders angetan von mir und wollten unbedingt, dass ich mich dort niederließ, was ich denn später auch tat.

Von da an jagte ein musikalisches Abenteuer das andere. Dazu gehörte etwa eine inspirierende Partnerschaft mit dem Sänger Fjodor Schaljapin, dem größten Bass aller Zeiten. Dann war da Fritz Kreisler, den alle Welt verehrte. Ich spielte oft mit diesem Zeus unter den Göttern der Violine und wirkte neben den Violinisten William Primrose und Thomas Petre bei so schwermütigen wie bewegenden Schallplattenaufnahmen in seinem Streichquartett mit. Wie ich sehe, hat auch Nigel dieses Streichquartett aufgenommen als Hommage an seinen Lieblingsviolinisten und mich. Gute Arbeit, mein Enkelkind! Deine Aufnahme ist fast so gut wie meine! Aber natürlich hatte ich den Vorteil, es mit dem großen Kreisler selbst einzuspielen. Ich sah, dass Fritz dein Lieblingsgeiger wurde, noch bevor du das mit ihm und mir erfahren hast. Das zeugt von ausgezeichnetem Geschmack, meine Junge. Es ist nicht gar so klischeehaft, wie etwa Heifetz oder Oistrach zu mögen, so begnadet Oistrach als Künstler auch war. Heifetz dagegen hat trotz seiner großartigen technischen Kontrolle nie wirklich große Konzertaufnahmen gemacht, weil es dazu mehr als nur großes Können braucht. Eine partnerschaftliche Beziehung mit dem Dirigenten zum Beispiel ist da weit wichtiger als nur die Bewunderung der Kollegen. Bei mir folgte die Zusammenarbeit mit Jascha Heifetz, Arthur Rubinstein und Albert Sammons, und sie alle führten mich auf Höhen nahe der spirituellen Welt, in der ich heute existiere.

Danach lud mich der ebenso beängstigende wie große Dirigent Arturo Toscanini nach Amerika ein, wo ich den Posten des ersten Cellisten in seinem NBC Orchestra übernehmen sollte, damals nicht nur das qualitativ beste, sondern auch das höchstbezahlte Orchester der Welt. Um mit diesem wunderbaren Orchester zu spielen, lebte ich dann in New York. Aber trotz der überragenden Rolle New Yorks in der kulturellen Welt, zog ich die Westküste vor, deren offene Räume mich an Australien erinnerten. Ich lebte also für geraume Zeit in Hollywood, wo ich bei Filmmusiken mitwirkte. Sie können mein Solocello in Walt Disneys Zeichentrickfilm *Fantasia*, aber auch in anderen Filmen der Ära hören. Der gegenwärtigen Auffassung zum Trotz waren Zeichentrickfilme (oder Animationsfilme) ursprünglich für Erwachsene gedacht. Erst als dann Tom und Jerry und Konsorten auftauchten, wurden sie zur Unterhaltung für Kinder. *Fantasia* war ein experimentelles Meisterwerk mit klassischer Musik, dessen Qualität man wohl nie wieder erreichen wird. So manche würden sagen, dass die Computergrafik, wie Sie sie heute haben, an die von Menschen gezeichneten Cartoons nicht herankommt, weil es ihr an Erhabenheit oder Gefühl fehlt.

Mit den Einkünften aus meiner Zeit in Amerika kaufte ich ein Hotel in Taree, New South Wales. Meine Frau und ich hatten große Pläne damit, mussten aber dann vor einem engstirnigen Stadtrat kapitulieren. Was mir für Fotheringham's Hotel vorschwebte, das war ein Biergarten, ein Dachgarten und eine extra

Bar. Und es sollte jeden Tag Bier geben anstatt nur drei Tage die Woche. Leider war Taree noch nicht bereit für derart welterschütternde Veränderungen, vom täglichen Bierausschank mal abgesehen. Dorothy und ich gaben schließlich nach achtzehn Monaten auf, wir liefen einfach gegen zu viele Wände – und ich meine damit nicht die des Hotels. Ich ging wieder auf Konzerttourneen und kaufte mir dann in Sidney einen Pub.

Nach einem wunderbaren Leben ohne die Einschränkungen, wie sie eine standardisierte Bildung mit sich bringt, kann ich mit aufrichtiger Überzeugung sagen, dass die Schule das Beste war, was mir nie passiert ist. Wie ich sehe, überschätzt auch mein Enkelsohn den Wert von Bildung nicht. Er hat viel Zeit darauf verwandt, gewissenhaft all die engstirnigen Einschränkungen zu verlernen, die man ihm in jungen Jahren aufgenötigt hat. Ich war immer schon ein Anhänger der belegbaren Theorie, dass von alldem, was uns andere beibringen, gerade mal zwanzig, maximal dreißig Prozent von Bedeutung sind – wenn man selbst kreativ denken möchte, versteht sich. Nigel hatte aber auch das Glück, Lehrer zu haben, die ihn dazu anhielten, sich nach eigenen Lösungen umzusehen, anstatt ihm ihre Meinungen aufzuzwingen. Selbstverständlich wären schwächere Schüler bei diesem Ansatz hilflos auf der Strecke geblieben.

Ich weiß, dass Nigel ein Buch schreibt, das unter anderem meine Gedanken vermittelt. Ich werde es lesen und vielleicht hier und da einen Kommentar dazugeben, während er schreibt, es sei denn, ich habe hier oben in meiner kosmischen Existenz etwas Wichtigeres zu tun … wie zum Beispiel jetzt, wo ich sehe, wie die BBC auf den Ur-Anus herabblickt. Eine letzte Botschaft an dich noch, Nigel … Wer kann wohl am besten beurteilen, was du tust? Du, mein Junge, nur du. Wie viele sollten sich wohl für eine relevante

Meinung über deine musikalische Richtung qualifizieren angesichts deines Stammbaums und des Erbes, das dir die Kennedys mitgegeben haben? Niemand, würde ich sagen. Bis bald.

UNTERHALTUNG MIT LUDWIG VAN BEETHOVEN

PRÄLUDIUM

Nehmen Sie den Zweiten Weltkrieg. Polen meint ihn gewonnen zu haben! Großbritannien meint ihn gewonnen zu haben. Amerika meint ihn gewonnen zu haben. Russland hat ihn womöglich tatsächlich gewonnen, wenn auch mit den größten Verlusten aller Beteiligten. Die »Wahrheit« scheint im Nachgang maßgeschneidert zu werden, um das jeweils gerade angesagte politische Programm zu stützen. Man ändert einen Straßennamen, reißt eine Statue vom Sockel, nur um sie mit einem anderen blechernen Halbgott zu ersetzen, der in ein paar Jahren ebenfalls fallen und ersetzt werden wird. Dieses intellektuelle Gehabe von Leuten, die Zeit und Geld für so was haben, zeigt nur, dass Musik und Kunst über die Jahrhunderte hinweg die einzigen Formen der Kommunikation sind, die nicht im Nachhinein nach politischem Gutdünken geändert werden. Beethoven, Bach oder Jimi Hendrix drücken heute noch dieselben Gefühle aus wie zu ihren Lebzeiten.

Die augenblicklich vorherrschende Mentalität zielt (falls man den Medien glauben darf!) darauf ab, Dreck über die Helden von gestern auszugraben und sie in Richtung Kloake zu schieben. Ich bezweifle, dass das den Charakter jüngerer Generationen bildet, jedenfalls nicht auf positive Art. Um optimistische und umsichtige künftige Erwachsene heranzuziehen, sollte man sich doch wohl in den historischen Gestalten eher auf das Positive als nur auf das Negative konzentrieren. Ich bin sicher, dass sich auch Dreck über Mahatma Gandhi oder Nelson Mandela ausbuddeln ließe, aber würde das heute oder in Zukunft wirklich jemandem nützen? Ich meine, ich bin sicher, dass es schon einer getan hat, aber das tut hier nichts zur Sache. Leidenschaft, Toleranz und Mitgefühl schlagen Ambivalenz, Intoleranz und Hass allemal. Sind diese weit würdigeren Qualitäten nicht die, die wir unseren Kindern und natürlichen Nachfolgern beibringen sollten, wenn uns wirklich etwas an einer produktiveren und positiveren Gesellschaft liegt?

Ob nun im Fall von Ludwig van Beethoven, Miles Davis oder James Marshall Hendrix, Mitgefühl und Kommunikation der Wahrheit sind das, was uns durch ihre Musik noch heute erreicht, und aus eben diesem Grund kann ich mit ihnen heute noch, lange nach ihrem Übergang in andere Welten, kommunizieren. Ich habe die Kanäle zu Beethovens spirituellem Wesen viele Male geöffnet, wenn ich seine Musik spiele, und auch meine Gespräche mit ihm sind auf dieser Basis möglich. Ich sollte hinzufügen, dass es Ludwig van war, der zuerst mit mir kommunizieren wollte, nicht andersherum. Auf dieselbe Weise kommuniziere ich auch mit Jimi Hendrix und werde später eines meiner Gespräche mit ihm wiedergeben, zumindest wenn sich unsere spirituellen Wege kreuzen, solange ich einen Stift in der Hand habe.

Beethoven sprach zeitlebens kaum ein Wort Englisch, aber in seinem metaphysischen Zustand gibt es keine sprachlichen Barrieren mehr.

UNTERHALTUNG

ICH: Ey, Ludwig, bist du da?

LUDWIG VAN: Ich war die ganze Zeit über in Ihrer Nähe, Herr Kennedy, Sie haben es nur nicht gemerkt, da Sie so sehr mit Ihrem Buch für Ihre Freunde beschäftigt sind.

ICH: Verzeihen Sie mir meine beschränkten erdgebundenen Sinne, Ludwig, wie ist das Befinden?

LUDWIG VAN:

ICH: Aber Ludwig, wie kann Ihnen als spiritueller Präsenz im Kosmos unwohl sein ... groß? ... klein? ... ich dachte, Sie wären jetzt allumfassend – wie in Ihrer Musik, in der Sie auf so wunderbare Weise Elemente, Natur und Geist in einer unermesslichen Existenz zusammenbringen.

LUDWIG VAN:

ICH: Was betrübt Sie denn so, wo Sie doch so vielen Leuten Auftrieb geben mit der sensationellen Reichweite und der Erhabenheit Ihrer Musik?

LUDWIG VAN: Herr Kennedy, macht es Ihnen etwas aus, wenn ich etwas ausführlicher werde? Zu gerne würde ich Ihnen und Ihren Lesern meine Gedanken mitteilen.

ICH: Es wäre uns eine Ehre. Selbstverständlich werde ich Ihnen mit meinem Stift genauso treu dienen wie mit meiner Violine, wenn ich Ihre Musik spiele.

LUDWIG VAN: Herr Kennedy, ich kann mich des Gefühls nicht erwehren, dass all meine Arbeit zu Beginn der romantischen Periode vergeblich war. Es gab große Interpreten meiner Musik. Furtwängler war tiefschürfend, Karajan war natürlich, Menuhin und Brendel spirituell, Kreisler strahlend, und sie alle öffneten auf dieselbe Weise eine Tür zu meiner Musik wie jetzt Sie. Aber ich habe so schwer gearbeitet, Musikern zu ihrer Unabhängigkeit zu verhelfen, und ich habe das Gefühl, dass all die Fortschritte, die ich gemacht habe, von eigennützigen Karrieristen vergeudet wurden, die es zufrieden sind, ihre kreativen Rechte ihrer privaten Gewinnsucht zu opfern. Herr Kennedy, Sie müssen diese Leute wachrütteln! Sie sind der Einzige, der nicht von denselben äußeren Einflüssen programmiert ist, gegen die ich als Komponist, Dirigent und Pianist gekämpft habe. Bitte, geben Sie nicht auf, hören Sie nicht auf, meine Arbeit zu fördern, manchmal kann eine einsame Stimme die stärkste sein, und Sie müssen die Spreu vom Weizen trennen. Andere mögen die richtigen Worte von sich geben, sind aber falsche Kriecher. Ich war zu meiner Zeit umgeben von solchen Typen. Obwohl er sich als Freund bezeichnete, war Spohr so ein Typ. Nichts als ernste Gestik ohne Substanz. Sie haben da jetzt diesen Bilderdienst, in dem solche falschen Halunken die Regel sind, die mögen den scheinheiligen Typus des nichtssagenden Künstlers, ich glaube, man nennt es die Beeb Bea Sea oder so ähnlich.

Und warum brauchen so wenige Leute so viel mehr Geld als der Rest der Welt zusammengenommen? Ich habe vor fast 200 Jahren aufgehört, für Könige zu arbeiten, und die musikalische Unabhängigkeit eingeführt, und was ist seither passiert? Musiker sind heute größere Kriecher denn je, ständig am Buckeln, ein Kratzfuß nach dem anderen. Was ist nur los mit denen?

ICH: Stimmt, es geht ziemlich seicht zu, und die Musik klingt mir sehr automatisch. Woher kam die Tiefe in Ihrer Musik? Sie ist zugleich erdverbunden und voll stratosphärischem Überschwang. Was hat Sie inspiriert? Vielleicht liegt hier ja die Antwort auf unsere heutigen Probleme.

LUDWIG VAN: Mich hat die Natur inspiriert, von der ja immerhin alles kommt. Die Erde, die Flora, die Fauna, die Vogelwelt, Regen, Sonne, Wind, Tag und Nacht. Die Wechselbeziehungen des Lebens, seine endlosen Zyklen. Tiefe und Eindringlichkeit der Beziehungen zwischen allem und jedem. Die Unendlichkeit des Kosmos. Sie sind alles eins und vermitteln sich durch meine Musik. Mir ist aufgefallen, dass diese Dinge auch bei Ihnen und diesem ungewöhnlichen Herrn Jimi Hendrix diesen Weg nehmen, wenn auch auf andere Weise. Deshalb behalte ich sie ja auch im Auge und unterhalte mich mit Herrn Hendrix.

Meine Sichtweise auf die Musik und ihre Entwicklung bringt es mit sich, dass ich die Gespaltenheit der heutigen Kultur weder verstehe noch gutheiße. Als jemand, der zu seiner Zeit das Orchester erweitert und vergrößert hat, um die Musik aus ihren Fesseln zu befreien, bin ich enttäuscht darüber, wie engstirnig und im Schubladendenken verhaftet die Musik noch immer ist. Welches Interesse sollte ein Musiker daran haben, nur einen winzigen Teil von ihr zu spielen? Der einzige Grund, den ich mir vorstellen könnte, wäre der, dass ihre Liebe zur Musik nicht groß genug ist. Weder meine *Ode an die Freude* noch Schillers schöne Literatur wurden geschaffen, um Leute in armselige kleine Cliquen aufzuspalten, ja, wir versuchten das Gegenteil dieser Art von Albernheit zu erreichen. Warum sorgen die Menschen sich immer noch ausschließlich um sich selbst (und einige wenige Kopien von sich)? Wenn unsere menschliche Rasse wenigstens mit dem Tierreich gleichziehen will, dann müssen wir die Dinge gemeinsam angehen, die Kultur und das Denken der anderen feiern, statt es zu kritisieren. Ich bin weder schwarz noch weiß[10] und kann die Sinnlosigkeit dieser Gruppierungen sehen. In Ihrer heutigen Zeit scheint jeder in einer Wolke seiner eigenen kleinlichen Schublade verborgen. Was immer da passiert sein mag, es hat die großen Ideen und Hoffnungen, die ich für die Menschheit und die Musik hatte, in die Bedeutungslosigkeit relegiert.

ICH: Ja, ich habe es immer mit Ihren Ideen gehalten, aber selbst in meinem kleinen Leben sehe ich mich fast hasserfüllt dafür kritisiert, verschiedene Musikarten und Stile zu spielen, für den Versuch, Musik mit Menschen außerhalb der begrenzten gesellschaftlichen Kreise zu teilen, für die man sie früher gespielt hat. So wie Sie das zu Anfang des 19. Jahrhunderts gemacht haben. Und ich spreche hier NUR VON DER MUSIK – mit dieser Einstellung gegenüber dem künstlerischen Ausdruck ist es kein

---

10 Beethoven könnte auch »weder weiß noch schwarz« gesagt haben, schließlich war er während seines irdischen Daseins vermutlich weiß.

Wunder, dass die Menschen nicht in der Lage sind, sich in anderen, breiteren Aspekten des Lebens zu respektieren.

LUDWIG VAN: Herr Kennedy, verzeihen Sie, wenn ich das sage, aber so etwas wie NUR MUSIK gibt es einfach nicht. Musik ist die einzige Lebenskraft, die uns alle zu einen vermag, die ganze menschliche Rasse und all ihre mannigfaltigen Spezies. Es ist durchaus möglich, dass Sie in England Probleme haben, weil die Haltung der überwiegenden Mehrheit der besseren Stände und Intellektuellen gegenüber Musik und Musikern im Grunde recht philisterhaft ist.

ICH: Ja, ich weiß, Sie haben das ja am eigenen Leib erfahren. Es gab nach Ihrer Zeit einen Dirigenten, Sir Thomas Beecham, der das sehr schön auf den Punkt gebracht hat, als er sagte: »Mag sein, dass die Engländer Musik nicht mögen, aber sie sind ganz vernarrt in den Lärm, den sie macht.« Meiner Erfahrung nach tolerieren die Behörden Musik nur, wenn es ans Besteuern der Musiker geht.

LUDWIG VAN: Das mögen Ihre ganz spezifischen Probleme sein, Herr Kennedy, aber im Allgemeinen gibt es einfach zu viele Leute, die über Musik reden und reden und reden, anstatt Musik zu hören oder Musik zu spielen. Aus denen werden nie bessere Menschen werden, solange sie nichts als das unablässige Leiern ihrer eigenen Stimme hören. Kennedy, Sie und die sehr, sehr Wenigen wie Sie müssen das ändern. Wenn Ihnen das gelingt, werden alle Menschen Brüder, wo immer dein sanfter Flügel weilt. Wer immer das Glück hatte, einem Freund zum Freund zu werden, lasst sie in unseren Lobgesang miteinstimmen. Jede Kreatur trinkt mit Freude aus der Natur, selbst der Wurm ist voll Begehren.

Sie müssen Ihre einzigartige Gabe für Musik und Menschen

dazu einsetzen, den Leuten wegzuhelfen von all dem Gerede über sich selbst und ihnen beizubringen, ihre Ohren zu benutzen. Hiervon weiß ich ein Lied zu singen, wo ich einen so großen Teil meines Lebens mit der Taubheit zu ringen hatte. Zuzuhören ist eine Gabe, die erhalten zu haben die Welt vergessen hat.

Sie müssen Ihre Gabe dazu nutzen, Herr Kennedy, den Leuten dabei zu helfen, dass sie zu reden aufhören. Ich freue mich, dass meine Musik eine Verbindung durch Zeit und Raum ist, hin zum spirituellen Leben ... aber hinsichtlich der Reaktion der Oberflächlichen auf alles an Ihnen außer dem, was wichtig ist, denken Sie immer daran, dass die Bösartigkeit, mit der man mir begegnete, weil ich das Orchester vergrößerte, auf den größtmöglichen dynamischen Kontrast aus war, durch Musik die Kanäle für ursprünglichere Formen von Energie öffnete und dem Dasein als musikalischer Sklave für die durch Monarchie und Kirche vertretenen Zentren des Reichtums den Rücken kehrte. In Ihrer Ära, so scheint mir, hat man diese beiden Übel durch gleichwertige Parasiten ersetzt, die Plattenfirmen und die Medien, wie Sie das nennen. Diese beiden Statthalter der Oberflächlichkeit sind nicht so mächtig, wie sie selbst glauben. Also, Herr Kennedy, seien Sie ein Mann und lassen Sie sich nicht von denen kontrollieren. Denken Sie immer an meine Kollegen, die alle von meiner Mentalität sind, Geister wie die Herren Johannes Brahms, Jimi Hendrix, Curtis Mayfield, George Clinton, Miles Davis, John Coltrane oder die Herren Led Zeppelin. Sie alle vermittelten den Geist des Lebens durch Musik, und das allen kleingeistigen selbsternannten Autoritäten zum Trotz, nicht wegen ihnen. Diese Herren sind Ihr Stammbaum.

ICH: Das ist ein ansehnlicher Stammbaum. Als Yehudi Menuhin mich in Ihre Musik einführte, hätte ich nicht im Traum daran gedacht, dass ausgerechnet ich irgendwann in der glücklichen Lage sein würde, diesen Stammbaum fortzuführen. Es tut mir nur leid, dass die Leute meiner Zeit Sie fälschlicherweise in die Schublade »klassische Musik« gesteckt haben. Es wird mir eine gewisse Befriedigung sein, sie da eines Besseren zu belehren!

Warum, meinen Sie, ist die Welt der geschriebenen Musik so ekelhaft kriecherisch und berechenbar? Ist das die Schuld von Laura Ashley oder Margaret Thatcher?

LUDWIG VAN: Sehr witzig, Herr Kennedy, aber Ihre Frage ist in der Tat ausgesprochen ernst. Wenn ich mir Ihre heutige Welt so ansehe, habe ich mehr Fragen als Antworten. Warum, zum Beispiel, denken so viele Menschen nur an sich selbst? Warum ist das Denken der Leute so leicht zu steuern und wie Schafe in einen Pferch zu treiben? Warum sind alle Menschen im Augenblick gar so feige? Wie steht jemand wie Sie, Herr Kennedy, FAST allein auf weiter Flur? Und wo ist dieser Tage der Mut, den ich in den 1790ern gezeigt habe? Ganz besonders missfällt mir, dass die Aalglatten und Raffinierten die Oberhand haben wie eh und je. Es gibt nicht einen unter Ihren Zeitgenossen, der die Musik über die Sicherheit seiner Karriere oder die Anerkennung irgendeines privilegierten Brotgebers stellt. Selbst die Absonderung meiner Musik in ein vom Snobismus geschaffenes Ghetto namens »klassisch« ist ein Affront und gegen alles, woran ich glaube. Der Begriff »klassische Musik« schadet der Musik mehr, als dass er ihr nützt. Als ich Musik schrieb, gab es diesen hässlichen Begriff noch gar nicht, und wenn es ihn gegeben hätte, hätte ich mich rasch und nachdrücklich von ihm distanziert. Diese Art von Kategorisierung und Verallgemeinerung ist beleidigend und hat nicht das Geringste mit meiner Musik zu tun. Abgesehen davon gehören Haydn und Mozart der »klassischen« Periode an, nicht aber ich. Ich habe eine weiter gefasste, männlich-kraftvollere Art von Musik geschaffen.

ICH: Warum, meinen Sie, sind all die Musiker, die man heute so unter dem Begriff »klassisch« zusammenfasst, gar so feige?

LUDWIG VAN: Also erstens, trauen Sie niemandem, der sich tadellos an die Etikette hält, Herr Kennedy, diese Leute warten nur darauf, dass Sie ihnen den Rücken zukehren, und stoßen Ihnen dann, unter Wahrung der Etikette, versteht sich, das Messer ins Kreuz. Aber um Ihre Frage direkter zu beantworten: Vielleicht ist der Begriff »klassische Musik« teilweise mitverantwortlich für das moralische Defizit derer, die sie spielen. Sie scheinen die geschriebene Note als endliche, wiederholbare Erscheinung aufzufassen, anstatt die Note selbst als unendliche Pforte zu einer Welt emotionaler und intellektueller Möglichkeiten zu sehen. Ihrer Ansicht nach brauchen sie, da die Noten ja bereits auf dem Papier stehen, weder groß nachzudenken noch groß zu fühlen.

Diese musikalischen Promenadenmischungen erarbeiten sich auf ihren Instrumenten eine Technik, um dann innerhalb derer (und ihrer) Möglichkeiten zu spielen. Wahre Musiker erarbeiten sich eine Technik und treiben sie bis an die Grenze der Belastbarkeit, riskieren Fehler, um etwas zu finden oder zu lernen, und wirken aufklärend auf ihre Kollegen wie auf das Publikum. Herz und Verstand haben die Kontrolle über die Technik in den Händen eines wahren Musikers, nicht umgekehrt. Sie müssen versuchen, diesen berühmten, aber schwachen Musikern bei der Überwindung ihrer moralischen und emotionellen Behinderung behilflich zu sein. Außerdem sollten Sie versuchen, ihnen beizubringen, dass ein Künstler nicht auftritt, um das Publikum zu belehren. Er – oder sie – ist da, um sie auf eine wahre Entdeckungsreise mitzunehmen. Dünkel hat in richtiger Musik keinen Platz.

Außerdem müssen Sie, Herr Kennedy, diesen armen Automaten zur Erkenntnis verhelfen, dass es bei der Musik um ALLES oder NICHTS geht. Musik ist keine bequeme und sichere Route von A nach B, sie ist eine zuvor nie erzählte und unkartierte Reise der Seele.

ICH: Stimmt. Musik ist nicht etwas, was automatisch zu wiederholen ist, nur weil es niedergeschrieben ist und das Notenblatt am nächsten Tag noch genauso aussieht. Man sieht das an großer Jazzmusik.

LUDWIG VAN: Genau, ich bewundere und liebe die Arbeit von Leuten wie Charles Mingus, er hat die Erde in seiner Musik. Oder Coleman Hawkins, der in seinen Harmonien den Himmel hat. Zu meiner Zeit war Improvisation wichtig, aber in dem Augenblick, in dem man unsere Musik als »klassisch« bezeichnet hat, ging die Kunst der Improvisation verloren. Leider stecken heute viele geringere Jazzmusiker nicht weniger in der Zwangsjacke der vorgefassten Meinungen und Definitionen, die ihnen die akademische Welt aufzwingt. Es ist zu einfach für sie, in überkommenen Definitionen zu leben, anstatt für die Zukunft eigene Parameter zu kreieren.

ICH: Haben Sie noch weiteren Rat oder Zuspruch für mich?

LUDWIG VAN: Herr Kennedy, Sie haben mittlerweile eine Vielzahl von Epigonen, Männer und Frauen.

Auch ich litt darunter, dass eben diese Art von Leuten mich kopierten. Nehmen Sie keine Notiz von diesen Leuten, es sei denn, um sie zu eigenständigem Denken zu ermutigen. Wenn die ihren eigenen Verstand bemühten, würde ihr musikalisches Leben weit befriedigender ausfallen. Wer, meinen Sie, lebte spirituell auf einer höheren Ebene? Rembrandt oder die unseligen Plagiatoren, die die 500ste Kopie seines Werks angefertigt haben? Also, entweder Sie ignorieren diese armen Leute oder Sie helfen ihnen.

Ich sehe überdies, dass Sie der Erste seit Fritz Kreisler sind, der für mein Violinkonzert eigene Kadenzen kreiert. Ich danke Ihnen dafür. Ein, zwei andere Violinisten haben Kenntnis von Ihren Kadenzen genommen und sind Ihrem Beispiel gefolgt. Ich sehe auch, dass Sie der Erste seit Herrn Kreisler sind, der das für meinen Freund Johannes Brahms getan hat. Sie hätten sich keinen besseren Burschen aussuchen können. Er begann als musikalischer Schüler von mir, fand aber dann seine eigene, wahrhaft große Stimme. Er kam zwanzig Jahre nach meinem Tod zur Welt, aber wir sind uns heute spirituell sehr nahe, so wie wir das immer gewesen sind.

Ich habe überdies bemerkt, dass Sie an einem Violinkonzert zu meinen Ehren arbeiten. Das freut mich, ich finde es sehr passend, vor allem hinsichtlich des Umstands, dass man Sie Ihrer Rebellion gegen Pseudo-Autoritäten wegen als heutige Verkörperung meiner selbst bezeichnet hat. Ich bin froh, dass Sie meinen Stil nicht direkt kopieren, aber meinen Einsatz von Melodie, Harmonie, enharmonischer Verwechslung und Rhythmus respektieren. Wie ich sehe, schreiben Sie das Konzert zu meinem 250sten Geburtstag, der bereits vorbei ist, aber ich bin sicher, Sie wissen, dass Ihr Werk wichtiger ist als die Zahl.

(Während Beethoven aus meinem Gesichtsfeld entschwand, spürte ich die Kraft seiner unerschöpflichen, immer noch zunehmenden Intensität. So inspirierend ich das empfand, mir stellte sich die Frage, was in (buchstäblich) aller Welt mit den Künstlern los ist, die man heute so hört. Warum wurden Glanz, Verlangen, Tiefgang und Inspiration durch diesen schalen, geistlosen, dünkelhaften Professionalismus ersetzt? Es zeugt von einem Mangel an Respekt für den Komponisten wie für das Publikum. Auf unseren nächsten Gig!)

JIMI: Hey, Mann …

LUDWIG VAN: Oh, ich fühle einen weiteren Geist rufen …

ICH: Ich auch, da scheint sich noch ein Geist zu nähern …

UNTERHALTUNG MIT JIMI HENDRIX

JIMI: Yo, Nigel, kommst ja prächtig klar mit dem alten Ludwig. Wird hier und da mal so 'n bisschen depressiv, der alte Knabe, weißt du.

ICH: Yo, Mr. Hendrix.

JIMI: Nenn mich doch Jimi, Mann. Wir haben hier alle dieselbe Wellenlänge.

ICH: Hallo, Jimi. Stimmt schon, aber was Ludwig Van sagt, ist durchaus vernünftig. Er hat eine Menge Schlachten geschlagen, damit wir anderen uns ausdrücken können, ohne uns finanziell tyrannisieren oder manipulieren lassen zu müssen.

JIMI: Hast schon recht, Mann. Ist eine Schande, dass so viele Musiker sich diesem Scheiß immer noch unterwerfen und man ihnen sagt, was sie zu tun haben.

Hey, ich wollte dir nur mal sagen, wie komisch es ist, dass man so was wie eine Hendrix Foundation nach mir benennt, aber ich bin froh, dass die zu dir gekommen sind, um mein Zeug zu spielen.

ICH: Es gibt den einen oder anderen Komponisten, den ich schon voll und ganz zu kennen scheine, noch bevor ich mir sein Zeug genauer anschaue, und du bist einer von denen. Wenn ich deine Musik spiele, dann ist das, als hätten wir dieselben Fingerabdrücke oder als wären wir Brüder oder so. Der Typ, der deswegen zu mir gekommen ist, war Alan Douglas. Als deine Foundation mich bat, deine Sachen zu spielen, war das die letzte Bestätigung, die ich brauchte. Mir wurde klar, dass ich ein rechtmäßiger Interpret deines musikalischen Erbes bin, und alles Weitere ergab sich.

JIMI: *Yeah*, zu Recht, Mann, wirklich stark! Ich mag die Violine, ich hab mal eine zu spielen versucht. Aber die Saiten waren für mich falsch aufgezogen, ich bin ja Linkshänder.

ICH: Ich glaube, ich hab ein Foto davon ... Geigen sind nicht genau symmetrisch, da ist es schwierig, die Saiten andersrum aufzuziehen. Man muss sich speziell eine machen lassen. Wo warst du denn damals?

JIMI: Wir waren bei der BBC in Maida Vale. Der Typ, dem sie gehörte, hatte sie auf dem Stuhl liegen lassen, und als er zurückkam, sah er tierisch nervös aus, als er sie in meiner Hand sah. Dachte wohl, der irre Gitarrist wollte sie zerschlagen oder klauen ...

Aber ich bin froh, meine Musik mal auf der Geige zu hören, Mann. Vor allem von einem Geiger mit dem Empfinden eines Gitarristen. Ist ein anderer Sound mit demselben Drive.

ICH: Und was ist mit dem Stil, *mate*?

JIMI: Die Leute kopieren meine Riffs und so, und das ist okay, aber ich höre lieber eine andere Dimension. Ich bin immer auf der Suche nach einer größeren Weltsicht, Mann. Du weißt, dass ich Symphonien und Jazz mag, ich hör also gern Einflüsse raus, aber es geht mir da offensichtlich mehr um den Vibe als um das eigentliche Genre, klar? Ich steh nicht auf die Art von Orchester, das keinen Rhythmus hat und soundtechnisch Matsch produziert, oder Jazz mit endlosem Gedudel, Mann. Sei einfach du selbst, verstehst du? Später, wenn du stirbst, darfst du dann dein Leben so leben, wie du willst.

ICH: Gut gebrüllt, gib's der moralischen Gedankenpolizei! Welche anderen Versionen oder Interpretationen deiner Musik magst du sonst noch so?

JIMI: Deine beiden geistesverwandten Iren waren große Klasse, Mann.

ICH: Rory Gallagher und Gary Moore?

JIMI: Ja, genau die. Gary Moore hat echtes Feeling für sein Feedback und kann damit umgehen. Ich mochte auch die Streicher, das Kronos Quartet, mit meinem Purple Haze. Echt interessant, nur dass sie wahrscheinlich vergessen haben, wie wichtig Mitch Mitchell für The Experience war. Verstehst du, meine Musik ist eben nicht nur eine Idee, es ist ein Ganzes, und die Drums gehören dazu.

Ich mag, was du machst, Mann, weil du ziemlich verwegen bist. Freiheit, Mann, das ist es – vorsichtig zu spielen, sozusagen mit Sorgfaltspflicht, das bringt's einfach nicht – niemals.

Meine Songs zu erweitern ist kool, Mann, das ist genau, was ich will. Etwas in drei Minuten zu sagen, ist auch kool, aber wenn wir schon da sind, um zu spielen, dann können wir auch gleich weiterspielen. Wie auch immer, du weißt, dass ich auf erweiterte Formen von Jazz und Symphonischem stehe, es wäre also richtig gut, wenn du deine Instinkte in die Richtung einsetzen könntest, mit deinem Wissen über Musik, aber eben auch mit deiner Phantasie, von der du so viel hast. Hey, dein Opa war doch eine große Nummer im symphonischen Bereich, oder? Als ich klein war, habe ich ihn in Seattle in *Fantasia* gehört, dem Disney-Film. Kooler Sound, Mann, du hast das im Blut, *mate*.

ICH: Find'st du's witzig, *mate* zu sagen, weil ich aus Engel-Land bin?

JIMI: *Yeah*, Mann. Was du machst, ist kool, du bringst durch meine Musik so viele Elemente zusammen, die ich mag, *mate*.

ICH: Okay, *mate*, was hältst du davon, wenn ich deine Musik hauptsächlich instrumental umsetze, ich meine, vom Gefühl her?

JIMI: Ist alles kool, weißt du. Weniger Worte, mehr Bedeutung. Ich bin eh kein Mann großer Worte.

Manchmal hab ich das Gefühl, dass vielleicht meine Art, Gitarre zu spielen, und meine Mätzchen meine Qualitäten als Songwriter in den Schatten stellen – für mich gehört das ja alles zusammen, aber nach Ansicht anderer Leute, weißt du. Ich find's total stark, dass du dich auf meine Songs an sich konzentrierst und nicht auf meine Art, Gitarre zu spielen.

Mir ist aufgefallen, dass du anders bist als alle um dich herum. Wenn ein Tier ein bisschen anders ist, dann kommt's schon mal vor, dass der Rest seiner Spezies es umbringen will, was bei Menschen jetzt vielleicht nur als Metapher zu sehen ist. Mann, ich denk, in der Hauptsache sehen sie den Unterschied als mögliche Evolution, die vielleicht in Zukunft ihre eigene Existenz bedrohen könnte, weil sie zurückbleiben und damit überflüssig werden. Wir alle kennen das Klischee, den Genpool dadurch stark zu halten, dass man die Schwächeren tötet. Aber für dich gilt ja genau das Gegenteil, weißt du, der Genpool sieht's nicht gern, wenn ein Stärkerer, ein Besserer die anderen verdrängt – und dem Einzelnen geht's genauso. Das ist auch zwischen dir und dem BBC-Typen passiert.

Zu meinen Lebzeiten hab ich was weiß ich mit der Gitarre gemacht, und so sanft und bescheiden ich auch bin, ich wurde als aggressiv dargestellt. Einige Aspekte der Gesellschaft kamen einfach nicht ganz klar damit, dass ich anders bin, und dass ich

nicht ihrem Stereotyp entsprach, brachte sie in Verlegenheit und machte sie nervös. Ich sehe, dass dir derselbe Scheiß mit Classicos und Rockern passiert. Die nicht so Guten fühlen sich bedroht von einem, der auf ihrem Gebiet weiter gehen kann als sie. Die Classicos, das hab ich ja gesehen, die werden versuchen, dich von oben herab zu behandeln. Aber keine Bange, Mann. Die waren nie in der glücklichen Lage, sich auch nur auszudenken, geschweige denn zu spielen, was du so machst. Die beschissenen unter den Rockern werden dir mit irgendeinem Scheiß kommen, wie dass du nicht hardcore genug bist. Mann, ich hab die auch über die Beatles so 'n Scheiß reden hören, und überhaupt, dein Crosstown Traffic wird's denen zeigen.
Und weißt du was, ich bin auch über diese Schwarz-Weiß-Kiste hinausgewachsen, die gerade so viele von euren pseudo-korrekten Leuten bei der Blurb Bleeb Sea zum Rotieren bringt. Was ist bloß mit eurem Fernsehen los, Mann? Die sind alle so was von verklemmt geworden. Weißt du, als ich noch auf dem Third Stone war, da gab's Rassisten auf beiden Seiten. Da hatten wir die Black Panthers auf der einen Seite und die Rednecks auf der anderen. Eine ganze Menge meiner schwarzen Brüder waren der Meinung, dass ich nicht mit weißen Musos oder vor weißem Publikum spielen sollte – aber Mitch und Noel gaben mir das rockige Feeling, und sie verstanden die psychedelische Kiste, die so gut zu meinem astralen Blues passt – und wenn du die Augen zumachst, hat eh jeder dieselbe Farbe, meinst du nicht? Ich hab 'ne Menge von den Isleys und den Sachen von Jimmy James und so Leuten gelernt, aber ich hab mich weiterentwickelt und ich bin nach England gegangen. Und auf einmal war ich weder schwarz noch weiß oder beides, Mann. Alles klar? Was du machst, ist okay, Mann, dich nicht in kleine Schub-

laden stecken zu lassen, bedeutet, dass du deine Fantasie dazu einsetzen kannst, verschiedene Seiten von Realität zu zeigen. Die guten Sachen lernt man nicht auf der Schule, Mann, die fallen aus dem Rahmen.

ICH: Ich weiß, was du meinst, Mann. Ich sag dir was: Ich würd dich gern fragen, was du dir bei bestimmten Songs von dir vorstellst, wenn du sie hörst.

JIMI: Klar, Mann, aber du weißt, dass meine Musik offen ist, sei einfach du selbst. Du könntest mich nur langweilen, wenn du meine Sachen so spielst wie ich.

ICH: Danke, *mate*, ich glaub sowieso nicht, dass ich's vermeiden kann, meine Fingerabdrücke auf deinen Songs zu hinterlassen. Ich spüre sie tief in mir ...

Und hier folgt, was Jimi zu jedem seiner Songs gesagt hat, in seinen eigenen Worten, in diesem Gespräch.

Hey Joe

Mach damit, was du willst, Mann. Meine Version hat nichts mit dem Original zu tun. Du musst den nicht wie das Original spielen, du musst ihn nicht wie meine Version spielen. Spiel ihn, wie du eben bist, spiel deine Version.

Third Stone from the Sun

Das ist unser Planet aus unserem inneren Raum gesehen und aus dem Weltraum. Für diesen Song geht jede Art von Musik in Ordnung, Mann. Die große symphonische, keltische, indische, digitale, Rock, Fusionjazz ... Erforsch das Ding, Mann.

Voodoo Child

Echt heavy, Mann, aber das weißt du ja eh. Lass richtig rocken, *mate*. Wenn das ein Orchester machen würde, müssten die aufstehen oder so, sich richtig reinhängen, und es bräuchte 'ne Menge Drums, um den Song zusammenzuhalten.

Du musst da einfach alles geben, Nige – gnadenlos.

Drifting

Ich steht drauf, wie du das Wasser durch das Cello darstellst, Mann, und der Flow am Ende. Vielleicht könnte die Strophe die Oboe übernehmen, Mann, das wär genau das Richtige für den Vibe.

Crosstown Traffic

Das ist wieder 'ne rockige Nummer, Mann, aber mit einem Schuss Isleys ... und Mayfield auch. Ich steh auf die Zappa-Gumbo-Variations-Kiste, die du in die Mitte gesetzt hast. Echt gut, Mann, erinnert mich an Sugarcane. *Rock out, mate, rock on.*

In 1983 A Merman I Should Turn to Be

Der Song ist definitiv einer meiner symphonischeren und lässt sich EWIG ausweiten, Mann. Das ist 'ne lange Geschichte, mach da, was immer es braucht, um sie zu erzählen. Das ist 'ne epische Reise, die kann über Folk gehen, Klassik, Jazz, Indisch, Rock, einfach alles. Geh damit, wohin du willst, Mann, Hauptsache, du erzählst die Geschichte. Es ist einige Zeit her, aber ich würd's doch gern sehen, wenn sich das immer noch kosmisch/persönlich anhören würde, futuristisch/historisch, allumfassend, *mate*.

ICH: Pass auf, so wie dir das *mate* auf der Zunge zergeht, gewöhnst du's dir noch an.

JIMI: *Yeah*, Mann, genau das hab ich ja vor.

Purple Haze

Mann, das ist Rock 'n' Kosmos, ursuppig, aber total abgefahren. Das ist der Song, der die Hendrix Foundation begeistert hat, als du damit in der Kindersendung der BBC aufgetreten bist. Mit den Drums in die Vollen, *mate*, bloß keine halben Sachen.

ICH: Alles klar, *mate*.

The Wind Cries Mary

Das ist 'n Song über Liebe, Streit und Versöhnung. Der steht für all das Gestreite mit meinen Freundinnen – Mehrzahl, klar, *mate*? Ich denk mal, deine Violine kann für die feminine Seite des Songs stehen. Und den hohen harmonische Scheiß, den du draufhast, der kann für den Wind stehen. Der Des-Akkord ist der Höhepunkt des Streits, dann kommt die Versöhnung. Dein Violinzeugs passt echt gut auf den Song, *mate*.

ICH: Dank dir, Mann.

Damit entschwebte Jimi, um seinen himmlischen Angelegenheiten nachzugehen, und ich machte mich mit Gedanken, was für ein bescheidener, intelligenter Mensch er doch ist, wieder an meine irdischen

Wenn Sie nur nach dem Umschlag urteilen würden, bräuchten Sie das Buch nicht.[11]

---

[11] Wenn Sie das hier lesen, dann war der Umschlag wohl okay ...

DIE ROCK-ARISTOKRATIE –
DIE BEDEUTUNG DES NARRATIVS

Zu oft merken wir, wenn wir klassische oder Jazzmusik hören, dass der Vortragende und (gerade in modernen Genres) durchaus auch der Komponist eine Menge Noten auf uns einprasseln lässt, die weniger für uns gedacht sind als für ihn selbst.

Ich habe festgestellt, wenn Classicos Jazz oder Roma-Musik hören, dann lassen sie sich immer eher von den fingerfertigen Notendudlern beeindrucken als von einem Musiker, der Pathos rüberbringt, Inhalt und Gefühl.

Die Classicos – und auch die meisten Jazzos – können sich nicht vorstellen, dass es in der Musik Wichtigeres gibt als Ordnung und Komplexität. Was dabei herauskommt, sind emotional völlig verblödete Musikaufführungen. Wir müssen dann also diesen Darbietungen zuhören, bei denen die technische Genauigkeit absolut im Mittelpunkt steht, und denen der Blick fürs große Ganze komplett abgeht. Ich erinnere mich zum Beispiel an einen Gig in London, wo ein hochtalentierter Kollege von mir ein ehemals wunderschönes Lied von Cole Porter spielte. Es war ein völlig überladenes Massaker. Er zog einen perversen Stolz daraus, die dem Stück innewohnenden Qualitäten unter hyperaktiven Harmoniewechseln und hektischem Herumgefummel seiner rechten Hand zu begraben, bis man das Lied nicht mehr wiedererkannte. Die Classicos im Publikum (und einige Jazzer) waren wirklich,

wirklich beeindruckt, aber Cole Porter wird sich in seinem Grab umgedreht haben. *Roll over*, Cole Porter! ... Einmal zu sterben, ist unvermeidlich, aber in einem Meer aus willkürlichen Akkordsubstitutionen und überflüssigem Passagenwerk zu ertrinken, ist mit Sicherheit eines der härteren Schicksale! Nach dem Tod! ... Ich glaube, dieser kollektive Denkfehler rührt von der Priorisierung des Lehrplans gegenüber der Seele des Individuums her, von ungezügelter Geschwätzigkeit gegenüber Lebenserfahrung und vom Herunternudeln überflüssiger Fakten gegenüber einem tiefen Verständnis für die Wirklichkeit. Und ja, diese Beobachtung bezieht sich nicht nur auf die Musik – überall gibt es Menschen, die eine unendliche Fülle von Fakten herunterbeten, ohne irgendetwas verstanden zu haben!

Ich war in der verdammt glücklichen Lage, eine Menge kostbarer Lehrzeit mit wirklich talentierten Individuen verbringen zu können. Und es waren dabei weder Lehrbücher noch Predigertum im Spiel. Diese Leute wurden mit Qualitäten geboren, die man weder an der Schule noch an der Universität lernen kann. Ich spreche hier also nicht von vorhersehbarem Papageien- oder Epigonentum, sondern von echter kognitiver Intelligenz. Diese Leute sind für mich die ROCK-ARISTOKRATIE!

Ich benutze den Begriff »Rock« in einigen der folgenden Beispiele eher locker, aber all diesen Leuten ist eines gemeinsam: Sie sind Komponisten ohnegleichen, die ihr eigenes Genre erfanden, anstatt es gelernt zu haben, sei es von einem Lehrer, sei es aus einem Buch. Sie sind Menschen, die etwas geleistet haben, was einem Lehrer nicht beibringen können, etwas, das mit anderen Worten weit außerhalb der Domäne langweiliger Curricula steht.

Was ich von diesen Leuten gelernt habe, ist purer Goldstaub, Qualitäten, die nicht zu lehren, aber von grundlegender Bedeutung sind, wenn Musik mehr als ein bloßer selbstverliebter Haufen Noten sein soll. Ob die Komponisten nun Bach heißen, Beethoven, Benny Goodman, The Beatles, Bob Marley, Billie Holiday, Bentley Rhythm Ace, The Beat, Bachdenkel oder Bhujhangy Group – BEI ALLEN MUSS MUSIK VOR ALLEM EINES HABEN, EIN NARRATIV.

Das ist heute wichtiger denn je bei all dem im Voraus in Schubladen gequetschten Scheiß, den man uns so auf den Gehörgang drückt. Wenn die Story, das Narrativ nicht integraler Bestandteil der Mucke ist, dann wird sie immer günstigstenfalls mittelmäßig und theoretisch sein. Und man muss nicht auf die Schule gehen, um zu wissen, dass diese Kraft des Erzählerischen auch für Komponisten gilt, deren Namen nicht mit B anfängt! (Wie Bozart, Bed Zeppelin, Bank Zappa, Bick Drake oder die Bolling Stones.)

Ein weiteres Symptom, das so viele Classicos an den Tag legen, ist die Angst davor, etwas Falsches zu spielen. Diese Angst grassiert auch in weiten Teilen des zweitklassigen Jazz. Die Lehrplan-Definition davon, was richtig ist, ist mittlerweile so eng, dass es fast unmöglich geworden ist, richtig zu spielen, ohne dass es unerträglich langweilig wird, und diese kleingeistige Lehrplan-Mentalität hindert den Großteil der Classicos und Jazzos daran, die unendlich vielen Möglichkeiten in der Musik zu entdecken, die ebenso richtig sind und dazu noch wunderschön. Der einzigartige Moment des JETZT ist in beiden oben genannten Musikformen so extrem wichtig, aber man vernachlässigt diesen Moment, um sich stattdessen Gedanken über das zurückliegende Training und die Meinung der anderen zu machen. Kein Wunder also, dass wir uns als Publikum, nach einem kurzen Aufmerksamkeitsschub, zunehmend langweilen und das Interesse verlieren an dieser angstgesteuerten, starren Spieltechnik.

Gemeinsam ist der gesamten ROCK-ARISTOKRATIE etwas, das meilenweit über den größtenteils durchschnittlichen Notenbändigern angesiedelt ist: die Fähigkeit, eine Leinwand zu nehmen und ohne unnötige Präliminarien darauf ein Bild zu malen, eine Geschichte zu erzählen. Diese Leute gehen Musik mit einer weit größeren, natürlicheren Intelligenz an als die Masse der von den Konservatorien am Fließband gefertigten musikalischen Papageien.

Das Großartige daran, diese musikalischen Genies kennenlernen zu dürfen, ist, dass ich von ihnen lernen konnte; ob ich nun Klassik, Jazz, Rock, meine eigene Musik, Jimi Hendrix oder welches verdammte Genre auch immer gespielt habe, mir ist durch sie klar geworden, dass der Wert des Narrativs für jede Note im Universum gilt. Sie werden mich nie auch nur eine Note ohne spirituelles Narrativ spielen hören, und den Zugang zu diesem wesentlichen Element verschaffte mir der eine oder andere Augenblick mit diesen Meistern. Diese erscheinen im Folgenden mehr oder weniger in der chronologischen Reihenfolge, in der ich sie kennengelernt habe.

SIR PAUL MCCARTNEY

Zu meiner ersten Begegnung mit dem Mann kam es kurz nach Erscheinen meines ersten »klassischen« Konzertalbums, also Elgars Violinkonzert in h-Moll. In der klassischen Welt begann ich mir damals einen Ruf zu machen als, na ja, wenn schon nicht der Größte, so doch der letzte Schrei. Dass ich oft mit Stéphane Grappelli gespielt hatte und meine musikalischen Qualitäten über die Schubladen hinausgingen, hatte mir die Aufmerksamkeit von Paul McCartney beschert, der mich 1986 auf »Once Upon a Long Ago« zu spielen bat. Es war eine Single und das einzige neue Stück auf einer Compilation seiner größten Hits.

Dieses Genie ist einer der größten Geschichtenerzähler aller Zeiten. Anschauliche Bilder, reiche Harmonien und Charisma sind nur einige grundlegende Elemente seiner musikalischen Welt. Außerdem wusste er von Anfang an, dass »ernst« nicht, ich wiederhole, NICHT gleich feierlich, pharisäisch oder traurig bedeutet – das ist was für Möchtegerns, für pseudoernste Wichser, die meinen, sie hätten letzte Woche was Ernstes vor dem Supermarkt gesehen.

Sir Paul ist ein Mega-Multitalent. Seine Songs können sich mit jeder Musik in jedem Genre messen. Man hört einen McCartney-Song nicht nur, man sieht sich an den Ort versetzt, an dem er spielt, man sieht, man riecht, man spürt Zeit und Ort. So wie Fritz Kreisler oder Django Reinhardt/Stéphane Grappelli einen in die 30er zurückversetzen, so versetzt einen Macca zurück in die 60er. Das Tolle daran ist, dass er noch gesund und munter ist, sodass seine heutigen Songs uns einst ins Heute zurückversetzen werden.

Was für eine Ehre, von einem der größten Komponisten des 20. Jahrhunderts um eine Zusammenarbeit gebeten zu werden! Darüber hinaus wurde der Song von keinem Geringeren als Phil Ramone produziert und den Mix besorgt George Martin. Das ist verdammtnochmal so was von KRASS!

Ich hatte mir den Song oft genug angehört, um vorbereitet zu sein, als ich im Abbey Road Studio No. 1 einlief. Der Song war eine typische McCartney-Perle. Untertöne der Beatles hier und da, Obertöne von McCartney als dem individuellen Songwriter, der er ist.

Da ich (nicht weitersagen!) etwas früh dran war, hatte ich die Fiedel ausgepackt und meine Skizzen des Songs vor mir auf dem Notenständer; ich war bereit loszulegen. Studio 1 ist riesig, aber ich sah mich in einer Art oben offener Kabine, die man eigens für mich weit weg vom Kontrollraum am hinteren Ende aufgebaut hatte. Das Fehlen einer Decke gab dem Sound meiner Violine etwas Raum, während die Kabine an sich verhinderte, dass sich die immense Größe des Studios auf den Klang des Instruments auswirkte; so konnte man später nach Belieben Hall dazugeben.

Ich hatte mich eben eingerichtet, die Kopfhörer funktionierten, der Sound der Violine stimmte, als Paul hereinkam. Es war vom ersten Augenblick an klar, dass er ein Typ ist, dem an den Leuten um ihn herum etwas liegt, und dass es ihm nicht wichtig war, ob die ganze Geschichte für mich eine große Sache darstellte. Sein gesamtes Verhalten sorgte dafür, dass ich mich entspannte, und so legten wir schließlich los.

Mein Part sollte improvisiert sein, also musste ich mir was einfallen lassen.

»Ich hab deinen Song ganz gut im Ohr, *mate*. Wie soll ich das angehen?«

»Ich weiß, du hast stilmäßig alles drauf. Ich weiß nicht, Mann, irgendwie romantisch, würde ich sagen ... Mach einfach, wie du meinst, Nige.«

Man ließ das Band laufen, und ich spielte etwas, von dem ich dachte, das könnte Macca mit »romantisch« gemeint haben, was mit Schmelz eben und vibratoschwer. Ich wusste jedoch auf der Stelle, dass ich einen Bock geschossen hatte. Macca hatte mich nicht eingeladen, um irgendwelchen Schrott über seine Musik zu spielen. Ich wartete ab wie ein Hund, der sich schämt, weil er auf den Boden gekackt hat, und wartet, ob sein Herrchen es merkt.

»Das ist hübsch, Nigel. Können wir noch einen Take haben? Wonach mir wirklich ist, ist was Romantisches, weißt du?«

»Alles klar, Mann. Lass mich noch mal probieren ...«

Ich überlegte fieberhaft, was zum Geier Macca unter ROMANTISCH verstand. Dann sah ich die Geschichte von seiner Warte aus und musste an George Harrisons wunderschöne melodiöse Gitarrenparts denken. Außerdem fiel mir Robbie McIntosh ein.

»Möchtest du so was wie das hier? Ich habe da eine Idee.«

Man ließ das Band noch mal laufen, und ich spielte meinen Kram – kein Schmelz, kein schwächelndes Vibrato, sondern etwas Ehrliches im Ausdruck, nichts Maschinelles. Ich nahm an, damit seinen Geschmack getroffen zu haben und dass ich ihm in ein, zwei weiteren Takes einen wirklich guten liefern könnte.

»Gib mir noch zwei Anläufe, Mann, dann hab ich's ...«

»Das war phantastisch, Nige. Mehr brauchen wir nicht. Das ist es. Das ist genau, was ich will, und wir verderben das besser nicht. Ich wusste, du bringst das, Mann. Danke, Nige. Ganz groß.«

Shit! Das war nicht gerade ein harter Arbeitstag! Ich dachte, es musste wohl in Ordnung gewesen sein, wenn es Paul und den Typen hinterm Mischpult gefiel. Doch wieder ganz gut, dass ich in der Musikschule nicht allzu doll aufgepasst hatte, sonst hätte ich mich nie in den Song eingefühlt.

»Gute Arbeit, Nige. Danke, gefällt uns. Bist ein Two-Take-Wonder!«

Damit konnte ich mich wieder auf den Heimweg machen, um meinen ordentlichen (und den lausigen) Take für einen der wichtigsten Songwriter des 20. Jahrhunderts zu feiern.

Binnen weniger Tage hatten Pauls Leute meinen Agenten angerufen, um nachzufragen, ob ich Lust hätte, noch ein paar andere Sachen mit ihm zu machen, so etwa das Musikvideo für den Song und eine Live-Übertragung nach Japan, was ich ziemlich spaßig fand.

Der Dreh für das Video war aus Termingründen etwas problematisch, da ich zu der Zeit eine Woche lang mit den Osloer Philharmonikern Prokofjews Erstes Violinkonzert gab. Zum Glück hatte ich einen Tag zwischen den Gigs frei, der sich mit dem Termin für Maccas Dreh deckte, und er schickte mir seinen Privatjet, der mich abholte und wieder zurück nach Norwegen flog. Ich versäumte keines der Konzerte, und mein Leben war perfekt: Ich arbeitete mit Macca und spielte Prokofjew. Auch die feudale Art zu reisen war erträglich (gerade mal so).

Am Abend vor dem Dreh kam es im Hotel noch zu einer kleinen Jam, bei der Pauls phänomenale Qualitäten als Musiker durchkamen. Ein wunderbarer Keyboarder, ein wunderbarer Gitarrist, ganz zu schweigen von dem irre positiven Vibe und dem Charisma in allem, was der Mann macht.

Da ich wieder nach Oslo zurückmusste, hatte ich keine Zeit, um für den kompletten Videodreh dazubleiben. Ich drehte das Teil (mein Solo) in Hut und Mantel, und den Rest des Songs stand für mich ein anderer in den Klamotten rum. Sah besser darin aus als ich, der Scheißkerl.

Pauls Frau Linda war bei dem Dreh mit dabei, und ich erinnere mich noch, wie nett, entspannt und ausgeglichen sie war. Es herrschte eine Menge kreativer Energie am Set, und es war ziemlich was los, aber Linda war seelenruhig. Sie war die perfekte Lebensgefährtin für Paul.

Ein, zwei Wochen später dann machten wir die Live-Übertragung nach Japan. Was mir davon in Erinnerung geblieben ist, das sind die Hemden. Aus irgendeinem völlig unerfindlichen Grund hatte uns irgend so eine bescheuerte Stylistin diese beknackten

Hawaiihemden verpasst. Vielleicht war ihr nicht ganz klar, dass Hawaii und Japan nicht wirklich dasselbe sind, sondern zwei verschiedene Länder mit verschiedenen Kulturen.

Als ich mein Hemd auspackte, dachte ich: »Nee, *fuck*, nicht doch.« So was von, ja, ... uninspiriert? Schwarz mit einer riesigen rosa Rose drauf. »So eine Scheiße. Also wenn Paul nicht so ein absolut senkrechter Typ wäre ...« Als ich dann sah, wie die anderen ihre Hemden anzogen, dämmerte mir, was für einen Dusel ich gehabt hatte. Keith Airey hatte ein blau-rotes Hemd, das an das Mobiliar einer amerikanischen Flughafenlounge aus den Fünfzigern erinnerte; Stan Sulzmanns war grün mit Rosa und Rot, und Paul hatte ein braunes mit einer orangen Blume bekommen, das aussah, als wären jemandem seine Karotten nicht bekommen. Nicht zu fassen, dass Paul, oder wer auch immer, diese Stylistin bezahlte – es war, als hätte er seinen eigenen Killer bestellt.

Während wir auf den Beginn der Übertragung warteten, saßen wir rum wie eine Schar beknackter Papageien. Irgendwann sah ich, dass Paul von der anderen Seite des Raums mein Hemd fixierte. Einen Augenblick später kam seine persönliche Assistentin vorbei und fragte:

»Sind Sie nicht zufrieden mit Ihrem Hemd? Wenn Sie wollen, gibt Paul Ihnen seins.«

»Das ist lieb, aber das hier ist schlimm genug, da werd ich wohl kaum noch eins brauchen.«

Sie war womöglich die dumme Nuss, die die Hemden bestellt hatte, in denen wir alle wie die vollen Zipfel aussahen, keine Ahnung. Sie versuchte Klartext mit mir zu reden.

»Sie verstehen mich schon. Das hier ist seine Show, und Sie können von Glück reden, dass er mit Ihnen tauscht.«

»Na ja, es ist nun mal mein Hemd, und Paul kann von Glück reden, dass ich es ihm nicht gebe. Definitiv möchte ich nicht das mit den ausgekotzten Karotten auf Kacke.«

Ich denke, wir spulen hier besser vor. Paul machte mir ein Geschenk, und ich gab ihm das Hemd. Ich sehe ohnehin meist scheiße aus, also war das kackbraune Hemd letztlich gar nicht so scheiße, wie es schien, und die ganze Kacke mit den Hemden war sowieso ein Scheiß.

Als ich auscheckte, wollte ich mich bei Paul für die super Zeit bedanken, aber er war schon abgereist. Das Zimmermädchen hatte noch ein weiteres Geschenk von Paul, und so reiste ich denn mit zwei Geschenken ab. Keine schlechte Belohnung, zusätzlich zu einem beschissenen Hemd. Ich wette, als ich das Hemd dann feierlich verbrannte, war es heiß in Hawaii …

PLANTY (SIR ROBERT PLANT)

Erste Begegnung

Meine Freundin Jacquie Turner war gut befreundet mit Planty, und so hatte er keine Schwierigkeiten, mich zu erreichen, als er mich brauchte.

Planty nahm 1992 sein Album *Fate of Nations* auf, und er hatte da einige Typen aus Indien mit Violinen und anderem Zeug auf seiner Single »Calling to You«. Einem abgedroschenen Klischee zufolge ist die indische Musik der westlichen um so viel voraus. Nun, in dem Fall war dem nicht so. Nur um das klarzustellen, ich mag indische Musik, und mein Mentor Yehudi Menuhin war schon mit Nehru und Ravi Shankar befreundet, bevor die Beatles wussten, wo Indien war. Ich bin sicher, die indischen Typen, die Planty angeheuert hatte, waren Topleute, aber sie kapierten einfach nicht, was Planty harmonisch oder rhythmisch wollte. Und so brachten sie es eben nicht.

Ich muss hier, nur das eine Mal, seinen richtigen Namen benutzen, obwohl er mir nicht leicht über die Zunge geht. Also ... Robert Plant rief Jacquie an und sagte so was wie: »Dein Freund, dieser Nigel, der spielt doch alles Mögliche, oder? Ich habe hier einen Song, und meine Inder hier bringen das einfach nicht, könnte Nigel mal reinkommen und was probieren?«

Tags darauf fand ich mich in den RAK Studios ein. Der Laden hat wahrscheinlich mehr Hits pro Quadratmeter hervorgebracht als irgendein anderes verdammtes Studio auf der Welt. Es gehörte Mickie Most, einem unglaublich positiven Typen, der Pfund für Pfund wahrscheinlich mehr Hits produziert hat als irgendwer sonst. Das Studio ist bis heute im Besitz seiner Familie, und dank ihrer Bemühungen gehört es bis auf den heutigen Tag zur Crème de la crème.

Wie auch immer, die Leute dort spielten mir den Song vor, und während sich dabei in meinem Kopf Bilder einstellten, ging mir auch die Situation auf, in der ich mich befand. Da sollte ich doch glatt für einen der einflussreichsten Sänger der Rockgeschichte spielen. Andere Sänger hatten nicht nur seine Stimme oder sein Genre kopiert, sondern auch seinen Look. Ich erinnere mich noch, ihn darauf angesprochen zu haben. Ihm machte es nichts aus, dass man ihn kopierte, solange die Kopien nicht scheiße waren. Ich hatte damals noch keine Epigonen; es war noch zu riskant, in meine Fußstapfen zu treten. Aber krochen in Großbritannien und Amerika nicht bereits kleine Scheißer und Scheißerinnen aus dem Gebälk, um durch die Pforten der Wahrnehmung zu treten, die man geöffnet hatte ... um etwas zu entdecken und zu entwickeln? Nein ... um als mindere Plastikkopien etwas Knete abzugreifen – oh Mann! Ich wusste, was in Planty vorging, aber er hatte es noch weit schlimmer! Etwas, was Leute, die es WIRKLICH DRAUF HABEN, immer von Kopisten trennen wird, ist echte Vielseitigkeit im Gegensatz zu gefakter Vielseitigkeit. Und Robert Plant hat es wirklich drauf.

Es war an der Zeit, mich an dem Teil zu versuchen. Ich habe gelernt, dass man sich beim ersten Versuch immer einen Fehler leisten kann. Dämel, die nicht mit Menschen arbeiten wollen, kann ich nicht haben. Wenn man nie was probiert, dann hat man die Karre schon in den Dreck gefahren, bevor man überhaupt losgefahren ist. Alle waren ziemlich relaxt und ausgesprochen geduldig – ich hätte mir das anhören können, bis es dunkel war und die Kühe nach Hause kamen, was ein ziemlich merkwürdiger Anblick gewesen wäre in St. John's Wood.[12] Es war Zeit, zur Sache zu kommen. Es gab da einige spezifische orchestrale Sachen, die Planty erledigt haben wollte, also beschloss ich, die zuerst zu machen, um sie im Kasten zu haben; damit hätte ich mich noch weiter in den Song reinversetzt, wenn es Zeit für mein improvisiertes Solo war.

Nach einiger Zeit hatte ich die Orchesterteile (auf der akustischen Violine) erledigt, und es war Zeit für das Solo auf der E-Violine. Auf so einer hatte ich mit sechzehn zu spielen begonnen, als ich live in New Yorker Clubs aufgetreten war. Die Gefilde, die sie einem eröffnet, heben einen hinaus über die typischen Klischees, die man von einer akustischen Violine erwartet, was es einem ermöglicht, sich eine absolut originelle klangliche Identität aufzu-

---

[12] Bitte nicht weinen, liebe politische Correctos, ich will hier nicht sagen, dass alle reichen Gattinnen Kühe sind.

bauen. Meine Begegnung mit Jean-Luc Ponty hatte mir damals Flügel verliehen; er hatte mir all die Effektpedale gezeigt und war mir überhaupt eine unglaubliche Inspiration gewesen.

Plantys Song »Calling to You« war ein Monster von Pagan-World-Rock-Kiste – mit einem Wort phantastisch. Michael Lees schwere, düstere Drums waren besonders effektiv und verliehen dem Song einen unglaublichen Drive. Überhaupt hatte der Song etwas Urwüchsiges und ging doch ab in die Stratosphäre. Soweit ich mich erinnere, ging das mit dem elektrischen Solo dann recht schnell. Nach drei, vier Takes hatten wir alles im Kasten. Mit das Tollste an der E-Violine ist, dass man seinen Part zusammen mit dem Produzenten im Kontrollraum im richtigen Kontext des Tracks über die großen Lautsprecher hören kann. Produziert wurde der Song übrigens von Chris Hughes. Von ihm habe ich etwas gelernt. Bis zu dieser Session hatte ich das Wah-Wah-Pedal so benutzt, wie man es dem Namen nach für richtig halten würde, das heißt, ich machte damit *wah, wah wah* oder auch mal *wah wah wah*, wenn nicht gar *WAAHH!* Was Chris mir beibrachte, war, den Sweet Spot auf dem Wah zu finden und die Einstellung dann so zu lassen, das heißt, man hatte dann eher einen charakteristischen Sound als einen Effekt. Simpel, aber eine Offenbarung! Danke, danke, danke, Chris! Robert war ausgesprochen entspannt und locker im Studio, er war zufrieden und gescheit genug, etwas einfach passieren zu lassen. Ich erledigte meinen Part völlig angstfrei, und das Ganze hörte sich dann auch super an.

Amerikanische Sensibelchen

Planty wollte mit seinem neuen Repertoire auf Tour gehen, und wie das bei ihm so Brauch war, spielte er einen relaxten Warmup-Gig im King's Head in Putney. Das ist bei ihm so Tradition. Er lud mich ein, mein Solo von »Calling to You« live zu spielen. Es war eine Riesengaudi; der Laden war proppenvoll mit Plant- und Zep-Fans, die hier die einmalige Gelegenheit hatten, den Meister aller Klassen bei einem so richtig intimen Gig zu sehen. Es war ein hammer Abend.

Ich kam zum Soundcheck und fing an. Es versprach, ein Riesenerlebnis zu werden, den Song live zu spielen, mit Plantys Vibe im Overdrive. Planty ist ein Meister im Channeling. Ich machte mich daran, den Sound für meine elektrische Fiedel einzustellen. Es waren zwei Amerikaner mit in der Band, und ich weiß nicht, ob Sie das wissen, aber im Gegensatz zum Vibe und Image amerikanischer Rocker sind unter denen so einige, die aus irgendeinem Grund alles blitzsauber haben wollen. Und so ging es denn auch gleich los. Meine Mesa-Boogie-Combo begann grade so richtig gut zu klingen, da greinte eine von den amerikanischen Zimperliesen auch schon los:

»Hey, Maaann, könnst das mal 'n bisschen leiser stellen, meine Oooahren.«

Und der andere Heavy Rocker blökte ebenfalls los:

»Ja, Maaann, mach besser mal etwas leiiisa ...«

Ich halte aber von Haus aus nichts vom Leiiisastellen. Wozu hat man denn einen Amp? Um nicht gehört zu werden? Ist der denn von amerikanischen Mäusen erfunden worden? Planty kam rauf und ich dachte mir:

»Vielleicht dreh ich doch 'n bisschen leiser.«
Aber er rief mir zu:
»Dreh AUF, Nige! Wir machen hier englischen Rock!«
Die Amerikaner zogen die Hörner wieder ein und benahmen sich ein bisschen mehr wie das, was sie waren: Gäste in unserem Land ... und an die Wand gespielt von einem ... Geiger?

Wie schon gesagt, mit Planty zu spielen, war eines der Highlights meiner Karriere. Er bezieht seine Energie aus Astralebene und Erdkern zugleich. Und obendrein hat er hammer Ohren, sodass er jederzeit auf jede musikalische Situation reagieren kann, während er das Ganze mit hundertprozentigem Einsatz und kraft seines Charismas anführt.

New-Age-Reisende

Das nächste Mal sah ich Planty, als seine Tochter Carmen, Jacquie, er und ich einen Nachmittag/Abend in der Nähe von Kidderminster verbrachten. Es war Sommer und wunderschön, und wir saßen in einem Pub. Mit einem Mal begannen die Mädels, völlig banalen Quark zu reden: Babys, Kinder, Klamotten, Urlaub – gnadenlos. Plant und ich mussten uns abseilen. So rasch und höflich wie irgend möglich nahmen wir unser Bier (Banks, versteht sich, wir waren schließlich in Worcestershire) mit nach draußen, wo wir Musik hörten, die von irgendwoher zu uns rüberkam. Wir folgten unseren Ohren über die Straße und standen plötzlich vor etwas, was wie eine kleine Sporthalle aussah.

»Was ist, Planty, checken wir das mal aus?«
»Okay, hört sich doch ganz gut an, oder?«
Wir gingen durch die Vordertür rein und fanden uns in einer

Art Lobby wieder. Der fiese, schale Gestank dort traf uns wie ein Taifun.

»Puh, das riecht aber streng hier.«

»Furchtbar, Planty. Verschwinden wir, bevor's zu spät ist.«

Planty machte flugs kehrt, um wieder rauszuschleichen, und ich tat es ihm nach. Aber noch bevor wir zur Tür raus waren, trat uns irgend so ein uniformierter Pedant von Hausmeister in den Weg, der uns nicht rauslassen wollte, ohne uns kraft seiner beispiellosen Autorität hinauskommandiert zu haben. Er hinderte uns doch tatsächlich daran rauszugehen, nur um uns anpflaumen zu können:

»Hey, was macht ihr denn hier? Wir wollen Typen wie euch hier nicht haben. Ihr seid hier nicht erwünscht. Raus!«

Womit er endlich jemand war. War es ihm doch tatsächlich gelungen, zwei Fremde aus seinem muffigen Tanzpalast rauszuschmeißen.

»Wir wollten gerade gehen«, protestierte Planty, der diese Nervensäge turmhoch überragte. Der Typ nahm sich wie ein kleiner Jack Russell aus.

»Na, dann macht das mal«, sagte der Großkotz, unglaublich zufrieden mit sich selbst, seiner Macht und seiner Cleverness.

»Danke für Ihre Gastfreundschaft.«

Wir gingen zurück in den Pub. Planty hatte sich nicht unnötig aufgespult, und ich hatte auch keinen Bock auf Zoff. Wir wollten nur unser Bier trinken, und danach wenn möglich noch eins.

In der Hoffnung, dass den Mädels der Quark ausgegangen war, gingen wir wieder in den Pub. Irgendwie kam der Zwischenfall dem *Mirror* oder was weiß ich welchem Käseblatt zu Ohren, wo es dann tags darauf hieß: »Robert Plant und Nigel Kennedy als vermeintliche New Age Travellers aus Tanzhalle geworfen«.

Die Wolves-Phantome

Beim nächsten Zwischenfall mit Planty war Planty eigentlich gar nicht dabei.

Als ich eines Tages von einer Tournee zurückkam, hatte man mir das Tor zu meiner Zufahrt mit weinrotem und blauem Graffiti besprüht – mithilfe von Dosen, die ich für die obligatorische Farbkorrektur an meinen neuen Jaguar benutzt hatte (auch ein Jaguar kann ja Villa-Fan sein …). Das Werk hatte weder den künstlerischen noch den kulturellen Anspruch der Graffiti in London oder New York, und es war ziemlich klar, wer das gewesen war. Hier wurde auf die Wolverhampton Wanderers angespielt, wenn auch – aufgrund der simplen Ästhetik meines Farbschemas für den Jag – in den Villa-Farben. Nichts gegen Wolverhampton, großartiges Team mit einer großen Geschichte, als Verein tadellos, aber mein Leben hat mir nun mal nicht gerade massig Wolves-Fans als Freunde beschert. Das konnten nur Planty und sein Kleiner – Logan – gewesen sein. Künstlerisch nicht gerade atemberaubend, aber da mir jede Kunst in Weinrot und Blau vom Planty-Clan recht ist, ließ ich alles so, wie es war. Es war, als hätte ich meinen eigenen Banksy am Gartentor, bloß noch besser wegen der Villa-Farben, und außerdem war das lange, bevor je jemand den Namen Banksy gehört hatte – auch wenn es unter dem Einfluss des einen oder anderen Glas Banks entstanden war.

Jahre später erzählte mir Planty mal, dass er bei mir vorbeigeschaut hatte und das Tor nebst Haustür sperrangelweit offenstand. Er hatte geklingelt, aber keine Reaktion bekommen, und als er nachsehen ging … war keiner da. Er machte in dem Spukhaus die

Lichter aus, zog die Tür hinter sich zu, verschloss das Tor und fuhr wieder weg.

Wie sich herausstellte, war ich auf Tour gegangen und hatte dabei vergessen, dass es nicht nur Tradition ist, beim Weggehen das Licht aus und die Türen zuzumachen, sondern auch sonst keine schlechte Idee. Zum Glück waren wir in Malvern und nicht in London – obwohl mir, ehrlich gesagt, dasselbe auch dort passiert ist, ohne dass was passiert wäre.

Nur dass bei der Gelegenheit kein Rock-Gott hinter mir hergeräumt hat.

»Kashmir« in der Royal Albert Hall

Das letzte Mal, dass Planty und ich zusammen Musik gemacht haben, war im Rahmen eines abgefahrenen Gigs mit allerhand kleinen und großen Leuten 2017 in der Royal Albert Hall. Wir spielten eine barrierenzerschmetternde Version von »Kashmir« und eine denkwürdige Version von »Hey Joe«.

Planty und Jean-Luc Ponty waren meine Mega-Ehrengäste, Ponty natürlich aus meiner Jazz-Vergangenheit, Planty aus meiner härteren Ecke. Ponty spielte einen Wahnsinnsset mit mir. Mein Violingott spielte so irre wie eh und je, und für mich war es der Wahnsinn, seinen Space-Age-Trance-Fusion-Klassiker mit dem treffenden Namen »Cosmic Messenger« mit ihm zu spielen. Aber ich schweife ab, lassen Sie mich erzählen, wie es zu dieser Zusammenarbeit mit Planty kam.

Plantys Ansatz im Fall von »Hey Joe« ist von atemberaubender Originalität und eine Art Ruhe vor dem Sturm. Die beiden Monster aus Bristol in seiner Band, Justin Adams and John Baggott, waren ebenfalls phantastisch, und zusammen schufen wir monumentale Soundskulpturen. Irgendwie bekommt man in Plantys Version erst so richtig die Bedeutung der Lyrics mit, die bei ihm weit eindringlicher sind als in irgendeiner anderen Version, Jimis nicht ausgenommen. Außerdem meidet er den ganzen überladenen Gitarrenscheiß, der längst abgelutscht und gegessen ist.

Die Version von »Hey Joe« war Plantys Arrangement, das von »Kashmir« dagegen sollte ich besorgen. Unsere Darbietung des Songs war obendrein von historischer Bedeutung: Er spielte den Song zum ersten Mal, ohne dass Jimmy Page auch nur im Hintergrund etwas damit zu tun hatte. Was ich zu meinem Glück übrigens erst nach dem Gig erfuhr. Der Druck, das Arrangement für diesen Meilenstein der Rockgeschichte auf die Reihe zu kriegen, war auch so groß genug, schließlich sollte es eines Phänomens wie Robert Plant würdig sein. Das war wohl das Einzige, was für mich wirklich zählte, denk ich.

Als Erstes musste das verdammte Arrangement mal geschrieben werden. Ich hatte ein Orchester (21 Leute), meine Band (zwei Gitarren, Bass, Drums) und mich selber. Wenn ich mir da nicht was notierte, was sich jedem vorlegen ließ, würde das nie und nimmer so richtig phantastischer Lärm werden. Ich riss mir den Arsch auf, und nach drei, vier Tagen war es geschafft – obendrein mit perfektem Timing, uns blieben noch zwei Tage bis zur ersten Probe. Planty freute sich zu hören, dass ich so weit war.

Dann kam's mir schlagartig, mitten in der Nacht – was ich da geschrieben hatte, war totaler Scheiß! Total unoriginell und mit null Phantasie! Ich hatte, wie gesagt, noch zwei Tage. Ich begann Planty zu texten, ich würde noch mal ganz von vorne anfangen:

Willst du arabische Elemente drin haben?
Willst du's eher marokkanisch?
Wie lang willst du den Mittelteil?
Soll ich die Basslinie mit den Cellos aufdoppeln?
SOLL ICH DIE PANIK KRIEGEN UND DIR 'N ARSCHVOLL FRAGEN TEXTEN?

Plantys Antwort war so kurz wie bündig:
»Das wird schon, *mate*, vielleicht legst du dich besser erst mal aufs Ohr.«

Die Proben liefen super. Mein verbessertes Arrangement erwies sich als phantastisch (und war die paar schlaflosen Nächte wert gewesen), und Plantys Radar hatte sofort auf dem Schirm, wie ich mir das vorstellte. Seine Zuversicht wie seine Selbstlosigkeit bauten mich und die anderen auf, und wie Sie sich vorstellen können, war die Arbeit mit ihm ein unvergleichlicher Rausch. Seine Auffassungsgabe ist nicht von dieser Welt; sie lässt ihn sofort auf alles einsteigen, was musikalisch um ihn herum passiert. So sorgt er für den nötigen Raum. Planty hat Ohren wie sonst keiner und ist obendrein ein brillanter Zuhörer.

Es war klar, dass Planty brillant sein würde. Er pflegt eine Liebesaffäre mit seinem Publikum, die nicht nur in eine Richtung geht. Das Gefühl, das er ausstrahlt, ist greifbar. Er ist ein Schamane – seine Energie kommt aus der Erde und geht durch seine Seele auf uns über. Seine Wahrnehmungsfähigkeit ist der Hammer. Eine weitere irre Qualität an ihm ist sein Vertrauen, und Vertrauen schafft, wie man weiß, Vertrauen.

Bei dieser Aufführung erzählt er eine Geschichte aus einer Warte hoch über uns. Oh ja, eine Geschichte! Nicht irgendeinen technischen Trick, wie das so oft im Jazz und in der Klassik passiert, wo einem die Worte vielleicht einen obskuren Hinweis darauf geben, worum zum Geier es da eigentlich geht, anstatt dass uns der Sänger die Geschichte tatsächlich erzählt und dabei auch spürt. Planty erzählt sie aus den Tiefen seiner Seele.

Was für ein wunderschöner Abend. Und Sie können sich nicht vorstellen, was es mir bedeutete, dass Planty mir sein erstes »Kashmir« ohne Jimmy Page anvertraut hat. Und das Sahnehäubchen war, dass Jimmy Page meine Version, wie mir ein gemeinsamer Bekannter gesagt hat, gefiel. Mein Arrangement, so meinte er, sei der Weg nach vorne für »Kashmir«. Ein Rock-'n'-Roll-Geiger kann sich kein größeres Lob vorstellen als von diesen beiden Kings of Rock. Euer Nige als Königlicher Hoflieferant Dero Majestäten The Zep.

TRANSITOIRE – MUSIKALISCHE VORURTEILE

Ich bin ein Macker, der Ihnen auf der Violine alles spielt. Was immer ich höre, ich kann es nachspielen. Vogelzwitschern, Sirenen, kreischende Bremsen, Sprache, weinende Babys, jaulende Hunde, Menschen: lachend, heulend, langweilig labernd. Und aufgrund dieser instinktiven Anpassungsfähigkeit meiner Ohren kann ich jede Art von Musik spielen (die ich spielen möchte). Solche Ohren sind in der klassischen Musik weder gern gesehen, noch bringt man sie einem bei – ich habe keinen blassen Schimmer, wem ich diese verdammten Ohren zu verdanken habe!

Wo es mir nun mal gegeben ist, so viel Schönheit oder Größe in unterschiedlichsten musikalischen Genres zu hören, verstehe ich auch musikalische Vorurteile ebenso wenig wie Vorurteile, wie sie Menschen gegeneinander haben. Konnte ich nie! Natürlich sehe ich mich als Mensch Vorurteilen genauso ausgesetzt wie als Musiker, und zwar nicht zu knapp – und das von Kleingeistern mit Bohnen in den Ohren auf beiden »Seiten«. Ein Blick auf die Liste musikalischer Topleute, mit denen ich – egal in welchem Genre – gearbeitet habe, verweist die geistigen Zwergpygmäen klar auf die Ränge.[13] Ich entschuldige mich für rein gar nichts, Euer Ehren, ich bin nun mal ein Wiederholungstäter in Sachen guter Musik jeglichen Genres.

Inzwischen grassieren die musikalischen Vorurteile wie eh und je. Um nur ein Beispiel zu nennen, hat die klassische Klassen-Musik, bei all den staatlichen Subventionen, die in anderen Genres undenkbar wären, immer noch genügend Zeit für ihre erheblichen Komplexe gegenüber der Rockmusik – anstatt sich einfach ihrer relativ unverdienten Privilegien zu erfreuen. Ich liste hier gleich mal die Top Ten ihrer gegenwärtigen Vorurteile auf. Jazz bekommt von den Classicos im Augenblick weniger auf die Zwölf, weil kaum einer von den Jazzos große Freude an seiner Musik zu haben scheint – also MUSS JAZZ WOHL E-MUSIK SEIN! Es geht nichts über eine Pharisäergrimasse, um zu zeigen, wie »E« man ist.

Nicht, dass Rock nicht auch seine Komplexe gegenüber der klassischen Musik hätte. Also liste ich anschließend auch gleich noch die Top Ten von deren Problemen mit den Classicos auf. Ich sollte vielleicht ausdrücklich darauf hinweisen, dass die hier aufgelisteten Vorurteile nicht von GUTEN Musikern kommen, sondern vor allem von beschissenen Hörern, ob die nun Musiker sind oder nicht.

---

[13] Jetzt weinen Sie mal nicht gleich, mein armes Sensibelchen, ich spreche hier von geistiger Größe, nicht von Menschen an sich.

Da ich nun mal sowohl im Rock als auch in der klassischen Musik ziemlich gut bin, habe ich diese Vorurteile – auf meine Person bezogen – von beiden Seiten gehört.

Top 10 der Vorurteile: Klass(en)-Musik gegenüber Rock	Top 10 der Vorurteile: Rockmusik gegenüber Klass(en)-Musik
(i) Rock ist billig und irgendwie für simpel gestrickte Gemüter.	(i) Klassische Musik ist teuer und für Leute, die ums Verrecken clever dastehen wollen.
(ii) Populär zu sein ist geschmacklos.	(ii) Wer keine Platten verkauft, ist scheiße.
(iii) Melodien sind für geistig Unbedarfte und zeugen nicht eben von Klugheit.	(iii) Classico-Scheißer haben weder den Verstand noch das Talent, eine schöne Melodie zu schreiben.
(iv) Verstärkte Musik ist so übertriebener wie grauenhafter Lärm für die unteren Schichten.	(iv) Akustisch klingt schwindsüchtig.
(v) Kein Rocker kann alle unsere Noten spielen; technisch sind diese Leute non-existent.	(v) Diese Classico-Scheißer können sich nie für die richtige Note entscheiden.
(vi) Zu Musik zu tanzen ist widerlich, überhaupt ist Stehen unausstehlich.	(vi) Sitzen oder Musik, bei der man sich hinsetzt, ist was für Tote.
(vii) Rockmusiker sind ungebildete Leute und ebenso einfach gestrickt wie ihre Musik.	(vii) Klassik-Fans sind verbildet, können nicht selbständig denken und haben kein Gefühl.
(viii) Was die unter Musik verstehen, klingt alles gleich.	(viii) Was die unter Musik verstehen, klingt alles gleich.
(ix) Beschissene Lebenseinstellung (asoziale Prolls).	(ix) Beschissene Lebenseinstellung (überhebliche Snobs).
(x) Geschmacklose Kleidung.	(x) Geschmacklose Klamotten.

Seit meiner Kindheit denk ich mir nun: »Wie zum Geier wollen wir Rassen-, Klassen- und was weiß ich für Vorurteile loswerden, wenn wir blöd genug für Vorurteile gegenüber Kleinigkeiten wie musikalische Genres sind? Entweder es verschwinden alle Vorurteile, oder wir werden nie auch nur ein einziges los ...«.

Ich denke mal, dass diese Frage und die Antwort darauf so relevant sind wie eh und je. Vorurteile auf einem einzigen scheinbar unwichtigen Gebiet legitimieren und normalisieren Vorurteile auf anderen Gebieten, und eh wir es uns versehen, stehen wir bis zum Hals in Vorurteilen.

Es sieht fast so aus, als gäbe es heute nicht weniger Vorurteile als zu der Zeit, als Lionel Hampton mit Benny Goodman spielte, nur eben mit einer etwas anderen Färbung. Haben wir uns seitdem weiterentwickelt? Nicht, wenn wir einen sogenannten anderen für unser eigenes Unglück verantwortlich machen. Solange wir nicht weltweit eine Meritokratie – im Sinne *tatsächlicher* Leistung – geschaffen, solange wir uns an einer solchen noch nicht einmal versucht haben, liegt die Verantwortung beim System und nicht in der Hautfarbe oder deren Nuance. In einer idealeren Welt würde die Chancengleichheit etwa mit dem Jahr null beginnen, und wenn die Leute das wirklich wollen – nun, wo ein Wille ist, da ist auch ein Weg. Wo es eine Ausrede gibt, gibt es keinen ...

Die Musik leidet unter denselben kleingeistigen Vorurteilen in den Hirnen bösartiger kleiner Dumpfbacken, die vermutlich allesamt furchtbar frustrierte und herzlich unsympathische kleine Menschen sind.[14] Wenn die's damit zufrieden sind, den Vorurteilen in Kunst und Kultur nachzugeben, dann sind sie es – auch wenn sie politisch zehnmal ach so korrekt dastehen wollen –

---

14 Nicht im Sinen von kleinwüchsig, liebes politisch korrekte Seelchen.

wahrscheinlich auch zufrieden damit, dass Vorurteile in Bereichen wie Hautfarbe, Klasse, Geschlecht, Alter etc. pp. grassieren.

In einer idealen Welt wären weit mehr Scheißer daran interessiert – und ich meine WIRKLICH daran interessiert – musikalisch auf eigenständige Art und Weise zu kommunizieren, anstatt innerhalb der Grenzen ihrer popligen kleinen Genres zu bleiben. Und das bringt mich denn schließlich auch auf The Who.

Wenn man den Streit zwischen Klassik und Rock schon unbedingt als Schlacht zwischen zwei Seiten sehen muss, dann muss man doch ein Kretin[15] (egal welcher Seite sein), The Who nicht all der Qualitäten wegen zu schätzen, die sie der Musik ganz allgemein gebracht haben.

Die Musik von The Who hat eine ganz unglaublich solide Struktur, die der der klassischen Musik in nichts nachsteht, aber sie verfügt eben auch über die Kraft und die Dynamik des Rock. The Who haben eine neue Art von Musik erfunden, wozu es in der klassischen Musik seit den 30ern nicht mehr wirklich kam. Die Wahrheit ist manchmal brutal ... okay OK okay Ok okay Ok ... Minimalismus, höre ich da eine kleine Stimme sagen. Sorry, aber wenn ich's recht überlege, hat das schon Beethoven Anfang der 1800er gemacht, nur eben mit Eiern.

Allem, was uns die Propaganda der Hohlbirnen einreden möchte, zum Trotz: Wirkliche Intelligenz muss ihr Produkt nicht kompliziert aussehen lassen, ganz im Gegenteil – etwas wirklich

---

[15] Liebes politisch-korrektes Sensibelchen, es schmerzt mich, Sie den Tränen nahe zu sehen. Ich möchte hier keineswegs tatsächliche Kretins beleidigen. Ich liebe, na gut, ich mag Kretins, das hängt ganz von ihrer Persönlichkeit ab. Ich habe sie auch gern in der Suppe ... die Kretins, meine ich ... oder meine ich etwa Croutons ... Upps!

simpel aussehen zu lassen, erfordert WIRKLICHE Intelligenz. Außerdem neigen die cleveren Scheißer dazu, wirklich, WIRKLICH langweilig zu sein. The Who verfügen über WAHRE Intelligenz, sie sind nicht langweilig, ihre Songs sind von phänomenaler Klarheit, und ... sie ... sind ... AUFREGEND. Außerdem erzählen ihre Songs Geschichten aus dem richtigen Leben, und das verschafft ihnen die untrennbare Connection zu ihren Fans. In ihrer Rockoper *Tommy* und dann gleich noch mal in *Quadrophenia* haben The Who alles zusammen und auf den Punkt gebracht und damit das Vorurteil als die Dummheit entlarvt, die sie tatsächlich ist.

THE WHO – BABA O'RILEY

Kack mir in' Schuh, ich schnall ab! Lädt mich anno 2000 doch glatt Roger Daltrey ein, mit The Who »Baba O'Riley« in der Royal Albert Hall zu spielen. Das versprach eine hammer Erfahrung zu werden, und wie immer hatte ich die Absicht, ganz in der Tradition von Ron Saunders 110 Prozent zu geben und dabei auch noch was zu lernen. Was für eine Art zu lernen ... auf der Bühne mit The Who.

Zu meinem grenzenlosen Glück hatte ich keine anderen Gigs im Kalender und überhaupt am fraglichen Wochenende frei und damit Zeit sowohl für die Proben als auch für den Gig. Etwas, was mir noch Kopfzerbrechen machte, war mein Vierjähriger, Sark, den ich für's Wochenende hatte, aber Agnieszka war kool genug, sich um ihn zu kümmern, während ich mit der Band den nötigen Lärm machte. Wie auch immer, wie sollte es für ein Kind nicht gut sein, phänomenale Musik von dieser Größenordnung zu hören? Fragen Sie Sark, und er erinnert sich vermutlich noch nicht mal mehr dran, aber für mich hieß es – READY TO RUMBLE!

Die Proben fanden in den Nomis Studios in der Sinclair Road in West London statt. Ich traf dort ein, mit Agnieszka und Sark, und wir begrüßten einander. Roger Daltrey war enthusiastisch und charmant, Pete Townshend schien besessen von dem Gedanken, dass mit dem Sound seiner Gitarre etwas nicht stimmte, John Entwistle – The Ox – war auf seine ureigene reservierte Art die Ruhe selbst, und Zak Starkey wartete entspannt darauf, dass es endlich was zu tun gab.

Daltreys Aufmerksamkeit ging so weit, dass er Sark ein paar Ohrstöpsel gab. Überhaupt behandelte er ihn wie einen (vierjährigen) Freund.

»Du hast uns wahrscheinlich noch nie gehört, aber wir sind ziemlich laut. Steck dir die Stöpsel hier rein, pass auf, *sooo* ...«

Er vergewisserte sich, dass Sark das auch richtig machte, und gab sich solche Mühe, dass ich mich nicht weniger gut fühlte als mein Kleiner. Bis auf den heutigen Tag habe ich eine derartige Aufmerksamkeit nicht mehr gesehen – nicht von jemandem, der jedes Recht der Welt darauf hätte, sich für den Größten zu halten. Ein von Natur aus galanter Typ!

Keiner von uns hätte damals ahnen können, dass John Entwistle nicht mehr lange unter uns weilen sollte. Was für ein Glück für mich, mit einem derart großartigen Bassisten spielen zu dürfen; was für ein Unglück, dass er uns so früh verließ. Ohne sich auch nur einmal um ein Solo gerissen zu haben, hatte er einen Riesenanteil am Sound von The Who. Er war in gewisser Weise das Gegenstück zu einem anderen großen Bassisten aus den Gefilden des Jazz, mit dem ich gespielt und aufgenommen habe: Ron

Carter. Man erkennt sie beide nach wenigen Noten an ihrem ureigenen Sound, und ohne sie wäre die Lücke in der Band größer als der Grand Canyon. Technik im Dienst der Musik, und nicht wie das heute so üblich ist im Dienst von Ego und der Technik um ihrer selbst willen.

Wir begannen zu proben, und Townshend hatte vom ersten Augenblick an Probleme mit mir. NEIN zu diesem, NEIN zu jenem, was immer ich machte, ihm schien überhaupt nichts zu passen, und dann schien er mich auch noch coachen zu wollen. Wenn es zwei Dinge gibt, die bei mir nicht funktionieren, dann ist das zum einen das Wörtchen NEIN und zum anderen der Gedanke, mich coachen wollen. (Zum Thema Coachen: Ich habe zwei recht gute Musikschulen besucht und mir alle Mühe gegeben, 80 Prozent von dem zu verlernen, was man mir dort beigebracht hat, da es völlig irrelevant war für die Musik, die ich gerade zu spielen hatte, ganz zu schweigen davon, wie meine Persönlichkeit dieser dienen konnte.) Ich war mir in dem Augenblick der Anwesenheit von Sark bewusst und dass er lieber auf dem Spielplatz gewesen wäre oder im Zoo.

Ich sagte also Townshend ganz offen: »Pass auf, wenn dir meine Art zu spielen nicht passt, kein Problem. Es nützt niemandem, wenn du nicht zufrieden bist und wenn ich nicht zufrieden bin. Ich geh genauso gern mit meinem Kleinen in den Park, wozu ich im Augenblick alle Lust habe. Ich trete gern von dem Gig zurück. So braucht sich keiner Sorgen zu machen, und es gibt keinen Stress.« Ich verstand ja, dass es sein Song war, aber es war nun mal meine Violine, und die würde sich nach mir anhören, egal ob das jemandem passte oder nicht.

Ich weiß nicht mehr, was dann passierte, aber Townshend änderte seine Haltung, und wir hatten eine wirklich anständige

Probe. Später sagte mir jemand, dass Townshend mir unnötige Scherereien machte, weil ich Daltreys Gast war und nicht seiner. Was ich nicht wirklich glaube. Es hat womöglich mehr damit zu tun, dass man es, wenn man einen Song seit 50 Jahren auf seine, das heißt, auf die einzig richtige Art und Weise gespielt hat, eben nicht gerne sieht, wenn ein anderer das auf seine Weise angeht.

Der erste Eindruck ist nicht immer der richtige. Mein Eindruck damals war, dass sich alle ein bisschen müde anhörten, alt und jeder in seiner eingefahrenen Spur. Erste Eindrücke eben ...

Tags darauf war dann der Gig. Man ist immer kribbelig, wenn man in der Royal Albert Hall spielt. Ich war dort vielleicht fünfzehn, zwanzigmal aufgetreten, aber dieser Abend sollte die Krönung sein – ich spielte mit THE WHO. Ich hatte jedoch ein gutes Gefühl, was den Auftritt anging, der kleine Revierkampf mit Townshend schien vergessen, und falls er noch mal aufflackern sollte, würde ich einfach gehen und den Abend mit Sark verbringen. Für mich war es also eine Win-win-Situation, die eine wie die andere Option war mir recht.

Die Royal Albert Hall zu betreten, ist immer kool. Schon von außen sieht der Bau grandios aus. Wann immer es die Zeit erlaubt, spaziere ganz gern mal rundrum, bevor ich reingehe, um etwas von der Größe und Geschichte des Gebäudes einzuatmen. Ist man erst mal drin, geht man hinab zu den Garderoben in den Eingeweiden des Baus. Die Garderoben sind ziemlich marode für einen Konzertsaal dieses Kalibers, selbst die Garderoben der ★s sind nicht viel größer als feudale Schränke. Und das Fenster aufzumachen – Moment mal, welches Fenster? Aber letztlich trägt das alles zum Charme der Hall bei. Der Architekt hat in jeder Garderobe genügend Platz für eine Flasche Schampus gelassen, also Hut ab vor Fowke, Scott und den Royal Engineers.

Der Soundcheck lief prima, und Townshend war durchaus passabler Laune, will sagen, ermutigend statt entmutigend; The Ox gab in aller Seelenruhe die tragende Säule, die er schon immer gewesen war, und Daltrey bereitete sich schon mal darauf vor, seinen Spaß zu haben, indem er die akustischen Eigenschaften dieses riesigen überdachten Amphitheaters auslotete. Die Probe war nicht inspirierend, aber alles in allem gut. Das einzige Problem war, dass Sark feststellte, dass er den ganzen Zuschauerraum der Hall für sich allein hatte, sodass sich herrlich rumtoben ließ. Ich weiß nicht, wie viele Runden er drehte, aber ihn einzufangen war gar nicht so leicht.

Schallmauern hatten The Who noch keine durchbrochen, und als ich an dem Nachmittag ging, dachte ich mir: »Der Gig wird schon werden, schließlich wissen wir, was wir tun, aber es wäre schon schade, wenn er ohne die von The Who gewohnte Energie über die Bühne ginge.«

Abends war ich wieder rechtzeitig zurück, um mich zu vergewissern, dass mein Funksender für die Geige funktionierte, und bequatschte mit dem Soundman den üblichen technischen Scheiß. Dann hatte ich jede Menge Zeit rumzusitzen, bis The Who auf ihrer Setlist bei »Baba O'Riley« angekommen wären. Da ich einen All-Area-Pass hatte, entschloss ich mich, mir The Who vom Saal aus anzuhören, anstatt backstage rumzulungern. Wie bei einem richtigen Rockkonzert ging ich ganz nach vorne. Ich meine, wie oft hat man schon die Gelegenheit, eine große Band wie The Who in einer ordentlichen Konzerthalle zu hören – ich meine, im Gegensatz zu einem Flugzeughangar oder einem Stadion?

Sehen wir's, wie es ist, ein Flugzeughangar taugt nun mal nur für Flugzeuge (Bill Withers kann Ihnen ein Lied davon singen[16]), und ein Stadion ist zum Bolzen da. Das kann Ihnen Jack Grealish sagen. Man behandelt das Publikum in diesen persönlichkeitslosen Locations wie Schafherden, die man abzocken kann.

Und siehe da – The Who ließen es krachen wie eh und je.

TOWNSHENDs Gitarre fuhr mit Donnerkeilen unters Publikum, futuristisch, erdig, mit kontrollierter Power und doch wieder unkontrolliert, Energie pur, ohne Rüschen und den ganzen Scheiß.

DALTREY, selbstbewusst und strahlend, herausragend. Er war der Geschichtenerzähler, er schuf ein dreidimensionales Narrativ, und sein Vortrag gehörte in die Abschlussklasse für Schauspiel-Götter an der Stanislawski-Schule.

ENTWISTLE lieferte wie immer die Struktur, flüssig und doch seelenruhig. Solide wie ein Fels und unerschütterlich war er das stabilisierende Element in diesem gewaltigen energetischen Kreis.

ZAK STARKEYs ganz eigener neuer Stil an den Drums vollendete das Bild. Sein Einfallsreichtum brachte der Musik weit mehr, als hätte er nur Keith Moon imitiert. Feuerwerk gab es keines. Nur solide, ehrliche Mucke!

Ich war völlig von den Socken!

Die Kerls hatten sich für den Gig aufgespart. Ich hätte es wissen sollen! War doch auch meiner Erfahrung nach eine unübertreffliche Generalprobe schon so manches Mal der Tod eines Gigs gewesen. In dem Augenblick, in dem man so gut zu spielen versucht wie bei der Probe, ist man verratzt. Jetzt wusste ich, ich würde bei einem Gig mitwirken, der sich hören lassen konnte, möglicherweise einem Gig von historischem Wert.

---

16 Das ist jetzt nur für Musikkenner. HINWEIS: Mr. Withers ist der einzige berühmte Musiker, der Ihnen ein Lied davon singen könnte.

Das Set nahm seinen Lauf und »Baba O'Riley« rückte näher – ich ging wieder hinter die Bühne und stellte mich in den Kulissen auf. Dann war es Zeit, zur Sache zu kommen. Wie Sie vielleicht wissen, kommt die Fiedel erst im letzten Teil des Songs ins Spiel. Das bedeutete, dass ich genügend Zeit hatte, die Atmosphäre auf mich wirken zu lassen und mir die Bühnentechnik von The Who nebst ihrer Beziehung zum Publikum von mittendrin anzusehen.

Ich begann zu spielen, und die Magie der Violine wirkte wie eine Spritze, bevor sie alles zu transzendieren begann. Ich sah Daltrey sofort darauf einsteigen, und Townshend unterstützte mich beim Auftürmen der Soundwelle am Schluss des Songs, wie kein anderer Gitarrist es gekonnt hätte. Ich sah mich von der kollektiven Macht der Band davongetragen, und das Solo war ein Triumph. Und sogar unser Finish brachten wir gemeinsam und genau auf den Punkt – ein letzter absolut synchroner Tusch.

Da haben wir's mal wieder – was so beschissen begonnen hatte, wurde zu einem wirklichen Hammer. Und ich habe sogar ein schön gerahmtes goldenes Album, das mir die Jungs geschickt haben. Das gab es für den Verkauf der Aufzeichnung auf Video/DVD.

Es gab eine Menge Komplimente für den Auftritt von allerhand großen und kleinen Tieren – für viele war es die beste Version von »Baba O'Riley«, die The Who je gemacht haben.

MACKER ALLER WELT, VEREINIGT EUCH!
JOB ERLEDIGT!

EMF/NEIL TENNANT
(SPASSBREMSE EHRENHALBER UND EINER DER BESTEN SONGWRITER, DENEN ICH NIE BEGEGNET BIN)

Es gibt eine ganze Menge Argumente bezüglich Status, Genre und was auch immer, die die Vermutung nahelegen, dass diese Geschichte nicht eigentlich in ein Kapitel über die Rock-Aristokratie gehört – aber ich schreibe sie trotzdem mal hier rein, sozusagen als was Leichtes zur Entspannung, obwohl etwas in ihr definitiv etwas heavy ist.

Erst mal möchte ich klarstellen, dass »West End Girls« zu meinen Lieblingssongs gehört. Ich kann den heute noch hören und habe dabei nicht weniger Freude dran als beim ersten Mal. Ich finde, das macht einen Klassiker aus. Er hat Atmosphäre, und die synthetischen Streicher erfüllen hier, nebenbei bemerkt, ihre Aufgabe weit besser, als es ein Orchester gekonnt hätte. Das ist wie bei Stevie Wonders *Songs in the Key of Life*, ein Orchester würde hier Rhythmus und Ehrlichkeit ruinieren ... Aber jetzt zu dieser leichten bis mittelschweren Story.

Bei einer EMI-Tagung irgendwo innerhalb der Grenzen des mächtigen Engel-Land oder vielleicht auch Wales hatte ich das Glück, EMF kennenzulernen, mit denen ich mich vom Fleck weg gut verstand. Ihre Single »Unbelievable« war ein unglaublicher Hammer und gehört noch heute zu meinen Lieblingssongs. Die Schicksale von EMF, einem Pet Shop Boy und meiner selbst sollten sich für einen Augenblick kreuzen.

EMF und ich hingen in einem unserer Zimmer ab, als unser aller Blick auf den Fernseher fiel. Wir waren uns alle einig, dass es bei all dem Scheiß in der Glotze eigentlich nur eine Art fernzusehen geben konnte, und das war, einen vom Dach des Hotels in den Swimmingpool fallen zu sehen. Eine super Idee, ein so ehrenwertes wie lohnendes Unterfangen, fanden wir. Nicht nur wäre es schön anzuschauen, es stünde auch metaphorisch für das Tempo, mit dem das Fernsehen den Bach runterging.

Wir müssen ein nettes Bild abgegeben haben, als wir mit der schweren Glotze wie die Ameisen auf dem schrägen Dach rumkrochen (ich weiß noch nicht mal mehr, wie wir da raufgekommen waren). Und es war auch keiner von diesen Yuppie-Flachmännern, sondern noch einer mit Eingeweiden aus Röhren, was ihm durchaus etwas Menschliches gab.

Wir waren ganz versessen darauf, das Teil genau in der Mitte des Pools zu versenken.[17] Angesichts des Gefälles da oben landete der Fernseher jedoch trotz unserer konzertierten Anstrengung, Einfluss auf seine Flugbahn zu nehmen, auf der Betonkante des Pools, wo er denn auch zerschellte. Womit es natürlich Essig war mit unserer Absicht, den Fernseher auf dem Boden des Pools zu sehen. Der Aufprall freilich war durchaus spektakulär. Der Innenhof, in dem der Pool lag, wirkte wie eine Echokammer, und der satte Knall hallte einen langen Augenblick nach. An den Fenstern der Gästezimmer tauchten Gesichter auf, um zu sehen, was da los war. Was immer das gewesen sein mochte, die Frage nach dem Wer war nicht schwer zu beantworten, schließlich saßen wir auf dem Dach wie eine Schar gestrandeter Krähen und lachten uns scheckig.

Aber um zur Sache zu kommen ... Auf einer der zum Pool

---

[17] Falls Sie zu den leicht beeinflussbaren Zeitgenossen gehören sollten, lieber Leser, versuchen Sie das bitte nicht zu Hause. Ja, eigentlich wär's am besten, Sie versuchen das nirgendwo. Ist nur was für Superhelden ...

hinausführenden Terrassen hatte Neil Tennant in stiller Selbstüberzogenheit vor sich hingeträumt, als er sich durch die Detonationen des Mediengeschosses einige Meter neben sich rüde aus seinem Idyll gerissen sah. Für ihn muss es eines der explosivsten TV-Ereignisse gewesen sein, die er je gesehen hatte. Zum Glück war er nicht gerade draußen im Pool gewesen und die Glotze auch nicht auf ihm gelandet. Nichtsdestotrotz muss das Erlebnis wohl verheerend, traumatisch, furchterregend, abscheulich, demütigend gewesen sein, oder anders gesagt, dass wir seine Träumerei gestört hatten, fand er überhaupt nicht nett. Kurzum, er spulte sich mordsmächtig auf.

Dabei war überhaupt nichts passiert, außer dass die Leute ihre zarten kleinen Zehen erst wieder wässern konnten, nachdem die Scherben weggeräumt waren. Ein paar Laufburschen von EMI tauchten auf und machten unserer Party ein Ende, was nicht sehr originell war, aber dazu, unsere gute Arbeit weiterzuentwickeln, fehlte es ihnen wahrscheinlich an Phantasie. Außerdem mussten sie wohl an ihre Jobs denken (der darin bestand, achtzig bis neunzig Prozent der Einnahmen von jeder verkauften Einheit zu kassieren).

Tennant hatte an der Geschichte ganz offensichtlich nicht so viel Spaß wie wir (dazu schien er auch nicht der Typ), weil er gegenüber der Presse irgendwelches heuchlerisches Geschwätz verbreitete, der ihn wie eine weise graue Eminenz aussehen ließ. Von wegen, wie unreif wir doch wären. Deshalb bekommt er auch eine Erwähnung als Spaßbremse ehrenhalber, obwohl ich hoffe, dass er mittlerweile darüber hinweg ist (in welchem Fall die Auszeichnung an eine endlose Reihe dubioser Typen weiterzureichen wäre, sei es im Musikbiz, sei es bei der BBC).

Schauen Sie doch, wo uns all die Reife hingebracht hat, mit

denen TV-Laberköpfe und blubbernde Künstler so promenieren – nirgendwohin, verflucht noch mal!

UNREIFE DIESER WELT, VEREINIGT EUCH!

JON LORD, PURPLE, SMOKE

Ich war gerade eine musikalische Partnerschaft mit Jon Lord eingegangen; er hatte Symphonisches zu sagen, ich etwas in Sachen Rock. Wir hatten ein paar Gigs zusammen gemacht und waren uns einig, dass wir ganz unglaubliches Potenzial hätten. Es war der Anfang von etwas irre Großem – und dann war er plötzlich nicht mehr da.

Was für eine Tragödie für alle, die ihn kannten, dass er so früh gehen musste, wo er doch noch so viel zu geben hatte.

Wie praktisch alle Menschen, die ihre Vision kraft ihrer Gaben durchgesetzt haben, hatte auch Jon keinerlei Allüren. Es sind wirklich die Mittelmäßigen, vor denen man sich in Acht nehmen muss, die, die ihren Mangel an Qualität und Fähigkeiten damit kompensieren müssen, sich wichtiger zu machen, als sie sind. JON LORD WAR NICHT VON DIESER NIEDEREN ART!

Er war bescheiden, ein großartiger Geschichtenerzähler, aber keine Luftpumpe ... UND EIN ZAUBERER AUF DER ORGEL! Es gibt eine recht eigene und einzigartige Schule britischer Keyboarder – und ich meine damit Leute wie Steve Winwood, Keith Emerson, Tony Banks, Georgie Fame, Alan Price, Rick Wakeman, Chaz Jankel –, und Jon Lord gehörte zu den besten davon. Was ihn zu einem der führenden Köpfe selbst in dieser auserlesenen

Gruppe machte, das waren sein Songwriting, seine Solotechnik und natürlich seine Bandgenossen von Deep Purple, die alle nicht von Pappe waren! ... und er hat »Smoke on the Water« geschrieben, himmelherrgottnochmal.

Auf dieser Welt gibt es mehr Leute, die dieses Riff kennen, als Leute, die wissen, dass Jesus kein brasilianischer Fußballer ist, na ja, wenigstens nicht in erster Linie.

Wir trafen uns zu Proben in Deutschland, wo wir zwei, drei Gigs spielten. Eine große Ehre, jedenfalls was mich anbelangt, war, dass er mit mir gern »Smoke on the Water« spielte, wozu er sonst nun wirklich keine Lust mehr hatte. Es war nett zu sehen, dass er mich für gut genug hielt, dem Song eher was geben zu können, als dass ich ihm was nahm. Und da meine Band keine Sänger hatte und ich mit meiner Violine der Frontman war, stünden wir auch nicht in Konkurrenz zu dem, was Ritchie Blackmore und Ian Gillan im Original gemacht hatten. Wenn es keinen Wodka gibt und nur Whiskey, trinkt man eben Whiskey, und siehe da, schon schlägt man eine neue Richtung ein. Immer die gleiche Richtung ist scheiße, es sei denn, wir sprechen von einem französischen Panzer im Rückwärtsgang.

Neben »Smoke on the Water« spielten wir auch ein paar von meinen Nummern, zum Beispiel »The Hills of Saturn« (alle Welt geilt sich an den Ringen auf, aber ich nehme doch stark an, dass es da auch Festland gibt ... die University of Bath hat mich nicht ohne Grund zum Ehrendoktor ernannt) und »The Invaders« (Menschen haben, aus welchen Gründen auch immer, regelmäßig unter Invasionen zu leiden; dieser Song beschwört die Brutalität der Invasoren und die Freiheitsträume der Überfallenen).

Ich hatte eine gute Band (The Nigel Kennedy Quintet). Ich habe übrigens mehr von ihr gelernt als die Bandmitglieder von mir, weil ich aus allem lerne und immer an die Grenzen des Machbaren will. Obwohl ich es gern gesehen hätte, wenn sie mehr von mir gelernt hätten; sie hätten durchaus davon profitiert. Wie auch immer, wir waren richtig gut, aber Jon hob dieses Level auf die ihm eigene unaufdringliche Weise tierisch an.

Was mir sofort auffiel, war, dass mein Keyboarder gerade mal halb so alt war wie Jon und sich hinsetzte, während Jon, der doppelt so alt war, IM STEHEN SPIELTE. Damit war auf der Stelle klar, dass wir ab sofort neben mir einen zweiten Mann mit Biss in der Band hatten.

Ich hatte meinen Pianisten an die Hammond gesetzt, weil sie für eine Menge meiner Songs einfach der richtige Sound ist; das Sustain der Hammond passt ausgezeichnet zum Sustain meiner elektrischen Violine. Mein Typ machte sich auch verdammt gut an der Orgel. Und dann begann Jon zu spielen – und es war wie Tag und Nacht. Mein lieber Scholli, hatten wir doch tatsächlich einen Rock-Aristokraten in der Band. Er schraubte den Vibe einige Zacken höher. Mann, die Energie im Raum stand plötzlich auf elf. Und dabei stand Jon nur da, keine Kaspereien, keine Grimassen – er ließ die Orgel sprechen ... KA-POW! BRRRAM!

Und meine Fiedel erreichte die Stratosphäre mit ihm.

Wir machten einige echt zünftige Sounds.

Ich mache nach einem Gig ganz gern einen drauf. Jon dagegen, so fiel mir auf, hatte ein Glas Wein, feierte aber nicht wirklich mit.

Vielleicht war er damals schon krank, aber an seinem Verhalten hätte man nun sicher nicht gemerkt, dass was nicht stimmte.

Ich freute mich immer auf den nächsten Gig mit ihm. Wir sprachen darüber, irgendwas ganz Großes zu machen, eine große Fusionkiste, so eine Art symphonischen Rock.

Wäre womöglich was geworden. Hätte was werden können. Hätte was werden sollen. Spielt jetzt keine Rolle mehr, aber manchmal frage ich mich einfach ... Wie auch immer, was für ein Gentleman, dieser Mann, was für ein kreatives Genie.

DONOVAN

Meine erste Begegnung mit Donovan war eine wunderbare Erfahrung, und es dauerte nicht lange, und wir wurden gute Freunde. Was mir an ihm so gefällt, ist, dass er wirklich überall die Gitarre auspackt und seine Musik mit absolut jedem teilt. Im Pub, am Strand, am Flughafen, in der Royal Albert Hall. Musik ist Musik ist Musik für den Mann. Seine Frau Linda ist ebenso wunderbar, kein böses Wort von ihr über andere; sie bewohnt dieselbe kosmische Wolke wie er. Die beiden sind füreinander bestimmt.

Unsere Wege kreuzten sich, weil meine Freundin Brixeeeee seinen »Hurdy Gurdy Man« aufnahm und mich bat, anstatt der erwarteten Gitarre die Soli in der Mitte und am Ende auf der Violine zu spielen. Ich glaube, dass John Leckie der Produzent war, jedenfalls deuten die Trance-Grooves darauf hin. Über mein E-Violinsolo hinaus legte ich zur Betonung des Vibes noch einen kleinen psychedelischen Orchesterpart über den Song.

Es war kool, dass ein ehemaliges Mitglied von The Fall seinen

Song in einer modernisierten Version aufnahm, ein Gedanke, für den Don durchaus aufgeschlossen war. Wir fanden es ziemlich aufregend, als er dann sagte, dass ihm Brixies Version gefiel. Man kann sich kein größeres Kompliment wünschen als ein Lob aus dem Mund des Komponisten, besonders von jemandem, der so ein Boss auf seinem Gebiet ist. Darauf kamen wir uns dann näher.

Ich weiß nicht, wie, aber auf jeden Fall bekam die *Late Late Show* in Dublin Wind von der Single, woraufhin Brixeeeeee, Donovan und ich uns schließlich im irischen Fernsehen sahen. Zwar nicht in diesem Fall, sondern eher allgemein bin ich der Ansicht, dass Sänger zu viel Platz in Songs beanspruchen und dass ein Song mit einem endlosen, mordsmäßig gigantischen Hammer von einem Violinsolo für die Ewigkeit einfach besser ist! In diesem einen Fall sollte sich mein Wunsch erfüllen, oder wenigstens fast. In einer Live-Sendung gibt's kein Zurück, kein »Machen wir das doch noch mal«, und als eine Kamera über die Mikrofonkabel fuhr und die Mics von den Ständern riss und Don und Brixeeeee auf allen vieren hinterherkrabbelten, bot sich mir die Gelegenheit, ein paar Extranoten reinzuschmuggeln. Und ja, ihr ach so Gebildeten, wenn ihr jetzt sagt, dass weniger mehr ist, dann habt ihr womöglich recht. Aber es war auch wirklich nicht fair und auch nicht wirklich Rock, Jazz-Rock, Jazz oder sonst was, sondern einfach nur beschissene Musik! ... Wir kamen aber trotzdem gut rüber ...

Seit der Zeit sind Don, Linda und ich befreundet und hatten ein ums andere Mal eine super Zeit in Irland, Deutschland, Marokko, Polen und sogar in Engel-Land! ... Ich weiß gar nicht mehr, wo überall ... Er und Linda sind absolut unbefangen und frei.

Eine Freundschaft wie die mit den beiden tut richtig gut. Ich denk mal, man könnte sagen, wir haben von Haus aus einfach eine ganze Menge gemeinsam. Wir haben beide die Genres aufgemischt, aus denen wir kamen, und neue geschaffen, er kam vom Folk, ich von Jazz und Klassik, und in der Mitte wartete Rock auf uns.

Außerdem vereint uns die erhebend schöne, Gemeinsamkeit schaffende Eigenschaft, die es der Musik ermöglicht, Menschen zusammenzubringen und sich ... GUT dabei zu fühlen! Ich rechne mir das nicht persönlich an, es ist einfach eine Energie, die von Haus aus da ist und in die sich jeder mit der richtigen Einstellung einklinken kann.

Greinende Musiker von der Sorte »mein Gott, ist das Leben schwer« gibt es heute wie Sand am Meer. Ist Ihnen schon mal aufgefallen, dass die Musik von Menschen oder auch Völkern, denen es wirklich dreckig ging, unglaublich erhebend ist? Nehmen Sie nur Klezmer oder die Musik der Romani, der Sudanesen, der Iren, der frühe Blues oder Motown, um nur einige zu nennen. Es sind anscheinend immer nur die Typen mit zwei Autos, dem neuesten Handy und zwei Computern, die die Zeit haben für Überlegungen von der Sorte »Hmmm ... wie schreib ich einen möglichst deprimierenden Song? ... Oh, ich hab's, ich hatte heute doch einen so schweren Tag ... Ich stieg heute doch schon mit dem falschen Bein aus meinem Super-Triple-Bett, und alles, was ich runterkriegte, waren vier Portionen Bacon ...«. Dieses depressive Volk kommt aber auch bei jeder Gelegenheit aus dem Gebälk. Schauen Sie sich nur den heutigen Jazz an. Spielen die Typen[18] trübsinnigeren Scheiß als ihre musikalischen Vorfahren? JA! Sind ihre Lebensumstände schlimmer als die ihrer musikalischen Vorfahren? NEIN – EIGENTLICH NICHT! Sind sie intelligenter? QUATSCH!

---

[18] Nicht gleich wieder weinen, lieber moralischer Korrektor, aber »Typen« haben hier kein Geschlecht.

Genau betrachtet, ist es weit leichter, trübsinnigen Scheiß zu schreiben, und es gehört auch weniger Intelligenz dazu.

Es gibt da ein ganz großes Zitat von einem Schauspiellehrer, dessen Name mir jetzt nicht einfallen will, das sich aber auch auf die Musik anwenden lässt, und das geht in etwa so ...

»Wäre die Fähigkeit zu heulen das Maß für einen großen Schauspieler, dann wäre meine Tante Jean eine der größten Schauspielerinnen der Welt.«

Das wäre alles, Euer Ehren. Selbst außerhalb der Künste, in meinem Privatleben, hatte ich das Pech, zu viele dieser Vollzeitopfer um mich zu haben, die sich auf geradezu krankhafte Weise an ihre greinenden Schuldzuweisungen klammern.

Donovan hatte in seinem Leben auch eine ganze Reihe schwerer Hürden zu überwinden, aber geht er damit bei Freunden und Hörern hausieren? Wie bei allen großen Songwritern liegt auch seinen Songs eine strahlende Romantik zugrunde, und man spürt das Glück dahinter, auch wenn sich dazu nicht gleich abfeiern lässt. Man sieht das auch bei Zep, Beethoven, Marvin Gaye, Talk Talk, Jay-Z, Fats Waller, Miles etc. pp. Hört man sich Dons beste Songs an, dann weiß man, dass SIE EINEN AUFBAUEN! Hey, Don – Zeit, sich wieder mal zu sehen! Ich hoffe, bei euch ist alles im Lot!

INTERLUDIUM: DONOVAN GG. DYLAN

Ich weiß nicht, welcher Schwachkopf in den 70ern diese bescheuerte Schönheitskonkurrenz zwischen einem Delfin und einem Löwen aufgebracht hat, aber es ist definitiv passiert. Womöglich liegt es an der superintelligenten Erkenntnis, dass beide klampfende Singer-Songwriter sind! JUCHHEEE! Wenn das kein Grund ist. Nur um ein paar von euch verknöcherten alten Kackern aufzuziehen, habe ich mir gedacht, ich versuch mich auch mal dran!

DONOVAN	DYLAN
wunderbarer Gitarrist und Musiker	innovativer Poet
offen und optimistisch	rasiermesserscharf und kritisch
hat immer elektrische und akustische Genres gemischt	wurde – wie Miles – dafür kritisiert, plötzlich elektrisch zu spielen[19]
kosmisch, übersinnlich, GLÜCKLICH	immer an den Grenzen, auf der Suche, vorne dran
ging in den 70ern längere Zeit nach Indien	ging nicht nach Indien, außer für zwei oder drei Wochen in den 90ern

Beide können einen in ihren Bann schlagen (mit ihrer Stimme und ihrem Instrument).

JEAN-LUC PONTY

Ich war vierzehn, als einem Au-pair-Boy an der Yehudi Menuhin School mein Interesse an Jazz und anderen musikalischen Genres auffiel. Was das Musikhören anbelangte, rangierte der offizielle

---

[19] Ich weiß, wie das ist! Autsch, all die Bösartigkeit!

Kanon und das, was wir im Aufenthaltsraum hören durften, zwischen Bach und Beethoven – sodass wir uns auditiv, so könnte man sagen, auf Bachhoven-Diät gesetzt sahen.

Besagter Typ hatte etwas, was sonst bei uns keiner hatte, das heißt, eigentlich hatte er zweierlei: einen guten Musikgeschmack und einen Plattenspieler. Moment, dreierlei, weil er auch noch eine Plattensammlung hatte, die nicht von Pappe war. Der Typ hatte einen Touch von Anarcho und mag durchaus Mitleid mit uns Treibhausgewächsen gehabt haben, will sagen, er wollte vermutlich das System korrumpieren und fand in mir den richtigen Ansatzpunkt. Dank seiner begann ich Alben mit interessanten, anspruchsvollen Sachen zu hören: Mingus, Zappa, Joni Mitchell, Tangerine Dream, Ornette Coleman, das Mahavishnu Orchestra (damals noch mit Jerry Goodman). Der Typ meinte, wenn ich mich für Jazzgeiger interessiere, sollte ich mir unbedingt Jean-Luc Ponty anhören. Zu dem Zeitpunkt spielte ich ausschließlich Swing nach Art von Stéphane Grappelli oder, um ehrlich zu sein, wie Stuff Smith.

Ich fand ein Album mit dem Titel *Violin Summit* – ein Traum für einen jungen Fiedler wie mich. Es waren darauf neben Grappelli auch Stuff Smith, Svend Asmussen und der erwähnte junge Ponty bei einem Live-Gig zu hören. Jeder der ersten drei Violinisten war absolute Weltspitze, aber der Abräumer war der damals 24-jährige Jean-Luc Ponty, der den anderen Genossen haushoch überlegen war. Es gab mehrere Stellen in seinen Soli, bei denen das Publikum schlicht nicht mehr an sich halten konnte, so fetzig spielte er. Er spielte seine Violine eher wie ein Blasinstrument, und das Ganze hörte sich eher nach Bebop oder Hard Bop an als nach dem Swing, den damals die meisten Jazzgeiger spielten. Ich mochte seine harmonisch gewagte nüchterne Art, Musik zu machen. Wenn man

Stuff Smith und Jean-Luc nebeneinander hörte, wurde einem klar, dass die Violine nicht die dekorative Glasur auf dem Kuchen zu sein brauchte, sondern durchaus ein wirklich starker funktioneller Bestandteil der Band sein konnte, der nicht weniger wichtig als eins der anderen Instrumente war.

Jean-Lucs musikalische Entwicklung ließ ihn mit seiner Violine in andere Genres gehen und elektronische Effekte wie Flanger, Delay und Chorus ausprobieren. Er definierte, was wir heute unter modernem Violinspiel verstehen, und in der Jazzwelt dürfte er wohl der einflussreichste Violinist aller Zeiten sein und bleiben.

Wie Stéphane, Joe Venuti, B. B. King, Casals und Rubinstein vor ihm ist er seit über fünfzig Jahren auf der Höhe seiner musikalischen Schaffenskraft. Und dennoch ist an ihm nicht mal der Hauch von selbstgefälliger Zufriedenheit festzustellen.

Im Jazz suchen sein Harmoniegefühl und seine Meisterschaft ihresgleichen. Seine Intonation ist so musikalisch wie vollkommen. Im Jazz kann ihm keiner das Wasser reichen; er hat im Alleingang das Wesen der Violine verändert und das Instrument relevant gemacht.

Ich ging nach New York, um ein besserer Musiker und Violinist zu werden, und meine Begegnung mit Jean-Luc Ponty mit siebzehn öffnete mir die Pforten der Wahrnehmung, die in den Korridoren der Schulen, die ich besucht hatte, verschlossen geblieben waren.

Auch Jean-Luc hatte den Zuspruch Stéphane Grappellis genossen, und als er dann in New York probte und mit John McLaughlins Mahavishnu Orchestra (dem er eben beigetreten war) spielte, brachte Steff mich mit ihm zusammen.

Zu meiner ersten Begegnung mit Jean-Luc kam es in einem Probenstudio in Downtown Manhattan, wo Mahavishnu probte und

Material für ein neues Album zusammenstellte, das wohl *Visions of the Emerald Beyond* gewesen sein dürfte. Diese Musik war Welten entfernt von dem Sinti-Jazz, den ich damals bereits als etwas beengend empfand. Abgesehen davon, dass ich die Musik hören konnte, hatte die Probenatmosphäre den großen Vorteil, dass Jean-Luc in einer der Pausen genügend Zeit fand, mir sein elektronisches Equipment mit all den Gitarreneffekten usw. vorzuführen. Damit tat sich eine ganz neue Welt für mich auf, und binnen eines Monats hatte ich meine eigene elektrische Violine, eine Barcus-Berry aus zweiter Hand, und wann immer ich es mir leisten konnte, baute ich meine Sammlung an Boss-Effektpedalen aus. Die wichtigste Neuerwerbung war für mich das Delay-Pedal. Damit lassen sich ganze Soundlandschaften aufbauen, und darüber hinaus erlaubt es die Entwicklung interessanter Kreuzrhythmen. Und natürlich durften auch Wah-Wah und Verzerrer nicht fehlen, auch wenn sie eher zum Rock 'n' Roll gehören. Mit diesem Soundpanorama war man dem üblichen blumig-sentimentalen Scheiß, der im Allgemeinen von der Violine erwartet wird, rasch entflohen.

Es war wirklich kool von Jean-Luc, sich die Zeit für einen jungen Scheißer wie mich zu nehmen. Das zeitigte später Resultate, und ohne seine Inspiration würde ich nicht Jimi Hendrix re-realisieren. Überhaupt würde in meinen Eigenkompositionen wie in meinen Auftritten ein Riesenloch klaffen.

Glücklicherweise haben wir mehrere Gigs zusammen spielen können. Für mich waren die Auftritte mit Jean-Luc wichtiger als die mit Menuhin oder irgendwelchen Schmierigenten. Alle anderen großartigen Geiger, die ich als Kind kennenlernen durfte, hatten auf der Violine wunderbare und zum Teil erleuchtende Dinge zu sagen, aber immer in einem vorgefertigten Rahmen.

Nicht, dass diese vorgefertigten Rahmen schlecht gewesen wären! Aber durch Jean-Luc und Stéphane Grappelli konnte ich in meiner Musik Riesenschritte machen, und es ging dabei nur um eines ... die Freude an der Entdeckungsreise ins Unbekannte. Das alles hatte nichts, und ich meine wirklich NICHTS, mit dem Lehrplan zu tun oder mit den Erwartungen anderer Menschen – was zwei unselige Leiden sind, die jede Art von Konservatorium hervorzurufen pflegt.

Jean-Luc Ponty war mein anderer Hammer-Gast bei diesem oben erwähnten Gig in der Royal Albert Hall, bei dem ich mit Robert Plant »Kashmir« und »Hey Joe« spielte. Können Sie sich vorstellen, was das für eine bombastische Nacht für mich war? Zwei so dermaßen inspirierende Schweinehunde in einer Nacht auf die Bühne zu kriegen und mit ihnen Musik zu machen, einer nach dem anderen? Lassen Sie mich nur so viel sagen: Ich hatte mir immer gewünscht, all das in der Musik ausdrücken zu können, und dieser Wunsch wurde mehr als erfüllt. Selbst mein alter Kumpel J. S. Bach hatte sich an einem früheren Zeitpunkt am Abend zu mir auf die Bühne gesellt.

Jean-Lucs Stück »Cosmic Messenger« vom gleichnamigen Album ist eins meiner Lieblingslieder ALLER ZEITEN, diesen Song mit ihm zu spielen, war also unbeschreiblich. Ein weiteres absolutes Meisterwerk, das wir spielten, war »To and Fro«. Außerdem spielten wir mein Stück »Solitude«, beide mit Akustikviolinen. Eine weitere große Ehre – dass der abgefahrenste Geiger meinem Kram noch eine Dimension hinzufügte. Mit dem einflussreichsten Geiger zweier Jahrhunderte zu spielen und dabei den gegenseitigen Respekt zu spüren, war unbezahlbar.

Jean-Lucs irre ausgefeilter und harmonisch prägnanter Ansatz und meine eigene, zuweilen emotionale, zuweilen aggressive

Hooligan-Art (immer voll rein und feste drauf!) sorgen stilistisch für einen Superkontrast. Wir lieben unsere Arbeit beide über alles, arbeiten hart und wissen, was wir wollen, und wir hören einander gern spielen. Uns verbindet eine Seelenverwandtschaft auf höchstem Niveau. Die Musikwelt wäre verdammt langweilig für mich, hätte mir nicht Jean-Luc als Teenager die Augen geöffnet.

Ich erinnere mich an das erste Mal, dass ich mit Jean-Luc zusammenarbeitete. Es war beim St Prex Festival in der Schweiz, und ich hatte mein kleines Orchester versammelt sowie Mitglieder seiner und meiner Bands; und weil er nun mal ein klitzekleines bisschen älter ist als ich, hatte ich beschlossen, alle Musiker so weit vorzubereiten, dass Maestro Ponty bei seiner Ankunft eine gute, klare und feste Struktur vorfinden würde.

Ich bereitete die Musiker darauf vor, Jimi Hendrix' »Third Stone from the Sun« zu spielen, das in meinem Arrangement immer zwischen Trance-Grooves und Hypno-Rock changiert. Ich hatte alles zum Laufen gebracht und spielte gerade ein Solo, bei dem mir die Finger glühten, als kämen sie gerade aus dem Hochofen. Genau am Höhepunkt des Solos kamen Jean-Luc und seine wunderschöne Frau Claudia herein, schauten einen Augenblick lang wie zwei erschreckte Rehe im Scheinwerferlicht und machten sich dann schneller wieder aus dem Staub, als sie gekomen waren. Das war nicht die genervte, überempfindliche Einstellung wie bei den Amerikanern in Robert Plants Band. Jean-Luc hatte keine Rockmusik erwartet, nur ein bisschen Jazz und eventuell ein kleines bisschen liebliches klassisches Gedudel obendrüber. Vorsichtig kamen sie wieder hereingekrochen wie nach einer Explosion, und wir machten uns an die Arbeit. Tatsächlich lief das Ganze total kool und nach den paar Gigs, die wir spielten, spielte er am Ende lauter als ich!

Nur noch ein letztes Wort über Jean-Luc und seine Familie. Claudia und Jean-Luc sind beide reizende Leute, einander treu ergeben und voller Respekt und ermutigender Worte für alle um sie herum. Falls das das ist, worum es bei der Ehe geht, dann ist sie eine koole Einrichtung, und ich habe nie ein besseres Beispiel dafür gesehen. Die beiden haben auch eine unglaublich begabte und schöne Tochter, Clara, mit der ich auch gearbeitet habe. Sie ist eine wunderbare Pianistin.

Zur Zeit meiner Arbeit an diesem Buch versuchen Jean-Luc und ich weitere Gigs zu arrangieren, sodass wir, wenn Sie es dann lesen, vielleicht etwas haben, worüber sich reden lässt.

Kommen Sie mit ...

ROY WOOD

Diesen Wahnsinnsmacker habe ich vor einiger Zeit schon im Villa Park kennengelernt, genauer gesagt in der Regiebox nach einem Match. Gut möglich, dass das in der großen Ära mit Ron Atkinson war. Soweit ich mich erinnere, gestand er mir, ein Glasgow-Rangers-Fan gewesen zu sein, bevor ihn seine Tochter zur Vernunft gebracht und auf die Seite des Lichts geführt hat. Auf geht's, Villa! Aber einem der Begründer von Brum-Pop und dem Electric Light Orchestra lässt sich so gut wie alles verzeihen.

Wie mit fast allen anderen aus der Rock-Aristokratie, mit denen ich so gearbeitet (und mich angefreundet) habe, hat auch Woody wirklich Großes geleistet und muss absolut niemandem was beweisen. Er ist ein bodenständiger und echt normaler Kerl. Er liebt die Musik und hat ständig was Kreatives auf der Pfanne.

Wir kamen super miteinander aus, als wir uns im Villa Park über den Weg liefen, und seit ich Woody kenne, habe ich oft überlegt, wie Weinrot und Blau wohl durch seine rote Brille aussehen, habe sie aber nie ausprobiert aus Angst, unser Team könnte wie Aberdeen oder Liverpool aussehen. Wie auch immer, es konnte nicht ausbleiben, dass unsere Liebe zu Villa, guter Musik und flüssigen Erfrischungen schließlich auch musikalisch zu etwas führte. Und so kam es denn auch.

Roy spielt jedes Jahr einen Gig in Birminghams Symphony Hall, und so lud er mich dann mal ein, in seiner Show mitzuwirken. Wir spielten »Blackberry Way« (aus seiner Zeit mit The Move) und dann wirkten noch sämtliche Gäste bei »I Wish It Could Be Christmas Every Day« (aus seiner Zeit mit Wizzard) mit.

The Move waren eine hammer Band, total unterschätzt, wenn auch nicht bei Musikern, sondern bei der Art, wie man uns Musikgeschichte präsentiert. Aber wen interessiert so was schon wirklich? Die Musik ist noch immer da und spricht für sich. »Blackberry Way« ist ein Klassiker. Wie Elgar oder Vaughan Williams hat Woodys Song etwas durch und durch Englisches. Da ich selbst aus einer anderen harmonischen Richtung komme, insofern als ich mehr von Amerika und Deutschland beeinflusst bin, lernte ich nach wie vor noch dazu, was Roys Ansatz angeht – auch wenn alle meinten, was ich gemacht hatte, sei schon in Ordnung gewesen, aber ich mach's beim nächsten Mal besser, okay?

Was immer irgendein selbstsüchtiger Pseudointellektueller sagen mag, jeder Mensch hätte für sein Leben gern einen Monster-Weihnachts-Hit geschrieben, der Jahr für Jahr alle glücklich macht. Dieser Song von ihm fängt Weihnachten nicht nur musikalisch ein, sondern auch das ganze Gefühl von Weihnachten überhaupt. Menschen jeden Alters stehen auf ihn. Ich habe nie einen Hit geschrieben, habe aber jedes Verständnis dafür, welche Skills es dafür braucht.

Wir hatten die eine oder andere super Zeit miteinander. Nachdem wir eines Abends mal in Brum um die Häuser gezogen waren (wahrscheinlich nach einem meiner oder seiner Gigs), machten wir bei mir zu Hause in Malvern weiter. Nachdem wir ordentlich einen auf die Lampe gegossen hatten, schlief ich in den gar nicht mehr frühen Morgenstunden ein. Ein paar Stunden später dann wachte ich auf und fand Roy auf einem Sitzsack in der Küche; er schlief mit dem Gesicht nach oben wie ein Vampir in einem Sarg. Ich sagte zu ihm: »Hey, Woody, alles klar? Möchtest du Eier zum Frühstück?«

Er schlug die Augen auf und versuchte mich zu fokussieren – es war einer jener surrealen Augenblicke, die man sonst nur in einem David-Lynch-Film zu sehen kriegt.

Er schlug, wie gesagt, die Augen auf und versuchte mich zu fokussieren – alles schien normal und in Ordnung, und doch stimmte da irgendwas nicht.

Ich sah ihm in die Augen.

Er hatte die Augen geöffnet und starrte zu mir hoch – alles war kool, alles im Lot, normal und kool, seine Augen waren rot wegen seiner berühmten Brille ... auch das war normal ... aber ... Augenblick mal ... er hatte gar keine Brille auf ... und trotzdem hatten seine Augen dieselbe Farbe. Das kam einfach von unserer kleinen Party. Geht eben nichts über einen guten Spliff und eine rote Brille, die sich als total überflüssig herausstellt. Ich sollte hier darauf hinweisen, dass Woody nie geraucht hat, nie und nichts, sein ganzes Leben nicht, nicht mal eine Kippe, was bedeutete, dass ich die Nacht davor genug geraucht haben musste, um SEINE Augen gleich mit einzufärben! Schließlich setzte Woody die Brille wieder auf, aber ich konnte keinen Unterschied sehen ...

Woody ist eine Inspiration für so viele; er hilft jüngeren Leuten nicht nur, Musik zu machen, sondern auch ihren Spaß dran zu haben. Gehört einfach zu seinem Naturell. Und dann ist er einer dieser geborenen Multi-Instrumentalisten, die einfach alles spielen, was sie anfassen: Gitarre, Bass, Cello, Sitar, Saxofon, Klarinette, Blockflöte, Oboe, Fagott, Drums, Percussion, Dudelsack, Waldhorn, Krummhorn, Kontrabass, Keyboards ... (Darts, Snooker, Flohhüpfen, Verstecken). Egal zu welchem Instrument er greift, in seinen Händen klingt es gut.

Je mehr Musik, desto besser. Ich hoffe wirklich, ich kann mit Woody in absehbarer Zeit noch mehr Musik machen.

BOY GEORGE

Bevor ich Boy George selbst kennenlernte, hatte ich schon einige Fans von ihm kennengelernt. So um die Zeit von »Karma Chameleon« und »Do You Really Want to Hurt Me« hatte mir irgend so ein schmieriger Makler einen Schrank von einer Wohnung in St. John Wood anzudrehen versucht, Alma irgendwas hieß die Straße. Sie war so klein, dass wohl schon eine Handvoll Noten auf meiner Fiedel so einige aus der netten Bourgeoisie von St. John Wood in die Klapse getrieben hätte. Und da Boy George in der Gegend wohnte, hätte ich womöglich damit auch jede Chance auf weitere Hits von Culture Club ruiniert. Womöglich hätte mein Johann Sebastian jede originelle Bewegung seiner grauen Zellen zum Stillstand gebracht. Dass Boy George dort lebte, konnte man daran sehen, dass ständig einige Mädchen vor dem Haus darauf warteten, dass ihr geliebter Boy George nach Hause kam. Erinnern Sie sich noch, wie viele Mädchen damals in denselben Klamotten rumliefen wie er? Der Hut, die Bluse, die Dreads. Die Kamera liebte Boy George (liebt ihn immer noch), und er hatte auch nicht grade was gegen sie. Und so kopierten die Mädels ihn eben, sie liebten ihn, alle taten das.

Zum ersten Mal liefen wir uns auf dem Womad Festival über den Weg; das war noch bevor Womad fest in die Hände der Wirtschaft und der Political Correctness fiel (will sagen, es ist schon recht lange her). Und es war lange bevor sie einen meiner Songs für die Live-Übertragungen bei der BBC benutzten, ohne mich auch nur zu fragen. (Wenn sie das mit einem World-Musiker gemacht hätten, wäre sofort der Teufel losgewesen: »Meiiin Gooott! Jodel, jodel, Ausbeutung, jodel, jodel, Knechtschaft, jodel, jodel, Ausrottung, jodel! Von wegen ›One Nation‹ etc. jodel, blök.«)

Ich spielte ein bisschen Geige auf »Karma Chameleon«. Ich habe ihm nie gesagt, dass 30 000 von uns Villa Fans aus seinem Song »Gabby Gabby Gabby Gabby Gabby Agbonlahor« gemacht hatten (unserem tierisch flinken Außenstürmer und gebürtigem Brummie zu Ehren). Bei jedem Heimspiel war das rund um den Villa Park weit und breit zu hören – einererseits weiß ich nicht hundertpro, ob ihn das interessiert hätte, aber andererseits sind 30 000 bis 40 000 Leute mit deinem Song auf den Lippen besser als in die hohle Hand geschissen.

Wir liefen uns in den nächsten paar Jahren ein-, zweimal über den Weg, und dann hatte ich eine Spitzenidee. Ich nahm gerade Nick Drakes Klassiker »Riverman« auf, als ich mir plötzlich dachte: »Heuriger! Boy George!« Und es sollte nicht bei meiner guten Idee bleiben, denn Boy George erklärte sich sofort bereit, bei der Aufnahme mitzuwirken.

Um's mal gesagt zu haben: Ich war immer schon beeindruckt von Georges charismatischem, messerscharfem Humor. Er war seit jeher schon deshalb eine Inspiration, weil er den Mut hatte, er selbst zu sein. Als er für die Aufnahmen ins Studio kam, hatte er so einige Höhen und Tiefen durchgemacht und brachte dadurch umso mehr an Nick Drakes musikalischen Tisch mit.

Selbst zu der Zeit, als er mit mir im Studio war, musste er um acht wieder zu Hause sein, um nicht gegen seine Bewährungsauflagen zu verstoßen.

Als George zu singen begann, war vom ersten Augenblick klar, dass er den Song auch tatsächlich spürte und dass die Aufnahme brillant werden würde. Im Vergleich zu den alten Tagen bei Culture Club lag er irgendwo zwischen dem alten Boy George, Nick Drake und Tom Waits. Seine Stimme war die eines gelebten Lebens.

Manchmal ist für den Produzenten weniger mehr, und das war eines dieser Male. George und sein musikalischer Direktor John Themis machten sich an die Arbeit, und ich konnte mich zurücklehnen und zuhören. John ist übrigens selbst ein brillanter Musiker und spielte einen sensiblen, einfühlsamen Gitarrenpart ein, bevor George seine Vocals machte. Sie brauchten gerade mal zwei Stunden für einen Beitrag, der sich als Offenbarung erwies, was zeigt, auf welchem musikalischen Level die beiden unterwegs sind.

Wir bekamen eine phantastische Version des Songs, der vielen besser gefiel als das Original. Was will man mehr?

Wie vorherzusehen, zog man es bei EMI vor, den Song komplett zu verplempern. Diese Art von Angestellten waren genau der Grund, warum der Laden jetzt Warner Bros. heißt.

Bei den Erfahrungen, die George hinter sich hat, nicht zuletzt aufgrund eigener Entscheidungen, lässt sich noch viel mehr Lebensgeschichte in seine Musik einbringen. Sollte er mal eine Fiedel oder sonst wie Streicher brauchen, ich bin jederzeit gern bereit.

KATE BUSH

Kate und ich trafen uns irgendwann zwischen 1985 und 1986 aus dem einfachen Grund, dass ihre Mum gesehen hatte, wie ich bei Wogan (damals Großbritanniens wichtigste Talkshow) gesagt hatte, dass mir Kate Bush lieber sei als Jennifer Rush, die eben aufgetreten war. Kates Mum sagte ihr, dass da eben ein netter Geiger im Fernsehen war, der ihre Musik mochte. Ein, zwei Tage später schon setzte Kate sich mit mir in Verbindung, wahrscheinlich über jemanden bei EMI, wo wir damals beide unter Vertrag waren.

Wir freundeten uns an, und ich spielte bei verschiedenen Gelegenheiten Violine auf mehreren Tracks von ihr. Kate im Studio zu sehen, war so inspirierend wie lehrreich. Ich konnte bei ihr drei Elemente sehen. Erstens war da die ruhige, relaxt-lockere Kate, die dafür sorgte, dass einer wie ich sich bei der Arbeit für sie wie zu Hause fühlen konnte. Da kam diese Wahnsinnsmusik aus den Lautsprechern, und dann war da sie, einfach Kate, bescheiden, freundlich, keine Spur von Maestra-Allüren.

Das zweite Element war, dass Kate sich hart rannahm, sie wollte das absolut beste Album aller Zeiten machen und nicht hinter ihrer unglaublichen Vision zurückbleiben. Wenn 200 Prozent nötig waren, dann gab sie eben 200 Prozent. Sie stand hinter ihrer

Kunst zurück und schenkte sich nichts in ihrem Dienst. Was immer sie das kostete, sie gab es.

Kate hatte sich rasch zur Studiokreatur entwickelt, während ich immer schon die Live-Kreatur war. Unsere Gemeinsamkeit lag darin, dass keiner – KEINER! – uns sagte, was wir zu tun hätten. Die Kehrseite dieser totalen Autonomie war freilich, dass einem kein Boss Bescheid sagte, wieder an die Arbeit zu gehen, das heißt, man musste sich schon selbst motivieren. Diese Art von Selbstmotivation gleicht der eines Olympioniken oder Weltklasseboxers. Niemand kann einem diesen Wunsch beibringen, das muss schon von innen kommen – man sitzt da nicht einfach Bürostunden ab, um seine Arbeit zu machen, und es gibt niemanden, der einem sagt: »Mach hinne, Freitag um 11:57 hat das zu stehen.«

Ich nahm Kates Hingabe, dieses Alles-oder-Nichts bei der Arbeit, als Rechtfertigung für meinen eigenen Ansatz, der genau derselbe ist. Ihre Richtung ist die Studioarbeit, meine der Live-Auftritt, aber die hundertprozentige Hingabe ist uns beiden gemein. Im Gegensatz zu dem, was uns ein galoppierender Konsumismus einreden möchte, sind Komfort und Bequemlichkeit eben doch nicht alles.

Dann war da noch Kates drittes Element: die Fähigkeit, den Mix zu besorgen und das Album fertig zu machen, ein Prozess, der weitaus ermüdender und anspruchsvoller ist, als die Mucke einzuspielen. Einen großen Anteil daran, dass Kate auf so vielen Ebenen so viele großartige Dinge machte, hatte ihr Freund, der Bassist und Toningenieur Del Palmer. Er war so offensichtlich nicht nur ein super Musiker, sondern auch ein phänomenaler Toningenieur. Er war dabei bemerkenswert phlegmatisch, was es ihm ermöglichte, im Studio wie draußen im »richtigen Leben« mit beiden Beinen fest auf dem Boden zu stehen. Del fand einfach immer eine praktikable Lösung, er war groß im Mikrofonieren, groß am Mischpult, während Kate ihre Vibes spielen ließ. Seine Qualitäten als Toningenieur suchten ihresgleichen; ständig war er auf der Suche nach einem praktikablen Weg, um Kates Vision zu realisieren. Außerdem verstand er immer, worum es Kate ging. Kurz gesagt, diese wunderbar abgemischten Alben haben sich nicht von selbst abgemischt.

Schließlich wäre da noch der Umstand, wie viele Leute Kate etwas schulden, vor allem Künstlerinnen. Ich weiß nicht, was Leute wie Tori Amos, Alanis Morissette und eine ganze Reihe anderer stilistisch ohne Kate gemacht hätten, schließlich war sie die Erste. Aber wichtiger noch ist, was überhaupt Frauen im Musikbiz ihr schulden. Das Bush-Baby war, nach Joni Mitchell, der wichtigste Talisman für Frauen, die ihre Karriere in die eigene Hand nehmen und sich nicht von irgendeinem unqualifizierten Mann am Schreibtisch sagen lassen wollten, was sie zu tun hatten. Es war schon für Typen ein Hammer von einer Herausforderung, eine Plattenfirma zur Einsicht zu bekommen, da hatten es Frauen zehnmal so schwer, so was war praktisch nie dagewesen. Wenn ich sage, seine Karriere in die eigene Hand zu nehmen, meine ich damit, seine eigenen Songs zu schreiben, aufzuführen, seine Alben selbst zu produzieren, die Regie bei seinen Videos, die Leitung seiner Bühnenshows selbst zu übernehmen usw. usf. Kate war ein enormer Schritt vorwärts für die Rechte der Frauen, und das nicht indem sie greinend predigte, sondern indem sie mit gutem Beispiel voranging.

Im Falle der meisten anderen Musos, die hier aufgeführt sind, habe ich Sie, lieber Leser, in diverse Aspekte meiner Schwachheiten und allerhand anderen Unfug eingeweiht. Kate hütet ihre Privatsphäre mehr als irgendjemand, den ich kenne – sodass es in dieser Hinsicht auch nichts zu berichten gibt. Man sieht sich, tschüsschen!

TALK TALK

Ich wollte hier eigentlich eine geharnischte Tirade über die infantile und trashige Namensänderung des Hammersmith Odeon vom Stapel lassen, spare mir das aber, weil Talk Talk eine so hintergründige Band sind, dass ich ihr zu Ehren mal beim Thema bleiben will. Jedenfalls war ich Ende der 80er-Jahre im Hammersmith Odeon, um Talk Talk zu hören. Es war eine absolut irre Show, und von all den krassen Details, die mir davon in Erinnerung geblieben sind, weiß ich noch, dass Mark Hollis viele seiner emotional-eindringlichen, intimen und unvergesslichen Songs auf der Vorderkante des Drumrisers sitzend sang. Talk Talk war eine der wenigen Bands, die eine Show von derselben Qualität wie ihre Alben abliefern konnten, etwas, was nicht vielen Bands gegeben ist, es sei denn, sie haben ein beschissenes Album gemacht!

Als man mich der Band nach der Show vorstellte, war klar, dass es grad Probleme gab. Die Pfeifen von der Plattenfirma spulten sich greinend auf, weil die Band keine Nummern von ihrer neuen CD gespielt hatte. Ich weiß noch, wie ich mir dachte:

»Bravo! War schließlich ihre verdammte Show, und uns allen hat sie gefallen.«

Einer aus der Band meinte zu mir:

»Schön, dich kennenzulernen, Nigel, kommst du mit was trinken? Ich kenne da einen sehr schönen Pub namens So Weit Weg Von Der Plattenfirma Wie Möglich.«

Talk Talk wurden von EMI als die nächsten Beatles gepriesen, und irgendwie ging man von der albernen Vorstellung aus, sie würden wegen des wiederholten Wortes in ihrem Namen denselben kommerziellen Weg einschlagen wie Duran Duran! Ich denke mal, das Resultat war Nein Nein, vielleicht auch NICHT NICHT.

Als ich die Jungs kennenlernte, war gerade »Life's What You Make It« herausgekommen und baute die Leute auf. Die Single nahm uns mit auf einen Ökotrip, lange vor der Ära Greta Thunberg. Wenn man genau hinsieht, dann sind es die Generationen von Talk Talk und davor, die aufgewacht sind und die ökofreundliche Politik von heute eingeleitet haben. Wir hatten nur keine albernen Namen für all die Richtlinien und haben uns deswegen nicht zerkriegt.

Das nächste Album, das sie rausbrachten, ist meiner Meinung nach eines der größten aller Zeiten, egal in welchem Genre. Genau gesehen transzendiert es ohnehin alle Genres auf eine profunde und spirituelle Weise, die für jeden zu verstehen ist. Es hieß *Spirit of Eden*. Die Plattenfirma hielt es, wie sollte es anders sein, für unzumutbar und enttäuschend. Mithilfe der Wortwiederholungs-Formel wie bei Duran Duran (ich war damals im EMI-Haus, als sie die zum ersten Mal hörten), meinten sie, womöglich in einem verzweifelten Versuch, das Album zu kommerzialisieren, »*Oh dear, oh dear* ... die kürzeste Nummer ist sechs Minuten lang (lang) ... was machen wir bloß-bloß mit Talk Talk?« Sie wandten sich ab-ab und verbockten ihre Aufgabe, eines der größten Alben der Musikgeschichte herauszubringen.

Talk Talk hatten mich gebeten, auf *Spirit of Eden* Violine zu spielen. Was ich spielte, deckte sich absolut mit dem Vibe der Platte, aber ich kann und möchte auf keinen Fall so tun, als sei ich für die Größe dieses Albums verantwortlich. Das waren einzig Mark

Hollis, Tim Friese-Greene, Paul Webb und Lee Harris, mit einer phantastischen Blues-Harmonika von Mark Feltham.

Talk Talks Nutzung des Studios war ebenfalls etwas, was ich noch nie erlebt hatte: Zwei Tage lang tat ich nichts weiter, als mit ihnen im Pub nebenan einen zu heben, um dann am Abend die Frage zu hören: »Hättest du morgen noch mal Zeit?« Am dritten Tag kam ich dann tatsächlich zwischen zehn und zwanzig Minuten zum Spielen, und das haben sie dann auch benutzt. Ich bin ausgesprochen stolz darauf, auf diesem Album dabei zu sein – und ich habe obendrein noch die Technik gelernt, den Bogen nur ganz, ganz leicht die Saite berühren zu lassen, mit dem Steg der Violine zwei Finger breit vom Mikrofon – so bekam ich einen Violinsound, wie ich ihn noch nie gehört hatte. Ich setzte die Technik dann später auf meinem eigenen Album *Kafka* und auf meinen späteren Alben ein. Die Idee, die von Tim Friese-Greene stammt, erfordert eine ziemlich anspruchsvolle Bogenführung, weil es gar nicht so einfach ist, ständig federleicht mit praktisch nichtexistenter Lautstärke zu spielen.

Das letzte Mal, dass ich jemanden aus der Band sah, kam ich grade mit meinem Kumpel K-Leb von der Fähre, als wir unterwegs nach Dingle in der Grafschaft Kerry waren. Als wir von Bord gingen, blieben wir am Ausgang stehen, um zu sehen, wer sonst noch so von der Fähre kam. Im nächsten Augenblick spielten wir auch schon Doppelgänger, als einer von uns auf jemanden zeigte und rief »Ey, Curly!«, wenn der Typ dem einen aus *Coronation Street* ähnlich sah. »Ey, Beißer!«, riefen wir, wenn einer groß genug für den Unhold aus James Bond war etc. Irgendwann kam dann ein Typ von der Fähre, der genau wie Mark Hollis von Talk Talk aussah.

»Ey! Talk Talk, was geht? Wie läuft's 'n so?«

»Alles im Lot, Nigel, danke. Ist 'ne Weile her. Wie geht's?«

Es war kein Doppelgänger, es war wirklich Mark Hollis und unverkennbar in seiner leisen, unaufdringlichen Art. Wie sich herausstellte, wollte er in dieser südwestlichen Ecke Irlands Urlaub mit dem Fahrrad machen. Er erzählte, er hätte mit dem Singen aufgehört und spiele jetzt nur noch Klarinette. Ich fand das zwar interessant, aber echt schade für uns als Publikum, dass er uns um seine einzigartige, unglaublich musikalische und schöne Stimme bringen wollte. Und dann sprach er noch davon, ein Album ganz live eingespielt zu haben, ganz auf die altmodische Art, mit einer Kombination aus elektrischen und akustischen Instrumenten. Um die Balance richtig hinzubekommen, hatte man die Instrumente ihrer Lautstärke nach näher oder weiter weg von den beiden gekreuzt angeordneten Mikrofonen platziert. Er gab mir ein Exemplar mit. ES IST EIN MEISTERWERK. Sein Einsatz von Stille und Raum war meditativ, persönlich, bescheiden und spirituell. Es gibt heutzutage keinen mehr wie ihn.

Traurigerweise ist er vor nicht allzu langer Zeit gestorben, aber uns bleibt immerhin der intime, strahlende Geist seiner Musik; der lebt weiter und zeigt uns eine andere Welt.

Ich glaube, der Rest der Band arbeitet jeder für sich an anderen Projekten – oder jedenfalls hoffe ich das.

MARK KING

Ich hatte Mark King schon seit Jahren nicht mehr gesehen. Kurz zuvor hatte ich meinen Bassisten rausgeschmissen, weil er ein elendes und hochgradiges Arschloch war, und ich fuhr gerade die M1 entlang, als mir klar wurde, dass ich am nächsten Tag live auf der Bühne vor Tausenden von Leuten und live im Fernsehen vor Millionen von Leuten ein Hendrix-Set spielen sollte. Plötzlich ging mir ziemlich die Düse.

Hendrix ohne Bass ist, na ja ... unmögliche Scheiße. Dann dachte ich mir: Warum ersetze ich nicht einen ziemlich guten Bassisten mit dem absolut besten Bassisten? Ein Telefonat mit meinem Agenten, ein Telefonat zwischen Mark und mir, und am nächsten Tag spielten wir zusammen Hendrix. Funk, Rock, ein wunderschön sahniger Bass, eine abgefahrene Stimme und die Einstellung, dass nur das absolut Bestmögliche gut genug ist. Was für ein Privileg, mit einem so herausragenden Musiker arbeiten und solch magische Momente erleben zu dürfen. Leck mich fett.

AUF TOUR MIT NIGEL: »ERINNERUNGEN MEINES DIENSTÄLTESTEN MUSOS« – VON ROLF »DAS KOBRA« BUSSALB

ERSTE BEGEGNUNG

Gegen Ende Februar 1991 erhielt ich einen Anruf von einem Veranstalter auf der Suche nach einem Gitarristen, der noch am selben Abend in einer Live-Fernsehsendung etwas Jazziges spielen sollte. Ich sollte auf der Stelle zu einer Art »Vorspielen« mit Probe ins Studio kommen. Er war sich nicht sicher, was genau geplant war, aber man hatte ihm offensichtlich gesagt, er solle einen Gitarristen auftreiben, der »Jazz« spielen kann. Der Künstler, sagte er, sei Nigel Kennedy, der neue Superstar der klassischen Musik, und dass es sein erster großen TV-Auftritt in Deutschland sei. Der Name sagte mir nichts, und ich wusste überhaupt nicht, wer der Mann war. Ich hatte bei Fernsehsendungen als Musiker für »Stars« mitgewirkt, für gewöhnlich zum Playback, also live, aber fake. Und jetzt wollte ein Klassikstar Jazz spielen? Ich hoffte aufs Beste, erwartete aber das Schlimmste, so eine Art Großes-Ego-kleines-Talent-Syndrom … diese Richtung. Als ich in den Backstagebereich der Alten Oper in Frankfurt kam, führte man mich in seine Garderobe, die das reinste Treibhaus war. Jemand stand über einen Geigenkasten gebeugt, ein Hygrometer in der Hand, und das war

Nigel (der die Feuchtigkeit seiner »neuen« Guarneri checkte). Man stellte uns vor (»Hallo, ich bin Nigel.« – Händedruck – »Ich bin Rolf.« – »Haben Sie Ihre Gitarre dabei?« – »Ja, was wollen Sie spielen?«). Er wollte »All Blues« von Miles Davis spielen. Es waren noch einige andere Musiker dabei, da man gerade das klassische Stück geübt hatte, der klassische Bassist war dabei, da er einen Walking Bass spielen konnte. Wir zwei spielten weiter, erst einen weiteren Jazz-Blues … Gut, dann ein paar Akkorde im Stil von The Who (ich erinnere mich noch, ihm die Modi zugerufen zu haben – »dorisch« oder »mixolydisch« –, um behilflich zu sein, weil ich dachte, er müsste ja wohl die nötige Ausbildung haben – was aber völlig unnötig war, er spielte einfach … und das sehr gut). Ich war erleichtert … der Typ war ein richtiger Musiker … Ich sagte ihm: »Das ist wirklich gut … Sie spielen großartig«, und ich meinte es wirklich ernst. Er hatte eine nette Balance, führte an und brachte Ideen ein, reagierte aber gleichzeitig auf was immer von mir kam.

Ich spielte damals größtenteils E-Gitarre, aber durchaus auch gern akustisch, für gewöhnlich so laut wie möglich, wie das so üblich war, um mit der Lautstärke der anderen gleichzuziehen. Nigel dagegen bediente sich der dynamischen Wechsel auf eine Art, die mir neu war, und ich stieg sofort darauf ein. Der Effekt gefiel mir. (Bis heute glaube ich, dass wir mit unsere besten Augenblicke hatten, wenn wir nach Konzerten im Hotelzimmer, backstage oder in der Garderobe jammten.) Wir spielten noch ein bisschen weiter … im Stil von Django … es hörte sich gut an (ich hatte keine Ahnung, dass er Stéphane Grappelli kannte und sogar mit ihm gespielt hatte). Aus irgendeinem Grund schienen wir eine Menge Gemeinsamkeiten zu haben, und es machte definitiv Spaß, mit ihm zu spielen. Wir begannen uns zu unterhalten. Er fragte mich, was ich so machte. Ich sagte ihm, ich sei Musiker »von Beruf«, Band, Gigs, Platten, Studioarbeit usw. Wie sich herausstellte, hatten wir beide amerikanische Konservatorien besucht etc. Bevor wir was essen gingen – »Warum nicht Kartoffeln?« – (Ich habe keine Ahnung, warum ich das alles noch weiß …), fragte er mich, was ich die kommende Woche vorhatte, weil er auf Tour sei, und er wollte, dass ich mitkam. Ich sagte ihm, dass ich passen müsste, was den ersten Gig am Samstag in Brüssel anging, weil ich für die Musikmesse engagiert war, aber er spielte am Sonntag in der Alten Oper in Frankfurt, wie wär's dann?

Die Fernsehsendung begann um zehn Uhr abends, und Nigel sollte als letzter Gast interviewt werden. Zuvor sollte er das klassische Stück spielen, nach dem Interview dann die jazzige Geschichte, dann sollte sich der Moderator verabschieden und Schluss.

Nach dem Interview, wir hatten eben »All Blues« gespielt, begann Nigel, noch bevor der Typ seinen Abschiedsspruch sagen konnte, mit »Summertime« … Aber in welcher Tonart? Mit welchem Groove? Wir hatten es nicht geprobt … Ich sah den Bassisten an. Er spielte nicht … Ich habe kein absolutes Gehör. Nigel hat eines … (Wäre mir jetzt wirklich gelegen gekommen, zumal das rote Licht an war.) Wie auch immer … ich probierte a-Moll … das schien zu funktionieren.

Nach der Sendung wollte er noch in einen Club, also gingen wir in den Frankfurter Jazzkeller, wo Nigel mit der Band jammte, die dort auftrat … wieder »All Blues« … Ich erinnere mich noch an Bob Degen am Klavier und John Schröder an den Drums.

Als wir gingen, fragte er, wie ich zu erreichen sei; ich gab ihm meine Karte … er steckte sie in den Mund und begann zu kauen (ja, wirklich!). Ich gab ihm eine zweite.

Drei Tage später, ich hatte den ganzen Tag auf der Musikmesse zu tun, rief ich meinen Anrufbeantworter an (Festnetz ... keine Handys damals) und fand eine Nachricht von seinem Tourmanager.

DEN HAAG

Nachdem ich »zur Tour gestoßen war«, bekam ich die Adresse des Veranstaltungsorts, packte am Morgen mein Instrument ein und fuhr nach Den Haag, um am Abend den Gig zu spielen. Ich kam gerade rechtzeitig an, um ein bisschen zu verschnaufen, weil er Bachs Doppelkonzert in d-Moll und *Die Vier Jahreszeiten* spielen wollte, bevor er mich auf die Bühne rief. In der Pause sagte er mir, dass er als Erstes »Sweet Georgia Brown« spielen wollte, in D, aber er wollte das Stück solo mit was Klassischem einleiten und improvisieren. Ich sollte einfach auf meinen Einsatz hören. Schön, eine wichtige Information, immer gut die Tonart zu wissen, schließlich hatten wir das Stück nie gespielt und überhaupt spielten wir erst das zweite Mal zusammen. Ich kannte ihn also nicht so gut.

Als wir dran waren, begann er mit »was Klassischem«, wie er sich ausgedrückt hatte. Es ging richtig langsam los, steigerte sich aber, und während ich aufmerksam zuhörte, um meinen Einsatz nicht zu verpassen, hatte ich das Gefühl – ich erinnere mich noch genau – dass er allmählich zu einem Riesen wurde, die Musik, die aus seiner Geige kam, wurde größer und größer und mit ihr der Typ, der sie spielte. Das war nichts Esoterisches, und ich hatte noch nicht mal ein Bier getrunken, aber es war witzig und erstaunlich zugleich. Da stand Nigel, körperlich an sich gar nicht so groß, machte ein komisches Gesicht beim Spielen, und man konnte den Musiker nicht von der Musik trennen oder die Musik nicht vom Musiker.

Außerdem erinnere ich mich, gedacht zu haben, wie gut der Sound war und dass ich dort, wo ich saß, wahrscheinlich den besten Platz im ganzen Saal hatte. Plötzlich begann er merkwürdige Geräusche zu machen, und ich sah, dass sich die Haare von seinem Bogen lösten und er sie wieder befestigte, nur dass der Bogen jetzt unter der Violine war. Er spielte irgendeine Fiedelweise, was Irisches oder Schottisches ... ich weiß nicht mehr. Nachdem er wieder in der normalen Haltung spielte, meinte ich »Purple Haze« zu hören. (Ich hatte ja keine Ahnung, dass er Jimi Hendrix kannte und sogar mochte.) Ich dachte, da ließe sich mit einsteigen, aber er war anscheinend noch immer bei seinem improvisierten Solo, oder? Ich hatte noch keinen Hinweis auf meinen Einsatz bekommen – oder hatte ich ihn verpasst? Schließlich jedoch setzte er zur Melodie von »Sweet Georgia Brown« an, dann spielten wir »Summertime« (die James-Brown-Version, wie er es damals nannte), »Bag's Groove« ... Später fragte ich ihn, was für ein klassisches Stück er gespielt hatte, worauf er sagte, als erinnerte er sich nicht mehr: »Die Chaconne von Bach, glaub ich.« Kaum war ich wieder zu Hause, lief ich in die nächste Musikalienhandlung, um mir die Noten zu holen.

Nach dem Konzert trafen wir uns in der Hotelbar auf einen Drink und eine kleine Jam. Ich glaube, wir spielten damals zum ersten Mal Chick Coreas »Spain«. Es ging bei uns immer so in der Art: »Was könnten wir sonst noch spielen? Kennst du den Song? ... Oder den?« Dummerweise kannte er weit mehr Standards als ich. (Auf einer anderen Tour waren wir zwei Gitarristen, und der andere schleppte immer in einer Plastiktüte ein Real Book mit sich herum, nur für den Fall.) Aber »Spain« kannten wir zufällig beide.

Nigel, Phil Bauldry (der Tourmanager) und ich hatten schon ein paar intus, als der Barmann die letzte Runde ausrief. Nigel bestellte zwanzig Bier … für uns drei. Ich dachte: »Siehste, das nenn ich professionell.«

Das letzte Konzert auf dieser ersten Tour war ein geheimer Gig auf einem Luftwaffenstützpunkt der RAF. Irgendwelche illustren Gäste waren dabei, Prinz Edward und seine Frau und Jasper Carrott. Ich weiß nicht mehr, was wir gespielt haben, nur dass Jasper Carrott für eine spontane Jam mit einstieg. Nach dem Gig gab es einen Empfang, bei dem die Offiziere und ihre Familien die Royals und die Stars kennenlernen konnten. Nach dem Empfang sollten Nigel und Brixie mit den Royals wieder nach Hause fliegen. Der Golfkrieg war gerade vorbei, und es herrschten strenge Sicherheitsmaßnahmen. Ich unterhielt mich mit Brixie, während Nigel Autogramme gab, als der Prinz sich plötzlich umdrehte und mit einem »Good night, everybody!« ging. Nigel und Brixie folgten ihm. Ich stand da und dachte, »Augenblick mal, die Geschichte ist vorbei, und ich hatte noch nicht mal Gelegenheit, mich zu verabschieden?« Ich wollte Nigel noch etwas sagen, aber im nächsten Augenblick schien sich alles wie in Zeitlupe zu bewegen, und noch bevor ich auch nur einen Schritt tun konnte, sagte eine Stimme in mir: »Stoppp!« … Ich könnte nicht sagen, wie viele Waffen plötzlich auf mich gerichtet waren. Okay, dann eben kein Abschied … aber vorbei ist es ja bekanntlich erst, wenn es vorbei ist.

Drei Monate später versuchte sein Management mich aufzuspüren, was damals gar nicht so einfach war. Ich tourte mit meiner Band und war kaum zu Hause. Man hatte mich also ein, zwei Wochen anzurufen versucht und mir dann schließlich einen Brief geschrieben. Ich rief in seinem Büro an. Nigel wollte, dass ich mit ihm auf Tour ging: Europa, Japan, Australien, eventuell auch Amerika. Natürlich sagte ich sofort zu, obwohl ich dafür eine ganze Reihe meiner eigenen Gigs über die nächsten drei Monate absagen musste. Dann flatterte mir haufenweise Papierkram ins Haus: Visa für Japan, Australien etc. Letztlich kam die Tour doch nicht zustande, man kippte sie wegen irgendeiner schlecht verheilten Operation. Ich war darüber natürlich alles andere als glücklich, machte Nigel aber keinerlei Vorwürfe, war ja nicht seine Schuld, dass daraus nichts geworden war. Man hätte mir natürlich früher Bescheid geben können, wollte aber wahrscheinlich auf Nummer sicher gehen. Ich weiß noch, wie der Tourmanager mir eine Woche, bevor es losgehen sollte, sagte ... »Ich möchte wirklich nicht, dass Sie deswegen Geld verlieren!« ... obwohl längst klar war, dass aus der Tour nichts würde ... Tja, ich zahlte kräftig drauf. Ich glaubte, dass er damals bereits zu einer anderen Firma gegangen war. Aber wie gesagt, vorbei ist es erst, wenn es vorbei ist. Und eh ich's mich versah, bekam ich einen Anruf von Dorit Adenauer (die Nigel bei EMI Classic vertrat), die wissen wollte, ob ich Zeit hätte, mit Nigel bei den Bambis zu spielen.

DEUTSCHE BAMBI-VERLEIHUNG 1991

Im Dezember 1991 wurde in Deutschland der Bambi verliehen. Giorgio Moroder sollte Nigel die Auszeichnung überreichen. Es waren eine Menge berühmter Leute nach Berlin gekommen, unter anderem Audrey Hepburn, Claudia Schiffer, Karl Lagerfeld, Siegfried & Roy. Für den Nachmittag war ein Soundcheck angesetzt. Nigel hatte mit dem Engländer Sagat Guirey einen zweiten Gitarristen mitgebracht. Vielleicht war er sich nicht sicher, ob ich aufkreuzen würde, nachdem er im Sommer die Tour abgesagt hatte, vielleicht wollte er aber auch zwei Gitarristen dabeihaben, ich weiß es nicht, jedenfalls waren wir zu dritt. Ich glaube, wir spielten nur ein Stück zusammen, »Purple Haze«. Nach dem Soundcheck gingen wir zu Fuß zurück zum Hotel, das gleich um die Ecke lag.

Das Hotel war komplett für den Bambi gebucht, und es standen Security-Leute am Eingang. Man musste seinen Bühnenpass vorzeigen und so … Sagat kam durch, meine Freundin Susanne, ich, Nigel … nicht. Ihn hielt man auf, weil er Schlabberhosen, Doc Martins mit offenen Schnürsenkeln und eine Mütze, beziehungsweise eine Kappe trug, mit der er ein bisschen wie die Comicfigur Andy Capp aussah (jedenfalls meiner Ansicht nach). Sein Bodyguard musste mit einer Erklärung einspringen.

Als es an der Zeit war, wieder zum Venue zurückzukehren, nahmen wir die Limousinen, die draußen warteten, Nigel die erste, Sagat, Susanne und ich die nächste; die Gitarren kamen in den Kofferraum. Eine Minute Fahrzeit! Die Leute warteten draußen auf die Stars … die Limousinen hielten an … Nigel stieg aus … Applaus … und folgte dann dem roten Teppich die Treppe hinauf in den Konzertsaal … unser Wagen rückte auf … jetzt … hatten wir unseren Auftritt … Susanne wartete, während wir um den Wagen rumgingen, um unsere Gitarren aus dem Kofferraum zu holen. Kaum hatte ich den Knopf gedrückt, um den Kofferraum zu öffnen, fuhr der Fahrer wieder los, und wir liefen hinterher, schrien, winkten mit den Händen, versuchten unsere Instrumente einzuholen, bis der Fahrer zwanzig Meter weiter noch mal hielt. Als wir wieder am roten Teppich waren, wäre ich am liebsten im Erdboden versunken nach dem lächerlichen Auftritt.

Die Show begann. Wir jammten in der Garderobe, während wir warteten, bis wir dran waren. Ich weiß noch, dass wir dabei zum ersten Mal »A Night in Tunesia« und »Nuages« spielten.

Im Saal gab es eine Freitreppe à la Hollywood, über die die Person, die gerade die Auszeichnung überreichte, mit dem Bambi in der Hand auf den Star zukam, der auf der Bühnenmitte wartete. Wie warteten backstage, und auch wenn ich mich nicht mehr an die genaue Reihenfolge erinnere, müssen wohl Siegfried & Roy direkt vor uns dran gewesen sein, da hinter der Bühne ziemlich große Katzen rumliefen. Als man Nigel ankündigte, gingen wir alle raus. Er wollte, dass wir uns auf die Bühne setzten, während er erst eine Bach Solosonate spielte und dann Hendrix' »Purple Haze«.

Giorgio Moroder sollte die Treppe runterkommen, um die Auszeichnung zu überreichen, wenn die Musik zu Ende war.

Nachdem Nigel mit »Purple Haze« fertig war, standen Sagat und ich auf, um von der Bühne zu gehen. Nigel muss gespürt haben, dass hinter ihm was vor sich ging, jedenfalls drehte er sich um und sah uns gehen, und da niemand da war, der die Auszeichnung hätte überreichen können, folgte er uns. Inzwischen kam Giorgio Moroder die Treppe herab, den Bambi in der Hand, und sah sich auf einer leeren Bühne. Ich muss wohl nicht erklären, dass er das nicht eben komisch fand.

Backstage liefen noch immer die Katzen rum, und eine Unmenge Leute war mit was auch immer beschäftigt. Wir warteten, weil wir wussten, dass er uns folgte, nur die Leute wussten es nicht. Es gab sogar einen Bühnenmonitor, der ... eine leere Bühne zeigte. Als Nigel dann hinter der Bühne auftauchte, flippten sie aus ... Was machen Sie denn? ... Sie sollten doch auf der Bühne sein ... Es war zum Schießen ... die Viecher ... Leute schrien ... Siegfried & Roy ... ich kam mir plötzlich vor wie in Blake Edwards' Film »The Party« ... Peter Sellers musste irgendwo im Hintergrund stehen.

Nigel bekam seine Auszeichnung denn doch noch; jedes Mal, wenn ich das Teil in seinem Londoner Haus rumstehen sehe, für gewöhnlich in der Nähe des Kühlschranks mit den Getränken, fällt mir dieser Abend ein ... *Cheers!*

DEUTSCHLAND-TOURNEE 1992

1992 trafen wir uns für seine Deutschland-Tournee in Freiburg. Nigel und der Rest der Band hatten bereits bei ihm zu Hause in England geprobt. Die Band bestand aus einem Streichquartett, zwei Gitarristen, Bass und Percussion.

Am Tag des ersten Konzerts fand am Vormittag die letzte Probe statt. Das war meine Chance, mich mit der Musik vertraut zu machen. Die Setlist war ziemlich eklektisch und reichte von Miles Davis und John Coltrane bis hin zu drei Streichquartetten von Kreisler, Debussy und Ravel, Bartóks *Rumänische Volkstänze*, Grace Jones, Jimi Hendrix, einige Sachen von Nigel und drei Kompositionen des Perkussionisten. Eine Menge Holz. Entsprechend konnte das Konzert leicht mal dreieinhalb Stunden dauern ... was denn gelegentlich auch der Fall war. Die drei Sachen des Perkussionisten, der ein Freund Nigels aus New Yorker Tagen war, waren eigens für diese Tour geschrieben, niemand hatte sie zuvor gespielt. Zwei davon hatten ziemlich knifflige Taktvorzeichnungen und Wechsel im Groove.

Als während des Konzerts das erste dieser Stücke dran war, fragte Nigel seinen Freund nach dem Titel und gab ihn bekannt. Wir legten die Noten auf, er zählte das Stück ein, und wir begannen zu spielen. Als ich nach sechzehn Takten darauf zu lauschen begann, was ich da spielte, überkam mich ein komisches Gefühl ... Als ich mir die Noten ansah, überlegte ich, wo ich war ... ich hatte keine Ahnung ... Was spiel ich denn da? *Sch...* Ich hab's verbockt. Als ich mich umdrehte, sah ich, dass die Köpfe meiner Kollegen, allesamt exzellente Musiker, die natürlich vom Blatt spielen können, langsam hinter ihren Notenständern abtauchten. Nigel, der bis zu dem Augenblick ein heldenhaftes Solo gespielt hatte, um die Geschichte beisammenzuhalten, brach die Nummer mittendrin ab. Wie sich herausstellte, hatte der Komponist ein Stück genannt und ein anderes gespielt. Offensichtlich waren seine Kompositionen für ihn nicht weniger neu als für uns. Mit einem Lächeln auf einigen der Gesichter hinter den Notenständern fingen wir noch mal an.

STUTTGART

Ich erinnere mich noch an ein Konzert in Stuttgart im Rahmen dieser Tour. Wir hatten erst ein paar Gigs gespielt. Etwa in der Mitte des Konzerts sollten Nigel und das Streichtrio ein Streichquartett spielen (Nigel war Teil des Quartetts). Die Musiker hatten Clips mit Funkmikros an ihren Instrumenten. Offensichtlich jedoch begannen deren Batterien zu schwächeln und gaben plötzlich die merkwürdigsten Geräusche von sich. (Wir hatten Monitorboxen auf der Bühne und eine separate PA-Anlage fürs Publikum.) Roadies kamen auf die Bühne, um die Batterien zu wechseln, eine komplizierte Geschichte, die sich hinzog. Und so entschloss Nigel sich, solo Bach zu spielen – besagte »Chaconne«, die nicht eben die kürzeste ist. Nach einigen Minuten stand Bill Hawkes, der noch immer auf seinen Batteriewechsel wartete, auf und flüsterte: »Ich muss mal p...«. Worauf er mit seiner Bratsche verschwand. Gleich darauf toste in einem ruhigen Augenblick der Chaconne ein Donnern über Monitorboxen und die PA. Einen Augenblick stutzten wir alle – »Was zum Geier ist denn da los?« –, bis wir kapierten, wer und was das war: »Die nackte Kanone«, live von NK & seinem Ensemble ... Die Leute auf der Bühne kriegten sich kaum noch ein. In der Zeitung stand einige Tage darauf so was wie: »Dazu gab es das Tosen eines Wasserfalls vom Band.« Tja, wir wussten es besser ☺.

FLIEGENDE SCHNITZEL

Ich erinnere mich noch, dass die ganze Band bei mindestens zwei Gelegenheiten noch weit nach Mitternacht im einen oder anderen Hotelrestaurant aß. Nachdem alle gegessen hatten, dauerte es nicht lange, bis einer von ihnen anfing, Essensreste nach den anderen zu werfen, und schon flogen Schnitzel durch die Luft, und die Leute tobten um den Tisch. Bei einer dieser Gelegenheiten sah ich in einer Ecke des Restaurants zwei Leute beisammensitzen, die sich als Udo Jürgens und der Konzertveranstalter Fritz Rau entpuppten. Ich fand die Szene irgendwie witzig, vor allem wegen

Fritz Rau, der das alles (und vieles mehr) schon bei den Rolling Stones gesehen hatte, bei The Who, Led Zeppelin ... da wollte er endlich mal seine Ruhe haben ... und da kamen jetzt wir. Wie auch immer, ein paar Tage drauf passierte dasselbe noch mal in einem anderen Hotel, und ratet mal, wer da in einer stillen Ecke des Restaurants saß. Udo Jürgens und Fritz Rau. Ich wollte meinen Augen nicht trauen ... sahen sich die beiden gleich wieder vor fliegenden Schnitzeln. Déjà-vu? ... Ich frage mich, was die sich wohl gedacht haben (»Wieder dieser Kennedy und sein Haufen?«). Ich glaube, einer von den beiden lief uns dann noch mal in einem anderen Hotel über den Weg.

EUROPÄISCHER FILMPREIS 1992

Im Dezember 1992 wurde in Berlin der Europäische Filmpreis verliehen. Nigel und seine Freundin Jacquie Turner, Mick Hutton (der Bassist), Peter Pettinger (ein großartiger Pianist), Jade (ein Roadie von einer früheren Tour, der diesmal als »Tourmanager« mit dabei war), ein englischer Toningenieur und ich wohnten in Berlin; Liveshow und Proben fanden jedoch im Studio Babelsberg in Potsdam statt. Wir trafen am Donnerstag zu den Proben ein; die live übertragene Show war für Samstag 20:15 Uhr angesetzt. Nigel hatte sich unter einer Bedingung zu dem Auftritt bereit erklärt: dass er und Jacquie am Samstagnachmittag in England zum Fußball gehen konnten. Nottingham Forest gegen Aston Villa – mit anderen Worten Jacquies Lieblingsverein gegen seinen (Aston Villa gewann, wenn ich mich richtig erinnere). Die Produktionsfirma hatte eingewilligt und einen Learjet gestellt.

Nach der ersten Probe fuhren wir zum Essen zurück ins Hotel. Da es Anfang Dezember war, hatte man sämtliche Tische des Restaurants weihnachtlich geschmückt. Nach dem Essen begann Nigel irgendwelchen Kram in unsere Richtung zu werfen; ich bekam einen Tannenzapfen ab. Mein Versuch, ihn zurückzuwerfen, missglückte – ich erwischte den Nachbartisch, an dem ein Paar beim Essen saß. Der Herr, den ich getroffen hatte, fand das gar nicht lustig. Und nicht nur das, er war, wie sich herausstellte, auch noch mit dem Manager des Hotels verwandt, bei dem er sich offenbar beschwerte. Der Zwischenfall führte zu einem halbseitigen Artikel über Nigel mit dem Titel: »Punk-Geiger wirft Aschenbecher auf Hotelgast«.

Nach einer weiteren Probenrunde am Freitag flogen Nigel, Jacquie und (damit die beiden auch wirklich wiederkamen) jemand von der Produktionsfirma nach England ab; der Rest von uns blieb in Berlin. Zum geplanten Zeitpunkt ihrer Rückkehr wäre die Show bereits »auf Sendung«. Es lief alles wie geplant; wir spielten unser Set und hingen backstage mit den Damen von »Zap Mama« ab. Nach der offiziellen Show wurde die gesamte Veranstaltung zu einer geplanten After-Show-Party. Nigel schmeckte das nicht, er wollte lieber in seiner Suite Party machen. Ich erinnere mich noch daran, dass der deutsche Schauspieler Otto Sander versuchte, Wim Wenders (»Das könnte doch interessant sein ... «) zum Mitkommen zu überreden, wahrscheinlich in der Hoffnung auf etwas Action, aber Wim Wenders hatte wohl andere Pläne.

Wir fuhren zurück ins Hotel und trafen uns dort in Nigels Suite, wo wir Musik hörten, aßen, plauderten ... Partyroutine. Ich erinnere mich noch daran, Mick Hutton verdächtig lange vor einer Minibar stehen zu sehen. Als er sich schließlich umdrehte, hatte er sämtliche Flaschen aus der Minibar in den verschränkten Armen.

»Alles mein«, rief er und begann sich mit dem Stoff zu begießen, wobei er so viel wie möglich in den Mund zu bekommen versuchte. Was denn anscheinend auch das Signal für starken Luftverkehr war … Vasen, Flaschen, Gläser, Essen, Gemüse … Champagnerduschen … und alles landete auf dem Teppich … an der Wand … hier schlug das britische Rock-'n'-Roll-Erbe voll durch.

Ich erinnere mich noch, dass ich reglos in einem Sessel saß und dem chaotischen Treiben zusah, als jemand meinte: »Rolf, du bist ja noch gar nicht nass!« Und schon drückte er eine Orange über meinem Kopf aus. Als es nichts mehr zum Werfen gab, bestellte man den Zimmerservice und kippte, als der kam, den Wagen um … Später wollte die ganze Gesellschaft dann schwimmen gehen. Es gab einen privaten Aufzug, der direkt zum Pool führte. Zum Glück war die Tür zum Pool verschlossen, sonst wäre womöglich noch mehr von dem britischen Rock-Erbe durchgeschlagen – inklusive eines Todesfalls à la Brian Jones. Da man sich ausgesperrt sah, verlagerte die Szene sich um vier Uhr morgens in die Lobby. Diese war eine große Halle mit zwei Rezeptionstischen, zwei Bars und einem Flügel in der Mitte. Es waren um diese Zeit kaum noch Leute da und noch weniger Hotelpersonal. Entsprechend hörte sich das Ganze nach einer leeren Kirche an. Nigel spielte auf dem Flügel, was dem anrückenden Personal nicht schmeckte, und als er noch Champagner zu bestellen versuchte, sagte man ihm, es sei alles dicht. Da man ihn nicht bedienen wollte, entschloss er sich zur Selbstbedienung und versuchte, sich eine Flasche von der Bar zu schnappen. Im nächsten Augenblick waren zwei Security-Leute hinter ihm her, als er von einer Bar zur anderen lief. Mick Hutton setzte sich an den Flügel, aber auch das schmeckte den Hotelleuten nicht, und einer versuchte, die Klappe zu schließen, noch während Mick spielte. Als Nigel das sah, schrie er, »Ihr brecht meinem Bassisten die Hände!«, und versuchte, den Mann vom Flügel wegzustoßen. Inzwischen war eine Marylin-Monroe-Kopie mit ihrer Entourage aufgekreuzt, die alle ganz aus dem Häuschen waren, Nigel Kennedy kennenzulernen, und sich freuten, so viele Leute gefunden zu haben, die noch nicht ins Bett wollten, und dass um diese Zeit noch ein derartiges Remmidemmi stattfand. (»So viel Action ... und das um die Zeit!«) Sie dachte vermutlich, in genau der richtigen Szene gelandet zu sein. Es war absolut grotesk.

Am nächsten Vormittag gegen elf reisten die meisten von uns ab. Während des Check-outs riefen wir bei Nigel an, auch wenn wir nicht erwarteten, dass jemand rangehen würde. Aber zu unserer Überraschung meldete sich Nigel, und als wir ihm sagten, dass wir abreisten, war er binnen drei Minuten in der Lobby ... was auch noch nie passiert war.

Halb angezogen, die Geige in der einen Hand, an der anderen Jacquie. Rückblickend hatte er die richtige Wahl getroffen, mit uns abzureisen, da zwölf Monate später immer noch nicht geklärt war, wer für die Suite zahlen sollte.

Wie schon erwähnt, brachte eines von Deutschlands größten, wenn auch nicht besten Blättern einen groß aufgemachten Artikel über die Geschichte. In dem hieß es, dass »mit Aschenbechern geworfen« und eine »Hotelsuite demoliert« wurde und – natürlich – »überall Kondome«. Von denen ich übrigens nicht eines gesehen habe, und ich war von Anfang bis Ende dabei.

NYON

Nigel war für ein Doppelkonzert mit Jean-Luc Ponty gebucht. Auf dem Programm stand jeweils ein Set der beiden Bands und am Ende ein gemeinsames Set. Am Montag war Anreise, von Dienstag bis Freitag wurde geprobt, und am Wochenende fanden die Konzerte statt. Das versprach was ganz Besonderes zu werden. Jean-Luc Ponty gehört zu meiner musikalischen Grundausbildung; Ponty war das zweite Konzert, auf dem ich je war. *Overnite Sensation* von Frank Zappa und *Visions of the Emerald Beyond* vom Mahavishnu Orchestra sind zwei meiner liebsten Platten aus den 70ern. Außerdem konnte ich Spuren von Ponty in Nigels Improvisationen hören, deshalb war Nigel mir auch vom ersten Augenblick, in dem wir miteinander spielten, so vertraut vorgekommen.

Jean-Lucs Band traf ein, und die Leute erwiesen sich alle als furchtbar nett, ausgesprochen französisch und phantastische Musiker. Jean-Luc, damals bereits Mitte siebzig, war in Bestform, seine Technik makellos, auf den Punkt, großartige Ideen. Ich war beeindruckt. Wir probten in einer kleinen Kirche, in der eine Bühne aufgebaut war: zwei Drummer, zwei Bassisten, zwei Geiger, ein Gitarrist, ein Keyboarder plus eine vierköpfige Streichergruppe und ein Oboist. Zur Leitung der Streicher hatte man Lizzie Ball engagiert. Einige Stücke hatten offene Solo-Sektionen, wo man sich perfekt abwechseln oder miteinander messen konnte, wie man es sehen wollte. Das Ganze war so interessant zu hören wie zu sehen. Auf beiden Seiten hatte man größten Respekt sowohl vor der Person als auch dem Musiker, nichtsdestoweniger wollte keiner hinter dem anderen zurückstehen. Es herrschte eine unglaubliche Energie, und es war verdammt laut – heavy heaven für elektrische Violinisten, wenn man so will. Wann immer einer die Lautstärke hochfuhr, zog der andere nach. Nigel hatte dabei einen eher rockigen Ansatz und schoss aus der Hüfte, Jean-Luc spielte ausgesprochen artikuliert, mit großartiger Phrasierung. Hier fielen ernstzunehmende musikalische Statements ... von beiden. Das Programm sah vor, dass Jean-Luc und seine Band die erste Hälfte bestritten, Nigel & Band die zweite und dann ein Finale mit beiden Bands. Der erste Abend lief gut, und im Hotel kamen dann Band und Crew zu einer »kleinen« Party zusammen, die in Nigels Zimmer endete ... Ich ging um sechs. Am nächsten Tag hatte die Veranstalterin, eine ausgesprochen nette Schweizerin, die beiden Bands auf einen »Empfang« bei sich zu Hause eingeladen, Drinks und Plausch, zu dem Nigel nicht kam, aber Jean-Luc und seine Frau, die anderen Musiker und einige aus der Crew. Um vier kamen wir zurück zum Hotel. Als ich aus dem Auto stieg, hörte ich Nigels Stimme aus einer Ecke, wo wir morgens gefrühstückt hatten. Ich dachte, dass er vielleicht erst aufgestanden war und sich ein spätes Frühstück gönnte. Als ich rüberging, saß er mit zwei Mädels aus der Streichergruppe beisammen, und offensichtlich hatten sie überhaupt nicht geschlafen. Man konnte sehen, dass sie seit Beginn der Party durchgemacht hatten ... er sah mich an ... wie ein Schuljunge, der was angestellt hatte. Ich ging auf mein Zimmer, um ein bisschen zu spielen; das Konzert begann um neun, und die Band musste um sechs aufbrechen. Steve Cox, der Tourmanager fuhr um fünf los; ich sah, wie er Nigel schüttelte und auf ihn einschrie. Ich hörte nicht, was er sagte, konnte mir aber sehr gut vorstellen, was es war.

Nigel hatte seinen eigenen Fahrer; er kam spät, aber nicht zu spät. Ich fragte ihn: »Wie geht's?« Er antwortete: »Ahh, Mann ... furchtbar.« Ihm war anzuhören, dass er die Wahrheit sagte. Als wir an der Reihe waren, begann er mit einem Bach-Stück, einem langsamen Satz. Ich habe ihn nie derart unsicher spielen hören. Keine Ahnung, ob das Publikum es mitbekam, aber ich merkte es sehr wohl. Ich glaube wirklich, dass er stets kurz vor einem Patzer war. Aber so brüchig er sich auch anhörte, er stand es durch, und das Ganze war gar nicht schlecht, sogar ziemlich interessant. Beim nächsten Stück dann spielte er nicht das, was wir geprobt hatten, sondern etwas aus einem anderen Projekt, das wir zuvor mal gespielt hatten. Die nächsten drei Stücke waren auch nicht auf der Setlist, sondern stammten aus früheren Programmen von uns. Wir versuchten ihn darauf hinzuweisen... nein, nicht doch ... falsches Stück ... schließlich hatten wir die Musik nicht auf der Bühne ... manchmal spielte nur einer von uns mit, wer immer das Stück noch in Erinnerung hatte. Aber je mehr er spielte, desto mehr steigerte er sich rein. Als dann Jean-Luc auf die Bühne kam, war er bereit für die Jam, und die beiden verstanden sich wie schon am Abend zuvor. Es war der Wahnsinn.

Auf dem Weg zurück zum Hotel sahen wir an einer Kreuzung eine Ampel auf der Straße, die von ihrem Pfahl gefallen war ... in der Schweiz! Nigel wollte sie mit nach Hause nehmen. Es brauchte drei Mann, um sie hinten im Van zu verstauen. Diese Dinger sind groß und schwer ... wahrscheinlich landete sie in seinem Lagerraum irgendwo in Polen.

Kaum waren wir wieder im Hotel, wurde wieder Party gemacht. Unglaublich ... er machte nahtlos weiter. Um vier Uhr morgens stand ich auf dem Balkon, um eine zu rauchen, sah hinaus auf den stillen Lac Leman, als ich eine Polizeistreife vorbeifahren sah. Ich dachte schon, es hätte sich jemand über den Krach beschwert. Da noch Leute da waren, die rauchten und Musik hörten, sagten wir ihnen, sie sollten die Musik leiser stellen. Das Nächste, was ich sah, war ein riesiges Feuerwehrfahrzeug, das aussah wie aus New York und das lautlos die kleine Straße herunterkam; es wirkte total überproportioniert. Vor dem Hotel hielt es an. Die Szene war völlig surreal: der See, der Mond, die Feuerwehr ... wie im Stummfilm. Ich wollte meinen Augen nicht trauen. Ein Feuerwehrmann kam heraus, in voller Montur, Helm, Axt, einfach alles; dann kam ein zweites Feuerwehrfahrzeug, genauso groß wie das erste, nur hatte dieses eine riesige Leiter oben drauf. Da ich wusste, dass es nicht brannte, aber wir wahrscheinlich der Grund für den Alarm waren, dachte ich ... Knast (um den Tourmanager Steve Cox zu zitieren). Die nächsten fünf Minuten passierte gar nichts, aber ich konnte sehen, dass sie noch da waren. Dann klopfte es an der Tür. Nigel stand auf ... Lasst mich das machen ... Er machte auf, und da stand ein Hüne von Feuerwehrmann. Nigel brabbelte irgendwas, der Typ sah ihn an, stieß ihn aus dem Weg und trat ins Zimmer, sah sich um, links, rechts, drehte sich wieder um und ging raus. Das war's. Fünf Minuten später zogen die Feuerwehrfahrzeuge wieder ab, so lautlos, wie sie gekommen waren. Ich ging um sechs ... und Nigel war – kaum zu glauben – immer noch voll dabei.

AMSTERDAM

Am Tag vor dem Konzert in Amsterdam hatte Nigel einen Promotion-Auftritt in einer Talkshow, künstlerische Einlagen waren nicht erlaubt, hier wurde nur geredet, wie der Regisseur mehr als einmal klarstellte. Nigel bestand darauf, dass ich mitkommen konnte und wir unsere Instrumente mitbringen durften. Ich muss wohl nicht eigens sagen, dass es mittendrin zu einer kleinen Jam kam, unmöglich rauszuschneiden ☺. In der Zwischenzeit war Brixie, seine neue Freundin, am Flughafen eingetroffen und auf dem Weg zum Studio. Nach der Talkshow gingen wir in ein Café, tranken was, jammten ein bisschen und drängten uns dann alle in eine Limousine. Als der Wagen auf einer proppenvollen Straße mitten in Amsterdam an einem Fußgängerüberweg hielt, schrie Brixie, die sich offensichtlich mehr Aufmerksamkeit erwartet hatte, plötzlich: »Unterhalt dich doch mit Rolf, er ist doch dein neuer Lover«, stieß dann die Tür auf und sprang raus. Nigel machte einen Augenblick lang ein verdutztes Gesicht, sprang dann ebenfalls aus dem Wagen, ließ aber die Violine da. Überflüssigerweise erklärte bzw. beklagte der Tourmanager daraufhin, dass man nie seine Freundin mit auf Tour nehmen sollte. Ein paar Stunden später tauchte ein seliges Paar im Hotel auf. Brixie schien wirklich nett zu sein, aber diese erste Begegnung vergesse ich nie.

DIE BBC

Wo soll man anfangen, wenn man über die BBC sprechen will? Ich nehme an, der Umstand, dass sie UNS gehört, ist ein relevanter Ausgangspunkt. Wir Gebührenzahler bringen über 75 Prozent ihrer Einkünfte auf, den Rest zahlt der Staat (aus unseren Steuergeldern). Das bedeutet, dass die Einrichtung uns, der Öffentlichkeit, gehört und dass die Leute, die dort arbeiten, unsere Angestellten sind. Vor dem Hintergrund dieser Tatsache, die für die BBC ziemlich unbequem ist, gehen dort zu viele unserer Angestellten ihrem Geschäft auf ziemlich autokratische Art nach, ganz so, als wollten sie andeuten, dass sie ein klein bisschen über uns stehen, aber in Wirklichkeit sind sie eher wie ein schlecht erzogener Hund, der die Hand beißt, die ihn füttert.

Es ist sicher auch gut für uns, eine Sendeanstalt zu haben, die uns gehört und die nicht unter dem Diktat privatwirtschaftlicher Mächte steht, aber diese Angestellten vergeuden unsere Chance, dass das auch in Zukunft so bleibt.

Die BBC war nicht immer die klägliche, zähneknirschende und verzweifelt um politische Korrektheit bemühte Institution, die sie heute ist. Die öffentliche Reaktion auf diese maßlose Selbstbefriedigung zeigt sich bereits in einer zunehmenden Apathie und einem wachsenden Groll ihr gegenüber, die unweigerlich zu einer Verweigerung der Rundfunkgebühren-Zahlung und dem Verzicht aufs Fernsehen zugunsten des Internets führen werden. Was bleibt uns dann noch? Eine weitere Sendeanstalt unter der Fuchtel privatwirtschaftlicher Interessen. *Rette den Planeten* – KAUF EINEN BIG MAC, IST GUT FÜR DICH! Es ist eine Schande, dem Niedergang einer einst so großartigen britischen Einrichtung zuzusehen. Die Kombination von positiver Diskriminierung, totaler Verweigerung des Verdienstprinzips und zimperlichem Redaktionszwang bedeutet letztendlich das Ende dieser Sendeanstalt, in die wir so unglaubliche Summen gesteckt haben.

MEINE BEZIEHUNG MIT DER BBC – DIE ANFÄNGE

Ich hatte eine lange, zuweilen fruchtbare, irgendwann absolut furchtbare Beziehung mit der BBC.

Meine Beziehung zu unserer öffentlich-rechtlichen Funk- und Fernsehanstalt begann, als ich – der offensichtlich begabteste der ekelhaft begabten kleinen Scheißer der Yehudi Menuhin School – in einer Episode von *Gala Performance*, dem damaligen kulturellen Flaggschiff der BBC, auftrat. Ich glaube, dass man die Menuhin School nur angerufen hatte, weil man einen Ersatz für den erkrankten Rudolf Nurejew brauchte. Und ich kleiner Racker war zum Fight bereit! Ich spielte den zweiten Satz von Bruchs 1. Violinkonzert (g-Moll) mit dem New Philharmonic Orchestra und kam großartig an. Ich hatte immer schon einen besonderen Zugang zu dieser speziellen Musik gehabt, ja, zu langsamer melodiöser Musik überhaupt. Es ist dies eine meiner besonderen Qualitäten. Die meisten klassischen wie auch die meisten Jazzmusiker spielen im Schlaf tausend Noten die Sekunde, stehen aber völlig auf dem Schlauch, wenn sie eine schöne Melodie von vier, fünf

Noten spielen sollen. Das ist gefühlstechnisch eine tiefere Geschichte, und einen Channeling-Meister wie Menuhin um mich gehabt zu haben, hat mir in der Hinsicht sicher nicht geschadet, aber im Großen und Ganzen wird man mit so was geboren. Entweder man hat es, oder man wird es nie haben.

In der Sendung wimmelte es nur so von Stars, und ich war noch nicht mal ein Sternchen. Trotzdem stellte die BBC einen Wagen ab, um mich zur Schule zurückzuchauffieren.

Patricia Foy, die Produzentin der Sendung, erkundigte sich bei mir nach der korrekten Adresse der Schule. »Sehe ich recht, der Wagen soll dich zur Yehudi Menuhin School bei Cobham in Surrey fahren?«

»Na ja, ich würde es eigentlich vorziehen, wenn der Fahrer mich zu Ronnie Scott's in der Frith Street bringen könnte. Dizzy Gillespies erstes Set dürfte bald anfangen.«

»Hast du denn Karten bestellt?«

»Nein, ich versuche einfach so reinzukommen.«

»Es ist wahrscheinlich ausverkauft, und überhaupt bist du eigentlich noch nicht alt genug, um in London alleine herumzulaufen.«

»Ich bin vierzehn, ich kann von hier aus zu Fuß gehen. Ich brauche den Wagen nicht wirklich, obwohl Ihr Angebot wirklich nett ist.« Ich spürte, dass man mich wohl in die Schule zurückverfrachten würde.

Paddy Foy hatte mich bis dahin mit unergründlicher Miene, wenn auch durchaus amüsiert gemustert, sodass das Gespräch für meine Begriffe eine recht unerwartete Wendung nahm. So sagte sie: »Du hast schön gespielt heute Abend, ein paar Leute meinten, dein Auftritt war ihnen der liebste Teil des Konzerts. Ich sag dir was, ich rufe bei Ronnie Scott's an, lasse einen Tisch reservieren, und sehe zu, dass man nach dir sieht. Der Fahrer wird auf dich warten und dich hinterher zur Schule zurückfahren.«

Wow! So würde ich auch noch die zwei Monate Taschengeld sparen, die ich für diesen speziellen Anlass zurückgelegt hatte.

»Kann ich für beide Sets bleiben?«

»Ich bin ja nicht dabei, da kann ich dich doch wohl kaum davon abhalten.«

»Wow, das ist ja Wahnsinn – ich meine, nicht, dass Sie nicht dabei sind. Ich weiß nicht so recht, wie ich Ihnen dafür danken soll.«

»Am besten gar nicht. Genau genommen möchte ich nicht den Eindruck erwecken, dass die BBC das Schuleschwänzen und dergleichen unterstützt. Sollte dich also jemand fragen, sagst du einfach, du hast den Fahrer aus eigenen Stücken gebeten, dich zu Ronnie's zu fahren, und dass wir nichts davon wissen.«

»Verstehe. So oder so, wenn ich etwas später zurückkomme, habe ich trotzdem in einer Nacht bei Ronnie's mehr gelernt als in einem Jahr in der Schule. Also ein geheimes und viel zu kleines Dankeschön.« (Das war lange bevor man bei der BBC dem Vernehmen nach sämtliche Augen gegenüber Pädophilen im Haus zudrückte, sonst hätte es womöglich etwas merkwürdig ausgesehen, einen kleinen Kerl nachts allein nach Soho zu schicken – es war immerhin auch noch lange bevor die Yuppies Soho in eine Gegend voller Coffee-Shops verwandelten.)

Natürlich wurde der Abend der koolste überhaupt, und Paddy Foy hatte offensichtlich alles arrangiert. Im Ronnie's kümmerte man sich um mich, setzte mich an einen Tisch mit einem netten Paar, das seinen Champagner mit mir teilte. Auf dem Weg zur Bühne kam Dizzy herüber, drückte mir die Hand, deutete auf mich und sagte:

»Ich hab gehört, du hast es drauf, Mann.«

Paddy hatte einem 14-jährigen Geiger einen phänomenalen Abend beschert. Um halb fünf Uhr morgens schlich ich mich wieder in die Schule, wo mich meine Zimmergenossen erwarteten, die wissen wollten, wo ich gewesen und wie alles gelaufen war. Anscheinend hatten einige der Lehrer mich »vermisst«. Wir legten uns erst gar nicht mehr schlafen, da um sieben bereits Musikdiktat war.

Der Besuch bei Ronnie's war nicht die einzige positive Entwicklung, die sich aus dem Auftritt bei *Gala Performance* ergab. Kann gut sein, dass man für mich eine glänzende Zukunft sah, nachdem ich mit vierzehn bei meinem ARCM-Examen mit der bestmöglichen Note abgeschnitten hatte, aber Paddy Foy hatte noch etwas anderes in mir gesehen. Was mir völlig abging, war der Langeweile-Faktor, den die meisten musikalischen Wunderkinder und Konsorten ebenso schnell wie gründlich erreichen – sie hätten sich nicht auf den Weg zu Ronnie Scott's gemacht, wenn sie wieder in der Schule hätten sein sollen. Außerdem hatte sie mich spielen hören und wusste, ich hatte was. Um es kurz oder wenigstens nicht ganz so lang zu machen: Wie sich herausstellte, wollten sie und die BBC mich über fünf Jahre hinweg filmen, um zu verfolgen, was aus mir wurde. Als ich sechzehn war und an die Juilliard School wechseln sollte, hatte die BBC mich bereits einige Zeit mit der Kamera begleitet. Das Ergebnis war eine zweiteilige Doku mit dem Titel *Coming Along Nicely*, die mit meinem Debütkonzert in London abschloss. Zum Glück ging seitens der Kameras keinerlei Druck aus; es war einfach ein interessantes Experiment. Wie Paddy Foy so schön sagte: »Du brauchst dich nicht unter Druck gesetzt zu fühlen. Es wird ein interessanter Film, egal was passiert. Es spielt keine Rolle, ob du am Ende auf der Straße oder in der Royal Festival Hall spielst.«

Wie sich herausstellte, tat ich beides, und der Höhepunkt des Films von 1977 zeigte meinen Auftritt mit Mendelsohns Violinkonzert in besagter RFH. Was mich besonders stolz auf den Film macht, ist, dass er nicht durch die Marketingtaktiken eines aalglatten Managers oder dergleichen zustande kam. (Ich hatte mit vierzehn ja auch offensichtlich noch keinen.) Der Film kam zustande, weil ich etwas Talent hatte und nicht langweilig war. Ich hatte Substanz, wenn auch nicht die Bohne Stil. Ich muss ein bisschen abnehmen, hat sich halt nicht viel verändert, zu viel Substanz.

ALLES ANDERE ALS ÜBERBEZAHLT

Die müssen uns Künstler einfach irgendwie in einer Dachkammer hungern lassen. Ich erinnere mich zum Beispiel noch, wie ich mit siebzehn oder achtzehn in der Sendezentrale der BBC mehrere Stücke einspielte, die live im Radio übertragen wurden. Es dauerte ungefähr fünf Wochen, um das Repertoire für den Gig zusammenzutragen und einzustudieren, wofür ich die fürstliche Summe von fünfzig Pfund Sterling bekam. Ich weiß noch, wie ich mir damals dachte, da stimmt doch was nicht. Ich konnte mich als Straßenmusiker ohne Vorbereitung auf die Fifth Avenue stellen, eine Menge mehr Spaß haben und zwei, drei Stunden später mit 250 Dollar nach Hause gehen. Ich gab meiner Klavierbegleitung 25 Pfund, sodass mir unterm Strich 25 Pfund blieben.

Es war ein großes Kompliment, für so eine Live-Übertragung ausgewählt zu werden, das schon, sowohl bei dieser wie auch bei späteren Gelegenheiten, aber körperlich gut tut einem so eine Diät aus Ehre allein ganz sicher nicht. Hey, klassische Musik ist was für reiche Leute, was meinst du, Jeeves Fortescu?

DIE PROMS (DIE HENRY WOOD PROMENADE CONCERTS)

Ich hatte eine ganze Menge schöner Abende bei den Proms. (Ich hatte hier und da gemischte Gefühle beim Anblick des Union Jack in den Händen der oberen Zehntausend. Anfangs hatte ich eine gewisse Aversion gegen ein solches Maß an Patriotismus, aber wo heute jeder in den Medien ein solches Problem mit weißen Briten hat, bin ich etwas toleranter geworden gegenüber diesen weißen Trotteln. Und wenn erst mal die Schotten unser Vereinigtes Königreich verlassen müssen, dann werden wir auch den Union Jack nicht mehr sehen, und dabei sieht er so wahnsinnig gut aus.)

Waltons Violinkonzert mit Previn (dem absolut besten Walton-Dirigenten seiner Zeit), Solosachen von Bach am selben Abend wie die nicht weniger großen Musiker/Komponisten Fats Waller und Dave Brubeck, das Elgar-Konzert, mein Nigel Kennedy Quintet mit meinen eigenen Kompositionen (mit einem hammermäßigen Gastauftritt von Jeff Beck bei meinen »Hills of Saturn« – er steckte seine Gitarre direkt in den Amp, ohne Effektpedale, und hörte sich an wie eine göttliche Version von … Jeff Beck). All diese Gigs hinterließen einen tiefen Eindruck bei mir und, wie ich hoffe, auch bei meinem Publikum. Es gibt da jedoch zwei Gigs, die noch weiter über diesen stehen, nicht nur wegen der Intensität auf der Bühne, sondern auch wegen dem Maß an Quatsch/Bullshit, der sie begleitete.

ICH & DIE PALESTINE STRINGS –
VIVALDI NEBST DEN *VIER JAHRESZEITEN*

Es war offensichtlich eine Schande, aber vor diesem Abend hatte noch nie eine palästinensische Gruppe bei den Proms gespielt.

Die BBC hatte mich um einen Vivaldi-Abend gebeten. Als ich vorschlug, mit den Palestine Strings zu spielen, schien man bei der BBC guter Laune gewesen zu sein (vielleicht hatte man gerade die Rundfunkgebühren ausgezahlt bekommen), denn es gab keine Einwände.

Ich hatte mit diesen wunderbaren jungen Menschen/Musikern schon bei zwei anderen Gelegenheiten in Palästina zusammengearbeitet, und trotz der tagtäglichen Widrigkeiten, mit denen sie sich in ihrem Land konfrontiert sehen, werde ich meine Zeit mit ihnen und die palästinensische Gastfreundschaft nie vergessen. Und natürlich werden diese Besuche nicht die letzten gewesen sein.

Ich sehe es als eine der großen Leistungen in meiner Karriere, diesen wunderbaren Freunden von mir diesen historischen ersten Abend ermöglicht zu haben.[20]

Wir probten im BBC-Studio Maida Vale, und die Proben waren ein großartiges Abenteuer. So gab es einen Augenblick, der mir die Tränen in die Augen trieb, als – auf meine Bitte hin – Gandhi Saad in der hinteren Reihe der zweiten Geige zu singen begann. Mann, was singt der Mann schön – das kommt aus dem Boden, durchströmt Füße und Körper und wird zur Astralprojektion. Sein Gesang ist ein Akt Gottes.

---

[20] Liebe Mimöschen, Freunde aus Palästina zu haben, macht mich nicht zum Antisemiten; einige meiner jüdischen Freunde sind sogar in Palästina geboren.

Sein Bruder Mostafa ist ein unglaublich talentierter Violinist und Kommunikator, der obendrein noch über die nötige Intelligenz und das Charisma verfügt, die ihn zu einem großen Vertreter seines Volkes machen.

Palästinenser, Iren, schwarze Amerikaner, sie alle mussten kämpfen, aber sie sind keine Terroristen, sie sind aufgeklärte, kultivierte und gebildete Leute, die sich kolonialen Übergriffen der schlimmsten Art ausgesetzt sahen.

In einer Probenpause wollte jemand ein Foto vom Orchester und mir für die Presse, um für den Gig zu werben. Ich schlug dem Orchester vor, dass wir uns vor dem Parlament porträtieren ließen – sozusagen als visuelle Frage an die aalglatten Politiker, sich endlich festzulegen, was sie hinsichtlich der Apartheid zu tun gedachten, der sich diese Musiker und alle anderen Palästinenser in ihrem eigenen Land ausgesetzt sahen. Die Thatcher-Regierung hatte sich mächtig Zeit gelassen, gegen die Apartheid in Südafrika vorzugehen, womit die politische Rechte mehr als deutlich gezeigt hatte, dass ihr an der Wahrung der Menschenrechte nichts lag. Es mangelt nicht an Lippenbekenntnissen der Parlamentarier in Sachen Menschenrechtsfragen, aber in einem Teil der Welt, der so nah an unserem Zuhause liegt, ist es schlicht unverständlich, dass man Menschen in ihrem eigenen Land Grundrechte vorenthält,[21] die wir alle für selbstverständlich halten (Bewegungsfreiheit, Elektrizität und Wasser sieben Tage die Woche oder das Recht auf ein eigenes Stückchen Land).

---

21 Sehr, sehr weiß und gegen die Apartheid in Südafrika zu sein, hat mich nicht anti-weiß gemacht; zum Teil jüdisch und gegen die Apartheid in Palästina/Israel zu sein, macht mich nicht zum Antisemiten. Unter den Begriff »Semiten« fallen übrigens nicht nur Menschen jüdischer Herkunft.

Die Kacke war am Dampfen, als einige Leute, die dachten, sie könnten uns ihren Willen aufzwingen, versuchten, meinem Vorhaben den Hahn abzudrehen. Ich trug dafür Sorge, dass meine palästinensischen Brüder weder etwas von den Drohungen, die ich bekam (dass man uns Sponsorings entziehen oder den Gig absagen werde), noch von den anderen Nötigungsversuchen erfuhren. Letztlich motivierte mich all diese perfide Hinterhältigkeit nur umso mehr.

Die Palestine Strings waren außer sich vor Freude, allein schon über die Einladung, auf einer so wichtigen Plattform schöne Musik zu spielen, zum anderen waren sie aber auch dankbar, ihre Probleme zu Hause wenigstens vorübergehend an eine breitere Öffentlichkeit getragen zu sehen. WIR HABEN DAS FOTO GEMACHT, auf dem wir alle vor dem Parlament unsere Instrumente spielen, und die Zeitungen druckten es ab.

Und der Gig selbst? Nun, für uns auf der Bühne wurde er zu einer unvergesslichen Erinnerung. Stolz zeigte man rund um das Event die palästinensische Flagge, und die Atmosphäre in der Royal Albert Hall schien geradezu hörbar zu knistern. Auf der Bühne war die Elektrizität definitiv zu spüren, und meine palästinensischen Kollegen realisierten den freien Fluss meiner flexiblen, aber handfesten Ansichten über diese Meisterwerke des Barocks mit Intelligenz, Inspiration und Hartnäckigkeit.

Niemand hätte ahnen können, dass die israelischen Behörden unsere Proben ernsthaft in Gefahr gebracht hatten, als man einigen meiner Freunde in letzter Minute die Ausreise verweigerte, was sie wertvolle Probenzeit kostete. Der Plan ging freilich insofern nach hinten los, als er unserem Auftritt eine zusätzliche Intensität verlieh. Die Solobeiträge von Mostafa Saad waren so charismatisch wie handwerklich fein gearbeitet, und auch die anderen Solobeiträge, die ich aus den einzelnen Mitgliedern des Orchesters herausholte, waren so tiefgründig wie strahlend.

Ihr könnt euch den Auftritt auf YouTube anschauen. Er ist wirklich was ganz Besonderes, sowohl in kultureller wie gesellschaftlicher Hinsicht.

Es fiel allerdings noch ein düsterer Schatten auf das Ganze, als die dunklen Kräfte der BBC dreißig Sekunden meiner kleinen Ansprache zensierten, die relevant waren für die Situation und die Palestine Strings. Als ich mich vor dem Gig in Stimmung brachte, wie ich das immer tue, und meinen Kameraden beim Entspannen half, fragten eine ganze Reihe meiner Kollegen:

»Wirst du was sagen?«

»Was willst du sagen?«

Obwohl mir klar war, dass wir hauptsächlich gekommen waren, um Musik zu machen und so unser Ziel zu erreichen, während das Publikum hauptsächlich oder überhaupt nur gekommen war, um Musik zu hören und in dem unglaublichen kulturellen Level meiner palästinensischen Kollegen zu schwelgen, ließ ich irgendwann ein paar Worte fallen, vielleicht zwanzig, dreißig Sekunden lang. Ich spreche immer mit meinem Publikum, und die Leute mögen das und wissen es zu schätzen, dass ich Barrieren lieber einreiße, als sie aufzustellen. Ich sagte also kurz etwas in der Richtung, dass wir uns glücklich schätzen könnten, nicht unter einem brutalen APARTHEID-Regime leben zu müssen wie unsere Freunde auf der Bühne, dass aber nichts den menschlichen Geist und seine Kultur besiegen könne. Ganz kurz und auf den Punkt. Entschuldigt, wenn ich mich hier nicht in bester journalistischer Tradition Wort für Wort zitiere, aber darauf und auf nichts anderes lief es hinaus.

ZENSUR DURCH DIE BBC

Diese völlig harmlosen und wahren Worte lösten einen Miniorkan falscher Entrüstung aus und, wie sollte es anders sein, die olle Kamelle: Man begann mich fälschlicherweise des Antisemitismus zu bezichtigen. Eine ehemalige Leiterin der BBC namens Gräfin Quietsch oder so ähnlich, die von den Menschenrechten der Palästinenser nichts hören wollte, missbrauchte ihre privilegierte Position, indem sie ihre Kontakte spielen ließ, um meine paar kleinen Wörtchen bei Wiederholungen des Konzerts zu zensieren. Witzigerweise hatte sich diese Gräfin in demselben Jahr bereits ausdrücklich gegen die Unterstützung der Errichtung eines unabhängigen selbstständigen Palästinenserstaats ausgesprochen … und komischerweise gibt es auch nicht einen ehemaligen Chef der BBC palästinensischer Herkunft. Alles klar? »Unparteilichkeit« und so weiter. Die manipulative Art, wie die Quietsch hier redaktionelle Inhalte der BBC kontrollierte, sorgte für weit größere und anhaltendere Aufmerksamkeit für meine Bemerkungen – ich meine, ich schreibe jetzt noch darüber, nach acht Jahren! Die Entscheidung, meine Worte als zu politisch zu zensieren, war weitaus politischer als die Worte selbst. Meiner Ansicht nach bringen Leute wie diese Gräfin die jüdische Sache in Misskredit und tragen unwissentlich zu dem widerlichen Antisemitismus bei, den wir heute sehen.

Das Wort Apartheid wurde vor meiner kleinen Ansprache nie so recht im palästinensischen Kontext benutzt, heute schon. Also muss ich wohl was richtig gemacht haben.

Sich gegen organisierte Unterdrückung, Vertreibung und Brutalität auszusprechen, ist das Gegenteil von Vorurteil, auch wenn uns einige infame Leute um irgendwelcher politischen Spielchen willen das einreden wollen.

Die letzte Frage, die ich hierzu noch habe, geht an die Piep-Piep-Sieh:

Beim Fußball scheint es ja wünschenswert, die Kamera ständig auf Spieler zu halten, die in einem von der Obrigkeit[22] zur politikfreien Zone erklärten Sport niederknien, aber meine Bemerkung über die Unterdrückung meiner palästinensischen Brüder ist als zu »politisch« zu zensieren. Daraus lässt sich nur vermuten, dass nach Ansicht der BBC schwarze Leben (von denen wir in den letzten zwanzig Jahren allein in den USA durch staatliche Gewalt 2000 verloren haben) wichtiger sind als palästinensische (7000).

Sind wir nicht angeblich alle gleich?

Oder kommt Gleichheit erst an zweiter Stelle hinter der jeweils modischen Politik?

Wie auch immer, im Endeffekt spielten wir einen phantastischen Gig, der die schöne Kultur des palästinensischen Volkes zeigte, durch die Musik, den ewigen Beweis für menschliche Werte.

DIE FARCE DER NIGHT OF THE PROMS

Es war richtig, und ich meine richtig *nett*, zur Last Night of The Proms eingeladen zu werden. Eine ganze Menge Leute gucken sich das im Fernsehen an, und die Atmosphäre dort ist praktisch die

---

[22] In einem Maß, dass die Spieler noch nicht mal Poppies am Remembrance Day tragen dürfen.

einer Party. Nach einigem Hin und Her kamen die BBC und ich überein, dass ich in der ersten Hälfte des Gigs Vaughan Williams' »The Lark Ascending« spielen sollte und Vittorio (One-Hit-Wonder) Montis »Czardas« in der zweiten.

Es dauerte nicht lange, bis klar wurde, dass die Last Night rasch zur Farce und künstlerisch zur faulen Kartoffel zu werden begann. Die BBC geriet nämlich, wenn auch vielleicht unwissentlich, in die groteske Situation, gleich noch ein zweites pseudopolitischkorrektes Fiasko zu verursachen.

An diesem britischsten aller britischen Abende hatte die BBC sich entschlossen, den Abend kulturell dadurch zu homogenisieren, dass man als zweite Hauptattraktion zwei Amerikaner mit ins Programm nahm. Falls man damit jedem Nervenkitzel einen Riegel hatte vorschieben wollen, dann war diese Entscheidung perfekt. Die Dirigentin war vom musikalischen Ansatz her herzlich konservativ, einfallslos in ihren Interpretationen, aber immerhin tüchtig und professionell genug, keinen Ärger zu machen. Die zweite Künstlerin war eine Sängerin von derselben Effizienz wie die Dirigentin, vorhersehbar und kaum inspirierend, aber durchaus gut.

Kurz vor Beginn der Proben begann das Ganze in die Farce abzurutschen. Die Sängerin und ihre PR-Leute kamen in ihrer Weisheit (oder dem Mangel an selbiger) zu dem Schluss, dass es ihr nutzen würde, sich an die Transsexuellen dieser Welt ranzuschmieren, indem sie ihnen ihre Darbietung widmete. WHAT THE FUCK! WARUM? WOZU? Diese Art von irrelevanter oberflächlicher Effekthascherei war einfach zu viel und hatte nichts mit dem zu tun, was sie singen sollte, es sei denn, ihre Darbietung war nicht gut genug. Wohlgemerkt, vermutlich war auch ihr schmieriges PR-Team bei alledem nicht ganz unschuldig. In jedem

Fall sorgte die Geschichte dafür, dass ein Musiker wie ich eine derart peinliche PR-Firma nicht mit der Kneifzange anfassen würde.

WIE KANN DIE PIEP-PIEP-SIEH SOLCHEN SCHWACHSINN SANKTIONIEREN ODER AUCH NUR DAMIT ZU TUN HABEN WOLLEN? Man darf gar nicht daran denken, dass wir für diese Art von Geschwafel Rundfunkgebühren zahlen.

Mit diesem Gedanken ging ich zu meiner ersten Probe mit dem Orchester. Als ich vor den Musikern stand, spöttelte ich auf ähnlich weinerliche Weise wie die Sängerin:

»Ich widme meinen Anteil an diesem Auftritt all den vergessenen und vertrrriebenen Heterrros überrrrall auf derrr Welllt.«

Nachdem ich den Satz beendet hatte, blieb mein Blick an der Bratschengruppe hängen. Dort funkelten mich zwei Frauen an, die das gar nicht lustig fanden – als sollten Heterosexuelle nicht als solche anerkannt werden oder irgendetwas zu feiern haben. Die Dirigentin schien auch nicht gerade angetan.

Ich weiß, dass der eine oder andere unter einem chronischen Mangel an Humor leidet oder unser aller Gleichheit als Menschen nicht sehen kann, und ich wünsche diesen Menschen von ganzem Herzen eine rasche Genesung. Wir sind nun mal, wer wir sind, ein jeder von uns, das kann doch wohl eine so große Sache nicht sein.[23]

Bei all dem Bullshit um mich herum beschloss ich, mich bedeckt zu halten und ganz darauf zu konzentrieren, der Musik fri-

---

[23] Liebe potenzielle Mimöschen, lasst mich hier die Grenze zwischen Präferenz und Vorurteil ziehen. Es langweilt mich wirklich tierisch, wenn Leute nicht mehr aufhören können, über ihre oder anderer Leute Sexualität zu reden. Welchen Geschlechts ihr auch immer sein mögt, ihr seid mir so lange recht, bis ihr nicht mehr aufhören könnt, darüber zu reden …

schen Wind einzuhauchen, worüber sonst keiner sprach. Bei der Musik handelte es sich, wie gesagt, um »The Lark Ascending« und »Czardas«. »Die Lerche« liegt mir, weil ich eine Schwäche für den englischen Pastoralstil habe, sei es Nick Drake oder Vaughan Williams. So lange wie ich in Malvern gelebt habe, konnte ich dieses Bild in natura erfahren. »Czardas« ist ebenfalls ganz meine Blutgruppe, nicht zuletzt wegen meiner vielen Sessions mit Roma-Musikern in Rumänien, Ungarn und Serbien. Das sind aus dem Leben gegriffene Erfahrungen. *Real Life Matters!* Außerdem kann Czardas auch … genau, Spaß machen! Und man kann es auch Csárdás schreiben …

Entsprechend sah ich meine Aufgabe darin, dem Abend einen Touch von musikalischem Gefühl und Joie de vivre einzuhauchen. Etwas Stratosphärisches, etwas Inspirierendes, etwas Improvisatorisches und etwas … was verdammt noch mal einfach okay war. Mission possible – Mission ausgeführt! Das Orchester und ich hatten eine tolle Zeit miteinander, und das Publikum hatte – wie überall, wo ich spiele – einen großen, ach was, einen riesigen Anteil daran.

Hat sich die BBC bei mir dafür bedankt, ihre faule Kartoffel und festliche Farce aus dem Rachen eines faden, politisch korrekten Debakels gerissen zu haben? Aber dazu hätte man wohl zugeben müssen, den Vorsitz über eine faulige Farce geführt zu haben. Aber ich möchte wetten, dass der eine oder andere Seufzer der Erleichterung durch die Reihen der Angestellten UNSERER BBC ging.

Manch einer wird sich vielleicht gefragt haben, warum ich immer weniger Klassik spiele. Nun, der oben genannte Pseudo-Scheiß könnte da ein Anhaltspunkt sein. Die Musik selbst nimmt sich da aus wie ein Diamant in einer riesigen Jauchegrube. Im

Endeffekt verdirbt einem so viel Scheiße eben den Geschmack am Geschmeide. Nichtsdestoweniger, fängt die Musik erst mal an, komme ich mir vor wie der glücklichste Mensch der Welt. All die positive Energie – fängt die Musik erst mal an, beginnt das wahre Leben, und man sieht sich in dem unersetzlichen magischen Augenblick des JETZT.

NB: Schon meines irischen Erbes wegen habe ich ein Problem mit Kartoffelfäule.

BEST OF UNTERDRÜCKUNG

Die Piep-Piep-C will keine Sendungen mehr mit mir machen. Jimmy Savile war in Ordnung, aber ich bin's offensichtlich nicht. Zur Zeit der Niederschrift reagiert die BBC-Chefin für Auftragsvergaben im Bereich Musik, so habe ich mir sagen lassen, schlicht nicht auf Anfragen meiner Agentur. Was alles ausgesprochen merkwürdig ist!

Wenn Sie auch britischer Staatsangehöriger sind wie ich und Rundfunkgebühren zahlen, dann sind wir es, denen die BBC gehört. Sie gehört Ihnen! Vögel wie diese BBC-Musik-Chefin sind unsere Angestellten, weil unsere Rundfunkgebühren und unsere Steuern ihre Gehälter zahlen. Also tun Sie mir einen Gefallen, wenn Sie eine Sendung mit mir bei der BBC sehen möchten, schreiben Sie das bitte an: die BBC-Chefin für Auftragsvergaben im Bereich Musik; oder www.bbc.co.uk.

Vielleicht antwortet Ihnen der zuständige Mitarbeiter ja sogar. Wenn wieder eine Sendung mit mir gemacht wird, dann ist das auch Ihre Sendung – und sie wird mit Sicherheit um einiges weniger langweilig als das, was wir letztes Jahr bei den Proms und so gesehen haben!

Einmal habe ich mit der BBC eine wirklich gute Idee hinsichtlich J. S. Bach diskutiert, die die Leute dort gehabt hatten. Ich sollte ein Orchester aus jungen Leuten an die inspirierende Musik dieses Genies heranführen. Da die Improvisation zu Bachs Zeit eine ganz große Sache war und ich durch Menuhin einen direkten Draht zu Bach sowie durch Grappelli und Ponty zur Improvisation, und dazu eine Unmenge Kids zum Geigespielen inspiriert habe, war ich der perfekte Mann für die Sendung. Es kam zu einem unheilschwangeren Augenblick, als man das Thema »Rassenquoten« aufs Tapet brachte (die ein furchtbares Hemmnis für das Leistungsprinzip sind, das zu wahrer Gleichheit für absolut jedermann führen würde), aber es wäre ohnehin kein Orchester, das ich mir ausgesucht hätte, komplett weiß ausgefallen. Ich war nur überrascht, dass man das Thema überhaupt ansprach; vielleicht kam das von einer dieser politisch korrekten Meisen, die so mancher bei der BBC unterm Pony hat. So weit, so gut, kein Problem, nette Idee und … NICHTS … ein Anruf, eine E-Mail, dann tat sich nichts mehr. Womöglich war die BBC zu beschäftigt damit, sich neue Namen für all ihre Posten auszudenken oder was weiß ich. So könnte man doch den Chief Controller zum Controller in Chief machen; wäre doch wirklich nützlich …

Gordon, das Erdhörnchen, der Sofa-Rip-off

Die Piep-Piep-Sieh hat eine ach so putzige Geschichte darüber, wie die Handpuppe Gordon, das Eichhörnchen, von einem ach so süßen Hündchen attackiert wird ... live auf Sendung, dabei wurde das alberne kleine Hörnchen vorher schon mal von einem Menschen attackiert ... live auf Sendung ... und zwar von MIR! »Tut mir leid, Herr Krummissar« (nicht wirklich, einer musste es ja tun).

Ein Typ namens Phillip Schofield moderierte die Sendung. Der war damals einer dieser geschleckten Moderatorentypen, die sich durch geschleckte Professionalität professionell nach oben arbeiten. Ich sah es ihm am Blick an, dass er mich für ein bisschen zu unberechenbar hielt und dass er mich nur ungern in seiner Sendung sah, weil ich ihm womöglich seine geschleckte Tour vermasselte. Ich dachte mir, ich könnte ihm wenigstens zeigen, dass auf seinen Instinkt Verlass war.

Gordon, das Hörnchen, turnte hinter uns in pseudo-liebenswerter Manier auf der Lehne des Sofas herum. Ich hatte mich zu dem nervigen kleinen Nager aufs Sofa zu setzen, der infantil gestikulierend hinter mir rumzappelte. Irgendwann wurde mir Schofield einfach zu professionell und intim mit der irritierenden kleinen Puppe, also riss ich sie von der sie bedienenden Hand und warf sie unter die Kinder. Ich dachte, die Kids hätten den kleinen Nager, dem ich da die Luft rausgelassen hatte, gern mit nach Haus genommen, so als eine Art Trophäe oder Souvenir, aber von wegen, die waren viel zu geschafft von all der Energie, die sie für die Sendung zu simulieren hatten, und versuchten der Flugbahn des kleinen Fellknäuels auszuweichen wie einem fliegenden toten Ratz.

Man sollte nie vergessen, was in den Wänden der Piep-Piep-C zu der Zeit so alles vor sich ging, und eine plötzlich entblößte, sprich nackte Hand hätte doch eigentlich genau das Richtige für die Leute sein sollen.

Vivaldis *Vier Jahreszeiten*

Irgendjemand aus den Reihen der BBC hatte sich was Großartiges für mich einfallen lassen. Man stelle sich nur das Maß an Hirnschmalz vor, das dazu nötig gewesen sein muss. Was hatten die wohl im Sinn? Etwas über das Leben von Fela Kuti? Eine musikalische Party mit meinen palästinensischen Freunden in Ramallah und Jericho? Duke Pearson? Bach? Krzysztof Komeda? Zappa? The Buzzcocks? Desmond Dekker? Baxter Dury? … Quatsch!? … iwo! … ähmm … Vivaldis *Vier Jahreszeiten*, echt jetzt? Ja, doch! Vivaldis *Vier Jahreszeiten*. Meine Herren, das ist ja riesig, was für ein großer Schritt für die Kennedy-heit.

Auch wenn ich zugeben muss, dass mich weder das Unterfangen noch die Originalität der Idee vom Sockel haute, die Geschichte war durchaus nicht ganz ohne:

1. Der Film sollte während der Weihnachtsfeiertage ausgestrahlt werden, was bedeutete, dass ich Viv einer Menge Leute schenken konnte, die womöglich Gefallen an ihm fanden.
2. Es sollte in Venedig gedreht werden.
3. Die BBC erklärte sich bereit, dass ich mir Leute suchen könnte, die zeitgenössische populäre venezianische Melodien spielten, um sie mit den beliebten melodischen Stilen zu vergleichen, mit denen Viv zu seiner Zeit arbeitete.

Dizzy mit seinen eigenen, 1979 erschienenen Memoiren *To Be or Not to Bop*.
Wikimedia Commons, mit freundlicher Genehmigung von Bernard Gotfryd.

»Natürlich wurde der Abend der coolste überhaupt und Paddy Foy hatte offensichtlich alles arrangiert. Ronnie sah nach mir, setzte mich an einen Tisch mit einem netten Paar, das seinen Champagner mit mir teilte. Auf dem Weg zur Bühne kam Dizzy herüber, drückte mir die Hand, deutete auf mich und sagte: ›Ich hab gehört, du bist ne Nummer, Mann.‹«

Bei der Unterzeichnung meines ersten Plattenvertrags mit Peter Jamieson und David Hughes.

Auf einem frühen Konzert, 1985.
Shutterstock.

Doug Ellis macht mich zum stolzen Besitzer einiger Ehrenanteile an Aston Villa.

Mit Graham Taylor während seiner Zeit als Manager von Villa.

Mit Vernon Handley nach der Verleihung der Gramophone Record of the Year 1985 für unseren Elgar.

Sir Georg Solti hat mir eben die BPI Classical Record of the Year überreicht; *links:* Moderator Noel Edmonds. Brit Awards, Grosvenor House Hotel, 10. Februar 1986.

Mit Kate Bush bei den Brit Awards, Grosvenor House Hotel, London, 9. Februar 1987. *Foto: Duncan Raban/Popperfoto via Getty Images.*

Frontcover meiner Einspielung von Waltons Konzerten für Violine und Bratsche. André Previn war einer der talentiertesten Musiker überhaupt; sei es im Jazz, sei es in der Klassik des 20. Jahrhunderts, er war einer der Größten.

Mit Paul und Linda McCartney bei der amerikanischen Ausgabe von *Top of the Pops* am 18. Dezember 1987. Die körnigen Fotos stammen aus einer privaten Videoaufzeichnung, schienen mir aber um der Erinnerung an den Abend willen die Abbildung hier wert.

Dass ich oft mit Stéphane Grappelli gespielt hatte und meine musikalischen Qualitäten über die Schubladen hinausgingen, hatte mir die Aufmerksamkeit von Paul McCartney beschert, der mich 1986 auf »Once Upon A Long Ago« zu spielen bat.

Die Cathédrale Stradivari begleitete mich über vier wichtige Jahre hinweg.

Ich hatte mich in einem Ein-Zimmer-Häuschen im Garten eines größeren Anwesens in 11 Rosslyn Hill eingemietet. An dem Abend hatte ich auf der Straße ein als Clown verkleidetes Mädchen kennengelernt, das mir langsam auf den Geist zu gehen begann, weil sie einfach zu viel Stuss redete. BRRRRRINNNG! Ich gehe aufmachen, und ich werd' nicht mehr – steht doch glatt James Bond vor der Tür.

Die glorreichen Sieben: ich mit Chris Bonnington, Sue Lawley (mit Ronnie Corbett als Pappkameraden), Gary Lineker, Virginia Leng und Frank Bruno, 31. Dezember 1989. *Trinity Mirror/Mirrorpix/Alamy Stock Photo.*

John und ich mit der legendären Goldenen Rose von Montreux für unsere TV-Version der *Vier Jahreszeiten*.

Die Stunde der Wahrheit: Moderator Michael Aspel überrascht mich in den Abbey Road Studios mit dem »Big Red Book«, *This is your Life*, 14. März 1990. Ebenfalls mit dabei: mein Manager John Stanley.

WM-Harmonie auf Sardinien, 1990. *Hintere Reihe:* Gazza und Chris Waddle mit meiner Fiedel; *vordere Reihe:* Brixie, Gary Lineker mit Brixies Gitarre, ich und Steve Hodge von Aston Villa.

Disharmonien mit Gary Lineker.

Mit Klaus Tennstedt während der Aufnahmen zu unserem Brahms-Konzert in den Abbey Road Studios, 26. August 1990.

Mit dem Variety Club Show-Business Personality of the Year Award, 5. Februar 1991. *Alan Davidson/Shutterstock.*

Nach der Ehrung flog man mich im Privatjet zu einer Benefizveranstaltung für Prinzessin Diana nach Birmingham; ebenfalls mit dabei: George Martin. *Shutterstock.*

Sieger in der Kategorie Classical Recording bei den Brit Awards 1993, Alexandra Palace 16. Februar 1993. *Shutterstock.*

Am 24. Januar 1994 überreichte ich Stéphane Grappelli (meinem musikalischen Großpapa) eine ganz besondere Torte zur Feier seines 86. Geburtstags. *Simon Kreitem/Alamy.*

Sieht zwar nicht so aus, ist aber intelligenter als so mancher Angestellte bei einer Plattenfirma. *janecat/123RF.*

Mit Peter Norris, 1996. *Michael Ward, mit freundlicher Genehmigung der Yehudi Menuhin School.*

Der Linkshänder Jimi versucht sich an der Violine.
Kleines Bild: Mein Hendrix-Album von 1999.

Auf Jimi Hendrix kam ich schon ziemlich früh. Wie Beethoven war er ausdrucksvoll, baute auf einen soliden, kräftigen Rhythmus und versetzte einen in eine spirituelle Trance. Neben der Freiheit seiner Musik fühlte ich mich von ihm angezogen, weil er die Schwarz/Weiß-Kiste in einem Maß transzendierte, von dem selbst heute noch viele Künstler und politische Kommentatoren nur träumen können.

Mit Agnieszka und Sark, 1999. *Richard Young/Shutterstock.*

Bei den Classical Brit Awards, 5. Mai 2000, Sir Trevor MacDonald moderierte. Sir George Martin überreichte mir die Auszeichnung für meinen »Herausragenden Beitrag zur Musik«. *Shutterstock.*

Zur Unterstützung des Magazins *The Big Issue* nochmal zurück in die alte Zeit: als Straßenmusikant vor der U-Bahnstation Kensington, London, 31. Mai 2001. *Julian Makey/Shutterstock.*

Mit den Berliner Philharmonikern.

Mit The Who bei den Proben in den Nomis Studios, Sinclair Road, West London, Mittwoch, 24. März 2004. Daltreys Aufmerksamkeit ging so weit, dass er sogar für Sark ein paar Ohrstöpsel bereithielt. Überhaupt behandelte er ihn wie einen (vierjährigen) Freund. »Du hast uns wahrscheinlich nie gehört, aber wir sind ziemlich laut. Steck dir die Stöpsel hier rein, pass auf, sooo …«.

Ich spiele »Baba O'Riley« mit The Who in der Royal Albert Hall, Montag, 29. März 2004. Ich begann zu spielen, und die Magie der Violine wirkte wie eine Spritze, bevor sie alles zu transzendieren begann. Ich sah Daltrey sofort darauf einsteigen, und Townshend unterstützte mich beim Auftürmen der Soundwelle am Schluss des Songs, wie kein anderer Gitarrist es gekonnt hätte. Ich sah mich von der kollektiven Macht der Band davongetragen und das Solo war ein Triumph. Sogar unser Finish brachten wir gemeinsam und genau auf den Punkt – ein letzter absolut synchroner Tusch.

Mit Donovan in der Muzyczna Owczarnia, Jaworki.

Nicolas Pflug hatte mir eine hammer Band zusammengestellt, ein wahrhaft aristokratisches Jazz-Line-up: Ron Carter (Bass), Jack DeJohnette (Drums), J. D. Allen (Sax), Joe Lovano (Sax), Lucky Peterson (Hammond), Kenny Werner (Piano) und Danny Sadownick (Percussion).

Mit J. D. Allen bei der Arbeit an dem Album *Blue Note Sessions*. Meine drei liebsten Songs auf diesem Album sind »Stranger in a Stranger Land« (subtile und schöne Arbeit von Kenny Werner und Danny Sadownick), »I Almost Lost My Mind« und »After The Rain«.

Kleine Pose anlässlich einer Pressekonferenz zur Präsentation meines Konzerts mit dem Polish Chamber Orchestra im Palacio de Festivales de Cantabria tags darauf; 10. Juni 2005, Santander, Spanien. *Esteban Cobo/EPA/Shutterstock.*

Vor dem Launch der allerersten Dr Who Prom; hinter mir die Tardis und die Royal Albert Hall, 9. April 2008. *Shutterstock.*

Mit Jeff Beck bei einem Konzert im Rahmen der BBC Promenade, Royal Albert Hall, London, Samstag, 26. Juli 2008.

Mit Jon Lord im September 2010. Jon war bescheiden, ein großartiger Geschichtenerzähler, aber keine Luftpumpe ... UND EIN ZAUBERER AUF DER ORGEL! ... Was ihn zu einem der führenden Köpfe selbst in der auserlesenen Riege britischer Keyboarder machte, das waren sein Songwriting, seine Solotechnik und natürlich seine Bandgenossen von Deep Purple, die ebenfalls nicht von Pappe waren! *Foto: Mike Maass.*

Mit Agnieszka bei den 15. South Bank Sky Arts Awards mit Melvyn Bragg als Moderator, Dorchester Hotel, 25. Januar 2011. *Shutterstock*.

In den Aston Villa-Farben im Londoner St. George's Hotel, 2. August 2011. *Shutterstock*.

In der Royal Albert Hall, 6. August 2011. Fats Waller gefolgt von Bach. *Wikimedia Commons, mit freundlicher Genehmigung von Paul Hudson.*

Prom 34: in der Royal Albert Hall, 8. August 2013. Das Orchester umfasste neben meinem Orchestra of Life auch 17 Mitglieder der Palestine Strings und Angehörige der Familie Saad als besondere Gäste. Ihr Vater Zaher saß im Publikum. »Als Mostafa spielte und Ghandi sang«, sagte er, »schlug mein Herz schneller …«.

Nach dem Konzert kam Mostafa noch einmal auf die Bühne, um meinen Song »Melody In The Wind« zu spielen – 15 Jahre, nachdem Grappelli ihn aufgenommen hatte.

Mostafa Saad, der nach London zurückkam, um noch einmal mit mir zu spielen, diesmal beim Bethlehem Unwrapped Festival in der Kirche St. James's, Piccadilly, Januar 2014.

Nigel Kennedy Presents »Bach Meets Fats Waller«, Hamburg, 24. April 2013. *Action Press/Shutterstock.*

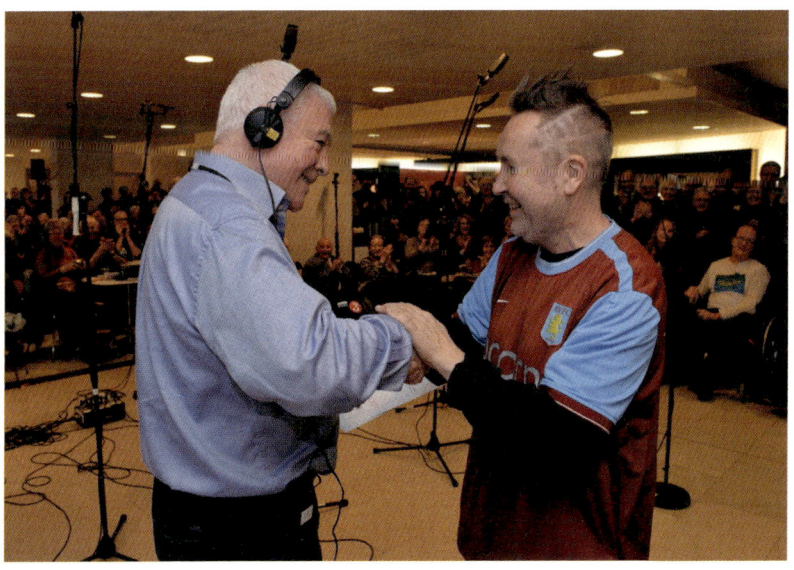

BBC Radio 3 im Southbank Centre, 24. Juli 2014. *Wikimedia Commons, mit freundlicher Genehmigung von Steve Bowbrick.*

Auf Twitter schrieb Jack Grealish: »Was für eine Legende, der Mann. So was von talentiert, ganz großes Kino, ihn gestern Abend live zu sehen.« Der fragliche Event fand am 31. Januar 2016 in Birminghams Symphony Hall, Broad Street, statt. Mit einer akustischen Version mit dem Titel »The New Four Seasons« nahmen wir das Publikum mit auf eine Reise durch die Jahreszeiten mit neuen Interpretationen der Musik, ohne dabei die Wurzeln der *Vier Jahreszeiten* aus den Augen zu verlieren. Die erste Hälfte spielten wir »The English Collection«. *Fotos: Graham Young, BPM Media.*

Mit Jean-Luc Ponty bei einem Galakonzert in der Royal Albert Hall, 14. März 2017. *Shutterstock.*

Am selben Tag, 14. März 2017, nach 11 Uhr abends; Robert Plant spielte zusammen mit mir »Hey Joe« und »Kashmir«.

Im Konzert mit Julian »Das Kid« Buschberger, Posen, Polen, 8. Mai 2017. *Waldemar Wylegalski/Prs/East News/Shutterstock.*

Deutscher Radiopreis 2017, Hamburg, 7. September 2017. *Michael Timm/Face To Face/Shutterstock.*

Gershwin bei Ronnie Scott's, 2018. *Von links nach rechts:* Beata Urbanek-Kalinowska, Tomasz Kupiec, Rolf Bussalb, Howard Alden.

Gala zum 60-jährigen Bestehen von Ronnie Scott's in der Royal Albert Hall, London, 30. Oktober 2019. *Richard Young/Shutterstock.*

Live beim 26. Summer Jazz Festival, Krakau, Polen, 10. Juli 2021.

Huxley, unser Hund.

Die Mannschaft von 1899, mit der Aston Villa Meister der First Division wurde, und der Sheriff of London Charity Shield (den man sich mit Queen's Park teilte).

Ich hatte bereits eine Rose d'Or für meinen ersten *Four Seasons*-Film bekommen, wenn ich also einen zweiten Film über dasselbe Repertoire machen sollte, dann musste das auch irgendwie Gewicht haben, Reichweite und auch sonst ein verdammter Hammer sein, andernfalls hätte das für mich nicht den geringsten Reiz.

Wie der gut abgerichtete Affe, der ich nun mal bin (ach was, ich habe mich selbst abgerichtet, Herrgottnochmal) überflog ich vor der Unterschrift noch mal den Vertrag. Und nun ja, die Tage, an denen Affen auf der Drehorgel der BBC zu tanzen hatten, sind lang vorbei. Als ich also sah, dass die oben genannten Punkte 1 und 3 fehlten, aber all das drinstand, was sie wollten, schickte ich ihnen eine Erinnerung, dass ein Vertrag zwischen zwei Parteien ja wohl nicht nur die Interessen der einen abdecken sollte. Nur um das mal gesagt zu haben, für eine ganze Menge meiner beruflichen Beziehungen gibt es keine Verträge, und ich bin auch froh darüber. Wenn es schon einen Vertrag geben sollte, dann würde ich mir, irisches Erbe hin oder her, nie und nimmer derart autokratische Faxen bieten lassen. Ich meine, was sollte all das Theater um politisch korrekte Chancengleichheit bei der BBC, wenn sie mit Künstlern umsprang wie mit Sklaven in einem imperialistischen Außenposten am Ende der Welt.[24]

Ich wartete auf eine Antwort ... und wartete ... und wartete ... und wartete ...

... und ... NICHTS! Noch nicht mal ein artiges »Du spinnst wohl, JUNGE, du gehörst uns!«.

---

[24] Genau, lieber Freund. Sklaven gab es jeglicher Hautfarbe, auch weiße.

Tinariwen

Es gibt da eine Band aus Mali, die ich sehr mag; sie heißt Tinariwen, und als ich herausfand, dass sie eine Version von »Mustt Mustt«, einem meiner liebsten Stücke von Nusrat Fateh Ali Khan aufgenommen hatten, musste ich mir das anhören. Ihre Version war großartig und kaum weniger erhebend als Nusrats. Nachdem der Song zu Ende war, suchte sich der nette kleine Scheißer von Algorithmus gleich einen anderen aus.

»WAS ZUM GEIER IST DAS DENN?«, dachte ich mir. »DAS BIN DOCH ICH!«

Was ungewöhnlich war; ich höre nie meinen eigenen Scheiß.

Ich trat an meinen Computer, um zu sehen, warum zum Geier der mein Zeug spielte, aber dann ging das Video auch schon über in Tinariwens Gig beim WOMAD von 2004.

Die BBC hatte zusammen mit WOMAD dreißig Sekunden meines mit Tomasz Kukurbas Kroke Band eingespielten Songs im Vorspann benutzt.

Wie die BBC überschätzen sich auch einige Festivals wie WOMAD und vergessen, dass sie ein Vehikel für die Künstler sind und nicht umgekehrt die Künstler ein Vehikel für sie. Kein Lärm = keine BBC-Musik, kein Festival = GANZ EINFACH, es bleibt schön still.

SCHÖN: Über 5,25 Millionen hatten es gesehen.

NICHT SCHÖN: Keiner hatte daran gedacht, mich zu fragen, ob mir die Nutzung meiner Musik auch recht war.

NICHT SCHÖN: Ich wurde in den Credits nicht genannt, weder im Vorspann noch im Abspann der Sendung.

NICHT SCHÖN für Tinariwen oder mich, dass die Leute gedacht haben könnten, meine Musik sei die ihre.

NICHT SCHÖN, dass diese beiden Organisationen eine so große Neigung haben, Künstler als Untertanen ihrer Selbstherrlichkeit zu sehen.

Meine Sicht der Geschichte: NICHT SCHÖN.
 Und wahrscheinlich NICHT MAL LEGAL.
 Und: DIE SIND ECHT FIES ... (!)

Unterdrückt, zensiert, diffamiert und ignoriert

Dieweil habe ich eine Menge Ideen für großartige Sendungen, die interessant wären, die jedoch sonst absolut niemand machen könnte. Diese Ideen kommen daher, dass ich instinktiv und technisch eine ganze Reihe von Genres gemeistert habe: Rock, Jazz, Swing, Fusion-Jazz, Klezmer, Celtic, Folk, Soul, Roma-Musik, Balkan, Dub und natürlich die von mir erwartete Klassik – und was mich fürs Fernsehen so prädestiniert, ist, dass ich (vor allem im Vergleich zu den anderen Classicos, die uns die BBC dieses Jahr gezeigt hat) Spaß bei der Sache habe und weder allzu ernst noch allzu langweilig bin. Ich gehöre nicht zu der Sorte Classicos, die feierlich mit ernst verwechseln. Seien wir ehrlich: Die Leute, die auf ernst machen, sind die, die am wenigsten zu bieten haben.

MEINE EINZIGARTIGE GABE SIND MEINE HAMMEROHREN – was immer ich höre, das kann ich auch spielen. Und dann gehe ich mit den Leuten recht natürlich um, ganz im Gegensatz zu den über-/untervorbereiteten und völlig instinktlosen Spielautomaten, die man uns im Augenblick zeigt.

FALLS IHR MEINER MUTTER SOHN IN DER BBC (der Firma, für deren Dienste Ihr bezahlt) BEI WAS ECHT KRASSEM ERLEBEN WOLLT, DANN SETZT DENEN IN MEINEM NAMEN ZU, SO VIEL IHR NUR KÖNNT.

VERSUCHT ES EINFACH HIER:
Head of BBC Music Commissioning
BBC Broadcasting House
London W1a 1aa
www.bbc.co.uk
Telefonzentrale: +44 208 743 8000

IM WECHSEL DER JAHRESZEITEN

PAUSA – FAMILY-TIME

Irgendwann Mitte der 90er legte ich für zirka fünf Jahre klassiktechnisch eine Pause ein. Einige Jahre nach dem Erfolg meiner *Vier Jahreszeiten* war ich so enttäuscht vom Stand der Dinge, dass ich mich tierisch zu langweilen begann. Die Typen bei EMI sahen das so: »Das ist eine gute Formel, warum sollten wir was anderes machen?« Und so ging's dann los: Ich sollte weiter Vivaldi machen, acht Jahreszeiten, zwölf Jahreszeiten etc. pp. Nachdem ich einige klassische Alben gemacht hatte, wollte ich eigene Mucke schreiben, aber von allen Seiten hieß es: »Hör mal, das kannst du noch früh genug machen. Nimm erst noch ein klassisches Album auf.« Das ging dann ein paar Jahre so, bis ich mir dachte: »Nee, scheiß drauf, dann hör ich halt auf.« Und so kam's denn auch.

Ganz im Gegensatz zu dem, was Sie jetzt vermutlich denken, war es genau das Richtige für mich, mit der klassischen Musik aufzuhören. Für mich war das die Zeit, in der ich Selbstvertrauen als Komponist zu finden begann, anstatt nur als einer, der anderer Leute Sachen spielt.

Etwas Raum zum Komponieren zu haben, half mir, all die Musik zu verstehen, die ich zuvor gespielt hatte. Es half mir, neue Arten von Musik zu verstehen. Es gab mir neuen Anreiz und Energie, mich anderweitig zu engagieren: Konzerte, Proben, Aufnahmen.

Es gab mir ein ganz neues Mojo. Ich ging mit frisch aufgeladenen Akkus daraus hervor.

Während der Zeit hatten meine Freundin Eve und ich eine Familie gegründet. Mein Sohn kam 1996 zur Welt, im zweiten Jahr meiner klassischen Pause. Mit der klassischen Kiste, denk ich, hätte ich bei all den Tourneen schlicht keine Zeit dazu gehabt, Sark zu machen. Ich bin also durchaus ganz froh, eine Pause eingelegt zu haben. Eve hatte bereits ein Kind aus einer früheren Beziehung, Kyran, der vier Jahre älter ist als Sark. Ich kannte den Kleinen aber schon vorher, und so sind sie für mich beide heute noch Kids. Aber natürlich sind sie mittlerweile ganz schön selbstständig – der eine 25, der andere 29. Kyran ist Journalist und Sark renoviert Häuser, und zwar ordentlich. Er hat es mehr mit dem Bauen als mit der Musik, was aber wahrscheinlich ohnehin eine weit bessere Art ist, sich seinen Lebensunterhalt zu verdienen, als sich ein Musiker erhoffen könnte. Ich kann mir vorstellen, dass ich den schneller um einen Kredit anhauen werde, als er sich's versieht.

Wie auch immer, was als ein- oder zweijähriger Aussetzer gedacht war, zog sich hin, weil es einfach super war, von Sarks Geburt an dabei zu sein und ihn seine ersten Schritte machen, ihn wachsen zu sehen. Zu sehen, wie er zu laufen begann, wie er zu reden begann, das war einfach phantastisch. Vater zu werden, hat mich irgendwie verändert, ich meine, man kann andere Menschen mögen, klar, aber das ist was völlig anderes als die bedingungslose Liebe zum eigenen Kind. Da setzt irgendwie eine Art Automatik ein. Was immer zum Geier die Racker machen, man liebt sie, und wenn sie einem noch so tierisch auf den Docht gehen.

Bei einer Freundin kann man einfach sagen, »Pass auf, irgendwie klappt das nicht mit uns, machen wir doch einfach Schluss«. Aber mit Kindern, das ist was fürs Leben. Ich war ja Struktur in meinem Leben gewohnt, aber man kann Kindern nicht einfach Frühstück machen und sie dann in die Schule schicken oder sonst wohin, man muss ihnen auch eine Struktur mitgeben. Und ich denke mal, dass er da ganz froh drüber war. Aber er ist auch weitaus reifer als ich – war er wahrscheinlich schon von Anfang an.

Ist schon irgendwie komisch: Ich habe das Haus in Malvern gekauft, weil Brixie nicht in Birmingham bleiben wollte. Geblieben bin ich aber dort wegen Sark. Und heute wohnt er selbst in Birmingham, in genau der Gegend, in der Brixie mich nicht wohnen ließ. Malvern ist großartig, gute Schulen für die Kids und überhaupt eine gute Gegend, frische Luft, alle Möglichkeiten, Sport zu treiben und der ganze Scheiß. Es ist der ideale Ort, um ein Kind aufzuziehen. Ich für meinen Teil wäre nicht so lange in Malvern geblieben, wäre da nicht mein Kleiner gewesen. Ab und an schauen wir uns zusammen ein Spiel von Villa an, aber mit COVID und Brexshit stecke ich momentan irgendwie in Polen fest. Das Haus in Malvern habe ich längst nicht mehr, und auch wenn ich mir ein anderes im Süden Englands gekauft habe, bin ich auch da so gut wie nie, weil ich jetzt in Polen lebe, also hab ich echt keine verdammte Ahnung, wozu ich es überhaupt habe.

Nach und nach kam ich aus meinem Sabbatical, erst mit einem Album namens *Kafka* mit eigenen, 1995 geschriebenen Songs, dann mit meiner Jimi-Hendrix-Platte, die 1999 rauskam. Es sollte noch ein Weilchen dauern, bis ich wieder Lust auf Klassik bekam. Eine Freundin von mir, Cora Lunny, eine großartige irische Geigerin, begann irgendwann aus einer Art Protest gegen die irische Musik heraus, Klassik zu spielen. Als sie mal drüber sprach, meinte sie: »Also weißt du echt, die Leute aus der klassischen Musik sind sowas von grauenhaft, dass einem glatt die Lust dran vergehen könnte. Blöd nur, dass die Musik so gut ist.« In dem Augenblick kam ich drauf, dass es mir genauso ging. Nachdem ich eine ganze Menge Musik mit Bands und so gemacht hatte, wo es Soundchecks braucht, die immer ewig dauern, weil alles elektrifiziert ist, hatte ich tatsächlich ziemlich Bock darauf, einfach wieder irgendwas zu spielen, wo man kein solches Theater mit seinem Equipment hat. Bei der klassischen Musik spielt man eben nur akustisch, da braucht man sich nicht groß um sein Equipment zu kümmern, man spielt eben gut oder man spielt wie Sau. Das lässt sich dann nicht aufs Equipment schieben oder darauf, dass es irgendjemand falsch eingestellt hat. So hatte ich denn Lust, wieder in dieser simplen Situation zu spielen, und es erwies sich ehrlich gesagt als ziemlich erfrischend. So einige klassische Sachen sind einfach so was von irre, dass ich mir bald nicht mehr vorstellen konnte, sie nie wieder zu spielen. Eine ganze Menge Leute spielten damals Klassik einfach sauschlecht, und das hielt ich schlicht nicht für fair. Passt auf, ich zeig euch mal, wie man das anständig macht. Also kam ich wieder auf die Klassik zurück und spielte einige Sachen ein.

Ich achtete diesmal jedoch darauf, meinen Terminkalender nicht mit Klassik zu überladen. Vielleicht dreißig bis vierzig Prozent von dem, was ich spiele, ist klassische Musik, und dann spiele ich noch ziemlich viel mit meiner Band oder mache Jazzprojekte mit anderen Leuten oder schreibe Sachen und spiele die dann. Alles in allem ist das eine weit gesündere Mischung im Vergleich dazu, wie ich das früher gemacht habe, ich achte auf die Balance. Ich habe nicht mehr das Gefühl, das eine oder andere Genre aufgeben zu müssen. Solange es gute Musik ist, warum sollte man sie nicht spielen?

GERMANY – MEIN DEUTCHELAND

Deutschland ist ein wunderbares Land, und es verbindet mich eine tiefe Liebe mit seinen Menschen, seiner Kultur, den unterschiedlichen Landschaften und dem phänomenalen Publikum, das zu meinen Gigs und Konzerten kommt. Die Leute, mit denen ich so in Berührung komme, sind intelligent, respektvoll und großzügig.

Meine ersten Erfahrungen mit Deutschland sammelte ich bei Konzerten, auf denen ich größtenteils Sachen von Bach, Beethoven und Brahms spielte, den absolut Größten unter den europäischen Meistern. Aber egal welche Art von Musik ich spielte, ich hatte ein Publikum mit all den Qualitäten, die sich ein Musiker nur wünschen kann. Da versuchte niemand, mich mit aller Gewalt in die eine oder andere Schublade zu stecken; man verstand einfach die Musik, die ich machte, egal welcher Art. In ruhigen Augenblicken gleicht die Konzentration des Publikums dort der bei einer Séance, das ist etwas, was ich nur in Deutschland finde. Nicht dass man nicht auch extrovertiertere Stimmungen mögen würde, aber so etwas ist nun mal eine Gelegenheit, auf einem tieferen Level innerer Bedeutung zu kommunizieren, woran uns Künstlern so viel liegt. Jedes Mal, wenn ich in mein Deutcheland komme, denke ich mir: »Wow, großartig! Endlich mal wieder Leute, vor denen ich *wirklich* spielen kann ...«.

Ein weiterer Grund, weshalb Deutschland für mich ein Traum ist, ist die Qualität seiner Musiker. Ob Rock, Jazz, Techno oder Klassik, es gibt einfach phantastische Musos. Ich habe so viel Zeit in Deutschland verbracht, dass es mir zur zweiten Heimat geworden ist, und mit so vielen wunderbaren Leuten dort gearbeitet zu haben, ist eine Erfahrung, die mir sehr viel bedeutet. Und wenn ich »gearbeitet« sage, dann deshalb, weil ich über die Musiker hinaus auch die Veranstalter meine, die Soundleute, die Backline und all die Menschen, die sich den Arsch aufreißen, damit ein Konzert überhaupt zustande kommt, und die sind hier einfach gut.

Noch etwas ist mir aufgefallen, egal ob das nun Hippies oder Leute mit eher orthodoxen Ansätzen sind: Der Lebensstandard, mit dem man bei ihnen rechnen kann, ist höher als irgendwo sonst auf der Welt. Deutschland bietet großartige Arbeitsmöglichkeiten, und soweit ich das beurteilen kann, achtet man auch mehr auf die Menschenrechte als in irgendeinem anderen Land.

Städte, mit denen ich besonders innige Erinnerungen verbinde, sind Berlin (Philharmoniker und super Nächte im A-Trane, ob als Musiker oder Hörer), Hamburg (Musikhalle, Große Freiheit, St. Pauli), das Ruhrgebiet (Köln, Düsseldorf und Essen, überall ein hammer Publikum), Leipzig und Halle (kultivierte Leute, aber beide Beine fest auf dem Boden), Dresden ist eine wunderschöne Stadt, und dann ist da noch die kultivierte Opulenz Münchens mit dem phantastischen Bayern rundherum. Und Frankfurt, fast hätte ich es vergessen! Ich weiß nicht, ob das für jeglichen amerikanischen Einfluss dort gilt, aber der musikalische Einfluss der Amerikaner hat der Stadt definitiv nicht geschadet. Kurzum, es gibt so viele herrliche Orte in Deutschland, und der Kontrast ist einfach unglaublich für ein einziges Land – und das mitten in Europa.

Die Berliner Philharmoniker verdienen hier eine besondere Erwähnung, weil sie schlicht das beste Orchester der Welt sind, und das meine ich ohne Ausnahme. Ende der 90er-Jahre, als ich zur klassischen Musik zurückkehrte, machte ich eine ganze Reihe von

Konzerten und Aufnahmen mit ihnen, das sorgte für eine spezielle Verbindung. Diese Zusammenarbeit kam übrigens auf recht witzige Weise zustande: EMI hatte einen Vertrag mit den Berlinern, und deren A&R-Mann bei EMI konnte Vanessa-Mae überhaupt nicht ab, er sprach noch nicht mal mit ihr; mit mir dagegen meinte er es ganz gut. Sie hatte sich mit ihrer elektrischen Violine einen Namen gemacht, und er mochte diese Art von Musik einfach nicht. Ich meine, eine elektrische Violine, in einem nassen T-Shirt gespielt, ist nicht grade ungefährlich … Und so, denke ich jetzt mal, kam es überhaupt erst zu der Geschichte mit den Berliner Philharmonikern und mir.

Wir arbeiteten immer in kleinerer Besetzung, und so glaube ich, dass für sie die Projekte, die ich ihnen antrug, in gewisser Weise eine erfrischende Abwechslung von ihrer üblichen Arbeit mit dem großen Orchester waren. Und der eher spontane Ansatz, den ich innerhalb einer festen Struktur in einem Augenblick bringe, so wage ich mal zu behaupten, war ihnen durchaus nicht unangenehm. Ich für meinen Teil fand es ausgesprochen erfrischend, mit solchen Musikern Barock zu spielen. Ich meine, diese Leute können wirklich alles, ganz zu schweigen von ihrem wunderbaren Sound und ihrer Wertschätzung für Musik überhaupt. Es war in jeder Hinsicht interessant, mit einem Orchester auf Augenhöhe zu spielen, anstatt exzessiv führen zu müssen. Als musikalischer Leiter unserer Aufnahmen von Bach und Vivaldi achtete ich darauf, meine Interpretation einzubringen, auf die sie einfühlsam reagierten. Aber es kamen bei alledem auch immer gute Vorschläge aus ihren Reihen, und das nicht nur in Bezug darauf, wie die eine oder andere musikalische Kurve zu nehmen sei. Bei einigen Orchestern geht das eher so: »Wer hier wäre jetzt nicht lieber im Pub?« Die Leute dort dagegen arbeiten gerne und haben auch nichts gegen Proben. Unsere fruchtbare Zusammenarbeit ergab drei großartige Alben und eine Reihe von Tourgigs in Deutschland, Österreich, Großbritannien und Japan.

Wir hatten auch einige wirklich klasse Partys, obwohl ich mal für eine davon echt schmackhafte Pralinees gemacht hatte, die aussahen wie gradewegs von einem französischen Chocolatier. Einer der Typen kam rüber und meinte:

»Hey, Nigel, das sind klasse Pralinen. Wo sind die denn her?«

»Wie viele hattest du denn, *mate*?«

»Hm, so acht, neun, zehn.« ... Vorsprung durch Technik ...

»Ach du Scheiße.«

Wir brachten ihn nach Hause, wo er sich einrollte und eine Zeitlang in Embyonalstellung zubrachte, bis es ihm wieder besser ging.

Er hatte nicht kapiert, dass da was drin war.

Zu einer anderen witzigen Begebenheit kam es, als unser japanischer Veranstalter einige von uns in das nobligste Privatrestaurant Japans mitnahm. Irgendwann wurde es rechts von mir irgendwie laut, und ich guckte über den Tisch, um zu sehen, was los war. Es war Albrecht Mayer, der puterrot war, weil er schon geraume Zeit nach Ketchup gerufen hatte. Nur dass die Küche des Ladens zu fein für Ketchup war. Schließlich musste eine völlig verwirrte Geisha über die Straße laufen, um ihm welchen zu holen. Albrecht bekam seinen Ketchup und schaffte es tatsächlich, ein wirklich vorzügliches Gericht zu versauen. Fast rechnete ich damit, er würde nach Pommes fragen.

Eine andere Richtung nahm die Arbeit mit den Philharmonikern 2003, als wir auf dem Potsdamer Platz einige meiner Hendrix-Arrangements spielten. Ich schwöre Ihnen, selbst diese Arrangements habe ich niemals besser gehört als von ihnen.

Ebenfalls beste Erinnerungen habe ich an einen hammer Open-Air-Gig vor Riesenpublikum mit Bobby McFerrin in Leipzig. Kurz darauf kamen die ersten Leute backstage mit DVDs von dem Gig zu mir, um sie signiert zu bekommen. Ich war etwas überrascht, weil mir niemand was davon gesagt hatte, geschweige denn, dass ich Geld dafür gesehen hätte. Da sollte ich wohl mal nach dem Rechten sehen …

Ich erinnere mich noch, einen fünf bis sechs Stunden währenden Gig auf Hamburgs Großer Freiheit gespielt zu haben – am Ende war ich wohl der Letzte, der noch stand! Ich spielte mit meiner Band Stücke von Hendrix, und es war einfach phantastisch – wenn man bedenkt: all die großen Bands, die dort schon gespielt hatten, in einem so großartigen Viertel, und gar nicht so weit vom Millerntor-Stadion entfernt, wo St. Pauli spielt! Wir jammten einfach nur; ich glaube, der Gig hätte eigentlich so anderthalb, zwei Stunden dauern sollen. Und sechs Stunden später spielten wir immer noch. Der Veranstalter meinte: Scheiße, wann können wir endlich abhauen? Wir haben nicht mal was gegessen! Ich meine, der Mann war wirklich stinksauer. Aber das Publikum blieb, so schlecht kann es also nicht gewesen sein. Ich geb den Leuten gern was für ihr Geld, aber sechs Stunden waren vielleicht etwas übertrieben. Zumindest für die anderen armen Schweine vor Ort …

Ich erinnere mich noch an so manche große Nacht im Berliner A-Trane, entweder auf der Bühne oder im Publikum. Die Bands, die Ernst Bier so zusammenstellt, sind ganz hervorragend, und er selbst ist ein Drummer mit Leib und Seele, der auch gern mal was ausprobiert.

Ich erinnere mich noch, wie ich zu meinem ersten St.-Pauli-Shirt kam.

Ich erinnere mich noch, wie ich zu meinem letzten St.-Pauli-Shirt kam.

Auch die Qualität deutscher Biere habe ich ausgiebig getestet. Platz eins: TANNENZÄPFLE. Alternativen: BERLINER, PAULANER und RADEBERGER. KÖLSCH ist schön süffig, aber was sollen diese Fingerhüte, die man dort als Gläser bezeichnet? Weißbier jeder Art ist einfach abscheulich – warum braut man diesen Scheiß überhaupt?

Wie Sie sehen, liebe ich Deutschland und betrachte es als mein zweites Zuhause. Was Sie vielleicht noch nicht wissen (wie sollten Sie auch?), ist, dass ich es zu meinem ersten Zuhause zu machen gedenke. Hängt alles davon ab, ob die dortige Obrigkeit einen legasthenischen Violinvirtuosen zum Bürger haben will.

Wie auch immer, ich bin stolz darauf, jeder Gemeinschaft, in der ich je gelebt habe, mehr gegeben zu haben, als ich nahm. Es würde mich freuen, das auch in Deutschland so halten zu können. Ich kann mir vorstellen, ausgesprochen produktiv zu werden für die Gesellschaft um mich herum, vor allem wo ich bereits so viele Freunde habe, die mir bei der Suche nach der nötigen Infrastruktur helfen, um einen ordentlichen Beitrag zu leisten.

Ich bin Europäer und sehe einfach nicht ein, wieso ein selbstsüchtiger, egozentrischer Volksentscheid mir das wegnehmen sollte, besonders weil es kaum eine richtige Mehrheit war. Brexshit ist nun wirklich nicht auf dem Mist positiver, großzügiger Leute gewachsen, aber wer immer ihn wollte, jetzt hat er ihn. Cameron, Sham-eron. Bitte, mein Deutcheland, gewähre einem legasthenischen Fiedler Zuflucht. Ich wäre verdammt stolz darauf, hier leben zu dürfen.

MEINE FREUNDE, BITTE LASST MICH EINRETEN!

IRLAND

Kaum etwas anderes bedauere ich so sehr in meinem Leben, wie so selten nach Irland gekommen zu sein.

Es gibt auf der ganzen Welt nirgendwo sonst ein Grün wie das der Grünen Insel, und nirgendwo schmeckt das Guinness so gut wie hier.

Meine Vorfahren kommen aus der Grafschaft Kerry, und Kennedys findet man in Irland überall. In einer einzigen Straße gibt es eine Fleischerei mit dem Namen, eine Eisenwarenhandlung, ein Gartencenter, einen Bestatter und natürlich auch einen Kennedy Pub.

Vielleicht liegt es an meinem irischen Blut, jedenfalls teile ich meine Einstellung gegenüber der Musik mit vielen irischen Musikern. Man spielt, weil man Freude am Spielen hat, nicht weil man bezahlt wird oder weil einem jemand sagt, dass man spielen soll. In jeder anständigen irischen Stadt kann man abends eine Session mit Wahnsinnsmusikern finden, die aus Liebe am Musizieren spielen. Recht betrachtet gehen viele dieser phänomenalen Musiker tagsüber einer »richtigen« Arbeit nach.

Gary Moore, Dónal Lunny, Sharon Shannon, Mary Black, Rory Gallagher, Matt Molloy, Kevin Burke, Phil Lynott, The Pogues, Sinéad O'Connor, The Waterboys, Cora Lunny und so weiter und so fort. Ich bin unglaublich dankbar, dass ich das große Glück hatte, diese wunderbaren Leute entweder auf meiner Anlage zu hören oder im richtigen Leben mit ihnen zu spielen.

Sharon Shannons Lächeln zum Beispiel hellt nicht nur jeden Raum auf, sondern ein ganzes Land. Und Cora Lunny ist eine der talentiertesten Violinistinnen, die ich kenne. Auf meine Einladung hin war sie mit mir als zweite Solistin überall auf der Welt. Japan, China, Taiwan, Neuseeland, Deutschland.

Und schließlich hat Irland einen einzigartigen Charme ... Mein Mentor Yehudi Menuhin wurde dort mal nach einem Gig in einen Pub eingeladen, um Leuten aus dem Ort beim Musizieren zuzuhören. Die Leute sahen zwar seine teure Kleidung, aber auch seinen Geigenkasten, und auf lautstarkes Drängen hin packte er die Fiedel aus und spielte etwas Bach. Am nächsten Tag unterhielten sich in dem Pub zwei Typen darüber:

»Der Knabe da auf der Geige gestern Abend, der war ziemlich gut, was?«

»Nicht schlecht, ja, wie hieß der gleich wieder?«

»Ach, das ist 'n ganz berühmter klassischer Musiker, Yehudi McMenemy heißt der ...«

JAPAN

Was für ein einzigartiges, unglaubliches Land! Das Nebeneinander von Tradition und Modernität dort ist wirklich wunderschön.

Ich war schon öfter in Japan, mal mit den Berliner Philharmonikern, mal mit meinem eigenen polnischen Kammerorchester und auch mal mit meiner eigenen Band NKQ, wo wir im schönen Tokyo Blue Note Club gespielt haben. Jeder einzelne dieser Trips war eine Offenbarung, und ich habe jedes Mal was fürs Leben gelernt.

Seither habe ich mich eingehender mit der Kultur Japans befasst. Was die Musik anbelangt, so fallen mir auf der Stelle Ryuichi Sakamoto und Stomu Yamashta ein und, aus einer anderen Zeit,

Kyu Sakamoto. Mehr auf der historischen Seite habe ich noch so einiges über Shomyo und Gagaku zu lernen, habe aber durchaus bereits Bezug zu Raum, Zeitmaß und Akzentuierung. Das sind die Aspekte, um die ich mich bei jeder Art von Musik bemühe, die ich spiele, ich arbeite da hart dran; und ich habe ein gutes Gespür für den Umgang mit Shakuhachi, Biwa und den spärlichen Einsatz von Perkussion. So schrieb ich in meinem eigenen Stil einen Song mit dem Titel »15 Stones« über einen Garten mit fünfzehn Steinen darin, den ich in Kyoto sah. Egal welchen Standort man wählt, man kann immer nur vierzehn sehen. Was wohl heißen soll, dass man bei allem, was man sieht, nie wirklich die ganze Geschichte fassen kann.

Obzwar sich mein ganzes Leben hindurch alles um Musik-MUSIKMusik drehte, kam mein großer Durchbruch hinsichtlich der japanischen Kultur über die Literatur. Haruki Murakami und Kazuo Ishiguro waren für mich ein – offensichtlich – großartiger Einstieg, und ich habe vermutlich alles gelesen, was sie geschrieben haben. Und ganz oben, im Wipfel des Baums meiner Einflüsse, steht Yukio Mishima, von dem ich ebenfalls alles gelesen habe, der mit seinem strahlenden Werk auf die eine oder andere Art die gesamte Literatur nach ihm beeinflusst zu haben scheint. Dazu kamen noch der kafkaeske Kobo Abe und Bücher von Ryu Murakami, Osamu Dazai, Takashi Hiraide, Junichiro Tanizaki, Genki Kawamura, Banana Yoshimoto, Toshikazu Kawaguchi, Yasunari Kawabata und vermutlich einigen mehr. Ich mag die japanische Literatur wegen ihrer Klarheit und den Bildern individueller persönlicher Welten, die für die Japaner so einzigartig sind. Mishima ist der künstlerische Vater all dieser Leute. All die genannten Künstler sind schlagende Beweise für Japans ungeheure Vorstellungskraft und Kultur.

Ich spiele gern in Japan, war aber leider nicht mehr dort, seit mein Veranstalter hinter der Bühne auf mich losging. Er konnte es nicht haben, dass ich hinter der Bühne weiterspielte, sozusagen im Ballbesitz blieb. Und ich dachte immer, die Japaner wären so große Fußballfans.

Ich würde gern wieder mal in Japan spielen und grüße hiermit all meine Fans dort, die mir so nette Geschenke gemacht haben oder sogar in meine Konzerte gekommen sind.

Ich bin drauf und dran, einige Sachen von Sakamoto für mein Kammerorchester zu arrangieren, ich bin also sicher, aus dieser (östlichen) Richtung weht bald wieder ein frischer Wind. TONG POO!

AUSTRALIEN

Wie könnte ich Oz hier außen vor lassen? Ich habe dort drei, bald vier Schwestern, Nichten und Neffen, Cousins – die ganze Sippschaft von beiden Seiten der Familie, ganz zu schweigen von der meines Vaters, die klassische Aristokratie! Ich erwähne sie an anderer Stelle in diesem Buch.

Natürlich gibt es in Australien auch all die putzigen Viecher, die wir von Postkarten oder Twitter kennen oder worüber Idioten mit ihrem Computer auch immer so kommunizieren. Aber allein die Landung in Oz ist verblüffend, es ist, als würde man zum ersten Mal im Leben Farben sehen. Eine weitere Offenbarung, die eher selten erwähnt wird, ist die Offenheit der Aussies, die einem im Gegensatz zu den Europäern mit ihren Hintergedanken alles geradeaus ins Gesicht sagen – verlogene Fassaden kennen die nicht.

Gut, die Politiker haben dieses Land der Freigeister in einen Ort verwandelt, in dem man überhaupt nichts mehr darf, aber um darauf einzugehen, bräuchte ich ein ganzes weiteres Buch. Belassen wir es dabei, dass diese beengende Kultur der Angst während der letzten zehn, fünfzehn Jahre sich verheerend auf die Musikclub-Szene ausgewirkt hat. Schankzeiten wie bei den Stepford Wives waren das Ende so mancher Clubs.

Auf einem eher förmlichen Level muss die australische Kultur sich vor keinem anderen Land der Welt verstecken. Australische Künstler und Musos teilen die krassesten Sachen mit dem Rest der Welt. In den 40er- und 50er-Jahren des letzten Jahrhunderts war das womöglich noch nicht der Fall.

Eines der für mich aufregendsten Projekte in naher Zukunft ist die Zusammenarbeit an einem Doppelkonzert für Didgeridoo und Violine mit Will Barton, dem größten Didge-Virtuosen der Welt. Mit ihm kam es zu einer phantastischen Begegnung inklusive Jam, als ich das letzte Mal in Brisbane war, wo auch die Idee für dieses aufregende Projekt zustande kam. Wir haben vor, das Konzert dann auf der ganzen verdammten Welt zu spielen – auch in Australien.

Einen meiner besten Auftritte überhaupt hatte ich auf einem Court der Australian Open – und nein, ich habe nicht um den Titel der Damen gespielt! Ich spielte meine Komposition »Face Off«, bevor Federer Nadal im Finale schlug. Die beiden aus wenigen Metern Entfernung spielen zu sehen … WOW! Mein Auftritt hat so einige verknöcherte alte Gemüter aufgescheucht. Auftrag erledigt! Ich bin ja nun seit vierzig Jahren oder so als Nick Kyrgios der Violine bekannt … Oder etwa nicht?

Aber zurück zu den australischen Kreaturen. Die PR-Leute machen einen Mordswirbel um all die krass gefährlichen Spezies in

Oz: Haie, Spinnen, Schlangen, Quallen etc. pp. blablablahhh ... aber als ich das letzte Mal drüben war, kam eine eher beschämende Statistik heraus. Die Pferde dort – und nicht etwa wilde! – waren für viermal so viele Un- und Todesfälle verantwortlich wie der Rest des Getiers zusammengenommen. Mein Königreich für ein – Nicht doch, Sir, CAVE EQUUM!

Ich kann es kaum erwarten, wieder nach Oz zu kommen, um all die Leute dort wiederzusehen und einige hammer Sounds zu machen ...

POLEN

In Polen verliebte ich mich Ende der 90er-Jahre, als man mich – ob Sie's glauben oder nicht – einlud, dort Elgar zu spielen. Ich war wirklich hingerissen von Intellekt und Beherztheit der Musiker, mit denen ich spielte, ob nun bei dieser Elgar-Kiste oder nach dem Konzert bei den Jams in diversen Clubs, die von jeder Warte aus exzellent waren. Die Leidenschaft, mit der diese klassische Teufelsbrut zur Sache ging, ganz zu schweigen von ihrer Arbeitsmoral! Nicht ein einziges Mal schaute da jemand auf die Uhr; die Proben gingen einfach so lange, bis sich alles so gut anhörte, wie wir uns das vorstellten. Das war wirklich ganz groß. Und beim Jazz ging es dann genauso: Musik um der Musik willen und aus keinem einzigen anderen verdammten Grund.

Aber dann ging ich wieder zurück nach Malvern, wo ich Agnieszka kennenlernte, mit der ich heute verheiratet bin. (Malvern ist wirklich für eine ganze Menge verantwortlich!) Ich hatte bereits in Warschau gespielt, und sie sagte: »Hör mal, wenn du Jazz und so magst, dann zeige ich dir Krakau.« Also zeigte sie mir Krakau, und wir gingen so eine Art Beziehung ein, wie man das wohl nennt – und wir verliebten uns irgendwie in Krakau. Nichts dort hatte mit Tourismus zu tun. Es gab dort einfach nur Polen und eine ganze Menge Jazzclubs. Wir sahen eine echte Zukunft für Krakau, weil es innerhalb des Städtedreiecks Prag, Budapest und Wien liegt. Wir rechneten Krakau echte Chancen aus, mit diesen Städten gleichzuziehen. Wir hatten jedoch nicht damit gerechnet, dass es total von Touristen überschwemmt würde und wir dann wegziehen mussten, weil ich verdammt noch mal keine Lust habe, jeden Tag scheiß Touristen zu sehen. Das ist furchtbar, der reinste Fleischmarkt, wohin man nur sieht. Und so zogen wir dann vor ein paar Jahren in eine Bergkette nahe der slowakischen Grenze, wo es wunderschön ist. Das Dorf hat gerade mal sechzig, siebzig Häuser und einen Jazzclub. Die Leute kommen aus Deutschland und Amerika, um die Gigs dort zu hören; man spielt dort das Beste, was Polen an Indie-Rock und Jazz zu bieten hat. Wir sind hier irgendwie auf die Füße gefallen, könnte man sagen, und haben uns ein Holzhaus gebaut. Ich meine, wir haben natürlich Scheiben in den Fenstern, aber das Haus an sich ist aus Holz und Stroh, sogar die Schindeln auf dem Dach sind aus Holz. Selbst die Dachrinnen sind aus Holz. Alles ist aus Holz, und es ist wirklich ein gutes Gefühl, von so warmem Material umgeben zu sein. Kein Platz für Bullshit, nichts dort ist fake.

Die Gegend dort ist voller Schafe. Wir haben selbst eine Menge davon – beziehungsweise der Schafhirt im Ort, mit dem wir befreundet sind. Wir lassen ihn unsere Wiesen benutzen, und er hilft uns dafür im Winter, wenn alles zugeschneit ist. Wir helfen einander und bekommen kostenlos Schafskäse und sonst was. Wirklich nett. Wir ziehen unser eigenes Gemüse; wir haben Bienen. Das mit den Bienen war Agnieszkas Idee, und es war wohl einfach eine brillante Reaktion auf all die verdammte Negativität, die sich überall breitzumachen drohte. Also dachte sie: »Was soll's, machen wir doch was aus all der Erde um uns herum.« Die Menge an Honig, die diese kleinen Scheißer produzieren, ist einfach phänomenal. Auf den Wiesen rundum gibt es eine derartige Menge verschiedener Blumen und Pollen, die sie sammeln können – es ist wirklich eine dankbare Geschichte. Wir haben die Bienenstöcke aber erst letztes Frühjahr bekommen, das ist die beste Zeit, um mit so was anzufangen, wenn es draußen für die Bienen was zu Sammeln gibt, und jetzt haben sich unsere Schwärme aufgeteilt, weil es ihnen zu gut geht. Sie haben so scheiß viel Nahrung, dass die verdammten Stöcke vor Honig überquellen, und da dachten sie sich wohl, okay, siedeln wir uns doch woanders an.

Das Witzige daran ist, dass ich eine ganze Menge Allergien habe, ich meine, viel mehr als Agnieszka, dabei ist sie weit allergischer gegen Bienenstiche als ich. Ich habe keine Angst vor ihnen. Meiner Ansicht nach können die riechen, wenn man Angst hat, und setzen einem dann noch schlimmer zu. Wir haben die Imkerhüte, in denen man rumläuft wie Miss Saigon, was kool ist. Ich meine, wir haben all den nötigen Scheiß, aber wenn man schnell mal was machen will und keine Lust hat, den ganzen Kram anzulegen, muss man sich einfach nur lange Hosen anziehen. Lange Hosen sind wichtig! Natürlich hatten wir Hilfe von einem Typ aus dem Ort, ich meine, einem richtigen Menschen, der uns alles erklärte (nicht das Internet oder so). Ich will ja nicht auf die amerikanische Art Bienen züchten und sie alle kaputtmachen. Die würden wahrscheinlich sagen: Steck ein Handy in den Bienenstock und schau, was passiert. Außerdem bin ich kein großer Fan von Computern. Ich habe mein Leben lang nicht eine verdammte E-Mail aufgemacht. Diese ganze sogenannte virtuelle Kommunikation macht die Leute ganz irre, meiner Ansicht nach jedenfalls.

Hier in der schönen bergigen Gegend gehe ich viel wandern. Ich stehe aufs Wandern, Mann! Wenn ich nur an die Aussicht dort denke, all die wilden Tiere, es ist wirklich unglaublich. Ich meine, wir haben da oben Wölfe und Bären. Einen Hund würden die übrigens auf der Stelle umbringen, aber vor Menschen haben sie Angst. Es ist also nicht wirklich gefährlich dort, die hauen einfach ab. Die Wölfe kommen hier und da aus dem Wald und verputzen das eine oder andere Schaf, das ist das größere Problem. Aber in Polen hat jede Herde einen Typen, der auf sie aufpasst, eine Art Unterhirte. Die haben Hunde dabei, um sich zu schützen, aber sie bleiben Tag und Nacht bei den Schafen, können also sowohl die Wölfe verscheuchen als auch nach den Schafen sehen. Einen Wolf habe ich mal gesehen, Bären noch keine, aber es gibt hier auch nur so um die zehn von ihnen. Das Spaßige daran ist, dass hier, so nahe an der slowakischen Grenze, ständig darüber diskutiert wird, wem die Viecher gehören: Die Slowaken meinen, es sind ihre Bären, die Polen denken, es sind polnische Bären. (»Es ist unser Bär.« – »Nein, es ist unserer, wir haben ihn zuerst gesehen.« – »Nein, wir haben ihn gestern schon gesehen.«)

Was die Nachbarschaft angeht, so kommen wir mit den Einheimischen prima aus. Ich habe ein Konzert gegeben, um Geld für die Brücke hinüber zum Club zu sammeln, da die alte Holzbrücke schon ziemlich marode war und die Musiker langsam wirklich Probleme hatten, Amps und den ganzen Scheiß in den Club zu schaffen. Sie trägt meinen Namen – die Kennedy-Brücke.

Eine furchtbare Nachbarin haben wir allerdings, sie ist wirklich die schlimmste, die ich mein Lebtag gehabt habe. Sie ließ Betonmischer auf meinem Grund und Boden auffahren und allerhand

Scheiß abladen. Wir mussten immer wieder die Polizei rufen, das heißt, nicht nur wir, auch viele andere in der Gegend, da jeder Probleme mit der Frau hat. In Polen laufen politisch eine Menge schräger Sachen, und womöglich ist sie ein gutes Beispiel dafür. Aber mit allen anderen kommen wir prima aus, und jeder geht jedem zur Hand. Neulich hat es im Nachbarort übel gebrannt. Ich will ein Konzert für die Leute geben, weil sie nicht versichert waren. Sie müssen wissen, dass es in den östlicheren Teilen Polens eine Menge alter Leute gibt, die nicht versichert sind. Wenn die ihre Gerätschaften für ihre Landwirtschaft verlieren, weil ihre Scheune abbrennt, dann sind die echt am Arsch. Das ist das Problem mit Holzhäusern, die sind im Handumdrehen dahin. Also wie gesagt, wir helfen einander, wo's irgendwie geht. Es ist eine gute kleine Gemeinschaft, in der man zusammenhält.

Agnieszka lebt fast ausschließlich im Dorf, weil es da noch Huxley gibt, einen alten Weimaraner, um den wir uns kümmern müssen, weil er sich kaum noch bewegen kann. Er kann kaum noch laufen, wir stecken also dort fest, weil wir ihn nicht mit nach England nehmen können. Noch nicht mal nach Berlin konnten wir ihn mitnehmen, ich meine, wie soll er sein Geschäft machen, wenn er nicht richtig laufen kann? Für ihn ist das natürlich super, inmitten all der hügeligen Wiesen, aber für mich? Ich brauche verdammt noch mal ein Minimum an Austausch mit Menschen in einer Kulturstadt, davon gibt's im Dorf nicht wirklich viel.

DIE BARBAROSSA, IHRE LEBENSRAUM-POLITIK, DER HOLZZUBER UND DER GRABHÜGEL

DOKTOR: *Schön Sie zu sehen, Mr. Kennedy. Wo drückt denn der Schuh?*

Ich habe übrigens selbst einen Doktortitel, da ist der Mister ja vielleicht etwas unangebracht ... Ich bin nicht blöd genug für Computerspiele, aber in mindestens einem Aspekt unseres Lebens braucht es weder Games noch Computer, und das sind unsere tierisch nervigen Nachbarn.

DOKTOR: *Erzählen Sie ...*

Mach ich, Doktor, mach ich ... Wir haben uns vor etwa fünfzehn Jahren ein Haus in einem der schönsten Dörfer Polens gebaut. Da es in einer bergigen Gegend liegt, haben wir besonders drauf geachtet, da nicht einfach irgendein Bergbauern-Holzhaus hinzustellen, sondern architektonisch durchaus etwas in dem Stil dieser schönen kleinen Gegend.

DOKTOR: *Gähn ...*

Schließlich zogen wir ein, und ich habe mittlerweile mehr als fünfzig kostenlose Gigs im Muzyczna Owczarnia gespielt, dem Jazzclub im Dorf. Die Gigs passieren dem Publikum dort einfach, wie der Apfel, den Isaac Newton auf die Zwölf kriegte, aber im Gegensatz zur bloßen Schwerkraft braucht es eine Menge Arbeit, damit so was zustande kommt. Da müssen die einzelnen Mitglieder der Band gebucht werden, da sind Proben zu organisieren, die Anreise, die Verpflegung für die ganze Bagage, die für so eine Show nötig ist. All das und mehr hat Agnieszka gemacht. Ich schrieb und arrangierte die Musik und probte natürlich mit der jeweiligen Band ... trat dann mit ihnen auf! ... Weder Agnieszka noch ich wollen dort wie die Schnorrer leben, also geben wir der Gemeinschaft, die uns aufgenommen hat, gern mehr zurück, als wir nehmen.

DOKTOR: *Sie sind wirklich nett.*

Die ganze Zeit über, die wir nun hier leben, haben wir die Einheimischen als ehrliche, freundliche und nette Leute kennengelernt. Die Gebräuche hier haben Tradition und sind wichtig für die Menschen. Es gibt hier eine lokale Form von Hochlandmusik, mit der ich mich befasse und die ich in den Griff zu kriegen versuche. Bei meinem echt mehr als beschissenen legasthenischen Polnisch ist Musik nun mal eine großartige Art zu kommunizieren.

DOKTOR: *Sie sind wirklich nett.*

Außerdem lassen wir den Schafhirten im Ort seine Viecher auf unseren Wiesen grasen. Schafe sind ein wichtiger Bestandteil der traditionellen Landwirtschaft in dieser Gegend. Die Schafhirten in der Region liefern Schaffelle für Schlappen und so und allerhand köstliche Sachen aus Schafsmilch wie Oscypek, Bundz, Bryndza und anderes. Die Schafe und ihre Produkte haben auch sonst eine große Bedeutung für die Wirtschaft hier, weil sie die gottverlassenen Touristen in diese Gegend holen und die Zimmervermietung hier ein wichtiges Einkommen ist.

DOKTOR: *Sehr, sehr schön ... gähn ...*

Es dauerte ein Weilchen, aber irgendwann setzte im Dorf eine unerbittliche Entwicklung ein, nicht bei den Leuten, die hier leben wollen, sondern bei Leuten, die anderswo leben, aber Geld verdienen wollen, indem sie immer mehr Zimmer zum Vermieten bauen. Diese Leute sorgen nicht nur dafür, dass die unglaublich saubere Luft hier so richtig schön schmuddelig wird durch ihre ständigen Bauprojekte, sie setzen dem auch noch die Krone auf mit ihrer knalligen Leuchtreklame, die auf ihre Zimmer hinweist. Damit war mit der sauberen Luft und dem stillen Nachthimmel mit einem brutalen Schlag Schluss. Wenn man außerdem die Ruhe nicht so mag, dann ist der ständige Lärm der Bulldozer und Industriefahrzeuge ein echter Ohrenschmaus.

DOKTOR: *Geht's Ihnen nicht gut?*

»Entschuldigen Sie, wir wollen nicht unhöflich sein, aber ist Ihnen klar, dass Sie sich hier auf anderer Leute Land befinden?«

»Oh, das ist schon in Ordnung. Der Besitzer hat es erlaubt.«

»Wir sind die Besitzer ...«

Wir könnten nicht mal zählen, wie oft es zu solchen Szenen gekommen ist, und es waren immer Gäste von der Barbarossa. Sie macht Reklame damit, Unterkünfte für dreißig Leute in zwei Häusern zu haben, die jeweils für eine Familie gedacht sind.

DOKTOR: *Sind denn Familien in Polen so groß?*

Sehr witzig, Herr Doktor. Wie sich herausstellte, hatte die Ruhe vor dem Sturm schon komplett aufgehört, bevor man Gäste unrechtmäßig über unser Land zu dirigieren begann. Die Barbarossa war da.

DOKTOR: *Grundgütiger! Sie meinen doch nicht etwa, die Deutschen wollten wieder in Russland einfallen?*

Nicht direkt, aber von der Mentalität her praktisch dasselbe. Mangels eines besseren Wortes oder Namens nennen wir sie so. Also bleibe ich hier dabei.

Wir wurden der Barbarossa erst so recht gewahr, als sie auf ihrem Grund zu bauen begannen, und ihr Grund liegt nun mal ziemlich nahe an unserem. Das Resultat sieht aus wie ein Holzzuber auf einem Grabhügel. Betonmischer und anderes schweres Gerät begannen unsere private Zufahrt heraufzukommen, weil ihre Baustelle auf diese Weise leichter zu erreichen ist als über ihre eigene Zufahrt etwas weiter unten. Sie log einfach, als sie behauptete, die Genehmigung vom Gemeinderat dafür zu haben. Wie wir erfuhren, hat der ihr überhaupt nichts erlaubt, im Gegenteil.

DOKTOR: *Wenn Sie meine professionelle Einschätzung ihres Charakters haben wollen, sie ist eine LÜGNERIN. Und niemand mag Lügner.*

Natürlich nicht, Herr Doktor, und genau das dachten wir auch. Aber sie setzte diese illegalen Übergriffe fort, obwohl wir sie und die Arbeiter wissen ließen, dass sie auf unserem Grund und Boden nicht willkommen waren.

Dann hatten wir eine IDEE. Wir stellten an der Zufahrt ein Gatter auf mit einem ZUTRITT-VERBOTEN-Schild drauf und ließen der Barbarossa vom Gemeinderat ausrichten, dass sie keine Erlaubnis hätte, unseren Grund zu betreten, weder unseren noch den der Gemeinde.

DOKTOR: *Und? War die Sache damit geregelt?*

NEIN! Ihre Arbeiter rissen unser Gatter fünfmal ein und benutzten unsere private Zufahrt zur Baustelle der Barbarossa. Unser Geduldsfaden war schließlich so dünn geworden, dass wir die Polizei riefen, woraufhin wir dann eine kleine Verschnaufpause hatten.

DOKTOR: *Was für ein Miststück – upps! Tut mir leid, ich meine, war die Angelegenheit damit erledigt?*

NEIN! Herr Doktor. Wir haben noch ein bisschen mehr Land außen rum. Der Mann der Barbarossa begann darauf, wie ein Irrer zu randalieren – manchmal stand er schon um sieben Uhr morgens direkt am inneren Zaun genau vor unserem Haus und begann zu schreien. Er/es fuhr außerdem weiter mit seinem Wagen über unser Land, auch wenn man ihm zehnmal sagte, dass das nicht geht. Wir haben da Freunde, denen ein Stück Land neben unserem gehört, und so kamen wir zu dem Schluss, dass die einzige Möglichkeit, diesem asozialen und illegalen Treiben ein Ende zu machen, die wäre, gemeinsam einen Zaun um unserer beider Grundstücke zu ziehen und die Barbarossa damit einzuzäunen. Vielleicht würde sie es dann kapieren, wo sie schon nicht mit Worten und Schreiben zu erreichen war.

DOKTOR: *Eine inspirierte Idee, Mr. Kennedy, oh, sorry, Dr. Kennedy.*

Danke, Herr Doktor.

DOKTOR: *Gerne, Herr Doktor. Aber das war ja dann wohl das Ende?*

Natürlich NICHT – seien Sie nicht albern, Herr Doktor. Ich meine, seien Sie nicht so überschlau. Der Zaun schmeckte ihr ganz und gar nicht. Es vergingen einige Tage, und dann begann die Einschüchterungskampagne. Um ein Uhr nachts fuhr irgendwelches Gesindel, etwa fünf bis acht Mann, mit ihren albernen kleinen Schneemobilen über unser Land, machte dabei so viel Lärm wie irgend möglich und richtete so viel Schaden an wie irgend möglich. Bei einer dieser Gelegenheiten nahmen diese Schwachköpfe Agnieszka aufs Korn und versuchten sie zu überfahren. Die dachten, unter den kleinen Blechhelmen auf ihren noch kleineren Holzköpfen wären sie anonym. Das Dumme war nur, dass ihre kollektive Intelligenz (oder der Mangel daran) Spuren im Schnee hinterlassen hatte, denen man am nächsten Tag folgen konnte. Am Ende der Spur fanden wir die Schneemobile vor dem Haus eines Typen, von dem wir wussten, dass er dicke mit der Barbarossa war. Ein paar Erkundigungen später hatten wir Identitäten und Adressen der Attentäter.

DOKTOR: *Sie sind der reinste Sherlock, Mr., äh, Dr. Kennedy. Was haben Sie dann getan?*

Um ehrlich zu sein, Herr Doktor, hatten wir unsere liebe Mühe damit, einige Freunde von uns, die mal beim Militär waren, davon abzuhalten, bei diesen kleinen Zipfeln vorbeizuschauen, um den Feiglingen eine Lektion zu erteilen, die sie nie wieder vergessen würden. Nachdem allen klar wurde, wer diese Kleinkriminellen waren, fuhr ganz zufällig auch der Gatte der Barbarossa nicht mehr mit seinem Schneemobil von ihrem Zuber (ich meine Haus) weg, wenn die anderen Gipsköpfe im Dorf ihr Unwesen trieben. Worauf wir dann nicht weniger zufällig (haha!) wiederholt unsere Zäune eingerissen und verwüstet sahen.

DOKTOR: *Ach herrje, hätten Sie's nicht mal mit Landminen versuchen können? Die sind sehr effektiv.*

Nicht sehr menschlich und obendrein nicht sehr praktisch, Herr Doktor. Das ist nicht eben der Rat, für den ich Sie bezahle ... Nachdem die Einschüchterungstaktik nichts gebracht hatte, bestand die dritte und vierte Angriffswelle der Operation Barbarossa darin, bei unseren Dorfbewohnern für Unwillen gegenüber unserem Zaun zu sorgen. Das ging so weit, dass man sogar im Club die Leute gegen uns aufzuhetzen begann, in dem Club, in dem ich über fünfzig Gigs gespielt hatte ... so stießen ihre tückischen Bemühungen denn dort auch (ziemlich ungewöhnlich für einen Musikclub!) auf taube Ohren.

DOKTOR: *Sehr spaßig, Mr. Dr. Kennedy. Mein Gott, was dann?*

Nun, wir waren ja nicht die ersten Menschen auf der Welt, die ihren Grund und Boden einzäunten, und wir werden auch nicht die letzten sein, und wir hatten einen triftigeren Grund als die meisten bei einer so ekelhaft überambitionierten Nachbarin wie der Barbarossa, die tatsächlich denkt, sie bräuchte auf andere und deren Hab und Gut keine Rücksicht zu nehmen. Und jetzt raten Sie doch mal, wofür sie inmitten ihrer großangelegten Propa-

gandakampagne gegen die Kennedys das Betonfundament zu gießen begann?
DOKTOR: *Ach, was denn?*
Einen Zaun!
DOKTOR: *Was für eine Meuchle–, ich meine Heuchlerin!*
In der Tat, in der Tat, Herr Doktor. Die vierte Angriffswelle der Operation Barbarossa erwies sich dann eher als Segen für uns. Sie begann nämlich auch noch, Grund und Boden zweier weiterer Nachbarn ohne deren Genehmigung zu nutzen, es war ein regelrechter Übernahmeversuch. Als Erstes begann sie auf dem Grundstück ihres direkten Nachbarn zu buddeln, um eine Art Hochplateau als Sonnendeck und Grillplatz für ihre zahlenden Gäste zu bauen. Die Nachbarn waren nicht weniger überrascht als wir und mussten dann ebenfalls die Polizei rufen, damit die Barbarossa diese Monstrosität wieder einebnete.

Bei anderen Freunden von uns wurden wiederholt die Tore aufgemacht, damit die Baumaschinen auf ihrem Grundstück zurücksetzen konnten, wobei sie auch mal einen Baum umfuhren. Und dann wurde ihr Gärtner auch noch in ihrem Garten von Barbarossas Hund gebissen.

DOKTOR: *So etwas ist typisch für eine Operation Barbarossa. Man nennt so etwas Lebensraumpolitik. Du liebe Güte. Nach allem, was ich gehört habe, spielen Ihre Freunde tatsächlich mit dem Gedanken wegzuziehen, weil ihnen das Leben mit einer derart ekelhaften Nachbarin unerträglich scheint. Versuchen Sie doch, sie zum Bleiben zu überreden ...*

ICH: Natürlich brauchen wir so viele anständige Leute wie möglich, um uns gegen dieses kleinkriminelle Gesindel zu wehren. Es ist außerdem nicht gut für den Ruf des Dorfes an sich, wenn diese Art von abstoßender krimineller Aktivität ruchbar wird. In den fünfzehn Jahren vor dem Zuzug der Barbarossa hatten wir nie Ärger mit irgendjemandem. Heute könnte ich das Dorf kaum als Urlaubsort empfehlen. So wie die Dinge liegen, steht das Dorf jedoch heute geschlossen hinter uns, jetzt, wo alle Welt Barbarossas wahres Gesicht gesehen hat.

DOKTOR: *Die Lehre, die Sie aus alledem hätten ziehen sollen, Herr Mister Doktor Kennedy, ist einfach die: Wo immer man ist, man darf nicht zulassen, dass solches Gesindel rundherum allen das Leben zur Hölle macht. Man muss ihnen mit allem, was man hat, die Stirn bieten. Mr. Dr. Kennedy, es sieht mir nicht so aus, als wäre mit Ihnen was nicht in Ordnung. Aber schicken Sie mir doch dieses, dieses Barbarossa-Ding vorbei. Vielleicht kann ich es ja heilen.*

ICH: Vielleicht ... wenn Sie irgendwo Handschellen haben. Wie auch immer, diese Sitzung war wirklich kathartisch für mich und ihr Geld eher wert als bei all den Psychologen bei mir in Belsize Park. Ich danke Ihnen, lieber Leser – äh, ich meine Herr Doktor.

DOKTOR: *Und das war dann das Ende dieser Angelegenheit?*

Na ja, ich muss Sie nicht mehr für weitere Sitzungen bezahlen, mein lieber Freund ...

NK: Lieber Leser, vielen Dank, dass Sie mir in dieser Sache zugehört haben. Das war ausgesprochen wohltuend, Sie haben mir einen großen Gefallen getan. Es ist gut möglich, dass nur ein paar hundert Leute in Jaworki das interessant – oder amüsant – finden werden, aber wer weiß, dieses Buch hier verkauft sich womöglich noch nicht mal so oft, wie wir Einwohner haben. Das liegt aber an Ihnen und anderen Menschen. Sie sind womöglich einer von vielen, die mit einem Höllischen Nachbarn zu tun gehabt haben, da dachte ich mir, ich will diese Erfahrung mit Ihnen teilen. Falls Sie nie einen Höllischen Nachbarn hatten, seien Sie vorsichtig, womöglich zieht demnächst einer bei Ihnen ein! Wenn ich jetzt so zurückblicke, haben wir viel zu lange gefackelt und versucht, vernünftig zu sein. Hätten wir direkt die Polizei gerufen, hätten wir so einiges von dem Scheiß im Keim erstickt. Das ist jedenfalls mein Ratschlag. Holzköpfe werden nicht über Nacht zu Gandhi oder Einstein.

(Im Gegensatz zu dem, was Sie vielleicht denken, ist die kleine Geschichte hier von vorne bis hinten zu hundert Prozent wahr – mal abgesehen von dem Doktor, den ich in den Mix gegeben habe, um die Geschichte etwas aufzulockern.)

ERZWUNGENE INAKTIVITÄT

In dieser Periode erzwungener Inaktivität tat es doch ganz gut zu sehen, dass der Planet sich noch dreht, dass noch Kartoffeln aus der Erde sprießen, Karotten und weiße Rüben wachsen und die Bienen immer noch bei der verdammten Arbeit sind. Und was immer Boris Johnson vorhat, er wird all dem keinen Einhalt gebieten können.

Ich erwähne diese verdammte Krankheit nur montags und donnerstags. Wenn Sie den Abschnitt hier also an einem anderen Tag lesen, überspringen Sie ihn einfach. Ich habe keine Lust, die ganze Woche über zu jammern und zu greinen. Ich tue mir nicht selbst leid, ich hatte schließlich im Vergleich zu einer Menge anderer Menschen ziemliches Glück im Leben, man braucht sich nur all die Pubs anzuschauen, all die Fußballvereine, die sich grade echt schwertun. Und diese Geschichte wird langsam albern, jetzt wo dieser Scheiß mehr oder weniger vorbei ist: Wenn die Einschränkungen vorbei sind, wonach wird den Leuten wohl sein? Werden sie eine gerechte Gesellschaft aufbauen wollen? All den Scheiß, dessen Verlust sie beklagt haben, werden sie den wiederaufbauen wollen? Einen Scheiß werden sie, »Urlaub« werden sie brauchen, und zum nächsten verdammten Flieger werden sie laufen. Ich denke mal, zwei Tage die Woche zu greinen, ist mehr als genug.

In finanzieller Hinsicht wurde es letztes Jahr etwas eng, obwohl Polen nun wirklich kein allzu teures Land ist. Aber irgendwie war es auch wieder total stark, so ein ganzes Jahr an ein und demselben Fleck zu bleiben, gerade weil man tatsächlich die Veränderung der Jahreszeiten mitbekommt, während man sonst ja in der Weltgeschichte rumreist. Ich habe *Die Vier Jahreszeiten* so oft gespielt, aber richtig erlebt habe ich sie erst hier. Immer war ich irgendwohin unterwegs. Alles in allem war das wohl in Ordnung, ich hätte ja sonst all diese schönen Veränderungen nie gesehen, die diese verdammte Natur so zu bieten hat. Aber es war auch sonst eine ganz fruchtbare Zeit, ich habe einige Sachen gemacht, zu denen ich sonst nie gekommen wäre. So habe ich etwa einen großen Teil dieses Buches hier geschrieben, aber auch noch ein Konzert. Auf Tournee steigt man ja nur von einem Auto ins andere, lebt in Hotels. Das ist zu schizophren. Die besten Sachen passieren, wenn es völlig ruhig ist, und die ländliche Gegend hier ist einfach perfekt zum Komponieren. Also alles in allem hat mir die Pandemie eine Möglichkeit gegeben, dies und jenes zu tun.

ICH BIN KEINESWEGS IM RUHESTAND ODER SO

Ich bin keineswegs im Ruhestand oder so; zurückgezogen habe ich mich allenfalls im metaphorischen Sinne von der künstlerischen Sklaverei. Ich habe mich von der typischen Jazz-Szene abgekapselt wie auch von der typischen klassischen Welt, weil ich einfach keine Lust auf langweilige Mühlen habe, in denen alles drehbuchmäßig nach Schema F geht. Ich mache nur den Scheiß, den ich liebe. Ich bin ein Amateur im eigentlichen Sinne. Die Leute benutzen den Begriff Amateur immer abwertend, aber eigentlich wäre das das ideale Szenario für die Kunst.

Wo wir schon von meinen Träumen sprechen, ich würde gern Aston Villa den FA Cup gewinnen sehen! Außerdem würde ich gern St. Pauli spielen sehen; ich war im Stadion, habe sie jedoch nie spielen sehen. Außerdem würde ich zu gerne ein Match von Union Berlin sehen, gerade jetzt, wo die Fans dort das Stadion bauen; das ist wirklich eine wunderbare Geschichte. Es muss ein ganz besonderes Gefühl sein, man braucht nur mal drinzustehen, um das zu merken. Musikalisch würde ich gerne ein Album über Inklusivität machen, das wäre ein Traum. Weil ich einfach das Gefühl habe, dass heute nur noch jeder an sich selbst denkt. Allein die LGBT-Gemeinde ist heute in hundert Kategorien gespalten, wo jeder nur noch an sich selbst denkt. Diese Leute sorgen sich um den Antisemitismus, jene um den Rassismus, aber eigentlich sollten wir alle zusammenhalten und inklusiv sein, anstatt uns getrennt Gedanken um jeden Einzelnen zu machen. Ich kann Vorurteile nicht haben. Im Augenblick sehe ich zu viel Teile-und-Herrsche, und wer immer das mit dem Teilen besorgt, der macht das richtig gut, wenn man sich all die kleinen Schubladen anschaut, in die wir uns aufgeteilt sehen. Es ist einfach traurig, dass sich alle so an den Rand gedrängt sehen und dabei meinen, es gehe nur ihnen so. Also mache ich zusammen mit dem Sänger Cleveland Watkiss ein Album mit inklusiver Musik. Ich würde gerne einigen Leute eine Message zukommen lassen: »Hört mal, gehen wir diese Sachen doch gemeinsam an. Anstatt lauter unglückliche Minderheiten bilden wir doch eine glückliche Mehrheit mit Platz für alle.« Ist wahrscheinlich eine konkretere, greifbarere Ambition – greifbarer jedenfalls als der FA Cup für Aston Villa. Das wird zu meinen Lebzeiten nicht mehr passieren.

Ein weiterer Traum von mir wäre, nach Berlin zu ziehen. Ich mag das Leben auf dem polnischen Land, aber ich würde verdammt noch mal auch gern wieder mal in einer Stadt leben, wo mich kulturell was stimuliert, und wenn das die richtige Stadt dafür ist, Mann, dann ist das gut. Wenn also einer von euch Lesern in Berlin eine großartige Wohnung zu vermieten hat, geniert euch nicht, schreibt mir einen Brief oder so.

Was die jungen Violinisten oder überhaupt junge Leute angeht, so würde ich gerne das eine oder andere weitergeben, aber auf eine Art, die nichts mit Lehren zu tun hat, weil Lehrer und Professoren so was auf eine Art angehen, die ihnen genehm ist. Und dann stehen sie alle innerhalb ihrer Lattenzäune, all die Leute, die alle denselben Scheiß auf ein und dieselbe Art und Weise spielen. Und so sollte es eben nicht sein. Es gibt da eine Schule in Birmingham, gleich neben dem Villa Park, wo ich gerne was aufziehen würde, dort ist jede ethnische Gruppe vertreten, von der ich je gehört habe. Ich würde diese Kids gern zusammenbringen, und sei's erst mal nur beim Handtrommelspielen ... bei der Musik geht es um Zusammenarbeit, womöglich noch mehr als beim Fußball, weil da, keine Ahnung, dreißig Leute zusammen spielen und von der gemeinsamen Arbeit profitieren können. Es wäre wirklich interessant, diesen Leuten Musik zu vermitteln – und in Zusammenarbeit mit Aston Villa zu schauen, ob man diese Kids nicht dazu bringen kann, für Villa zu spielen … nicht ein Einziger aus der indischen und pakistanischen Gemeinde hat es bisher bei Villa in die erste Mannschaft geschafft, obwohl der Verein von diesem unglaublichen Reichtum an Kultur umgeben ist. Bei all den Kids dort gibt es auch eine Menge unentdeckte Talente, sei es im Fußball oder in der Musik. Ich habe vor Kurzem angefangen, mit Villa darüber zu reden. Es wäre schön, den Leuten dabei zu helfen, zum Fußball zu finden, zur Musik zu finden, sich auszudrücken. Ich mag gar nicht dran denken, wie lange ich jetzt schon zu Villa gehe … wahrscheinlich fünfzig, fünfundfünfzig Jahre. Es wäre schön, da mal was zurückgeben zu können, wissen Sie, und das wäre doch eine Idee. Ich würde gern alle Kulturen miteinbeziehen und auch jede nur erdenkliche Art von finanziellem Hintergrund, nicht nur die Reichen, man muss da einen weit homogeneren-heterogeneren? Ansatz finden. Man muss nicht gleich jeden verdammten Tag vier Stunden Violine üben. Ich sehe sowohl Sport als auch Musik als Formen des Selbstausdrucks in Zusammenarbeit mit anderen, es sind zwei schöne Beschäftigungen, von denen sich profitieren lässt. Ich würde da zu gerne weitere Barrieren einreißen.

Ansonsten denke ich mal, ich werde weiterspielen, was gibt es schon Besseres zu tun? Sie wissen, wie viel mir an dieser verdammten Musik liegt.

MEINE TOP 10 DER BEGEGNUNGEN MIT DER POLIZEI

Im Zuge meiner Reisen rund um die Welt und sogar bei uns zu Hause wurde mir hier und da die immer wieder interessante Erfahrung der Begegnung mit den vom Steuerzahler finanzierten Ordnungshütern zuteil. Ein zuweilen eher dubioses Privileg.

Ich fand es ganz interessant, meine einschlägigen Erfahrungen tabellarisch zu ordnen (wo Aston Villa doch das Tabellenkonzept für den Fußball erfunden hat, habe ich für so was nun mal einen gewissen Sinn) – wobei auf dem ersten Platz die beste gelandet ist, auf dem letzten Platz die absolut beschissenste.

Wenn ich Ihnen nun also die Resultate meiner persönlichen Ermittlungen präsentieren darf. Weggelassen habe ich hier die eher offensichtliche Tatsache, dass ich in London zur Zeit der Probleme zwischen Engländern und IRA (meines irischen Namens Kennedy wegen) Opfer des obligatorischen Lauschangriffs war.

GEMEINSAMER 1. PLATZ

Metropolitan Police London

Die Metropolitan Police London (Südliche Version einer Geordie-Band?)
Während meiner Zusammenarbeit mit Paul McCartney Mitte der 80er-Jahre hatte ich mich mit dem Gitarristen Keith Airey angefreundet und eine Jam-Session bei mir zu Hause arrangiert; mit von der Partie waren die Musos Mark Price (der Drummer von All About Eve), Phil Gould (mein Spezi von Level 42) und unter anderem noch eine Gruppe sagenhafter ägyptischer Musiker, die ich auf einem Benefiz-Gig kennengelernt hatte. Außerdem waren noch eine Menge Freunde dabei, darunter Donovan (der ein ausgesprochen intelligentes Gespräch mit einem Lampenschirm führte), Dave Gilmour (der Donovan, soweit ich mich erinnere, den Lampenschirm vorgestellt hatte) und eine Menge weiterer netter Leute. Nick Laird-Clowes machte sich Notizen zu besagter Unterhaltung. Originell, wie er ist, findet sie sich wahrscheinlich in irgendeinem seiner Songs. Es gab jede Menge Alkohol, aber auch allerhand andere Sachen sorgten für einen gepflegten Vibe.

Die Jam lief auf Hochtouren; meine elektrische Violine jaulte fetzig zu schweren Rockbeats, während das resonante Pulsieren von Nej, Oud und Kanun (alle verstärkt) den Plafond beben ließ. Sintflutartige Notenkaskaden und vorsintflutliche Rhythmen veränderten sichtbar die Farbe im Raum – falls das nicht an den Nebenwirkungen diverser Rauchwaren lag. Die Musik war natürlich hammerlaut, und überhaupt war die Atmosphäre wie in einem Club, um nicht zu sagen, einer Rock-Lasterhöhle. Dann, inmitten eines psychedelischen Aufbaus melodischer Spannung, kam Nick Laird-Clowes rüber, und ich dachte mir: »Wenn er jetzt ein paar Vocals improvisieren will, wird das interessant.« Die Realität sah freilich ganz anders aus; er wollte mir etwas sagen.

Da Nicks Versuche, mit mir zu kommunizieren, sich ausnahmen wie eine Ansprache von Marcel Marceau, hörte ich auf zu spielen und nahm ihn beiseite.

NICK: (*mit nervösem Blick*) Die Polizei ist hier.

ICH: (*Ich hatte mich mit Andy Summers von The Police angefreundet, als ich mit ihm und John Etheridge bei Ronnie Scott's in Birmingham spielte, und mit Sting hatte ich mich so auch ein-, zweimal unterhalten.*) Super, Mann. Irgendwo muss noch 'ne Gitarre rumliegen, falls Andy einsteigen will. Lass sie rein!

NICK: Quatsch, *mate*. Ich meine DIE POLIZEI!

ICH: Was?

NICK: Gesetzeshüter, Mann!

So ging ich denn an die Tür und sah mich zwei Uniformen gegenüber.

ICH: Ähhh, hallo ... äh ... die ... äh ... Herren. Schön, Sie zu sehen. Kann ich was für Sie tun?

OFFICER #1: Ja, Sir. Ich fürchte, da ist eine Beschwerde eingegangen, wir müssten Sie wirklich bitten, Ihre Anlage leiser zu stellen.

ICH: Tut mir leid, die Herren, ich fürchte, es gibt da nur ein kleines Problem. Wenn Sie kurz reinkommen würden, zeige ich Ihnen, was ich meine.

OFFICER #2: Die Musik hört sich durchaus gut an, aber Sie müssen sie wirklich leiser stellen.

ICH: Kommen Sie doch rein, und Sie werden sehen, was ich meine ... bitte ...

Ich führte die Uniformen durch mein kleines Vestibül, vorbei an den Glastüren meines Badezimmers, in dem einige Leute ihre nasalen Bedürfnisse befriedigten. Zu meinem Glück übersahen die Beamten derlei Torheiten und folgten mir in meinen großen und einzigen Wohnraum.

ICH: (*mit ausladender Geste über die Band, die nach wie vor volle Kanne zugange war*) Sehen Sie, was ich meine? So was lässt sich nicht einfach abstellen, dafür gibt's keinen Knopf. (*Ich warf einen raschen Blick durch den Raum, sah all die Joints nebst entsprechendem Qualm, aber es war zu spät.*) Wollen Sie nicht bleiben? Trinken Sie doch was mit uns.

OFFICER #1: Tut mir leid, das geht nicht, wir sind im Dienst. Die Musik ist nicht schlecht. (*In England gilt das als Kompliment.*)

OFFICER #2: Um ehrlich zu sein, die Person, die sich beschwert hat, verschwendet unsere Zeit nicht zum ersten Mal. Ist eben ein bisschen konservativ der Mann, aber das ist wohl sein Problem. Wir haben noch einen anderen Einsatz, also sehen Sie doch einfach zu, dass das nicht lauter wird, und wir belassen es dabei. Wir haben Sie über die Beschwerde informiert, unser Auftrag ist damit erledigt.

OFFICER #1: Das war einer der weniger langweiligen Einsätze, die wir so haben.

Damit traten sie auch schon den Rückzug an, und ich führte sie wieder an meinem Nasenbad vorbei. Dann ging ich zurück ins Wohnzimmer, zu meiner astralen Jam.

NICK: Wow, groovy!

DONOVAN: Wer waren denn diese Typen in den Kostümen? Bist übrigens ein wunderschöner Lampenschirm.

Die Session ging übrigens bis zwei Uhr morgens.

Die Metropolitan Police London – Punkte: 10/10 – 1. Platz
Anmerkungen: Ihre Steuergelder absolut wert. Wie bei den Politikern, die ebenfalls unsere Angestellten und Vertreter sind, bekommen die überdurchschnittlichen von ihnen zu wenig bezahlt für das, was sie wert sind. Die Leute waren guter Laune, kümmerten sich um die Situation und sorgten nicht für eine Eskalation von Problemen, wo es keine Probleme gab. Einige aus der Truppe könnten sich eine Scheibe abschneiden von den zwei Beamten und daran denken, dass wir Steuerzahler es sind, die das Essen auf ihren Tisch stellen.

Die Polizei Berlin

Berlin ist eine meiner liebsten Städte auf der ganzen Welt, schon wegen der Menschen dort. Ob ich dort in der Philharmonie auftrete oder im A-Trane, ich finde, die Berliner verstehen und mögen meine Musik. Außerdem sind die Berliner immer schon starke Individuen gewohnt, sodass meine Knut- und knutschbegeisterten Freunde kein Problem mit mir haben.

Vor dem Konzert verbringe ich meine Zeit gerne in meiner Hotelsuite. Ich lasse mich da ungern stören. Ich widme mich all den Kleinigkeiten, die zur bestmöglichen Vorbereitung auf den Gig nötig sind. Noch ein bisschen Zeit zum Üben, ein bisschen Raum zum Nachdenken, man möchte meinen, das sei die natürlichste Sache der Welt, aber wenn man diese Zeit und diesen Raum nicht ganz bewusst schützt, dann kann man es vergessen. Wenn man sein Leben der Musik widmet, dann geht es einem mehr als alles andere darum, einen besseren Gig als gestern zu spielen und dem Publikum die Ehre schöner Musik zu erweisen. Dass man da über einer Tasse Kaffee mittags Banalitäten absondert, kommt schlicht nicht infrage! Eine neue Akkordsequenz oder ein abgeänderter dynamischer Kontrast für »Body and Soul«, ein neues Tempo für den letzten Satz von Beethovens Violinkonzert, vielleicht auch die Arbeit an einem neuen Song, an einer Komposition – all das ist weit, weit interessanter. Kaffee ist übrigens ohnehin nur eine Einstiegsdroge für Kokain, ich mag weder das eine noch das andere. Sie sind beide die Domänen der schwätzenden Klasse und führen immer wieder dazu, dass die Leute sich auf den energetischen Tsunami, den sie auslösen, etwas einbilden, was sie einfach nicht sind.

Kurzum, ich möchte bei jedem Gig sowohl bestmöglich vorbereitet als auch so spontan wie irgend möglich sein. Merkwürdigerweise geht in der Musik das eine nicht ohne das andere. Gleichzeitig sollten wir unsere Freunde im Publikum nicht zu sehr mit einer allzu peniblen äußeren Erscheinung belasten, wo sie doch gekommen sind, um sich zu entspannen und sich mitreißen zu lassen. Ich sage Ihnen, ein Lächeln von einem Kretin ist mehr wert als hundert hochmütige Stirnfalten von ach so klassischen Musikern. Als Künstler ist es unsere Pflicht, unser Publikum auf eine so emotionale wie spirituelle Reise mitzunehmen, ohne dass es dabei sieht, wie schwer es ist, mit den Fingern in der richtigen Reihenfolge zu zucken oder Beethovens Große Fuge in ihrer ganzen Tiefe auszuloten. Der Schweiß eines Küchenchefs sollte in der Küche bleiben und nicht auf dem Teller landen!

Wie auch immer, bei mir beginnt die Geselligkeit mit Kollegen und Publikum beim Auftritt und geht dann in der Regel bis in die frühen Morgenstunden. Ich gehöre nicht zu den Künstlern, die nach dem Gig den musikalischen Hahn abdrehen, weil sie wissen, sie haben ihre $$$ gekriegt. Für mich zählt nur die Musik. Sie ist es, die mich noch einigermaßen jung gehalten hat. Diese Liebe zur Musik führt auch immer wieder nach dem Konzert zu einer späten Jam-Session oder einer musikalischen Party, in einem kleinen Club oder bei mir im Hotel. Da ich dafür Sorge trage, meine musikalischen Mitreisenden unter, über oder rund um meine Suite herum unterzubringen, sollten wir mit meiner musikalischen Betätigung rund um die Uhr eigentlich keine unbeteiligten Gäste stören.

Bei der Gelegenheit, von der hier die Rede sein soll, beendeten wir unsere Party in der Philharmonie und zogen um ins A-Trane, wo es dank meines Freundes, des großartigen Drummers Ernst Bier, immer wieder zu phänomenalen Jam-Sessions kommt. Nach einer hammer Session dort zogen wir uns in meine Suite zurück, wo der Wahnsinn weiterging. Ich liebe Berlin und habe dort eine Menge Freunde, mit denen ich gerne abhänge, also musste das auch gebührend abgehen.

Wir waren bereits ziemlich ruhig geworden, hörten abwechselnd Musik und jammten – Klavier, Gitarre, Bass, wem auch immer gerade nach Musizieren war. Es ging also ziemlich gepflegt und ruhig zu – jedenfalls herrschte kein Lärm. Hier und da ein Spliff und wie immer viel Wein, Bier und Wodka. Sozusagen jeder nach seiner Fasson, aber alle an einem Strang.

Irgendwann um diese Zeit bekamen wir dann plötzlich Besuch von einer Abordnung der Landespolizeidirektion Berlin. Der eine war GROSS, der andere KLEIN. Ich bat sie herein in die Suite, damit sie sich von dem Mangel an Lautstärke dort überzeugen und überhaupt sehen konnten, was da so vor sich ging. Ich gebe zu, wir waren zu dem Zeitpunkt schon jenseits von Gut und Böse und ziemlich dicht.

ICH: Hallo, die Herren Wachtmeister, sprechen Sie Englisch?

WACHTMEISTER GROSS: Ja, Sir, nicht sehr gut, aber schauen wir mal.

ICH: Danke, die Herren. Das ist allemal besser als mein Deutsch.

WACHTMEISTER KLEIN: (*sieht durch die Ganja-Wolken, wie die Leute rundum versuchen, ihre Joints hinterm Rücken oder unter den Tischen zu verstecken ... Aus den Lautsprechern kommt Curtis Mayfields »Pusherman«.*)

ICH: Wie kann ich Ihnen behilflich sein? Ist was passiert?

WACHTMEISTER GROSS: Wir sind hier, weil sich ein anderer Hotelgast beschwert hat.

ICH: Okay, aber wir haben doch hier rundum alle Zimmer belegt, wie sollte es da zu laut sein ... und ich bezahle für die Suite hier schließlich nicht, um einen auf Howard Hughes zu machen ... Überhaupt sollte der Typ, der sich beschwert hat, für das Privileg bezahlen, unsere Musik hören zu dürfen. Der hat sich wahrscheinlich auf dem Flur rumgedrückt – ist schließlich die einzige Möglichkeit, uns zu hören. Er leidet ganz offensichtlich an Penis- und Musikneid.

WACHTMEISTER GROSS: Sie scheinen sich zu amüsieren.

ICH: Ja. Sehen Sie sich all die netten Leute an ...

Die beiden Beamten mustern meine Freunde rund um die beiden niederen Tischchen. Die blicken mit dussligem Grinsen auf. Nach einer Runde durch das Zimmer baut sich KLEIN wieder neben GROSS auf.

WACHTMEISTER GROSS: Also, für mich ist das nicht zu laut. Wer immer sich da beschwert hat, ist wohl kein guter Mensch. Vielleicht sehen Sie zu, dass das nicht lauter wird und dass die Tür geschlossen bleibt.

WACHTMEISTER KLEIN: Gute Nacht, Sir.

ICH: Guten Morgen und recht schönen Dank. Wir lieben die Berliner Polizei!

Ich schloss die Tür hinter GROSS und KLEIN, genehmigte mir einen großen Schluck von meinem Bier und rief: »Es lebe die Berliner Polizei!«

Polizei Berlin – Punkte: 10/10 – 1. Platz
Wie die London Met verschwendet auch die Berliner Polizei nichts von den Steuern, die die Bürger für ihre Dienste bezahlen. Sie sehen ein, dass Leute, die sich beschweren, miesepetrige Wichtigtuer und Arschlöcher sein können, die für mehr Ärger und Verschwendung öffentlicher Ressourcen sorgen als die Leute, über die sie sich beschweren. Wir und die Polizeibehörden aller Länder sollten sich eine Scheibe abschneiden von den Berlinern und immer daran denken, dass sie für uns da sind und nicht umgekehrt.

GEMEINSAMER 3. PLATZ

Warszawa Policja

Es ist schon eine Weile her, da lud man mich zum Singerfestival der Jüdischen Kultur in Warschau ein. Da das Festival zuvor nie hatte von sich hören lassen, war ich angenehm überrascht, dass es überhaupt noch existierte. Die Förderung der jüdischen Kultur ist wichtig.

Ich hatte gerade meine Komposition »The Magician of Lublin« vollendet, die auf dem Roman *Der Zauberer von Lublin* von Isaac Bashevis Singer basiert, dessen Chroniken jüdischen Lebens in

Polen und Amerika zum Inspirierendsten gehören, was je geschrieben wurde. Außerdem spielte ich zu der Zeit ein bereits etabliertes Programm mit Werken von George Gershwin (das ich größtenteils in meinen Teens über Stéphane Grappelli kennengelernt habe, der ein inspirierter Meister dieser Stücke war). Ich dachte mir, eine Kombination dieser beiden Projekte würde dem Warschauer Publikum eine originelle, stimulierende und bunte Perspektive der jüdischen Kultur vermitteln. Aufgrund meiner langjährigen Liebe zum Klezmer, zu jüdischen Jazzmusikern (wie Artie Shaw, Benny Goodman, Dave Brubeck[25] etc.) gehört die jüdische Kultur zu meinem Leben, seit ich denken kann, und auf den Bettelbrief hin, in dem das Singerfestival sich auf seine Armut berief, erklärte ich mich bereit, dort für einen Bruchteil meiner Gage aufzutreten, was letztlich einem Benefizauftritt gleichkam.

Sie können sich meine Überraschung vorstellen, als die Entourage der Veranstalterin Gołda Tencer meinem Team und mir mit unmanierlicher Arroganz, unverhohlener Feindseligkeit und überhaupt einer ignoranten Haltung gegenübertraten, die uns bewusst Knüppel zwischen die Beine zu werfen schien. Trotz einer Provinzialität, wie sie mir auf Konzertebene nie begegnet war, traten meine Band und ich schließlich doch noch auf und gaben dem Publikum, wie ich meine, etwas so Spezielles wie Spontanes. Selbstverständlich gehörte es zu unserer Aufgabe, dafür zu sorgen, dass das Publikum von der ungehobelten Art nichts merkte, mit der das Festival-Team mit uns umsprang. Zu den besonders magischen Augenblicken gehörten ein Bass-Solo von Piotr Kułakowski und das herrliche Cello von Peter Adams. Beide rissen sich wirklich den Hintern auf!

---

25 Für die kleingeistigen Korinthenkacker: Brubeck identifizierte sich als Jude.

Das Publikum forderte einige Zugaben, dann zogen wir uns in unsere Garderobe zurück, um unser geglücktes Präsent ans Warschauer Publikum zu feiern. Unser Publikum in dieser historischen Hauptstadt ist nicht nur ausgesprochen intelligent, es hat auch ein großes Herz. Deshalb hatte ich es auch schon immer besonders gern.

Hat man sich bei mir bedankt, praktisch für lau einen so erfolgreichen Gig zu spielen? NICHT DIREKT! Das drecksaumäßige Verhalten ging weiter, als man diversen Freunden den Zutritt verweigerte, obwohl sie total korrekt angemeldet und akkreditiert waren. Dazu gehörten der legendäre Jazzviolinist, Saxofonist und Komponist Michal Urbaniak und der wunderbare Heiler Zbigniew Nowak, aber auch Botschaftspersonal aus dem Nahen Osten. Dem Verhalten der Singer-Leute nach zu urteilen, ist der Frieden im Nahen Osten so ziemlich das Letzte, was sie interessiert.

Dann, kurze Zeit nach unserem Auftritt, rief das »Festival«, in einer Aktion, die allzu sehr an den Totalitarismus der jüngsten Vergangenheit erinnerte, die Polizei, um uns aus der Garderobe schmeißen zu lassen. Wir wollten zwar ohnehin schon gehen, entschlossen uns aber dann noch etwas zu bleiben, nur um denen zu zeigen, wer hier was zu melden hatte. Kurz vor unserem Abgang dachte ich, redest du noch mal mit der Polizei. Unserer recht lockeren Unterhaltung nach zu urteilen, war es denen eher peinlich, dass man ihre Zeit mit derlei Unfug verschwendete, es war ja recht offensichtlich, dass meine Leute nicht zum Randalieren gekommen waren. Es sollte wirklich saftige Strafen dafür geben, die Zeit der Polizei zu verschwenden. Mit den Polen sind denn auch die drei ersten Plätze meiner Polizeiliga eher Beispiele dafür, dass selbstgefälliges Volk die Polizei und deren Zeit für ihre selbstsüchtigen Absichten zu missbrauchen versuchten, Versuche, die kläglich misslangen.

Was das Singer-Festival anbelangt: Im Laufe meiner vierzigjährigen Karriere, in der ich zwischen 50 und 120 Gigs pro Jahr gespielt habe, rund um die ganze Welt, habe ich noch nie mit so lausigen Veranstaltern zusammengearbeitet. Das ist leider auch der einzige Grund, weshalb sie in diesem Buch Erwähnung finden. Ich hoffe natürlich, dass sich so ein nettes kleines Festival hält, aber ich glaube nicht, dass ihm auf Dauer sonderlich viel Erfolg beschieden ist, solange dahinter ein so grauslicher Mix aus Informanten alten Stils und dümmlichen nouveau-bourgeoisen Hohlköpfen steht.

Policja Warszawa – Punkte: 7/10 – 3. Platz
Anmerkungen: Aus völlig eigensüchtigen Gründen gerufen, die lediglich die Zeit der Beamten verschwendeten, leistete die Policja Warszawa gute Arbeit, Recht und Ordnung aus der Sicht der Veranstalter aufrechtzuerhalten, sah aber, was da wirklich lief. Sie ließen sich nicht vor den Karren irgendwelcher rachsüchtiger Leute spannen.

Die Metropolitan Police London

ICH: Sei's drum, Sark, fahren wir doch zurück nach London und überlegen, was wir in den Ferien machen.

SARK: Okay, Dad, hört sich gut an.

Diese Episode mit der Londoner Polizei ereignete sich 2001. Wir waren von Wasser umgeben, sodass die Zeichen eigentlich gut standen für unsere Ferien auf einem Kanalboot. Ironischerweise hatten wir des Hochwassers wegen keinen Zugang zu unserem Kahn! Es war irgendwie ganz witzig, einen neuen See vor uns zu sehen, wo eigentlich der Severn und der damit verbundene Kanal hätten sein sollen. Wir befanden uns in Upton, in einem am Fluss gelegenen Pub, in dem Jahr für Jahr ein neuer naiver Besitzer waltet, der wie seine Vorgänger das alljährliche Hochwasser des Severn nicht in Betracht zieht. Diesmal gehörten wir zu den Opfern. Ich hätte mir nicht träumen lassen, dass ein Schiff unbrauchbar sein könnte, weil es zu viel Wasser gibt.

ICH: Ja, wir haben den Wagen voller Proviant, da können wir auch zu Hause kochen ... und in London gibt es genug zu tun.

SARK: Daaad ... (*in dem Versuch, so lieb wie nur möglich zu sein*) können wir unterwegs zu McDonald's gehen?

ICH: Nein.

SARK: (*der meint, meine Antwort würde nach dem hundertsten Anlauf anders ausfallen*) Warum nicht, Dad?

ICH: Die Verpackung sieht hübsch und ansprechend aus, aber du weißt selbst, was für widerliches Zeug die da reintun.

SARK: Aber ich mag's eben, und bei Mom krieg ich's auch (*was aller Wahrscheinlichkeit nach geschwindelt ist*).

ICH: Du hat doch meine schönen Postkarten gesehen (*meine allerliebste französische Kunst: Bilder von Lenin vor einem alten Mikrofon mit der Aufschrift PRAVDA, hinter ihm das McDonald's-Logo, aus dem man McShit gemacht hat*). Ich gebe mein sauer verdientes Geld nicht für diesen Müll aus, von dem die Leute noch kränker werden als das Zeug, das drin ist.

SARK: Ach, Dad. Du verstehst das nicht. Es ist wirklich gut.

ICH: Es ist nur gut für die, die sich daran dumm und dusslig verdienen ... (*Ich weiß, dass ich mich furchtbar langweilig anhöre, aber man kann nicht zulassen, dass ein Fünf-, Sechsjähriger sich die*

Gesundheit mit diesem beschissenen Fraß ruiniert, der hauptsächlich seiner leuchtenden Farben wegen über den Ladentisch geht.)

Unterwegs kehren wir in einer Raststätte ein, wo ich Sark von dem albernen McAbzocke-Fraß ablenke; ich hole uns zwei Lammkeulen, denen man wenigstens halbwegs ansieht, dass sie mal ein Tier waren. Es ist schwer, Lammfleisch zu versauen, egal wie McErfinderisch man es angeht. (Mit das Beste, was ich für Sark und Kyran (seinen älteren Bruder) getan habe, ist, sie nicht zu Vegetariern zu erziehen, aber definitiv nicht, damit sie sich die Gesundheit mit beschissenem Fastfood ruinieren.) Nachdem wir gegessen haben, fahren wir den Rest des Wegs nach Hause. Ich sehe auf der Stelle, dass da was nicht stimmt. Als wir in meinen kleinen Vorgarten kommen, sehe ich, dass sich im Haus was bewegt. Ich sage Sark, dass er vor dem Tor warten soll, während ich nachsehen gehe. Außerdem rufe ich die Polizei. Ich kann unmöglich sagen, wer da drin ist – ob da jemand ein Messer hat oder was weiß ich. Das könnte eine furchtbare Szene geben für so ein Kind. Immer noch bewegt sich was im Haus, und ich sehe, wie jemand mit einer schwarzen Kapuze geduckt von der einer Seite zur anderen läuft.

Zum Glück genehmigen sich zwei Beamte gerade die Straße rauf eine Pizza (ich sehe da ständig Polizisten, wenn ich meinem Kleinen eine Pizza hole). Entsprechend sind sie praktisch in Warpgeschwindigkeit am Haus. Es dauert keine Minute! Nach gerade mal fünf oder zehn Minuten haben wir auch noch einen Hubschrauber über uns. Resultat des Einsatzes ist, dass sie meinen damaligen Fahrer finden – der dieselben Initialien hat wie Vin Diesel, aber dessen Name sich in etwa auf Lammkeule reimt – und zwar im hinteren Garten, in den man nur durch das Haus kommt. Er hat sich irgendwie verletzt, wahrscheinlich weil er die Regenrinne runterklettern wollte. Tatsache ist, dass er eine verdächtige Menge polnischer Złoty in der Tasche hat.

Nachdem die Polizei wieder weg ist, machen Sark und ich es uns gemütlich und lassen uns ... mmmm ... eine Pizza kommen. Dann gucken wir *The Lavender Hill Mob*.

ICH: Ganz schön was passiert heute ...

SARK: Echt, Dad, irgendwie schon ...

So viel zu meiner Begegnung mit der Polizei an diesem Tag. Die Polizei kam dann noch vorbei, um Fingerabdrücke zu nehmen, und stellte fest, dass man die Balkontür mit der Brechstange aufgebrochen hatte, um ins Haus zu kommen. Dann hatte sie der Einbrecher wieder zugemacht. Obwohl in den Tagen kaum einer polnisches Geld rumliegen hatte außer mir, weil Polen im Gegensatz zu mir eher selten mit ihren Frauen nach Polen fuhren, gelang es der Polizei nicht, jemanden zu überführen. Und das trotz des Umstands, dass mein Fahrer der Einzige war, der darüber Bescheid wusste, wann ich zu Hause war und wann nicht. Laut britischem Recht befand er sich rein zufällig in meinem Garten, der Typ mit der Kapuze könnte jemand anderes gewesen sein, und all der Kram, der immer wieder mal bei mir fehlte (er belief sich insgesamt auf etwa 30 000 Pfund) hatte sich eben für immer in Luft aufgelöst. Ich muss wohl nicht erwähnen, dass mir die »Indizien« genügten, um mir einen anderen Fahrer zu suchen, worauf mir denn auch (was ein Zufall!) nie wieder was abging.

Die Metropolitan Police London – Punkte: 7/10 – 3. Platz
Anmerkungen: Bemerkenswert schnelle Reaktionszeit, war aber trotz eindeutiger Umstände nicht in der Lage, dem Recht zur Geltung zu verhelfen. Pluspunkt: Erkennen eine gute Pizza, wenn sie eine sehen.

5. PLATZ: DAS NYPD (NEW YORK CITY POLICE DEPARTMENT)

Als ich nach New York ging, um an der Juilliard School für Technische Exzellenz und Musikalisches Mittelmaß zu studieren, war die New Yorker Polizei weit und breit bekannt für Verdrießlichkeit und schlechte Manieren – ihre bärbeißige Art war Teil des Charmes einer Stadt, über die sie nicht mehr die geringste Kontrolle hatte. Im Gegensatz zu unseren freundlichen westeuropäischen Polizisten gaben die dortigen keine Auskünfte (außer dass man sich gefälligst einen Stadtplan zulegen sollte), und wenn man sie trotzdem fragte, schienen sie drauf und dran, ihre albernen kleinen Knarren zu ziehen. Die ebenso alte wie sattsam bekannte Anekdote von einem Violinisten, der sich in Manhattan verlaufen hatte, bringt das ganz gut auf den Punkt:

VIOLINIST, DER SICH VERLAUFEN HAT: Wie komme ich in die Carnegie Hall?

NEW YORKER BULLENARSCH: Immer fleißig üben ...

Offensichtlich muss dieses Szenario logisch einen Schritt weitergedacht werden:

BRATSCHIST, DER SICH VERLAUFEN HAT: Officer, wie komme ich in die Carnegie Hall?

NEW YORKER BULLENARSCH: Da kehren Sie mal besser gleich wieder um. Sie haben da keine Chance ...

Nachdem ich eine Zeitlang auf Staten Island gewohnt hatte (was tagtäglich eine phantastische Überfahrt mit der Fähre bedeutete, bei der ich auf dem Weg zum Whitehall Terminal an der Unfreiheitsstatue vorbei auf die ständig wachsende Skyline von Manhattan zuschipperte), wurde mir klar, dass ich viel zu viel Zeit darauf verwendete, zur Schule und wieder nach Hause zu kommen.

Mit dem Fußweg zum Hafen der Staten Island Ferry und dann zur Juilliard verschwendete ich jeden Tag mindestens drei Stunden.

Meine Violinlehrerin Dorothy DeLay schlug schließlich vor, dass ich mehr Zeit zum Üben, zum Austausch mit anderen Studenten und überhaupt mehr Zeit für kulturelle Aktivitäten in dieser kulturellen Hauptstadt der Welt hätte, wenn ich meine Zeit nicht mit Pendeln verschwendete. Damals lief ich dem Violinisten Andy Schaw über den Weg. (Hi, Andy, lang nicht gesehen, und jetzt bist du in meinem Buch! Wie ich höre, spielst du nicht mehr nur, sondern verkaufst auch noch Geigen. Kannst du mir aushelfen?)

Andy bewohnte ein Zimmer bei einer psychotischen alten Dame namens ... Nathorf. In deren Wohnung war noch ein Zimmer frei, also mietete ich mich dort ein. Das Arrangement war jedoch nur von kurzer Dauer. Aus irgendeinem Grund hatte sie ein paar Pfannen im Ofen stehen lassen. Also da, wo ich herkomme, stellt man Pfannen und Töpfe zum Braten oder Kochen nicht in die Röhre, sondern oben auf die Platte. Eines Tages heizte ich die Röhre vor, um sie auf die Temperatur zu bringen, die ich für mein Fertigessen brauchte, und ging wieder in mein Zimmer, um am Repertoire zu arbeiten, das ich vermutlich nie wieder brauchen würde, wahrscheinlich irgendwas Abscheuliches wie Mozart oder Paganini. Nach etwa zwanzig Minuten bescheuerter Fingerhakelei begann ein ekelhaft beißender Gestank die Wohnung zu durchziehen, der gleich darauf als schwarzer Qualm um die Ecke kam. Mein messerscharfer Verstand tippte sofort auf die Küche. Wie es schien, hatte die Nathorf in ihrer Schlampigkeit, ohne mir zu sagen, wo sie die Teile aufbewahrte, ein paar Pfannen in die Röhre gestellt. Und deren geschmolzene Plastikgriffe hatten für die übelriechende schwarze Wolke gesorgt. Mein Fertigessen rückte in weite Ferne angesichts der Bergungsarbeiten, vor die ich mich jetzt gestellt sah.

Der Nathorf gefiel das gar nicht. Ich zitiere frei:

NATHORF: Du englisch Schweinpig. Ich hab der Englische nie gemocht.

ICH: Ich mag Sie auch. Was ist mit meinem Fertigessen?

Wie auch immer, zu der netten Begegnung mit der New Yorker Polizei kam es folgendermaßen:

Mrs. (wer die wohl geheiratet hat?) Nathorf entwickelte des Pfannenfiaskos wegen eine ausgewachsene Antipathie gegen mich. Sie wollte mich raushaben – ein Gefühl, das auf Gegenseitigkeit beruhte. Nur verfolgte die Alte ihre unilateralen Ziele auf eine ebenso interessante wie psychotische Art. So fehlte ihr plötzlich was von ihrem Schmuck. Sie rief die Polizei, deren Hauptverdächtiger ich schlagartig war. Die Bullen kamen, und sie brauchten nur meine etwas längeren Haare zu sehen und meinen ausländischen Akzent zu hören, schon landete ich zur Vernehmung auf der Wache des 20. Reviers. Abgesehen von der Abnahme meiner Fingerabdrücke, die ich ganz lustig fand, war die Sitzung völlig unproduktiv. Weder hatte ich plötzlich die Taschen voll Geld, noch hatte ich die Kronjuwelen der Nathorf im Arsch!

Wieder auf freiem Fuß, machten Andy und ich uns sofort auf die Suche nach einer neuen Bleibe. Wie wir bald darauf erfuhren, hatte unsere herzallerliebste Vermieterin ihren Schmuck kurz darauf in ihrem Safe gefunden, wo sie ihn selbst hineingelegt hatte. Nathorf – Bathorf – Shathorf – Spathorf – Prathorf – Fukkorf.

Andy und ich hatten rasch ein neues Apartment gefunden. (Übrigens, damit ihr nicht denkt, dass mein Stipendium so großzügig bemessen war, in New York gilt selbst das schmuddeligste, kleinste Loch noch als »Apartment«.) Auch in der neuen Bleibe sollte es nicht ohne Zwischenfälle gehen, und wenn es darum ging, zwei Studenten zu »helfen«, war die New Yorker Polizei weit weniger schnell bei der Hand als bei einer Frau. Ich erinnere mich noch, dass es in rascher Folge zu vier Einbrüchen kam – höchstwahrscheinlich wollten irgendwelche Schwachköpfe, nachdem sie uns üben gehört hatten, unsere Violinen stehlen. Nur fehlte es ihnen anscheinend an Grips zu kapieren, dass wir die dabeihatten, wenn wir außer Haus waren. So fielen ihre Versuche jedes Mal ein bisschen verzweifelter, sinnloser und sehr viel invasiver aus.

EINBRUCH #1: Die Arschkrampe(n) hatten einfach das Schloss geknackt, keine Geigen gefunden und waren mit unserem winzigen Fernseher abgerückt. Man stelle sich nur mal vor, wie hart es für uns war, in Amerika ohne Fernseher überleben zu müssen – wie haben wir es nur ausgehalten ohne all die schönen Werbespots? Wir setzten eins drauf und machten zwei Schlösser an die Tür. NB: Die Arschkrampen waren so freundlich gewesen, die Tür offen zu lassen, damit wir bequemer reinkamen.

EINBRUCH #2: Die Arschkrampen knackten die beiden Schlösser und ließen wieder auf einladende Weise die Tür offen stehen. Diesmal machten wir drei Schlösser an die Tür, eins davon eine echt harte Nuss.

EINBRUCH #3: Die Arschkrampen kamen wieder rein! Diesmal kauften wir drei neue Schlösser und eine Stahlvorrichtung, mit der die Tür wie ein trojanisches Pferd aussah. Es war ein Mordsteil und unbezwingbar.

EINBRUCH #4: In diesen wunderbaren Tagen vor dem Overkill an Computer-Müll besorgte ich mir die Sonntagsausgabe der riesigen *New York Times*, um darin in der fingernagelgroßen Spalte mit den britischen Fußballergebnissen der Zweiten Division zu sehen, wie Aston Villa gespielt hatte. (Damals wurde übrigens am

Samstag um drei gespielt – und kein selbstsüchtiger Fernsehsender verdarb den wahren Fans die Freude durch die Verschiebung des Spielbeginns.) Die *NYT* war die einzige Möglichkeit herauszufinden, wie wir gespielt hatten. Telefonieren war damals viel zu teuer.

So schnell ich konnte, flitzte ich die Treppe zu unserer Wohnung hoch, um nach den Ergebnissen zu sehen. Diesmal sah ich mich mit einer ganz neuen Situation konfrontiert. Nachdem sie am trojanischen Pferd gescheitert waren, hatten die kleinen Wichser ein mannshohes Loch in die Wand neben der Tür geschlagen. »Nicht schlecht«, dachte ich mir voll Bewunderung und bediente mich gleich der neuen Einrichtung, um mich in den Lehnstuhl zu hauen. Mich interessierte nur unser Spielergebnis. Nachdem ich es mir bequem gemacht hatte, blätterte ich mich zum Sportteil durch. Schlechte Nachrichten. Wir hatten auswärts 1:0 gegen die Queens Park Rangers verloren. Wir beendeten die Saison auf dem dritten Platz und verpassten damit um ein Haar den Aufstieg in die Erste Division. Was das Loch in der Wand anging, das machte sich ganz gut, weil ich auf die Weise sehen konnte, wer an unserer Wohnungstür vorbei die Treppe rauf und runter ging.

Witzigerweise hätten die Wichser meine Fiedel einige Wochen später völlig problemlos abgreifen können, wären sie nur schlau/mutig genug gewesen, mir zu D'Agostino's zu folgen. Ich war schon seit ein paar Stunden wieder zu Hause, als Andy meinte: »Hey, Nige (die Yanks benutzen »Hey« oft zur Begrüßung wie in »Hey, hey, we're the Monkees«), hast du Lust, ein paar Bartók-Duos durchzugehen?«

»Klar, Mann«, sagte ich. (Die Yanks verwenden »Mann« häufig, um Unklarheiten hinsichtlich des Geschlechts zu vermeiden. Meine an eine politische Korrektheit à la BBC grenzende geschlechtslose Verwendung von »Baby« oder »Mann« dagegen hat zur Klärung solcher Unklarheiten in keiner Weise beigetragen).

»Ach du Scheiße, Mann! Wo ist denn meine Fiedel? Mist, hab ich die in der Milchabteilung stehen lassen? Bei D'Agostino's hatte ich sie jedenfalls noch ...«

Die Violine fasste sich etwas kalt an, stand aber immer noch am Kühlfach mit der Milch. Sie war offensichtlich so beschissen, dass es in den drei Stunden, die sie dort stand, keiner für wert befand, sie mitzunehmen – oder vielleicht wollte auch bloß niemand Milch.

NYPD – Punkte: 4/10 – 5. Platz
Anmerkungen: Ich bin sicher, es war nicht das erste Mal, und ich bin sicher, die New Yorker Polizei hat Schlimmeres auf dem Kerbholz, aber jemanden auf die Anschuldigungen einer Psychopathin hin festzunehmen oder einfach weil er Student und Ausländer war, ist so ganz korrekt nicht. Für eine falsche Festnahme gibt es keine Entschuldigung. UND ... wo waren sie denn im Falle unserer vier tatsächlichen, ich wiederhole – TATSÄCHLICHEN Einbrüche?

6. PLATZ: FRANKFURTER FLUGHAFENPOLIZEI
(Spezialpreis für Spießigkeit)

In der alten Zeit, als ich mit meinen eher spießigen klassischen Sachen tourte – oder sollte ich besser sagen, dass die Welt um die klassische Musik herum etwas spießig ist? Dafür können Beethoven und andere emotionale Genies schließlich nichts ... Wie auch immer, zu der Zeit ging ich mit meinem Spitzenkumpel K-leb Clark auf Tour, damit er mir beim Auflockern half. K-leb ist ein phantastischer Singer-Songwriter und in seiner Musik einer der besten Rhythmusgitarristen, mit denen ich je gespielt habe. Sein Mix aus seinem jamaikanischen Erbe mit akustischem Rock im Verbund mit seiner wunderbaren Stimme, seinem Charisma und seiner Vortragsweise ist absolut einzigartig. Ich liebe seine Songs, und wir spielten spontan zusammen, wo immer wir waren: Pubs, Bars, beim Einchecken in Hotelhallen, auf der Straße, bei den Aftershowpartys, backstage während ich Autogramme gab, in den Transitbussen der Flughäfen, beim Warten aufs Gepäck usw. usf. Es war großartig, mit einem guten Freund abzuhängen, den Moment zu nutzen, zu dem es jederzeit kommen konnte, und dabei eine ganz andere Musik zu machen als die, die ich auf meinen Gigs spielte. Wir (wie auch die Leute um uns herum) hatten immer eine super Zeit, und uns fiel dabei auch gern mal hochkarätiger Blödsinn ein. Ein weiteres Plus ist, dass K-leb Villa-Fan ist, sodass es kein einziges scheiß Problem gab.

Wir befanden uns also eines Tages auf dem Frankfurter Flughafen, inmitten von trübseligen Geschäftsrobotern, die mehr mit ihrem Telefon beschäftigt waren als mit ihrem Leben. Oder waren ihre Telefone ihr Leben? Unser Live-Auftritt im Transitbus von der Maschine zum Terminal hatte sie bereits aufgeheitert, und wir wollten sehen, ob sich der Vibe nicht auch auf das Warten am Gepäckband übertragen ließ. Wir packten also Fiedel und Klampfe aus und hatten einen Mordsspaß. Was auch für die anzugtragende Bruderschaft galt, schließlich bekamen sie gute Musik für lau und sahen sich beim langweiligsten Teil ihrer Reise ein bisschen aufgeheitert.

Just in dem Augenblick tauchten die kleinen Polizeischweinchen auf und ließen uns wissen, dass für Geld spielen dort nicht erlaubt war.

ICH: Was für Geld? Zeigen Sie's mir. Wenn wir kein Geld verlangen, können wir doch nicht dafür spielen. Warum entspannen Sie sich nicht einfach und sind ein bisschen nett?

SCHWEINCHEN: (*im quiekenden Chor*) NEIN!

VON HAUS AUS KEINE UNRUHESTIFTER (!), packten wir unsere Instrumente sofort wieder weg. Im Gegensatz zu dem tosenden Applaus, den wir zuvor bekommen hatten, bekamen die kleinen Schweinchen Buhrufe und Zischen zu hören, worauf sie denn mit rosigen Gesichtern wieder abzogen. Ob die rosa Hautfarbe nur vorübergehend oder vererbt war, werd ich wohl nie erfahren. Wie auch immer, wir brachten noch eine gute Nummer im Bandbus auf dem Weg zum Hotel. Von der Polizei zum Weitergehen aufgefordert zu werden, war mir nicht eben neu ...

Frankfurter Flughafenpolizei – Punkte: 3/10 – 6. Platz
Anmerkungen: Keinen Anstoß genommen, aber schlechte Noten dafür, völlig unbedeutend und phantasielos zu sein. Warum nicht wenigstens etwas Charme oder eine unterschwellige Drohung? Herrgottnochmal, wo ist denn der nötige Biss, den man bei den netten Uniformen erwarten darf?

7. PLATZ: DIE POLIZEI VON MADRID

Ich muss zugeben, ich habe eine Schwäche für Atlético, wenn auch in erster Linie, weil ich ein Problem mit ihren dummstolzen Nachbarn habe. Ein Verein, der sich »Los Galacticos« nennt, muss ja wohl echt eine Truppe eitler Wichser sein, und so umgibt sie auch eine Aura von »des Kaisers neue Kleider«. Was die bräuchten, wäre ein Tritt in den Arsch, und deswegen sind sie für mich auch immer, wenn ich sie spielen sehe, Los Kaktos. In dem Match, das wir uns am 3. März 1998 ansehen gingen, spielten zwei richtige Clubs: Atlético Madrid gegen Aston Villa.

Da das hier ein kurzes Kapitel ist, möchte ich noch einige aufgeblasene Medienclubs nennen, die richtige Fußballfans eher kalt lassen, als da wären der FC Bayern München, Man Buh, pardon, United, Wisła Krakow, eigentlich alles mit irgendwelchem roten Bullshit sowie der Hamburger SV.

Mit seinem Team zu einem Auswärtsspiel irgendwo auf dem Festland zu reisen, ist immer ein besonderes Erlebnis. Hier hat man nur den harten Kern der Fans und deren spezielle Art von Begeisterung um sich – keine Spur von den Schönwetter-Bibliothekaren, die man bei Heimspielen zuweilen sieht. Ich machte den Trip damals mit Pieter Daniel, dem absoluten Ausnahmeviolinisten aus Südafrika (weiß). Wir sind gute Freunde, seit wir uns in den 70ern mal zusammen in New York eine Wohnung geteilt haben. Und weil Fußball nun mal eine romantische Angelegenheit ist, hatten wir unsere Freundinnen Foxie und Brixie mit.

Am Abend vor dem Spiel hatten wir mit einigen anderen Villa-Brüdern ordentlich einen draufgemacht, sodass wir nicht ganz auf der Höhe waren. Und als wäre das nicht genug, ging's dann auch noch auf dem Weg zum Platz zur Sache, als uns ein paar Atlético-Fans anmachten. Unsere Kriegsbemalung – Weinrot und Blau – sah wirklich gut aus, sodass die Spanier vermutlich neidisch auf unser Aussehen waren. Zum Glück war das noch bevor jeder Fünfjährige rumlief wie ein Statist aus *Cats*. Da wir zwei Mädels dabeihatten und ich mein Boxtraining, wie ich irgendwo im Buch erzählt habe, nach zwei Versuchen hingeschmissen hatte, hätten wir ziemlich alt ausgesehen, aber wir hatten ja zum Glück unsere Villa-Brüder hinter uns. Bei Villa heißt es: Einer für alle und alle für einen. Und dann hatte ich, da ich auf meine zarten Violinfinger achten muss, einen recht anständigen Kopfstoß entwickelt, der mir schon zu Hause beim Pre- und Aprèsmatch gute Dienste erwiesen hatte. Die Geheimwaffe kam freilich diesmal nicht zum Einsatz, da die Villa-Brüder die Pöbeleien der Manuels mit links parierten. Und so sahen wir dann ein enges Match. Wir verloren 1:0 und gewannen das Rückspiel dann 2:1. Was natürlich hieß, dass wir der blöden Auswärtsregel wegen verloren – die nur erfunden wurde, damit der Cup den Programmgestaltern vom Fernsehen passt. Uns Fans passt sie nicht.

Die Madrider Polizei verdient hier eine besondere Erwähnung wegen dem, was sie nicht unternahm, um Ärger zu vermeiden. Sie trug eher zum Ärger bei, indem sie uns unter dem Schutz ihrer eigenen Fans und auf dem Rücken ihrer weit intelligenteren Pferde mit dem Knüppel traktierte, und das nicht zu knapp.

Polizei von Madrid – Punkte 2/10 – 7. Platz
Anmerkungen: Eine Verschwendung von Steuergeldern, und ihre Gastfreundschaft erinnerte fatal an die Diktatur, der sie noch einige Jahre zuvor gedient hatten. (Das ist jedenfalls meine Meinung, Franco und frei.) Pluspunkt: nett zu ihren eigenen Fans.

8. PLATZ: DIE POLIZEI DER WEST MIDLANDS

Wo zum Geier bin ich? Was mach ich hier? ... Und wieso ist es so dunkel? Wo ist der Lärm vom Platz?[26] Wo sind meine Kumpels? Es ist so still hier ... und schlammig ... mir brummt der Schädel ... Shit, hier ist ja überhaupt nichts los? Wie Geisterstunde hier. Das Match ist vorbei – und niemand da ... ich hab alles versäumt ... wie haben wir denn gespielt? Wo sind meine Kumpels? Was soll's, lauf ich eben zu Fuß in die Stadt und nehm den 34er nach Hause. Was für ein Spiel – von wegen!

Allmählich fügte sich das Puzzle zusammen. Ich war gerannt, um noch den Zipfel der Schlange zu erwischen, bevor sie noch länger wurde, als mir eines der berittenen West-Midlands-Schweine seinen Knüppel über die Omme zog.

Das war am Eingang zum Holte End an der Trinity Road. Ich musste es wohl bis in einen schlammigen Straßengraben an einer Hecke einige Meter vom Aston Hall Park geschafft haben. Jedenfalls gingen dort bei mir die Lichter wieder an. Ich hatte mich mit einigen Freunden im Holte End unter der Halbzeittafel auf der rechten Seite treffen wollen, aber als ich nicht kam, dachten die,

---

[26] Es heißt »Fußballplatz« und nicht Stadion! Stadion ist ein Pseudoname für einen beschissenen modernen Fußballplatz in einem beschissenen Industriegebiet, etwas, das den Verein von seiner Gemeinschaft distanziert, um das Bankkonto irgendeines schleimigen Bauherren und immer wieder auch die Taschen eines korrupten Vorsitzenden zu füllen. Warum machen die Torys dieser Praxis nicht endlich ein Ende? Dumme Frage, ist schließlich genau die Art von Kapitalismus, wie sie diese alten Eton-Boys und ihre Arschkriecher sehen wollen. Wenn wir nicht aufpassen, dann streichen sie aus reiner Raffgier auch noch den NHS zusammen ... upps! ... haben sie ja schon!

ich wäre bei einigen anderen Spezis an der oberen rechten Seite hängen geblieben.[27]

Da mich beide Gruppen bei der jeweils anderen wähnten, blieb mein Nickerchen im Park ungestört – eigentlich sollte ich der Polizei der West Midlands wohl dankbar sein, meine Schlaflosigkeit geheilt zu haben. Die Karte fürs Spiel hat übrigens drei Pfund gekostet. Hey'y, ihr kleinen Schweinchen! Wollt ihr mir nicht meine Knete zurückgeben?

Die Polizei der West Midlands – Punkte: 1/10 – 8. Platz
Anmerkungen: Den einen unverdienten Punkt gibt es für die Treffsicherheit mit dem Knüppel. Ich sollte vielleicht noch erwähnen, dass alle meine anderen Begegnungen mit der Polizei in Birmingham gesittet und freundlich abliefen. Anscheinend hat man die Gipsköpfe in ihren Reihen nur zu den Fußballspielen abgestellt.

9. PLATZ: DIE UNGARISCHE GRENZPOLIZEI

Manchmal ist die erste Reaktion der Polizei durchaus korrekt! Die nächste Anekdote ist im Großen und Ganzen einer dieser Fälle, auch wenn das folgende Prozedere nicht ganz so vorbildlich war.

---

[27] Zu der Zeit waren wir 1. noch nicht alle Handy-Zombies, weil es so was noch nicht gab, 2. gab es für die Fans noch erschwingliche Stehplätze, weil es einfach noch nichts anderes gab, das war noch vor dem Justice Taylor Report der Torys, der den Fußball zu ruinieren versucht. 3. Polizeibrutalität gegenüber Fußballfans war normal und galt als völlig OK.

Gerade als John und ich in der musikalischen Welt Mauern einzureißen begannen, fiel auch eine andere, ausgesprochen reale Mauer. Was jedoch keine Wirkung auf die Mauern um eine kleine ungarische Polizeiwache an der rumänischen Grenze gehabt zu haben schien. Es war im Dezember 1989. Ein Weilchen zuvor, als Plattenfirmen und Manager noch nicht Hinz, Kunz und jedem Schulstreber sagten, er hätte sich für World Music oder Jazz zu interessieren, um Kapital aus seiner Karriere zu schlagen, erreichte mich eine Bitte, etwas für Melvyn Braggs *South Bank Show* zu machen. Ich hatte mich seit Langem schon für die Musik von Béla Bartók interessiert, was wohl wenigstens teilweise ein Erbe von meinem alten Professor und Mentor Yehudi Menuhin war. Er hatte Bartók persönlich gekannt und bei ihm eine Sonate für Solovioline in Auftrag gegeben – das einzige Werk dieser Art, das sich spirituell, technisch und kompositorisch mit denen von Bach messen kann. Zufälligerweise hatte Yehudi Bartók den Auftrag ein Jahr vor dessen Tod gegeben, ein eleganter Versuch, ihm aus der schrecklichen Armut zu helfen, in der er als antifaschistischer ungarischer Exilant in New York lebte. Yehudi hätte sich nie träumen lassen, einen derartigen Meilenstein des Soloviolinrepertoires zu bekommen, auch nicht von Bartók.

Meine Idee für die *South Bank Show* bestand aus folgenden Komponenten:

1. Bartók ließ sich von ungarischen und rumänischen Volksweisen spirituell und intellektuell inspirieren – also treiben wir doch Leute auf, die diese Originalmelodien noch spielen.
2. Diese Melodien mit diesen Leuten einzustudieren und zu spielen.
3. Mit meinem Freund und Kollegen, dem großen Gitarristen John »Ethel« Etheridge, einige neue Versionen von eben die-

sen Melodien zu erarbeiten, dabei aber unseren eigenen Weg zu gehen.

Meine Idee implizierte, nach Budapest zu fliegen und von dort aus über die rumänische Grenze in den transsylvanischen Teil von Crişana zu fahren. Dort wollten wir uns mit einem steinalten Roma-Typ treffen, der noch einige der Melodien in ihrer ursprünglichen Form kannte, die Bartók so inspirierend fand und nach denen uns war. Man nannte den alten Geiger auch den »Teufel«, weil er mit gerade mal zwei Fingern an seiner linken Hand spielte wie der Leibhaftige.

Wir landeten in Budapest und nahmen dort einen Mietwagen. Wir waren zu viert: John Etheridge, der Kameratyp und Quasi-Regisseur, den ich hier mal »Auge« nennen will, der Tontechniker, den ich hier mal »Ohr« nennen möchte, und ich. Das Wetter war furchtbar. Es goss in Strömen, die Wolken hingen tief, und der Nebel war so dicht, dass man gerade mal zwanzig, dreißig Meter weit sehen konnte. Es war genau die Art von Wetter, das in kommunistischen Ländern ständig herrschte, wie man uns (die wir im Kapitalismus aufgewachsen waren) immer hatte weismachen wollen.

Auge saß am Steuer, und seine Fahrweise glich dem einer Achterbahn bei 10 km/h. Mal abgesehen vom Wetter schien ihn auch das Fahren auf der rechten Seite zu überfordern. Ich wusste, dass es uns wahrscheinlich das Leben retten würde, wenn ich das Steuer selbst übernahm, und außerdem musste ich dann meinen Fußraum nicht länger mit Ethels geradezu unanständig langen Beinen teilen.

Als ich am Steuer saß, kamen wir gleich ganz anders voran, schließlich hatte ich in Amerika und auf dem Kontinent Erfahrung damit gesammelt, (in der Regel) auf der rechten Seite zu fahren. Auges Schneckentempo hatte uns gewaltig aufgehalten, und so versuchte ich die verlorene Zeit, so sicherheitsbewusst es ging, wieder aufzuholen. Was wir uns jedoch abschminken konnten, als wir an die rumänisch-ungarische Grenze kamen. Der Checkpoint war bereits geschlossen und nicht besetzt. Der nächste Grenzübergang lag gut fünfzig Kilometer nördlich, ein Umweg, der unseren Trip um hundert Kilometer verlängert hätte, und das bei dem beschissenen Wetter. Abgesehen davon, dass es dunkel zu werden begann.

Auf eine Eingebung hin dachte ich mir: »Was soll's, probieren wir's halt.« Und schon versuchte ich, unter dem rot-weißen Balken hindurchzufahren. Der Wagen lag ziemlich tief und die Schranke ziemlich hoch, aber es reichte nicht. Mit einem unangenehmen Knirschen machte das Dach des Wagen Bekanntschaft mit dem Balken – übrigens genau über Ethels langem Hals, was ihn – ein unangenehmer Anblick im Rückspiegel – sich ducken ließ. Unter weiterem ominösen Knirschen setzte ich zurück. Es hörte sich ganz so an, als hätte neben dem Lack auch die Form des Wagendachs Schaden genommen, aber wenigstens steckten wir nicht fest. Nach all dem Theater musste einfach was passieren.

ICH: Schön ... bevor wir zu dem anderen Checkpoint rauffahren, gehen wir doch wenigstens mal übers Niemandsland in Rumänien pissen, um sagen zu können, dass wir schon mal dort waren.

AUGE: Ich glaube nicht, dass das so eine gute Idee ist.

ICH: Was ist mit dir, *mate*?

OHR: (*originellerweise*) Nee, danke, das lassen wir besser mal.

ICH: Ethel, bist du auch so 'n Feigling wie die beiden da?

ETHEL: (*so berechnend wie tapfer*) Ich weiß nicht, Alter. Ich muss jetzt eigentlich nicht, und jemand muss ein Auge auf meine Gitarre haben. (*Ich war um die 40 und er ein 48-jähriger »alter Mann«.*)

ICH: Na schön, ihr Weicheier. Ich geh mal nach Rumänen. Ihr könnt ja auf den Wagen aufpassen, viel Spaß!

Ich ging hinaus in den Regen, duckte mich unter der Schranke durch, stapfte durch einige Meter morastiges Niemandsland und duckte mich unter der rumänischen Schranke durch. Ich war damit in Rumänien, das sich an Trostlosigkeit von Ungarn nicht unterschied. Vielleicht besser, dass die Weicheier drüben geblieben waren. Mich zu erleichtern, war eine Erleichterung. Dann machte ich kehrt und stapfte durch den Regen und den Schlamm zurück zum Wagen. Schließlich saß ich wieder bei den Weicheiern im Auto. Ich legte den Gang ein, um nach Norden zu düsen.

AUGE: (*der seine jobgeschärfte Sehkraft einsetzte*) Hmmm ... es regnet immer noch, und ziemlich neblig ist es auch. Und dunkel wird es.

ICH: Stimmt, Sherlock.

OHR: (*der seine jobgeschärfte Hörkraft einsetzte*) Der Regen ist ziemlich heftig und macht einen ganz schönen Lärm auf dem Dach und der Windschutzscheibe.

ICH: Deine Fledermausohren werden uns in Transsylvanien sicher nützlich sein.

ETHEL: Oh, oh, Alter.

Plötzlich war unser Wagen von ungarischen Polizisten umstellt, die buchstäblich aus dem Nichts aufgetaucht waren. Es waren drei bewaffnete Beamte (besser als die üblichen Zweierteams in unserer profitgeilen kapitalistischen Welt!). Einer war dicklich, einer war mager und lang, einer war quadratisch. Ich kurbelte das Fenster runter.

DER DICKLICHE: Szekely bartokian puszkas árpád mokiks magyarország ...

ICH UND AUGE: (*wie ein Knabenchor*) Sorry? Was?

DER MAGERE: Orszáy mäné.

ETHEL: Mmm, errrr, oh, Alter.

DER QUADRATISCHE: Árpád gíga dohnanyi béla hunyadi.

Etheridge nahm die Beamten wissenschaftlich unter die Lupe.

ETHEL: Ich glaub nicht, dass die Englisch sprechen, Alter. Sind das Ungarn?

ICH: Wo wir schon mal in Ungarn sind.

Ich versuchte es mit dem Eindruck eines liebenswerten gebildeten Ausländers.

ICH: (*an den DICKLICHEN, den MAGEREN und das QUADRAT*) Ich mag Béla Bartók, Bela Bartók, wir alle mögen die Puszta, Sie auch?

DER MAGERE: (*unbarmherzig*) Útlevál.

DER DICKLICHE: Paszzzzz ...portok.

OHR: (*legt bemerkenswerte Sprachkenntnisse an den Tag*) Ich glaube, die wollen unsere Pässe sehen.

Wir holten unsere Pässe raus und reichten sie durchs Fenster. Warum, so fragte ich mich, ist Ethels Pass eigentlich genauso groß wie unsere, wenn man bedenkt, wie lang er ist? Der Beamte Dicklich reichte die Pässe dem Beamten Mager. Der Magere musterte Etheridge mit sichtlicher Abneigung, möglicherweise seines ethnischen Einschlags wegen, und gab ihm dann seinen Pass zurück. Auge und Ohr bekamen die ihren auch. Nur von meinem schien der Magere fasziniert. War es das Foto des furchtbar gutaussehenden Kerls? Mager warf Dicklich einen wissenden Blick zu, der wiederum das Quadrat ansah, das eine phantastische Vorstellung als großer weißer Haufen ungarischer Kacke gab.

QUADRATISCHER DÖDEL: Te rendörörszoba. (*Er macht mir Zeichen, mit zu dem großen Streifenwagen zu kommen, der hinter uns die Straße blockiert.*)

ICH: Sieht ganz so aus, als müsste ich mit denen mit. (*an Auge*) Hier, die Schlüssel.

AUGE: Wir kommen mit und sehen, was passiert. Ist ja vielleicht ganz nützlich für den Film.

ICH: Wichser.

In der örtlichen Polizeiwache weist man mir eine Zelle zu, die ich für mich habe, das sonst keine Gäste da waren. Die Zelle war mit allen Schikanen ausgestattet, von einer dreckigen Schaumstoffmatte am Boden (als Bett) bis hin zu einer nackten Glühbirne, die von der Decke hing. Diese kommunistischen Länder waren offensichtlich gar nicht so arm, wie uns die britischen Medien einreden wollten, es gab also durchaus Strom. Vor meiner verschlossenen Tür hatte man eine bewaffnete Wache aufgestellt, falls ich also eine Portion Einschüchterung nötig hätte, es wäre sofort eine da.

ICH: (*Nachdem ich eine Stunde lang die Ausstattung bewundert hatte, rief ich in meinem besten Ungarisch die Wache.*) Toilétkely puszkásál pleasély.

WACHE: (*führte mich den Korridor entlang und wies dann auf eine Tür*) Elybáskádakselyáy ...

ICH: Köszönöm. (*Ich gehe rein und sehe mich vor einem typischen alten osteuropäischen Abort mit einer Art Porzellanregal, hinten und vorn eine Röhre, die nach dem Akt all der Mühe Lohn mitsamt dem Papier verschluckt. Der Mühe Lohn liegt buchstäblich da wie ein Haufen Scheiße, bis man spült.*) SUPER! (*sage ich mir*) Das lass ich mal hier, ohne zu spülen. Das Weihnachtsgeschenk wird denen zeigen, auf was für einen netten Gast die sich freuen können.

Ich verließ die Toilette und ließ meinen Kompost zurück. Der Wärter führte mich zurück in meine Zelle. Es dauerte zwei Stunden, bis man mich endlich so gegen zehn in einen Verhörraum führte.

LEUTNANT PISZT: (*alberner Name; er dünstet Alkohol aus und strahlt einen Stasi-Vibe aus; er sah aus wie Herr Flick aus 'Allo 'Allo!*) Nun, Mr. Kennedynyi, warum fehlt in Ihrem passzportók eine Seite? Und warum sind Sie illegal von Rumänien nach Ungarn eingereist?

ICH: (*Ich sitze ihm am Schreibtisch gegenüber; hinter ihm stehen zwei bewaffnete Polizisten.*) Ich glaube, die hat mein Kleiner rausgerissen.

PISZT: Sie lügen.

ICH: Nein, tu ich nicht.

PISZT: Oh doch, das tun Sie.

ICH: Nein, tu ich nicht.

PISZT: Ich weiß, dass Sie lügen. Wie alt ist Ihr Kind?

ICH: Drei, als ich das letzte Mal nachgesehen hab.

PISZT: Sie lügen, was die fehlende Seite in ihrem passzportók angeht. Das Datum auf dem Abdruck Ihres amerikanischen Visums auf der anderen Seite vor der fehlenden ist älter als ihr Sohn. Wo ist die fehlende Seite? Warum fehltsy?

ICH: Gute Arbeit, Officer. Sie muss wohl verloren gegangen sein. (*Mir fiel ein, dass ich sie vier Jahre zuvor am Flughafen in Houston herausgerissen hatte, um einem hübschen Mädchen meine Telefonnummer zu geben.*)

PISZT: Ihr passzportók ist eine Fälschung. Sie sind ein rumänischer Zigeuner und illegal nach Hungaryok eingereist.

ICH: (*Sie hatten mich wahrscheinlich übers Niemandsland gehen sehen und gedacht, ich sei einer von den Zigeunern, die sie so gern hassen.*) Wenn Sie glauben, dass ich aus Rumänien komme, warum bringen Sie mich dann nicht einfach dorthin zurück? Dort will ich nämlich hin, und nach meiner Erfahrung in Ihrem Hotel hier, wirkt Rumänien auf mich einladender …

Worauf einige Tage in der Zelle folgten. Es gefiel mir dort nicht schlecht. Ich freundete mich mit dem Wärter an, der mit mir über die Straße in einen kleinen Laden ging, wo ich mir Limonade, Orangen und Brot kaufen konnte, um nicht zu hungern. Am ersten Morgen tauchte Etheridge auf.

ICH: (*zu mir selbst*) Großartig, ich wette, er bringt was Ordentliches zu beißen, er isst für sein Leben gern. Orangen und Limonade gehen mir langsam auf den Sack.

Der Wärter führte John auf die andere Seite der Besucherecke.

ICH: Hey, Ethel – habt ihr 'n gutes Hotel? Meins ist scheiße.

ETHEL: Hallo, Alter, ja, gutes Hotel. Hier, Alter, ich hab dir was mitgebracht.

ICH: (*erwartungsvoll und mit voreiliger Dankbarkeit*) Oh, wow, super. Was hast du denn? (*Das Bild eines überdimensionalen Croissants füllt den Raum zwischen meinen Ohren, vielleicht mit etwas Marmelade, Honig und/oder etwas Aufschnitt, ich hoffe nichts Schweinefleischiges.*)

ETHEL: Na ja, ich habe gedacht, dir wär's hier ziemlich langweilig, also habe ich dir den *Guardian* mitgebracht, den ich im Flieger gelesen habe. Ich bin damit durch, kannst ihn also haben. (*Er hatte alles aufgegessen und mir nichts mitgebracht.*)

ICH: Du langweiliger, gieriger Wichser. Was meinst du, was das hier ist? Ein Fünf-Sterne-Hotel? Hast du was zu essen dabei?

ETHEL: Ich hab gedacht, die hätten dir vielleicht etwas Gulasch gegeben, Alter. Also, ich geh mal besser wieder, Mann.

Ich sah ihm durch das Gitter nach, dann führte man mich wieder in meine Zelle.

Um ehrlich zu sein, die Zelle war mir die paar Tage über gar nicht so zuwider. Kapitalisten reden ständig von Freiheit (hauptsächlich von der Freiheit, andere auszubeuten, die in irgendeinem fernen Land in Unfreiheit leben, oder wenigstens von deren Schinderei zu profitieren), aber ich erfreute mich in dieser kurzen Kerkerhaft an der Freiheit vom Erfolg meiner Karriere und den endlosen Telefonaten voller Fragen über künftige Pläne und Absichten, die der Erfolg mit sich bringt. Die paar Tage im Knast waren eine willkommene Gelegenheit nachzudenken, ohne dass jemand was von mir wollte. Auf der anderen Seite stand Weihnachten vor der Tür. So interessant es auch gewesen wäre zu sehen, wie sich's in einer Zelle so feiert, ich musste immerzu daran denken, dass am zweiten Weihnachtsfeiertag Villa gegen Manchester United spielte. Ich musste also nach Hause.

Schließlich bat ich dann in dem einen Anruf, den ich hatte, meinen Manager, dafür zu sorgen, dass die britische Botschaft mit einem »diplomatischen Zwischenfall« drohte und damit, die Geschichte an die große Glocke zu hängen – so etwa mit dem Tenor »Inhaftierung in brutalem ungarischen Provinzknast bringt international renommierten Violinisten um Weihnachten und Villa-Spiel«. Meine Gastgeber erkannten daraufhin die Vorzüge meiner Entlassung aus ihrer Herberge. Es folgte eine vergleichsweise luxuriöse Nacht im Budapester Hilton mit Zimmerservice und allem Drum und Dran, dann saß ich wieder in einer Maschine nach London.

Das Spiel bescherte uns allen einen großartigen Tag, vor allem Paul McGrath, als Villa den Roten Abschaum mit 3:0 nach Hause schickte. Ich glaube, das war das Spiel, nach dem Graeme Souness Uniteds Leistung mit der Bemerkung zusammenfasste: »Mit Kindern gewinnt man eben nicht.« Die Kinder waren in diesem Fall ein paar unbekannte Typen namens Beckham, zwei Neville-Brüder usw. Wie schön, wieder zu Hause zu sein.

Die ungarische Grenzpolizei – Punktzahl: 0/10 – 9. Platz
Anmerkungen: Der Leutnant roch nach Alkohol und schien im Dienst betrunken zu sein. Ich habe ihm aus rechtlichen Gründen einen anderen Namen gegeben, aber wie mir bekannt wurde, scheint man ihn versetzt zu haben – auf einen weit höheren Posten. Es ist traurig, dass all die Jahre später Ungarns offizielle Haltung gegen weniger glückliche Randgruppen sich nicht geändert zu haben scheint. So einfach über die Grenze zu laufen, war sicher kein Geniestreich, aber es war doch sehr lehrreich, mal die Vorurteile zu spüren zu bekommen, die sonst für die Roma reserviert sind. Ich drücke jedem mein Mitgefühl aus, der es mit der ungarischen Polizei zu tun bekommt, ohne irgendwelche Beziehungen spielen lassen zu können wie ich.

10. PLATZ: DIE BAYERISCHE POLIZEI BAD WÖRISHOFEN
(Sonderpreis für Rassismus)

Zugegeben, die ungarischen Grenzer hatten Vorurteile gegen mich, weil sie mich für einen rumänischen Zigeuner hielten, aber was unverhohlenen Rassismus anbelangt, so schießt die bayerische Polizei, die (uneingeladen) auf meiner After-Gig-Party in Bad Wörishofen aufkreuzte, den Vogel ab, die Leute operierten auf einem ganz anderen Level, sie waren richtige Fachleute auf dem Gebiet.

Ich tourte zu der Zeit mit einem Programm, das zwei schöne Bachkonzerte mit einigen von eurem Punk-Geiger höchstpersönlich für Orchester arrangierten frühen poetischen und überschwänglichen Werken Duke Ellingtons (vor Strayhorn) kombinierte. Das Bad Wörishofener Festival der Nationen hatte mir dazu eigens ein tschechisches Orchester gestellt, mit dem ich auch noch einige Tage hatte proben können. Für die Ellington-Sachen hatte ich auch noch eine Rhythmusgruppe, darunter der großartige britische Komponist, Vibrafonist, Perkussionist und Produzent Orphy Robinson, außerdem Gitarre, Bass und Drums. Bei meiner Erfahrung sowohl in der klassischen Musik als auch im improvisierten Jazz habe ich nicht nur großen Spaß dran, Musiker verschiedenster Genres zusammenzubringen, ich bin auch recht gut darin, den Leuten während der Proben beim Verständnis des jeweils anderen zu helfen – ohne ihnen damit den Spaß an der Geschichte zu verderben, versteht sich.

Trotz meines unheilbar gammeligen Aufzugs und der Eleganz des Bad Wörishofener Publikums hatte ich die Leute zu hundert Prozent auf meiner Seite. Sie waren aufmerksam und einfühlsam, es machte wirklich Spaß, für sie zu spielen. Der Gig selbst verlief also wunderbar. Meine neuen tschechischen Kollegen verstanden, worauf ich hinauswollte, und meine Band war wie immer wunderbar. Ich denke, oder hoffe zumindest, dass Ellington stolz gewesen wäre; wo er doch auch selbst mit zweitem Vornamen Kennedy hieß.

Wie bereits anderswo in diesem Buch ausgeführt, ist die Musik für mich nach einem Gig nicht zu Ende. Wir hängen ab, machen hinter der Bühne Party, bis uns die Leute rauswerfen, und feiern dann in meiner Hotelsuite weiter, oder wo auch immer sich das sonst machen lässt, ohne dass jemand dabei gestört wird oder uns stört. So kamen die Tschechen denn gemeinsam mit meiner Band zu mir in die Suite, und der Zimmerservice lieferte freundlicherweise fünfzig Bierchen (für eine ganze Menge sauer verdienter Kohle, so ganz nebenbei gesagt).

Einige meiner neuen tschechischen Freunde hatten für mich ganz neue traditionelle Volksmusik aus ihrer Heimat drauf, und es war faszinierend und wunderbar, sie mit solcher Leidenschaft singen und musizieren zu hören. Cora Lunny (die mit mir Bachs Doppelkonzert in d-Moll gespielt hatte) und ich gaben dazu ein paar irische Weisen.

Mitten in einem Song reichte mir jemand das Telefon:

ICH: (*mit verblüffender Originalität*) 'allo.

TYP AN DER REZEPTION: (*ebenfalls ein Ausbund an Originalität*) Hallo, Sir.

ICH: 'allo.

TYP AN DER REZEPTION: Hallo, Sir. Ju maßt stopp sse Party, ssehr has been a Beschwerde. Ein gentlemenne has beschwert.

ICH: Ohhh-kaay. Wir hören mit der Musik auf, trinken unser Bier aus und machen dann Schluss.

TYP AN DER REZEPTION: Nein, Sir. Ju maßt stopp sse Party nau, Sir, and efrione musst go.

ICH: Aber Sie haben mir all das Bier verkauft. Wir kommen runter und trinken es an der Bar.

TYP AN DER REZEPTION: Nein. Sse Bar ist klosied.

ICH: Hey, Augenblick, Mann. Ein Hotel, das sich fünf Sterne anmaßt, muss doch einen Raum für Leute – Gäste – haben, wo sie trinken können, wofür sie bezahlt haben. Sagen Sie uns, wo wir in Ruhe was trinken können, ohne den Typ zu stören, der sich vermutlich einen Gentleman schimpft, obwohl wir beide wissen, was er ist.

TYP AN DER REZEPTION: Nein. Alles muss gehen – du maßt go!

ICH: Nichts da, Mann. Nicht bevor wir das Bier getrunken haben, das Sie uns teuer verkauft haben. Entweder das oder Sie trinken alles allein.

TYP AN DER REZEPTION: Nein, Sir.

ICH: Nein, Mann. Danke.

Ende des Gesprächs.

ICH: Okay, Leute, ich denke, wir hören mal besser auf mit der Musik. Trinken wir aus und machen Schluss. Verdammt guter Gig, Leute!

TSCHECHISCHER ORCHESTERTYP: Česká republika smetana bohemia bilý potok smězka Reichsprotektor.

ICH: Ähhhh … okay …

ORPHY: Nette Version von »Cottontail«, *mate*.

ICH: Nu werd mal nicht kess, *mate*.

Klopf POCH BUMMER KLOPFF! Ich öffne die Tür und sehe mich vor drei Vertretern der Schweinehunde, pardon, ich meine natürlich der bayerischen Polizei Bad Wörishofen, und sie haben auch gleich einen aufmerksamen, großen, gesunden Schäferhund mit.

SCHWEINEHUND 1: You hast Drugs. Gib mir sse Drugs.

ICH: Kommen Sie, Officer, oder whatever. Wollen Sie sich nicht mit einem Bier zufriedengeben? Was machen Sie denn hier?

SCHWEINEHUND 2: Gib mir sse Drugs.

ICH: Sorry, aber was anderes als Alkohol kann ich nicht anbieten. Wenn Sie Stärkeres gewohnt sind, müssen Sie das schon auf dem Revier erledigen.

Schweinehund 3 steht einfach schweigend da mit dem Hund.

SCHWEINEHUND 1: Dann machen wir eine Durchsuchung.

ICH: Hören Sie, wenn Sie ein Kondom brauchen, sagen Sie es doch einfach.

Nachdem sie sich in die Suite gedrängt hatten, funktionierten die Schweinehunde das zweite Schlafzimmer zum Verhörraum um. Vielleicht brauchten sie ja wirklich Kondome.

ICH: Okay. Ich als Erster.

Schweinehund 3 passte auf den Hund auf. Schweinehund 1 und Schweinehund 2 gingen ins andere Zimmer. Wunderbar!

ICH: Ich habe nichts.

SCHWEINEHUND 2: Gib uns die Drogen. Was hast du in den Taschen?

Ich: (*kehre meine Taschen nach außen*) Sehen Sie? Alles, was ich Ihnen anbieten kann, ist ein Wodka, einstöckig, oder ein Bier, allerdings ist das Angebot Ihrer beschissenen Manieren wegen vom Tisch. Ihr Leute seid ja wohl wirklich ein Witz, was?

Anschließend nutzten Schweinhunde 1 und 2 das zweite Zimmer als Durchsuchungskabine – es war wie am Flughafen, jeder Gast wurde einzeln durchsucht, bevor man ihn aus der Suite wies. Alle mussten wir unsere Taschen nach außen kehren wie schlimme Schulkinder, die irgendwo Bonbons versteckt haben.

Inmitten der Prozedur wollte Schweinehund 3 den Schäferhund das Wohnzimmer nach Drogen abschnüffeln lassen. Dummerweise setzte der Hund sich nur hin und guckte völlig fasziniert fern. Es lief gerade *Police Academy* – auf Deutsch. So wie seine Kollegen sich hier anstellten, kam ihm der Film wohl vor wie seine Lieblingsdoku.

ICH: (*zu Schweinehund 3*) Hey, schaffen Sie denn Hund hier raus. Er ist ja ganz nett, und er mag mich offensichtlich um einiges lieber als Sie, aber ich habe meine Dogge im Schlafzimmer. Sie hat ungebetene Gäste nicht gern und womöglich auch Brutus hier nicht und mit Sicherheit nicht Sie und Ihre alberne Uniform. Schaffen Sie den Hund raus, oder Sie sind voll verantwortlich für was immer passiert. Ich muss den Hund nämlich jetzt rauslassen, weil er noch Gassi muss, und dann gibt's hier ein Blutbad. (*Übrigens dolmetschte Cora Lunny für mich; sie ist nicht nur eine irre gute Violinistin, sondern auch zur Hälfte deutsch.*)

(Cora: Vorsprung durch Technik ...)

Schweinehund 3 nimmt den Hund mit nach draußen, obwohl der sich nur zögerlich von seiner Lieblingssendung trennt. Damit ist die Luft rein, und ich hole Bully raus, damit er sich die Bescherung ansehen kann. Er hatte tatsächlich die ganze Geschichte hindurch geschlafen und wahrscheinlich geträumt, von wegen Zimmerservice, Frühstück und so.

Die Durchsuchung war inzwischen weitergegangen, jeder Gast hatte seine Taschen nach außen zu kehren. Ich ging zurück in das zur Durchsuchungskabine umfunktionierte zweite Schlafzimmer. Ich war ziemlich angefressen, dass einer der Schweinehunde sich ohne meine Einwilligung Zugang zu meinem Zimmer verschafft hatte, was ja wohl international als illegal gilt. Ich fand es also nur richtig, mal nach dem Rechten zu sehen, und was ich dann sah, war schlicht unglaublich – mal abgesehen davon, dass es tatsächlich passierte.

ICI I: Jetzt aber raus, ihr Rassistenschweine! Damit kommt ihr nicht durch, das kommt raus. (*Nachdem alle die Taschen hatten umkehren müssen, hatten diese Schweinehunde, diese geistigen Zwergpygmäen Orphy dazu gezwungen, sich bis auf die Unterhose auszuziehen. Als einzigen Schwarzen in der Suite hatten sie ihn ganz offensichtlich für einen Dealer gehalten; jedenfalls hatten sie keinen von uns Weißen einer solchen Behandlung ausgesetzt.*) Ihr ignoranten Scheißer – raus jetzt! Eure Dummheit ist eine Schande für ganz Bayern. Gesindel wie ihr soll Bayern repräsentieren? Schämt ihr euch nicht, eure bayerischen Landsleute als derart zurückgeblieben hinzustellen?

Schließlich zogen die Schweinehunde wieder ab. Nicht, dass die Geschichte damit zu Ende gewesen wäre. Ich mache kein Geheimnis daraus, dass ich gern mal was rauche. Das hat mir dabei geholfen, der Improvisateur, der Komponist, der Interpret klassischer Musik zu werden, der ich heute bin. Es war also eher reiner Zufall, dass in der besagten Nacht, in der man meine Suite stürmte, bei mir nichts zu finden war.

Meines Wissens kann die Staatsanwaltschaft einen strafrechtlich nur dann belangen, wenn auch tatsächlich eine Straftat vorliegt oder wenn man wenigstens ordentliche Indizien hat. Außerdem denke ich, oder hoffe es mal, dass jede Amtshandlung aus eindeutig rassistischen Gründen rechtswidrig ist. Diese speziellen Schweinehunde sollten sich wirklich eine Scheibe von ihren Kollegen in Berlin oder sonst wo abschneiden, wenn es darum geht, wie man Leute wie Gleiche behandelt und wie man der Versuchung, Beweise zu fingieren, widersteht. (Man hatte eine Glaspfeife »gefunden«.) Außerdem sollten sie ihren Hunden etwas mehr abverlangen, als fernzusehen.

Bayerische Polizei Bad Wörishofen – Punkte: -10/10 – 10. (und letzter) Platz
Anmerkungen: Rassisten, fälschlich unterstellter Besitz harter Drogen. Und wenn Langeweile als Grausamkeit gegenüber Tieren zählt, dann sind sie grausam zu Brutus.

NB: Wie ich erfahren habe, hat man bei der bayerischen Polizei ein Orchester. Ich wäre jederzeit bereit, zusammen mit den Leuten ein Benefizkonzert zu geben; mit dem Erlös könnte man den zwei, drei auf Abwege geratenen Kollegen einen Kurs angedeihen lassen – in Friedfertigkeit, Toleranz und Rassismusprävention. Ich weiß, was da passiert ist, steht nicht für die gesamte Polizei, aber ich weiß eben auch, dass so was nicht hätte passieren sollen. Ich würde also wirklich gern dazu beitragen, künftige Übergriffe gegen Unschuldige zu verhindern. Es geht mir mit meiner Musik schließlich um ein freundschaftliches Miteinander.

TABELLENSTAND MEINER PERSÖNLICHEN POLIZEILIGA

Platz	Polizeibehörde	Punkte
(1)	Metropolitan Police London	10
1	Polizei Berlin	10
3	Warszawa Policja	7
(3)	Metropolitan Police London	7
5	NYPD	4
6	Frankfurter Flughafenpolizei	3
7	Policía Madrid	2
8	West Midlands Police	1
9	Ungarische Grenzpolizei	0
10	Bayerische Polizei Bad Wörishofen	-10^{28}

---

[28] Zehn Strafpunkte für Rassismus

10. Platz: Die bayerische Polizei Bad Wörishofen

ZUGABE ZUM THEMA »POLIZEI«

Ich war vier Stunden gefahren und noch einen halben Kilometer von zu Hause entfernt. Als ich einen Tramper am Straßenrand stehen sah, dachte ich: »Nee, nicht heute, *mate*.« Plötzlich trat der Typ einfach vor mir auf die Straße. Ich versuchte ihm auszuweichen. Im nächsten Augenblick rollte er auch schon von der Windschutzscheibe und landete auf der Straße. »Oh Gott, ich habe jemanden umgebracht!« Ich sprang aus dem Auto und versuchte ihn zu retten. Über das Mobiltelefon rief ich einen Krankenwagen. Plötzlich stand die Leiche auf. Es war ein Polizist. Er klopfte sich den Dreck von der Kleidung und sah mich dann an. »Sie sind doch dieser Geiger, stimmt's? *Vier Jahreszeiten*. Ist ziemlich strafbar, einen Polizisten zu überfahren. Aber ich mag Ihre Musik, also fahren Sie mal weiter – aber dass Sie mir nicht noch mal einen Polizisten überfahren.«

Ich fuhr nach Hause und habe seither nie wieder einen Polizisten überfahren.

FUSSBALL: ASTON VILLA

Hier geht's um ASTON VILLA, ASTON VILLA FC
(Wir sind bei Weitem der größte Verein, den die Welt je gesehen hat.)

EINFÜHRUNG

»Hallo, Miss Moneypenny, ich hoffe, das Leben bereitet Ihnen heute einen schönen Tag. Ich bin aus dem Urlaub zurück und melde mich zum Dienst. Wie ich höre, steht eine Moskaureise auf dem Programm. Vielleicht gönne ich mir ein paar Blini zu meinem Martini.«

»Danke, mir geht es ausgezeichnet, James. Ich freue mich, dass Sie Spaß an den Taubenmanövern über Scunthorpe hatten … M möchte Sie sprechen, sofort. Gehen Sie einfach rein.«

»Okay. Danke, Miss Moneypenny.«

20 Sekunden später …

»Melde mich zum Dienst, Sir. Wann geht's ab nach Moskau?«

»Hallo, schön Sie zu sehen, 007. Die Pläne haben sich geändert. Wie Sie wissen, haben wir uns neben unseren Auslandsinteressen auch um die Interessen unserer eigenen Leute hier bei uns zu Hause zu kümmern. Obwohl die Informationen von BBC, *Guardian*, *Times* und dergleichen eigentlich das Gegenteil suggerieren, so gibt es doch Gerüchte über die Existenz einer riesigen Industriestadt mitten in England namens Birmingham.«

»Burrrminghumm?«

»Korrekt, 007. Birmingham. Also, falls diese riesige Stadt tatsächlich existiert, so ist sie Gegenstand einer kulturellen Säuberung von einem Ausmaß, wie es die Welt noch nicht gesehen hat. Angeblich leben in dieser Stadt sechs Millionen Menschen, und die London-Lancashire-Veggie-Medien wollen sie vom Angesicht der Erde wischen. Was ist uns aus der Zeit in Erinnerung geblieben, als Warwickshire noch eine Größe im Kricket war? Lancashire und Middlesex. Es gibt da Gerüchten zufolge einen Verein in Birmingham namens Aston Villa ...«

»Kasten-Villa?«

»Nicht doch, 007. AS-TON VIL-LA. Sie haben angeblich Anfang der 80er Meistertitel und Europapokal gewonnen, aber was ist uns davon in Erinnerung geblieben? Dass Manchester United nicht sehr gut waren und dass Tottenhams Reserve einige Spiele gewonnen hat.«

»Also, M, Sie wollen damit sagen, dass diese Stadt, dieses Brumminghamm, tatsächlich existiert, aber Opfer einer groß angelegten Vertuschungskampagne durch die Vegetarisch-Globalisierten Medien aus London und Lancashire war.«

»So ist es, Bond. Nennen wir sie doch einfach VGMLL, um auf dem Papier Platz zu sparen. Wir haben mit dem Sammeln von Belegen für Birminghams Existenz begonnen und damit zwangsläufig für das tückische Komplott der VGMLL. Ein weiteres Beispiel für die London-Lancashire-Voreingenommenheits-Intrige, die wir künftig als LLVI bezeichnen wollen, ist diese Liste von Musik, von der man bislang dachte, sie käme aus London oder Lancashire, die in Wirklichkeit aber aus dieser geheimen Stadt stammt: Black Sabbath, Judas Priest, Dexys Midnight Runners, ELO, Roy Wood, Wizzard, The Move, UB40, The Beat, The Moody Blues, Duran Duran, Steel Pulse, Traffic, Steve Winwood, Musical Youth, Napalm Death, Bachdenkel, Bhujhangy Group, The Punjabi Villans, Bentley Rhythm Ace und viele mehr. Womöglich waren, ihrem Namen nach zu urteilen, die Beatles eine langatmige Version von The Beat.«

»Nach derzeitigem Kenntnisstand können wir noch nicht sagen, ob dieses kulturelle Säuberungsprogramm von den im Besitz der BBC befindlichen Zentren der politischen Korrektheit in Manchester und London und dem *Guardian* ausgeht, oder ob die Operationen aus größerer Entfernung gesteuert werden, etwa aus Russland oder dem Vegetarischen Yoga-Institut für Moralische Diktatur der Isle of Man.«

»Großer Gott, Sir, nicht die!«

»Aber das ist nur der Anfang, 007. Diese freimaurerischen Weltverbesserer haben sich noch etwas anderes, weitaus Gefährlicheres einfallen lassen. Sie drohen, die Relevanz der Wahrheit zu untergraben, indem sie die Relevanz des Fußballsports an sich aushöhlen. Das sogenannte Schöne Spiel ist in Gefahr, zum Schönen-Big-Brother-Überwachungsspiel zu werden. Wenn die Scharfmacher auf diese Art und Weise weitermachen, wird ihnen bald eine völlig aus den Fingern gesogene Fernsehserie mit einem Titel wie *Das Englische Spiel* einfallen, in der es dann heißt, dass man Fußball in Eton oder Lancashire erfunden habe. Birmingham, falls es denn tatsächlich existieren sollte, wird darin womöglich gar nicht erwähnt. Die Situation könnte die Ausmaße der chinesischen Kulturrevolution annehmen, bei der die Brummies auf Birminghams anständiger Seite heimlich ihre Villa-Shirts im Garten vergraben müssen.«

»Wie sollen die denn eine ganze Villa in ihrem Garten vergraben, Sir?«

»Sie verstehen nicht, 007. Villa, Aston Villa, ist ein Fußballverein aus Birmingham, das offensichtlich von VGMLL und LLVI geheim gehalten wurde. Das ist kein Haus. Das ist der Verein, der Fußball erfunden hat, so wie wir den Sport heute kennen. Das ist der beste und wichtigste Verein der Welt, wurde aber von diesen niederträchtigen Organisationen geheim gehalten wie überhaupt die ganze Stadt.«

»Das ist ja widerwärtig, M. Wollen Sie, dass ich mich auf die Suche nach diesem Birmingham mache? Da ich nur den *Guardian* lese und BBC schaue, hatte ich keine Ahnung von der Existenz dieser Stadt. Was ist denn ein Brummie? Liegt Birmingham südlich oder nördlich von irgendwo?«

»Tja, 007, genau da liegt der Hund begraben. Niemand in London oder Lancashire weiß, ob es dieses Birmingham nun wirklich gibt oder nicht, aber für den Fall, dass dem tatsächlich so ist, müssen wir seine Bevölkerung vor der Auslöschung durch das Denken der Leute bewahren.«

»Ich bin bereit, Chef. In welcher Richtung soll ich anfangen?«

»Sachte, 007. Was ich Ihnen bisher gesagt habe, sind nur Hintergrundinformationen. Ich möchte, dass Sie sich um Folgendes kümmern: Es gibt da, falls Birmingham existiert, noch einen sehr viel infameren Plan, Aston Villa und Villa-Fans zu vernichten.«

»Das ist ja unerhört, M. Und wie wollen ›die‹ das anstellen?«

»Die fragliche politisch korrekte Propagandawaffe der interessierten Parteien nennt sich VA oder Video-Assistant. Es handelt sich dabei um ein Gerät zur Wiederholung von Spielszenen, das darauf abzielt, nicht nur den Fluss des Spiels zu ruinieren, sondern auch die Freude der Fans am Spiel. VA hindert das zahlende Publikum daran, ein Tor zu feiern, während ein Fan von Manchester United in London (wo die meisten United-Fans herkommen) über den Spielstand entscheidet. Was natürlich dazu führt, dass man seinen Gefühlen nicht freien Lauf lassen kann und sich bevormundet fühlt. Dieses globalistische Werkzeug führt dazu, dass arbeitende Leute sich machtlos fühlen, was genau das ist, was Globalisten wollen. Es hängt alles zusammen – wenn es keine arbeitende Bevölkerung in Birmingham (falls es denn existieren sollte) mehr gibt, dann kann die Arbeit von Sklaven in ärmeren Ländern verrichtet werden – die dann die Trikots, Sportschuhe und Fußballstiefel herstellen, die die Spieler und die Fans tragen, aber mit einem ordentlichen Preisaufschlag, die sich ehrliche arbeitslose Arbeiter nicht leisten können. 007?«

»Sorry, Sir, das Gähnen war keine Absicht. Ich kann es kaum erwarten, in Aktion zu treten, M.«

»Das ist noch nicht alles, 007. Diese VA-Propaganda wird als Konditionierungswaffe insbesondere gegen Aston Villa eingesetzt, weshalb auch halb Brum in Gefahr ist, falls es denn existiert.«

»Ich nehme an, mit ›Brum‹ meinen Sie Birmingham, Sir. Ich bin einsatzbereit, und jetzt, wo ich von Daniel Craig dargestellt werde und einen zuvor nie gezeigten aggressiven Zug an den Tag legen darf, bin ich bereit, so barbarisch vorzugehen wie nötig. Ich werde tun, was immer notwendig ist, um den Fußball ganz allgemein und Aston Villa im Besonderen zu retten – falls der Verein existiert.«

»Es gibt auch noch unwichtigere Vereine in Birmingham, 007. Bitte retten Sie doch die und die ganze Stadt gleich mit, falls sie existiert. Erfunden wurde diese so gerissene wie dumme VA-Vorrichtung in Holland, jetzt wird sie in Stockley Park, West London, betrieben. Gehen Sie doch bitte gleich zu Q, um sich die neueste, genau für diese beängstigende Aufgabe entwickelte Geheimwaffe abzuholen ...«

»… Hallo, Q. Könnte ich bitte meine neue Bombe haben?«

»Hallo, 007. Das Gerät, das ich für Sie entwickelt habe, ist völlig neu und keine Bombe.«

»Oh, das ist aber schade, Q.«

»Was ich für Sie entwickelt habe, ist eine als Vegetarier getarnte, Ratten abschreckende Ultraschallwaffe mit integriertem Wahrheitsserum. Die Tarnung ermöglicht es Ihnen, die Vorrichtung in die Räumlichkeiten eines beliebigen Meinungszensors zu bringen. Der Ultraschallstrahl schießt die VA-Maschine partikelweise in den Weltraum und verstreut sie über das gesamte Universum. Das Wahrheitsserum konterkariert Medientypen und andere Besserwisser in Predigerlaune. Das Rattenmittel bekämpft bourgeoise Globalisten. Danach wird niemand mehr an Birminghams Existenz zweifeln, man wird den Fußball nicht länger bescheuert als das ›Schöne Spiel‹ bezeichnen, und das Beste von allem ist, dass niemand dabei zu Schaden kommt.«

»Schade.«

»Und Aston Villa wird faire Entscheidungen bekommen und als die wahren Erfinder dieses sehr körperlichen und gar nicht so schönen Spiels anerkannt werden. Ein weiterer Nutzen und Nebeneffekt der Anti-VA besteht darin, alle ausländischen Clubbesitzer verschwinden und gleichzeitig ohne Bankkonto in einer Einzimmerwohnung in Scunthorpe wieder auftauchen zu lassen. Die können sie dann verkaufen und den Erlös unter sich aufteilen.«

»Mein lieber Scholli, Q, das ist ja famos.«

»Zweierlei, James. Die Vegetarier-Tarnung ist funktionell, im Gegensatz zum echten Vegetarier-Dasein. Sie kann Sie nämlich von einem Bestimmungsort zum anderen bringen. Geben Sie ihr außerdem kein Fleisch, weil Sie das enttarnt und die Maschine einen Ausschlag bekommen könnte oder kotzen oder was weiß ich ...«

(Natürlich hätte sich das eben durchgespielte Szenario eigentlich im richtigen Leben abspielen und damit die Welt zu einem besseren Ort machen sollen, aber so leid es mir tut, Leute, es war nur ein Traum von mir.)

MEIN ERSTES SPIEL UND DIE ANFÄNGE

Ich ging am 4. Januar 1969 zum ersten Mal zu Aston Villa. Vorher war ich ein Plastikfan, der gerade mal in der Zeitung von Villa gelesen oder den Namen im Rahmen der Fußballergebnisse im Radio gehört hatte. (Trotz einer durchschnittlichen Zuschauerzahl von 40 000 waren wir nie im Fernsehen zu sehen und immer auf den hinteren Plätzen der zweiten Division.)

Philip Waddy hatte mich mitgenommen; der war ein paar Jahre älter als ich und der Sohn eines Arztes, der wiederum ein Kollege meines Stiefvaters war. Philip hat mein Leben verändert; er erinnert sich womöglich nicht mal mehr an mich, aber ich mich umso mehr an ihn. Villa spielten gegen die Queens Park Rangers in der dritten Runde des FA Cup, und Philip hatte zwei Karten. Als seine Familie mal bei uns zu Besuch gewesen war, hatte seine Mum versehentlich einen der heißgeliebten Samtstühle meiner Eltern vollgepisst, und so versuchten die Waddys womöglich was gut zu machen, als Philip mich zum Match nahm. Ich glaube ja, dass das Schicksal alle anständigen Menschen zu Villa-Fans macht, aber es besteht durchaus die, wenn auch noch so kleine Möglichkeit, dass ich ohne den bepissten Stuhl nie Villa-Fan geworden wäre, oder zumindest nicht so schnell. Diese beiden Karten waren pures Gold, da der FA Cup nun mal einer der aufregendsten Wettbewerbe im Fußball ist. Entweder man gewinnt und kommt in die nächste Runde, oder man verliert und ist raus bis zum nächsten Jahr. Der Cup ist das Gegenteil von den TV-orientierten europäischen und internationalen Wettbewerben, in denen so viele beschissene Teams zu sehen sind, von denen nicht eines den Anstand hat, endlich zu gehen. Diese Teams sind wie riesige Warzen im Gesicht: Nicht nur will man sie da nicht haben, es dauert auch viel zu lange, bis man sie wieder los ist.

Das Erste, was mich an dem Tag beeindruckte, war all das, was ich auf dem Weg zum Platz so sah. Busse, die alle gerammelt voll waren, Züge voller Villa-Fans mit quergestreiften weinrot-blauen Zipfelmützen und entsprechenden Schals. Und dann die Anstecker und Aufnäher auf Schals, Mützen, Jacken und Jeans. Alle Welt rauchte (allerdings bloß langweiligen Tabak), da die Leute damals noch die Wahl hatten, wie sie ihr sauer verdientes Geld ausgeben durften – ebenso, wie sie ihre wohlverdiente Freizeit verbringen konnten, ohne sie sich von irgendwelchen pseudomoralischen Spaßbremsen verderben zu lassen. Die Luft schien vor Erwartung zu brummen, wohin man auch sah. Vor dem Villa Park hätte man die Atmosphäre geradezu schneiden können. Wo immer man sich anstellen musste, stand eine lange Schlange; es gab die klassischen Hamburger mit Knorpeln und weiß der Teufel was drin, Fish and Chips, Programmhefte und so Kram wie Badges und Schals. Eine Menge Leute hatten kleine Holzkistchen mit Griffen dran; was es mit denen auf sich hatte, sollte ich erst später erfahren. Es war offensichtlich, dass hier kein Bullshit von wegen »Schönes Spiel« oder so lief – das hier war ein SPIEL DES VOLKES.

Für die Extraportion Aufregung rund um das Spiel sorgte die

Meldung, dass der legendäre und charismatische Tommy Docherty eben zum Trainer von Villa ernannt worden war. Der Doc ist leider von uns gegangen, während ich an dem Buch hier saß, aber: »Ey, Doc ... bist du da oben? Danke, dass du unseren Club wieder zum Leben erweckt hast. Du hast mich zum Villa-Fan gemacht, und was hatte ich seitdem für irre Zeiten mit dem Club. *Cheers, mate.*« Für alle, die keine Ahnung haben, wovon ich hier rede: Der Doc wies diesem Club, der all die Jahre so vor sich hingedümpelt hatte, den Weg nach vorn. Obwohl wir im Keller der Zweiten Division waren, brachte Docherty frischen Optimismus in den Verein, und ich weiß noch ziemlich genau, wie er sagte: »Villa hat eine großartige Basis. Hängen Sie elf Villa-Trikots an die Wäscheleine, und ich sage Ihnen, es kommen fünftausend Fans, um ihnen zuzusehen!«

Wir gingen die Witton Lane entlang, auf der ich später noch so einigen Remmidemmi erleben würde, bis wir dann an den Drehkreuzen waren. Auch wenn es im Grunde nur eine Wellblechhütte war, nahm sich die Witton-Lane-Tribüne vergleichsweise nobel aus, weil es Sitzplätze gab.[29] Jeder, der sich je ein Spiel angesehen hat, kennt das Gefühl, das einen überkommt, wenn man die Treppe hoch auf die Tribüne geht. In einer einzigen großen Welle von Energie tut sich das ganze Panorama vor einem auf: Flutlicht, Geräuschkulisse, das Grün des Rasens – es ist, als könnte man dieses Bild in dem ungeheuren Raum vor einem mitsamt dem Lärm darin mit den Händen fassen. Es ist auch im übertragenen Sinne ein Gefühl des Ankommens – es ist der Tag des Spiels!

---

[29] Danach hieß es für mich dann Stehplatz, bis uns Thatchers größtenteils durchaus erfolgreicher Versuch, dem Fußball (und der Arbeiterklasse an sich) den Garaus zu machen, das Recht auf einen Stehplatz nahm.

Unter dem Gebrüll von 40 000 Leuten kamen die Spieler aus dem Tunnel. Für mich hatten die weinrot-blauen Trikots vom ersten Augenblick an so viel mehr Klasse als all die langweiligen Farben aller anderen Clubs. Und in dem Augenblick kam ich auch dahinter, wozu die Holzkästchen mit den Griffen gut waren – es waren Rasseln. Sie hörten sich wie riesige Science-Fiction-Grillen auf Anabolika mit tausend Rumbakugeln an – und all der Lärm auf einmal und in ein und demselben Augenblick eröffnete mir eine ganz neue Welt. Es sollte nicht lange dauern, dann hatte ich meine eigene Rassel, und ich bemalte sie, wie sich das gehörte, weinrot und blau. Aber das kam später. In dem Augenblick spürte ich zum ersten Mal den Strom, die Elektrizität der Atmosphäre rund um mich, die nur Fußballfans, und wirklich nur Fußballfans kennen.

Wir gewannen 2:1 mit Toren von Lionel Martin und Brian Godfrey. Und es war nicht zuletzt das Publikum, das Villa zum Sieg verhalf. Der Vibe aus dem Holte End – das sind allein schon 28 000 Leute – war etwas, was ich noch nie zuvor erlebt hatte. Ich war nur einer von vielen neuen Fans, die Tommy Docherty Villa brachte. Es war eine aufregende Zeit für den Verein und der Beginn einer neuen Ära. Auch wenn wir abstiegen und in der Dritten Division landeten, sorgte Docherty für eine Reihe von großartigen neuen Spielern, die später phänomenale Resultate für seinen Nachfolger Vic Crowe lieferten. Zu diesen Spielern gehörten Bruce Rioch, Chico Hamilton und Pat McMahon. Docherty leierte auch die Verhandlungen um Andy Lochhead an, einer weiteren Villa-Legende. Vic Crowe sorgte dann dafür, dass wir wieder aufstiegen, übrigens mit einer Rekordtrefferzahl und vor einem Riesenpublikum, wie man es in der Division weder zuvor noch seither gesehen hat.

In den kommenden Spielen stand ich dann auch einige Male am Witton End, und überhaupt stand ich lieber, als dass ich saß – nicht dass ich das Geld für einen Sitzplatz gehabt hätte. Wir nannten das Witton End damals das »Hügelende«, da es, trotz der Stufen zum Spielfeld hin auf der Rückseite nur ein Geröllhang war, den man nach dem Match wie auf Skiern hinabrutschen konnte. Rutschte man auf dem Hintern runter, hatte man einen schwarzen Streifen am Hosenarsch wie ein Dachs wegen dem verrußten Geröll, aus dem der Hang bestand.

Ein Zeitsprung vorwärts zu Thatchers Kampf gegen das Volksspiel. Nachdem ich nun schon geraume Zeit zum Fußball gehe, habe ich die Veränderungen miterlebt, die die Globalisierung dem Sport aufgezwungen hat, nur um den Profit einiger Trottel zu sichern, die kaum je einen Fuß auf britischen Boden (ganz zu schweigen von Birmingham) setzen.

Unweigerlich erlag ich schließlich der Anziehungskraft des Holte End. Von dort bekamen die Spieler die leidenschaftlichste Unterstützung, am Holte sang man die besten Songs. Die 28 000 Leute dort wurden zu einem einzigen gewaltigen Macker, und es war ein hammermäßiges Gefühl, Teil eines so gewaltigen Mackers wie dem Holte-Macker zu sein. (Natürlich hatte Thatcher, diese Kanalratte, eine Heidenangst davor, dass die Masse zu einem einzigen riesigen Macker verschmolz.) Ich möchte mal behaupten, Sie haben nie ein richtiges Fußballmatch gesehen, wenn Sie nicht mal dort gestanden haben. Es tut mir leid für Sie, wenn man Ihnen diese Wahnsinnserfahrung verwehrt hat, aber bei einem Fußballmatch sitzen zu müssen – genauso gut könnte man Ihnen sagen, Sie hätten auf einem Rave die ganze Nacht auf Ihrem zugewiesenen Platz sitzen zu bleiben. Es ist einfach eine von vielen Freiheiten oder Wahlmöglichkeiten, die man uns Bürgern eine nach der anderen nimmt.

1989 kam es in Hillsborough zu einem von der Polizei verursachten Desaster, 1985 hatten die Belgier den Fehler gemacht, im Heysel-Stadion die Fans nicht auseinanderzuhalten, und im selben Jahr war es zu einem schrecklichen Brand bei Bradford City gekommen. Keine dieser Tragödien hatte auch nur das Geringste damit zu tun, ob die Leute nun saßen oder standen. All die falschen Schlüsse aus diesen furchtbar traurigen Ereignissen sind nur Beispiele für die alte Weisheit, dass eine oft genug wiederholte Lüge das Ende der Wahrheit ist. Passen Sie auf, hier sind einige Wahrheiten, die sich grundlegend unterscheiden von dem alltäglichen Geblöke, das man uns eintrichtert:

HILLSBOROUGH: Hier führte grauenhaft verantwortungslose Polizeiarbeit zum Desaster, nicht weil irgendjemand stand.

ABHILFE: Ordentliche Polizeiarbeit und Gerechtigkeit für die Familien der Fans, die der Tragödie zum Opfer gefallen sind.

HEYSEL: Zu dem Desaster kam es, weil a) man die Fans nicht ordentlich voneinander trennte, und b) sich die UEFA weigerte, von diesem Dreckstadion in ein geeigneteres zu wechseln – so wie Liverpool und Juventus das gewollt hatten. Sowohl Camp Nou in Barcelona als auch Real Madrids Santiago Bernabéu wären frei gewesen, um nur zwei Beispiele zu nennen. Die ganze Anlage bröckelte den Leuten unter den Füßen weg, und Leute ohne Karten traten Löcher in die Wand, um reinzukommen. Liverpool-Fans gehören zu den anständigsten überhaupt, es war also ziemlich erbärmlich, die beiden Tragödien auf das Verhalten der Fans zu schieben. Ich weiß noch, wie ich mal der einzige Villa-Fan auf der Tribüne in Anfield war, komplett in unseren Farben, und ich

hatte nicht das geringste Problem. Überhaupt sind die Fans von Liverpool die einzigen, die ich kenne, die auch dem Gegner applaudieren.

ABHILFE: Die UEFA sollte Spiele in geeigneten Stadien ausrichten und die Fans ordentlich voneinander trennen. Diese Tragödie hatte mit Stehplätzen nichts zu tun. Wenn überhaupt hätte man neben den vierzehn Liverpool-Fans auch die für die Austragung des Spiels verantwortlichen UEFA-Funktionäre wegen Totschlags anklagen sollen.

VALLEY PARADE: Zu dieser Katastrophe kam es, weil ein australischer Touri eine brennende Kippe weggeworfen hatte – auf einer Holztribüne. Dann waren die Drehkreuze verschlossen, sodass niemand rauskam. Während des Spiels zu stehen, hatte damit nichts zu tun.

ABHILFE: Zusehen, dass Tribünen nicht aus brennbarem Material gebaut und die Leute nicht eingeschlossen werden.

Die wichtigste Freiheit, die die Behörden und Fußball-Obrigkeiten den Leuten in all diesen Fällen genommen haben, war die, sich unter sicheren Bedingungen ein Match anzusehen, ohne dabei umzukommen, und im Falle von Hillsborough und Heysel, dass man die Wahrheit berichtete, anstatt Leute zu verleumden. Nach und nach nahm man uns Fußballfans weitere kleine Freiheiten, und wenn wir uns vom Staat durch Lügen und Betrug Stückchen für Stückchen unsere bürgerlichen Freiheiten unterminieren lassen, dauert es womöglich nicht mehr lange, und wir werden unsere »Freiheit« ernsthaft gefährdet sehen. Wir haben mal in einer weitaus toleranteren Gesellschaft gelebt als der heutigen, in der es von kleinen Moraldiktatoren nur so wimmelt, die uns sagen wollen, was wir dürfen und was nicht.

Die ekelhaften falschen Anschuldigungen gegen Liverpool-

Fans (ein anständiger Mensch hätte ihnen sein Mitgefühl ausgesprochen) haben auch Auswirkungen auf unser aller Rechte. So war es früher tatsächlich mal möglich, ohne generalstabsmäßige Planung zu einem Spiel zu gehen, sich einfach mit einem Dutzend Freunden zu treffen, loszuziehen und dann auf der Tribüne stehend zu singen, und zwar wo immer wir wollten. Und wem nach einer Zigarette war, der steckte sich eine an.[30] Stellen Sie sich nur den Aufwand und die Kosten vor, am Morgen des Spieltags zwölf nebeneinanderliegende Sitze aufzutreiben, ich meine, wenn das überhaupt möglich wäre. Man muss schon in Walt Disneys *Fantasia* leben, um sich auszumalen, dass stehen oder rauchen oder im Stehen rauchen ein Sicherheitsrisiko darstellt oder dass ein spontaner Spielbesuch das Ende der Welt bedeuten kann. Alle, die über das Spiel rumblöken und dass man jetzt »sicherer« sei, sollten noch mal in den Kindergarten gehen und sich erklären lassen, wie man Fakten von Halbwahrheiten unterscheidet.

FAKT: Der Besuch eines Fußballspiels ist heute sicherer, weil die Polizei sich besser verhält.

FAKT: Selbst wenn man rauchen könnte, wäre das Spiel sicherer, weil die Tribünen heute aus Beton sind (der Albert Zweistein zufolge weniger entflammbar ist als Holz; Dreistein zufolge brennt er überhaupt nicht).

MÖGLICHER FAKT: Ein Wohlfahrtsstaat ist scheiße, wenn die Wohlfahrt nur ein Vorwand dafür ist, andere bevormunden zu können. Überlassen wir das Meckern den Ziegen; die können

---

[30] Lieber Leser, weinen Sie jetzt nicht, Ihre Sensibilität in allen Ehren. Es ist nur meine Meinung, dass man rauchen können sollte, wenn man Lust dazu hat. Es liegt mir fern, jemandem die Freiheit zu nehmen, einfach woanders hinzugehen, wenn ihm das nicht passt.

das besser und geben obendrein noch Milch. Vielleicht sollte man damit mal einem dieser arschkriechenden rugbyvernarrten Tory-Lakaien den Kopf waschen, die ständig harmlose Leute traktieren.

Zehn beiläufige Halbwahrheiten (deren ständige Wiederholung zum Tod der Wahrheit führt):

HALBWAHRHEIT 1: Von den Torys und der UEFA angestoßene Veränderungen haben den Besuch von Fußballspielen sicherer gemacht.

HALBWAHRHEIT 2: Der Video-Assistent stellt eine Verbesserung des Spiels dar und macht es fairer.

HALBWAHRHEIT 3: Die Geschichte des Fußballs beginnt statistisch und überhaupt erst mit dem Beginn von Premier League und Sky TV.

HALBWAHRHEIT 4(a): Man braucht mehr als ein Auswärtstrikot.

HALBWAHRHEIT 4(b): Ein anderes Auswärtstrikot ist auch dann unbedingt nötig, wenn das Trikot der Heimmannschaft ganz andere Farben hat.

HALBWAHRHEIT 5(a): Ein abscheuliches, persönlichkeitsloses Stadion ist besser als das alte im Schoß der Gemeinde.

HALBWAHRHEIT 5(b): Jedes Stadion muss Allianz, Emirates, Etihad oder Red Bull heißen.

HALBWAHRHEIT 6: Es ist besser, zwei Vereine in ein Stadion zu zwingen, anstatt dass jeder sein eigenes hat.

HALBWAHRHEIT 7: Spiele am Montagabend sind gut für Auswärtsfans, weil sie den TV-Gesellschaften nützen.

HALBWAHRHEIT 8: Man ist ein Fußballfan, wenn man sich Spiele wie ein Stubenhocker im Fernsehen anschaut.

HALBWAHRHEIT 9: Große Spieler oder Trainer gehören gefeuert oder suspendiert, wenn sie mal rumvögeln.

HALBWAHRHEIT 10: Leihspieler sind loyal und gut für den Teamgeist.

HALBWAHRHEIT 11: Pay-TV-Sender sollen über unser Geld hinaus noch zusätzlich Werbung zeigen.

HALBWAHRHEIT 12: Ich sagte doch zwölf HALBWAHRHEITEN, ich sagte doch zwölf HALBWAHRHEITEN, ich sagte doch zwölf HALBWAHRHEITEN, doch, hab ich, hab ich, hab ich.

Danke für Ihre Geduld. Sieht fast so aus, als hätte ich mich da ein bisschen reingesteigert, was die Gentrifizierung und Globalisierung des VOLKSSPIELS, UNSERES SPIELS durch die besseren Herrschaften anbelangt. Aber es war unvermeidlich, dass das Thema in meinem Buch landet. Ich kann es einfach nicht haben, etwas, was wir lieben, des politischen oder finanziellen Profits wegen ruiniert zu sehen. Jeder von uns Fans musste auf die eine oder andere Weise für die Bußen bezahlen, die man dem Sport (und uns Fans) auferlegt hat, nur um Fehler der Polizei, Thatchers Vendetta gegen die Arbeiterklasse oder die heimliche Globalisierung zu vertuschen. Villa-Fans bezahlen da genauso wie alle anderen.

Diese abträglichen Veränderungen haben uns das Spieltags-Erlebnis ziemlich verhagelt. Man kann heute nicht mehr einfach am Platz aufkreuzen und dann für ein, zwei Pfund mit einigen Spezis auf der Tribüne stehen. Die Sitzplätze sind sauteuer, und wenn wir nicht drauf kleben bleiben, schmeißt man uns raus (ich mag Auswärtsspiele schon deshalb, weil es schwierig ist, drei-, vier-, fünftausend Fans auf einen Schlag rauszuschmeißen, und besonders Arsenals bourgeoise Polstermöbel verlieren da ihre Relevanz).

Ach ja! Und nachdem man uns schon das Recht auf etwas Amüsement genommen hat, ist der letzte Nagel in den Sarg das Verbot, spontan und mit gebührendem Überschwang seine Freude über ein Tor zum Ausdruck zu bringen! Wir sehen den Ball ins Netz fliegen, springen auf, müssen aber dann warten, bis die Pfeife vom Spiel-Assistenten uns das Tor auch tatsächlich zu geben geruht. Erst dann können wir, wenn die Pfeife gut aufgelegt ist, die Gefälligkeit des Typen feiern, uns endlich freuen zu dürfen ... ist nicht so wirklich dasselbe. FAKE ist das, Mann, ein blasser Ersatz! Mit diesem Geniestreich haben die Leute da oben ihre eigene Dummheit sogar noch übertroffen!

Irgendjemand muss das ja mal aussprechen, zumal so viele, die beruflich mit dem Fußball zu tun haben, mit derlei Kritik ihren Lebensunterhalt riskieren würden. Fans sind die wichtigste, aber auch die am sträflichsten ignorierte Ingredienz der ganzen Chose. So, damit wäre das mehr oder weniger von der Seele, aber ohne ein paar letzte Halbwahrheiten kommt ihr mir nicht davon ...

HALBWAHRHEIT 13: Jede Art von musikalischer Unterbrechung ist besser als der Lärm der Menge.

Mini-Halbwahrheit 13: Es gibt Leute, denen so was gefällt! Verpiss dich doch einfach, du Arsch!

HALBWAHRHEIT 14: Es ist fair, dass Spieler und Trainer mit Bußgeldern belegt oder suspendiert werden können, wenn sie den Sport in Verruf bringen, während man der Obrigkeit (Schiris, Video-Assistenten, UEFA, FIFA) ihre weit schlimmere Unterminierung des Sports durchgehen lässt.

LESER: Erbarmen, Nige ... Erbarmen.
ICH: Okay. Ich bin ja schon fertig. Wenden wir uns wieder netteren Geschichten über Villa zu ...

ASTON VILLA (1) 2	MANCHESTER UNITED (1) 1	23. Dezember 1970
Lochhead 37	Kidd 12	
McMahon 72		Zuschauer: 62 500
		(League Cup Halbfinale Rückrunde)

Als Gefangener der Yehudi Menuhin School für Frühreife Talentierte Gören konnte ich mir in der Saison nicht allzu viele Spiele ansehen. Gut genug für das Schulorchester geworden zu sein, erwies sich als weiterer Nachteil, da das Orchester samstagvormittags probte, sodass ich unmöglich vor der zweiten Halbzeit im Villa Park sein konnte, und auch das nur, wenn ich Glück hatte. Überhaupt musste sich meine Familie erst mal meine Zugfahrkarte leisten können, was auch nicht allzu oft vorkam. Wenn Villa näher an der Schule spielte (zum Beispiel in London oder Umgebung), dann schaffte ich womöglich ein ganzes Spiel. So habe ich am Craven Cottage unseren 2:0-Sieg gegen Fulham miterlebt, was gleich aus drei Gründen denkwürdig war: Erstens war es ein Sieg, zweitens schoss Chico Hamilton ein Tor mit einem Eckstoß (was ich noch nie gesehen hatte!), und drittens konnte ich von dort, wo ich stand, mit einem Blick über die Schulter die Themse vorbeifließen sehen. Nicht dass wir außer in der Halbzeitpause dafür groß Zeit gehabt hätten.

Jetzt hatten wir jedoch Weihnachtsferien, und so würden mich keine zehn Pferde davon abhalten, mir ein Spiel anzuschauen, das sich als eines der besten erweisen sollte, die ich je gesehen hatte. Ach, es war das beste überhaupt. Es war das Rückspiel im League-Cup-Halbfinale gegen Manchester Buhnited. Die galten quasi als

Götter, während wir wie Fische bauchoben im Keller der Dritten Division herumdümpelten, aber aus irgendeinem Grund waren wir tierisch optimistisch und wussten, wir hatten hier eine echte Chance. Ich sollte vielleicht darauf hinweisen, dass das noch in einer Zeit war, als sich kein Team für zu gut und über die Fans erhaben hielt, um am Cup teilzunehmen. Jeder Spieler wollte in jedem Match dabei sein, und jeder Trainer wollte in jedem Spiel seine beste Elf auf dem Platz sehen.

Ein paar Monate zuvor hatten wir gegen Halifax vor weniger als 6000 Leuten verloren, jetzt würden wir gegen Man Buh im Villa Park vor 62500 spielen. United hatte Stars wie George Best, Denis Law, Bobby Charlton und Brian Kidd im Team, aber wir hatten Andy Lochhead, Pat McMahon, Chico Hamilton und Willie Anderson. Willie Anderson konnte sich damit rühmen, als Mitglied der Jugendmannschaft von Man Buh ein Zimmer mit George Best geteilt zu haben; er hatte in derselben Position gespielt wie Best, hatte aber immer als Zweitbester gegolten, und schließlich hatte Man Buh ihn geschasst. Jetzt spielte er vor 62500 eingefleischten Fans, und er hatte vielleicht auch ein bisschen was zu beweisen. Aber Villa hatte neben ihm noch weitere zehn Wahnsinnsgeschichten auf dem Platz, so wie wir an dem Abend mit uns Fans 30000 Wahnsinnsgeschichten am Holte End hatten; überhaupt war die beste Fußballspielstätte Englands gerammelt voll. Und all diese unglaublichen Geschichten fanden sich zusammen mit dem denkbar besten gemeinsamen Ziel, Villa zum Sieg gegen Man Buh zu verhelfen.

Ich weiß nicht, ob Sie sich 62500 stehende Fans vorstellen können, die alle aktiv mit dabei sind, im Vergleich zu 40000 auf Sitzplätzen, die zur Inaktivität verurteilt sind. Es ist nicht zu vergleichen, sagen wir es doch, wie es ist. An dem Abend war unser

Publikum eine schlicht nicht zu bremsende Macht, die womöglich nicht weniger Anteil am Ergebnis hatte als irgendeiner auf dem Platz – okay, mit Ausnahme von Andy Lochhead.

Gespielt wurde bei Flutlicht, was die positive Energie auf dem Platz noch verstärkte. Was immer draußen vor sich ging, existierte nicht mehr. Und in der Mitte des Holte Ends kam man sich gottverdammtnochmal vor wie eine Körperzelle eines riesigen, vor Behagen schnurrenden Ungeheuers. »United« war angeblich die ganz große Nummer, aber wir hatten einfach das Gefühl, an dem Abend würden wir sie zum Frühstück vernaschen. Mag sein, dass die Partie etwas von David gegen Goliath hatte, aber David war an dem Abend ganz groß.

Beim ersten Spiel hatte Andy Lochhead den Ball zweimal versenkt, aber der Wichser in Schwarz hatte ein Tor nicht gelten lassen, und das völlig grundlos (außer vielleicht, dass es gegen United gefallen war). Man Buh[31] hatte ziemlich spät noch den Ausgleich erzielt, und so konnte man sich auf einen Hammer von Match gefasst machen. Der Sieger würde alles bekommen und seinen rechtmäßigen Platz beim Finale in Wembley einnehmen.

Als die Spieler aus dem Tunnel kamen, dürfte unser Lärm den Jungs von Buhnited nichts Gutes verheißen haben. Die Seitenwahl müssen wir wohl verloren haben, weil wir Anstoß hatten, aber wir spielten auch so in die Richtung, für die wir uns entschieden hätten, das heißt hin zum Holte End mit seinem riesigen Reservoir an Rückhalt. Als nach dem Anstoß der erste Ball Richtung Holte End kam, hob dort ein höllisches Gebrüll an, und jedes Mal, wenn wir in Ballbesitz kamen, explodierte die ganze Arena. Wir

---

[31] Upps! Sorry! Ich weiß nicht, wie ich die sonst nennen soll, wo »United« doch für Leeds, Sheffield oder Torquay steht.

Fans waren der fliegende Teppich, der das Team zum Sieg trug; wir waren auch die Kraft, die es unserem Team ermöglichte, seinen Gegner total an die Wand zu spielen und so richtig alt aussehen zu lassen.

Trotz unserer Überlegenheit setzte uns schon bei ihrem ersten Angriff eine individuelle Glanzleistung in den 1:0-Rückstand. Brian Kidd nahm den Ball außerhalb unseres Bereichs an, hatte ihn auch sofort unter Kontrolle und zog in einer einzigen flüssigen Bewegung an zwei unserer Abwehrspieler vorbei, bevor er den Ball seelenruhig an John Dunn vorbei ins Netz schob. War damit bei uns der Wind aus den Segeln? VON WEGEN! Wir schraubten die Lautstärke noch einen Zacken höher, was unser Team mit noch mehr Brillanz quittierte. Jedes Mal, wenn einer unserer Spieler den Ball bekam, drehte das Publikum durch. Sogar als das Match unterbrochen wurde, weil sich einer der Buhnited-Spieler verletzt hatte, begannen wir in einem ohrenbetäubenden Crescendo VI-LLA ... VI-LLA ... zu skandieren.

Brian Godfrey führte das Team mit gutem Beispiel an, und kurz vor der Halbzeit lieferte er mit einer perfekten Flanke die Vorlage für Andy Lochheads kahle Birne zum 1:1. Meine Fresse, den Lärm hätten Sie hören sollen! Und dann Lochheads Song: An-dy / An-dy Loch-head / Andy Loch-head in the Air / An-dy / An-dy Loch-head / An-dy Loch-head's got no Hair!

Als der Schiedsrichter zur Halbzeitpause pfiff, wussten wir, dass wir gerade ein historisches Match erlebten und mit das aufregendste, das wir je sehen würden. Kaum einer stand auf, um sich was zu essen zu holen, keiner wollte auch nur eine Sekunde des Spiels versäumen.

Die zweite Halbzeit spielten wir dann Richtung Witton End.

Buhnited mochte die Stars haben, aber wir hatten den Charakter. Und dann war da das Publikum; nie im Leben habe ich ein Publikum einen derartigen Einfluss auf das Resultat nehmen sehen. Es war wieder eine Flanke, die Man Buh den Garaus machte. Keith Bradley knallte aus ziemlicher Entfernung den Ball von rechts rüber in den Sechzehner, Lochhead köpfte ihn zu Willie Anderson auf der linken Seite, der lieferte eine perfekte Flanke gegen sein altes Team, und Pat MacMahon sprang dem Ball selbstsicher entgegen und köpfte ihn an Rimmer vorbei zum 2:1 für Villa. Das alles passierte meilenweit weg vom Holte End am anderen Ende des Platzes, und trotzdem werde ich nie auch nur eine Millisekunde davon vergessen. Danach nahm die Kakophonie bis zum Schlusspfiff kein Ende, und dann brach die HÖLLE los! Wir waren die Nulpen aus der Dritten Division, denen keiner eine Chance gegeben hatte, und jetzt waren wir die wohlverdienten Favoritenkiller. Vic Crowe arbeitete an der Zukunft unseres Clubs, und vielleicht war er, wenn man jetzt so zurücksieht, der unbesungene Held. Aber dieses Match hinterließ bei mir ein Gefühl wie kein anderes, und dieses Gefühl hält bis heute an.

Diese Saison beendeten wir mit einem vierten Platz in der Dritten Division (das heißt, wir verpassten den Aufstieg um einige Punkte) und hielten uns wacker im Endspiel gegen die Spurs. Wäre ein wunderbarer Weitschuss von Chico Hamilton ins Netz gegangen statt gegen die Latte, wir hätten der Club aus der Dritten Division sein können, der den Cup gewann. In der nächsten Saison gewannen wir die Dritte Division mit der Rekordzahl von siebzig Punkten.

Wie auch immer, nach unserem Sieg gegen die Harlem Globe Trotters, pardon, ich meine natürlich Man U, wurde bis in die Puppen getanzt ...

So, jetzt wissen Sie Bescheid. So ist es, wenn man zu einem richtigen Spiel geht, und deshalb ist Fußball auch der beliebteste Sport der Welt. Aston Villa ist der wesentliche Grund dafür, dass Fußball in jedem Haushalt der Welt Einzug gehalten hat, es sei denn, die Erfindung des Ligasystems hatte damit nichts zu tun ...

MEINE BEZIEHUNG ZU ASTON VILLA

Was mich anbelangt, so war es ein Segen, ein Betätigungsfeld zu haben, bei dem ich mich von normalen, ehrlichen und arbeitsamen Menschen mit »richtigen« Jobs umgeben sah. Ich meine, ich war ein junger Kerl, der hauptsächlich etwas studierte, was man an einem guten Tag als klassische Musik, an einem normalen Tag jedoch bestenfalls als klassischen Neurotizismus hätte bezeichnen können.

Klassische Musiker, auf Klassik spezialisierte Plattenfirmen, Rezensenten etc. lebten meist in einem Elfenbeinturm, in dem sie sich so methodisch wie gründlich und pharisäerhaft dem Studium ihres Sphinkters hingaben, und das meist auf Kosten des Steuerzahlers, über Fördermittel des Arts Council, die BBC und dergleichen mehr. Mein eingebautes Bullshit-o-Meter sprang in die rote Gefahrenzone, wann immer ich in die Nähe dieser Leute kam, und so wusste ich schon früh, dass ich etwas würde tun müssen, wenn ich mein Leben nicht in dieser speziellen Toilettenschüssel verschwinden sehen wollte. Fußball und Jazz verschafften mir die so dringend benötigten Schnittstellen mit der wirklichen Welt. In beiden Bereichen waren normale Menschen zugange, Leute fern von unangenehmen, affektierten Allüren.

Ein Spiel, und ich war Villa fürs Leben verbunden. Was übrigens für jeden Villa-Fan gilt; wir sind eine einzige große Familie. Ehen können kommen und gehen, Jobs können (vor allem seit Thatcher) kommen und gehen, aber dein Verein ist was fürs Leben. Mein Bullshit-o-Meter schnellt auf der Stelle in den roten Bereich, wenn ich irgendwo so einen hodenlosen Kastraten was mit dem Tenor »Ich stand mal auf Aldershot, jetzt bin ich für Man U« absondern höre. Sogar mein Kleiner hatte gefälligst für Villa zu sein, wenn er nicht lieber irgendwo Miete zahlen wollte. Ich erinnere mich noch, wie irgend so ein Spacken Sark mal ein Man-Buh-David-Beckham-Shirt schenkte – und an Sarks Freude beim zeremoniellen Einäschern des Teils in unserem Garten. Paraffin ist super!

Wie ich schon gesagt habe, erarbeitete Vic Crowe ein solides Fundament, das es uns ermöglichte, uns Jahr für Jahr nach oben und dorthin zu arbeiten, wo wir hingehören, ich meine damit in die höheren Ränge dieses herrlichen Sports. Ron Saunders übernahm dann von Crowe und arbeitete diese Ziele nach und nach ab – bis wir mit der Meisterschaft 1981 ganz oben waren.

Während unser Team sich die Liga hinaufarbeitete, arbeiteten wir uns in der Nahkampfliga nach oben. Angesichts meiner lausigen schulischen Leistungen und meines Desinteresses an allem, was mit Schule zu tun hatte, brauchte ich kein Einstein zu sein, um zu wissen, dass ich Musiker werden würde. Ich machte mich gut in der Musik, und so war mein Weg vorgezeichnet – zumindest in meinem Kopf. Weniger offensichtlich war das für Margaret Thatcher, die uns nette Gören mal an der Menuhin School besuchen kam, als sie noch Bildungsministerin war. Sie hatte mir scheinheilig versichert, dass ich ohne meine O- und A-Levels nicht weit kommen würde. Nur mittelmäßige Musiker, so hatte ich ihr gesagt, bräuchten irgendwelche Papiere, um etwas zu beweisen – gute Musiker bekämen ihre Jobs aufgrund ihres Sounds.

Da ich nun mal Musik machte, musste ich auf meine Hände achten, und so entwickelte ich einen recht anständigen Kopfstoß, der mir zwei-, dreimal aus der Bredouille half. Es kam immer wieder zu Straßenschlachten rund um den Villa Park, und die Witton Lane war eine haarige Geschichte, weil sie so schmal war, dass es bei einer Konfrontation nur eine Richtung gab, und zwar nach vorn. Zu einer solchen Situation kam es mit Man U.

Wir gingen von der Witton Station aus die Witton Lane hoch Richtung Holte End, als wir erfuhren, dass Man Buh uns aus der anderen Richtung entgegenkam (von Aston Villas Freizeitzentrum, wo ihre Busse sie abgesetzt hatten). Sie hielten auf ihren Eingang an der Nordtribüne zu, sodass wir einfach aufeinanderprallen mussten. Etwa 3000 von uns gegen etwa 3000 von denen. Die Witton Lane ist bestenfalls zehn Meter breit, sich da aus dem Staub zu machen, war nicht drin. Auch wenn wir weder Eisenhower noch Churchill als Kommandanten hatten, so war das Ziel unserer Mission ziemlich klar: Ohne allzu große Verluste ans andere Ende der Witton Lane zu kommen. Die Leute von Man U hatten dasselbe Ziel, nur in die andere Richtung. Und auch wenn Kranien (ist genauso gut wie Krania, mein hochgelehrter Freund) aufeinandertreffen würden, eine hochgeistige Begegnung würde das nicht.

Mein Problem bei der Geschichte war, dass ich ganz vorne dabei war. Es war ein ganz nettes Gefühl, die Führung zu haben, bis ich die 3000 Arschgeigen auf uns zukommen sah. Ich hatte plötzlich das Gefühl, mich aus dem Staub machen zu müssen, aber mit einigen Tausend Leuten hinter mir und auf so beengtem Raum war das nicht möglich. Abgesehen davon wäre der Gesichtsverlust irreparabel gewesen. Einige Sekunden nach Sichtung des Feinds setzte irgendeine Art kollektiver Instinkt ein, und wir gingen geschlossen auf sie los – es war die einzige Möglichkeit. Gegen uns hätten die Haka-Tänzer der Maori wie ein Ballett von Weicheiern ausgesehen. Nachdem die beiden Lager aufeinandergeprallt waren, beschloss ich, meine Rechte mit einem mächtigen Schwinger zu riskieren, freilich mit lautstarker Voranmeldung, dann ging ich mit Anlauf und mit meinem patentierten Kopfstoß auf den nächsten Typen los (dieser Kopfstoß bescherte mir übrigens ein Horn an der Stirn, das ich noch heute habe). Damit hatte ich die ersten beiden Reihen hinter mir gelassen, waren also nur noch 2900 Mann vor mir. Ich sah ein, dass ich einfach nicht der Typ dafür war, und da ich mich jetzt auf der Straßenseite mit dem Fish-and-Chips-Laden befand, sprang ich rein. Als ich so in Sicherheit war, sah ich vom Fenster aus, dass beide Angriffswellen an Schwung verloren hatten. Die Front bestand jetzt aus etwa 200 Leuten, die sich übel keilten, während einige Tausend verdutzte Typen hinter ihnen zusahen und dabei dachten: »WAS ZUM GEIER?« Zufällige Fiaskos wie dieses machen ein Spiel denkwürdig. Allmählich verdrückten sich diejenigen, die mit der Keilerei nichts am Hut hatten, in die jeweilige Richtung, aus der sie gekommen waren. Nach etwa einer Viertelstunde ging den Leuten die Luft aus, und die Geschichte löste sich auf (das wären dann wohl fünf Runden ohne Pausen). Die Polizei war nirgendwo zu sehen, was für alle Beteiligten auch das Beste war. Wenn die mit ihren Knüppelchen mitgeredet hätten, wäre die Geschichte schlimmer ausgegangen. Von meinen Abenteuern mit der Polizei habe ich ja bereits erzählt.

Wo ich mittlerweile mehr oder weniger 64 bin, ist mir aufgefallen, dass gegenwärtig in unserer sogenannten freien Gesellschaft eine erbärmliche Art von moralischer Zensur grassiert. Nichtsdestoweniger bestehe ich auf mein Recht als arbeitsamer steuerzahlender Bürger, eigene Meinungen sowohl haben als auch ausdrücken zu dürfen, auch wenn sich diese von denen der – nicht gewählten – moralischen Instanzen grundlegend unterscheiden, die da meinen, uns beschämen zu müssen, damit wir dieselbe Meinung verzapfen wie sie. Ich ziehe eine Meinung auf der Grundlage von Fakten vor, und die nun folgende ist eine solche. Lassen Sie mich Folgendes zu Gehör bringen:

1. (Fakt) Zwanzig Jahre gutes altmodisches Hooligantum unter Fußballern hat nicht den Bruchteil der Verletzten und Toten gefordert, für die die Polizei in Hillsborough in kaum zwei Stunden gesorgt hat (die Weigerung, die Verantwortung zu übernehmen, und stattdessen lieber den Ruf so einiger Liverpooler Fans zu beflecken, war ekelhaft und deckte sich auf merkwürdige Weise mit dem Hass der Regierung Thatcher auf die Arbeiterklasse). Man nehme hier noch die Mitschuld der UEFA an der Heysel-Tragödie hinzu (man hatte sie angesichts des schlechten Zustands des Stadions davor gewarnt, dort spielen zu lassen – der Bau war teilweise so marode, dass man Löcher in die Außenwand treten konnte, um illegal reinzukommen –, während gleichzeitig andere großartige Stadien verfügbar gewesen wären), und meine Aussage ist unbestreitbar belegt. Die Behörden waren in beiden Fällen für diese Probleme verantwortlich, und anstatt sich zu entschuldigen, reagierten sie mit abgebrühtem Zynismus.
2. Das Hooligantum hat die bourgeoisen Globalisten, TV-Gesellschaften und Konsorten vom Fußball ferngehalten, was sehr, sehr, sehr gut für die wahren Fans war.
3. Das Gefühl der Stammeszugehörigkeit unter den Fans hat den Fußball noch weit aufregender gemacht und damit weit

interessanter als das sitzende Engagement, das gegenwärtig en vogue ist, sei es beim Match selbst oder insbesondere bei den Stubenhockern zu Hause.
4. Mehr davon, bitte. Den Platz zu stürmen, ist etwas Großartiges und hat noch nie jemandem geschadet außer denen von uns, die sich zu Hause den seichten Unwillen irgendwelcher greinenden Weicheier im Fernsehen anhören müssen. Wie Johnny Lydon gesagt hätte: »Es ist eine Farce!«

VILLA ALS INSPIRATION FÜR MEINE KARRIERE

Inzwischen führte Ron Saunders Villa in immer luftigere Höhen. Wir hatten den Liga-Cup gewonnen, und er baute methodisch ein Team auf, das in der Lage sein sollte, es mit allen und jedem aufzunehmen. Jimmy Rimmer, Kenny Swain, Ken McNaught, Allan Evans, Colin Gibson (oder Gary Williams), Des Bremner, Dennis Mortimer, Gordon Cowans, Tony Morley und Brian Little, sie alle waren kampfbereit. Das letzte Teil in Rons Puzzle und ein absoluter Geniestreich war der Einkauf von Peter Withe. Als Mittelstürmer war Withe ein physischer, einsatzbereiter, arbeitsamer Torschütze; entsprechend versprach es, faszinierend zu werden, was sich aus seiner Zusammenarbeit mit unserer göttlichen Sensation Brian Little ergeben würde. Leider setzte dann eine tragische Verletzung Brian Little außer Gefecht, sodass sich die spannende Frage stellte, wer wohl Peter Withes Sturmpartner werden würde. GARY SHAW! SHAW! SHAW! Dieses junge Genie schoss während seiner phänomenalen Partnerschaft mit Withe eine unglaubliche Menge von Toren; er war mehr als qualifiziert, für England zu spielen. Was dem Ganzen die Krone aufsetzte, war, dass er nicht nur ein Villa-Fan, sondern auch ein Brummie war, der seinen Traum ausleben konnte. Und natürlich wurden wir dann auch Meister.

In dem Jahr, in dem wir Champion wurden, lief meine Karriere schlecht genug, um eine Menge Zeit für Fußball zu haben, andererseits ging es mir gut genug, um mir das Benzin für die Fahrt von London nach Brum und zurück leisten zu können. So viele Virtuosen auf dem Platz mit unglaublichem Engagement, Stolz, Bewusstsein, Freude und Flair ihrem Geschäft nachgehen zu sehen, dazu Ron Saunders' Arbeitsethos, das alles inspirierte mich definitiv, mich mit ganzem Herzen in die Musik reinzuknien, um zu schauen, ob ich mit dieser Einstellung nicht auch was erreichen könnte. Ich habe mir den Arsch aufgerissen und erntete denn auch den Erfolg. Ganz wie Ron Saunders einige Jahre darauf verwandte, ein Team zusammenzustellen, das mehr als Weltklasse war, so brauchte ich einige Jahre, bevor ich die richtigen Ingredienzen beisammenhatte, um mit den richtigen Leuten auf höchstmöglichem Niveau Weltklassemusik zu vermitteln. Ganz nach dem Muster dessen, was ich bei Villa auf dem Platz sah, lernte ich mein Tempo darauf abzustimmen, mein Bestes in der letzten Minute eines Gigs zu geben und mich jedweden Umständen anzupassen, denen ich mich ausgesetzt sah.

FUSSBALL? FUSSBALL? FUSSBALL? –
WO SIND DIE STORIES AUS DER WELT DER MUSIK?

In diesem Buch mit diversen Reminiszenzen aus meinem Leben scheint eine Menge von Fußball die Rede zu sein. Ich weiß auch, warum. Ich spielte über Jahre hinweg mehr als hundert Gigs im Jahr, und zählt man die Reisen in all die Städte und Länder, in denen ich auftrat, blieb mir zwischen den Konzerten wenig Zeit für mich. In den wenigen Pausen, die ich hatte, ging ich zum Villa Park oder reiste zu Auswärtsspielen.

Fußball ist ein gutes Mittel für oder gegen so einiges: Obsession, Selbstbesessenheit, Selbstkritik, Selbstverbesserung, Selbstdarstellung, die Begegnung des Selbst mit dem Vibe, überhaupt alles, was mit selbst, selbst, selbst zu tun hat etc.

Ich weiß nicht mehr im Einzelnen, was musikalisch bei den Gigs abging, die ich vor langer Zeit mal gespielt habe, weil ich in erster Linie von dem Gedanken besessen bin, es das nächste Mal noch besser zu machen. Es gibt nicht Schlimmeres als einen blasierten, selbstgefälligen, selbstzufriedenen Künstler, der weiß Gott was von sich hält wegen etwas, was er irgendwann mal gemacht hat. Es ist irgendwie beleidigend für uns als Publikum, die wir jetzt im Saal sitzen und uns nicht scheren um das, was gestern war.

Außerdem beginne ich jeden Tag mit Bach (eine Art Meditation, die ich mit der Arbeit an meinem Spiel verbinde) und schreibe dann etwas neue Musik. Musik ist meine Leidenschaft, was manchmal durchaus zur Innenschau führt, bei der jede kleine Entscheidung möglicherweise ein bisschen wichtiger scheint, als sie in Wirklichkeit ist. Das Leben für die Musik ist ein schönes, kreatives Leben, in dem einem niemand sagt, was man zu tun hat, aber man lebt eben auch sehr stark in seiner eigenen Welt. So altruistisch und rücksichtsvoll gegenüber anderen das Bild von mir ist, das ich zu schaffen versuche, als Bandleader stehe ich eben im Mittelpunkt der Aufmerksamkeit und bin derjenige, für den die anderen arbeiten. Die Leute, die für mich und mit mir arbeiten, rangieren von meinen Musikerkollegen über die Tontechniker (das scheinen größtenteils Männer zu sein[32]), Fahrer, Tourmanager, Manager, persönliche Assistenten, mit anderen Worten, eine ganze Reihe von Leuten, deren Mitte ich bin.

Wenn ich zum Fußball gehe, dann dreht sich alles um die Mannschaft, und ich bin nur einer von 30 000 bis 40 000 Fans. Das ist etwas, was mich herausreißt aus dem eben Geschilderten. Ich würde also sagen, dass Fußball schon aus Gründen meiner geistigen Gesundheit wichtig ist.

Bei Livemusik dreht sich alles ums JETZT, und das ist ein immerwährendes JETZT. Mal abgesehen von den letzten, kann ich mich nicht mehr erinnern, was musikalisch bei einzelnen Konzerten so passiert ist – die Aufführung heute Abend ist die einzige, die zählt. Über alten Höchstleistungen oder Schlappen zu verweilen, ist ein falscher Ansatz für einen Musiker oder überhaupt für einen Künstler. Und da es in diesem Buch um meine Gedanken und Reminiszenzen geht und ich keine Lust habe, alte Gigs aus der Mottenkiste zu zerren, ist es eben das, was wir hier haben! Außerdem stehe ich nicht drauf, über aalglatte, verklemmte, hab-

---

[32] Ich würde mich nie der Diskriminierung durch positive Diskriminierung schuldig machen; wo immer ich auftrete, trete ich auf, um den wichtigen Leuten, das heißt meinem Publikum, etwas für ihr Geld zu geben. In meiner Band geht es nach dem Leistungsprinzip. Bitte nicht weinen.

gierige, ehrgeizige Leute zu schreiben, die vorgeben, bescheiden zu sein, womit schon mal eine Menge meiner Schmierigenten-Stories wegfallen.

Es gibt gewisse Parallelen zwischen Musik und Fußball, die vielleicht meine Liebe zu Aston Villa und dem goldenen Zeitalter des Sports erklären, den dieser Verein erfunden hat.

PARALLELEN ZWISCHEN FUSSBALL UND LIVEMUSIK

FUSSBALL: ist ein Mannschaftssport, der in einem gegebenen Augenblick passiert. Ein gutes Resultat kommt zu einem Großteil daher, dass man auf das, was um einen herum vor sich geht, reagiert. Es ist nicht alles ein vorgefasster Plan.

LIVEMUSIK: ist eine Kunstform, die im Teamwork zustande kommt und die zu einem bestimmten Zeitpunkt passiert. Ein Großteil einer guten Aufführung hängt davon ab, auf das zu reagieren, was um einen herum vor sich geht (was von den Kollegen und vom Publikum kommt). Eine Aufführung folgt keinem vorgefertigten Plan, auch wenn es gelegentlich so scheinen mag, wenn man sich so manche meiner klassischen Kollegen anhört.

—

FUSSBALL: Ein Einzelner kann sehr wichtig sein, aber nie wichtiger als das Team. Es gibt Schiris, die das anders sehen.

LIVEMUSIK: Ein Solist, ein Sänger, ja wahrscheinlicher noch ein Dirigent hält sich womöglich für sehr, sehr wichtig, aber die hören sich dann sehr schnell wie Dummköpfe an (oder sehen wie welche aus, wenn es sich um einen Schmierigenten handelt), wenn ihre Kollegen auf der Bühne aufhören zu spielen.

—

FUSSBALL: Das Publikum ist es, was ein Match zu einer ganz besonderen Angelegenheit macht; ohne Publikum ist es nur ein weiteres Trainingsspiel.
LIVEMUSIK: Das Publikum ist es, was ein Konzert zu was Besonderem macht; ohne Publikum ist es nur eine weitere Probensession. Wenn kein Publikum da ist, dann ist das, als würde in einem Stromkreis eine Komponente fehlen – es fließt kein Strom.

—

FUSSBALL: Die Leute drehen verdammt noch mal durch, wenn sie Fußball sehen.
LIVEMUSIK: Die Leute drehen verdammt noch mal durch, wenn sie Musik hören.

—

FUSSBALL: Fußball ist 70 Prozent Schweiß, 30 Prozent Inspiration.
LIVEMUSIK: Musik ist 68 Prozent Schweiß, 32 Prozent Inspiration.

—

FUSSBALL: Amateure denken immer, sie wüssten es besser als die Profis.

LIVEMUSIK: Amateure denken immer, sie wüssten es besser als die Profis.

—

FUSSBALL: ist für die Leute eine Möglichkeit, den Problemen und dem Druck ihres Alltags zu entfliehen.
LIVEMUSIK: ist für die Leute eine Möglichkeit, den Problemen und dem Druck ihres Alltags zu entfliehen – es ist wichtig, dass wir Künstler das arme Publikum nicht auch noch mit unseren Problemen deprimieren.

—

Damit kommen wir zum Ende meines Fußballkapitels ... aber ich höre Sie sagen: »Nein, nicht doch, echt? Er hat doch gerade erst angefangen ... bitte, lass es nicht schon zu Ende sein ...« Ich würde Sie doch nie enttäuschen! Nur auf Ihren ausdrücklichen Wunsch hin werde ich Ihnen Ihre Wünsche erfüllen. Ey! Hände weg! So war das nicht gemeint ... Nur noch ein paar weitere Reminiszenzen zum Thema Fußball, wenn man sie denn als solche bezeichnen will.

DER UNVERGLEICHLICHE – DOUG ELLIS

Es lief gut für mich, ich bekam langsam, aber sicher Wind unter die Flügel. Ich hatte hart gearbeitet und war so eine Art musikalisches Gegenstück zu dem Mix an Qualitäten folgender Spieler:

Paul McGrath (Topinterpret von »What's Goin' On«), Sid Cowans (als ruhender und kreativer Punkt im Mittelfeld ein »Rider on the Storm«), Tony Morley (er ließ Abwehrspieler »Dazed and Confused« hinter sich) und Gary Shaw (dessen Abschluss stets astrein klassisch war). Angesichts des Erfolgs, der sich bei mir einstellte, bat man mich immer wieder um Interviews. Und wo Villa trotz Meisterschaft und Europapokal so wenig Publicity hatte, beschloss ich eben, die Jungs zu erwähnen, wo immer sich eine Gelegenheit bot. Irgendwann mal war ich zu Gast in einer Talkshow auf Radio 4 und sprach über ... ähmmm ... mich und ... ähmm ... VILLA! ... nein, nicht Man U ... VILLA! Wie es der Zufall so wollte, saß ausgerechnet in diesem Moment der Vorsitzende von Villa, Doug Ellis, vor dem Radio und hörte irgendsoeinen Geigertypen seine unsterbliche Liebe für einen Verein erklären, der weder aus Lancashire noch aus London war. Das veranlasste Doug, mich in den Villa Park einzuladen und mir fünf Ehrenanteile am Club zu vermachen, und obendrein hatte ich von da an für viele Jahre eine offene Einladung, mir die Spiele von der Vorstandsloge aus anzusehen. Das war eine ganz neue Erfahrung für mich ... ich musste dort nämlich eine Krawatte tragen! Was ich natürlich sonst für niemanden und bei keinem gesellschaftlichen Anlass getan hätte. Aber irgendwann reichte es Doug auch, wenn ich mich ohne Krawatte so präsentabel wie möglich machte. Er verstand wahrscheinlich, dass man dem einen oder anderen Muso so ein bisschen Ungeschick auf gesellschaftlichem Parkett nachsehen sollte; vielleicht hatte der ja noch was anderes zu bieten als eleganten Zwirn. Während meiner Besuche als Dougs Gast im Villa Park lernte ich so einige einzigartige und anregende Leute kennen, die mit dem Club zu tun hatten.

Doug Ellis liebte Aston Villa. Er war über dreißig Jahre lang

Vorsitzender und Eigner des Clubs, und es verging nicht eine Sekunde, in der er nicht mit Herz und Seele an Villa dachte. Über Vorsitzende wird immer diskutiert werden, aber ich kann mir nicht vorstellen, dass je ein Verein hingebungsvollere, stärkere oder leidenschaftlichere Anhänger gehabt hätte als ihn und Steve Stride, seine rechte Hand, der seine ganze lange Amtszeit über operativer Leiter des Vereins war.

Es kam nicht oft vor, dass Doug so richtig ausspannen konnte, aber im Sommer machte er gern Urlaub in einer anderen Villa (nicht Aston) in Spanien. Ich erinnere mich noch daran, dass ich ihn dort mal für zwei Wochen besuchte. Er, seine Frau Heide und sein jüngster Sohn Ollie waren phantastische Gastgeber und sorgten dafür, dass ich mich wie zu Hause fühlte. Außerdem hatten wir eine super Zeit auf seiner Jacht. Und obwohl ich nicht schwimmen kann, habe ich überlebt.

Doug Ellis hatte seine Knete damit gemacht, dass er die erste Charterfluglinie aufzog, die Flüge nicht nur von London, sondern auch von anderen Städten aus anbot. Das ermöglichte dem Normalbürger dieselbe Auswahl an Urlaub, wie sie die Londoner hatten. Ich erinnere mich noch daran, wie er mir ein Foto von sich zeigte, auf dem er in den 50er-Jahren auf einer Rollbahn steht und gegen einen Reifen seiner ersten Passagiermaschine tritt.

Einige Leute konnten ihm nie verzeihen, dass er früher mal Direktor von Birmingham City gewesen war, aber dieses abscheuliche Verbrechen ist einfach darauf zurückzuführen, dass ihn bei Aston Villa ein so hochnäsiger wie rückständiger Vorstand abgeschmettert hatte, als er sich um den Posten bewarb – selbstverständlich in der Absicht, dem lahmenden Verein eine dringend benötigte Finanzspritze zu verpassen. Angeblich hatte man ihn in einem schäbigen Korridor warten lassen (wo er mit dem

Finger Männchen auf ein schmieriges Fenster malte), bis endlich eine Tür aufging und man ihn kurzerhand abwies – man brauche ihn nicht. Erst danach wurde er Direktor der Bluenoses, wo er ihm zufolge lernte, wie man einen Verein eben nicht führen soll.

Wir verbrachten so einige nette Stunden miteinander, und ganz im Gegensatz zu seinem Nachfolger versäumte Doug nie auch nur ein einziges Spiel. Der Sitzungsraum des Vorstands war eine Nummer für sich. Es gab einen Bereich in der Mitte, in dem Gäste erlaubt waren. Linkerhand befand sich ein kleinerer Konferenzraum. Hier waren nur Männer erlaubt, Frauen hatten da keinen Zutritt. Für die gab es rechts einen Women's Room, über dessen Richtlinien ich mir nicht ganz im Klaren war, obwohl man mich ständig einlud, dort einen Song zu spielen oder was zu trinken, meist beides. Allein der Weg zum Vorstandsbereich war etwas Besonderes, da die Flure mit großen Fotos großer Augenblicke des Clubs geschmückt waren. Mal abgesehen von unglaublichen Leuten aus der Welt des Fußballs lernte ich dort auch einige großartige Musiker kennen. Roy Wood (einer der Begründer von Birminghams Musikszene), Gerry Marsden (Gerry and the Pacemakers), Geezer Butler (Black Sabbath und Deadland Ritual) und Barney Greenway (Napalm Death) fallen mir ein, obwohl ich Barney, wenn ich's mir recht überlege, wohl eher auf der Tribüne kennengelernt habe.

Mit die größte Ehre für mich war, als Doug mich zum Senior Vice President des Clubs machte, einem Posten, den ich sieben Jahre lang innehaben sollte. Das war noch in der Zeit, in der Rockstars in der Regel lieber den Mund hielten, als sich zum Fußball zu bekennen – womöglich, weil die Liebe zum Spiel an ihrem blitzsauberen Image gekratzt hätte. Heute könnte der Sport nicht sauberer sein, würden wir alle Domestos trinken.[33] Da mir schon immer sauer aufgestoßen war, dass Villa und das gesamte Birmingham von den britischen Medien praktisch totgeschwiegen wurden, äußerte ich mich umso lauter in meinen Versuchen, etwas dagegen zu tun. Dass ich im Sumpf von London/Lancashire als wandelnde Reklame für Villa die Werbetrommel rührte, war wahrscheinlich ein Grund für meine Ernennung gewesen.

Ich hatte großen Spaß an meinem offiziellen Engagement für den Club und tat, worum auch immer man mich bat. Als Mitglied der Jury bei Miss Aston Villa zu fungieren, war zum Beispiel ein großes Opfer. Mindestens so schwer für mich wie für die Frauen, die man zwingt, sich die Chippendales anzusehen … (Ich dachte, ich werfe das mal hier rein, bevor irgend so eine verblendete Amöbe SEXISMUS! schreit.) Nicht weniger lästig war es, meinen Helden Auszeichnungen wie die zum Spieler des Jahres überreichen zu müssen. Das war echt die Härte.

Aber so sehr ich mich geehrt fühlte, als Gast in so erlauchter Umgebung wie der Vorstandsloge weilen zu können, begann mir bald die befreiende Wirkung eines Spieltags inmitten Tausender anderer lärmender Fans abzugehen. Mich bei meinen Reaktionen auf das Geschehen auf dem Platz zu beherrschen, war verdammt schwierig für mich – ich hockte da wie eine Wachspuppe bei Madame Tussaud's. Leute wie der Schiedsrichter oder die gegnerische Mannschaft erfordern nun mal hier und da ein verbales Engagement in handverlesener Wortwahl, verdammte Scheiße! Und dann fehlte mir da einfach der Kick einer der lieblichen Vereinsweisen vom Holte End. Es geht nichts über die Stimmgewalt der dortigen Fans. Ich entschloss mich also, mich während der Spiele

---

[33] Mimöschen, bitte probiert das nicht zu Hause aus.

zu meinen Freunden am Holte zu setzen und dort, soweit die Situation es erforderte, zum Tier zu werden, und erst hinterher bei Doug und den anderen großen Tieren vorbeizuschauen.

So mit anzusehen, womit Doug sich herumschlagen musste, verdarb mir jeden Gedanken daran, mich in den Verein einzukaufen. Aston Villa ist einfach viel größer als ich, und dabei möchte ich es auch belassen. Ich habe in meiner Zeit mit Doug gesehen, dass selbst Leute wie er immer gut neunzig Prozent Trittbrettfahrer dabeihaben, die besser wissen, wo's langgehen soll, auch wenn sie sich den Wagen nicht leisten können.

Ich hätte jede Menge Möglichkeiten gehabt, mich dumm und dusselig zu verdienen, wenn ich auf dem vorhersehbaren Karriereweg beschissene Musik gespielt hätte, ich hätte mit anderen Worten genügend Knete gehabt, um wenigstens als Teileigner mitzumischen. Ich hatte im Leben immer gemacht, wonach mir war, solange ich damit keinem schadete. Mein Credo war immer schon: »Hör nicht auf die Spaßbremsen und werd auch selber keine.« Doug versuchte sich eine Weile als Mentor, um mir die Ecken und Kanten zu nehmen, aber ich tauge nun mal nicht zum (aal)glatten Typen. Wir kannten uns schon ein paar Jahre, als er mir gestand, dass er mich um meinen freien Geist beneidete, was ich aus seinem Mund gern als Bestätigung meiner Haltung nahm. Er akzeptierte mich schließlich, wie ich nun mal bin, und ließ mich einfach machen. Ich durfte sogar die Eton-Schlinge, pardon, den Schlips in die Tonne kloppen …

Es gab aber noch was, was mir unmöglich gewesen wäre, und das war, Leuten (oder Lügnern) wie der UEFA in den Arsch zu kriechen, mit anderen Worten Leuten, die den Europapokal (der mal für Champions gewesen war) in die Champions League ummodelten (in der trotz des protzigen Namens hauptsächlich Luschen spielen) und grünes Licht für unsichere Veranstaltungen gaben.[34] Nicht zu vergessen Sky Sports und die Premier League mit der Schnapsidee, die Erste Division umzubenennen und dann so zu tun, als hätte mit ihrem albernen Namen der englische Fußball begonnen. Ganz zu schweigen von der Mauschelei der beiden, die Spielzeiten fernsehgerecht zu verlegen, anstatt das traditionelle Recht der Fans zu respektieren, sich die Spiele live anzusehen. Ich meine, Montagabend kann ja wohl ebenso wenig der Traum eines Auswärtsfans sein wie ein Anpfiff um 12:30 Uhr. Zu derlei dämlichen und selbstsüchtigen Ideen hätte ich nie und nimmer den Mund gehalten. UND ... wie hätte ich mit schleimigen Agenten umgehen sollen, die wie die Kartoffelkäfer über die Spieler herfallen, um deren Loyalität gegenüber den Fans zu unterminieren, die wiederum dafür bezahlen, sie zu sehen. »Mein guter Junge, du kannst dir unmöglich vorstellen, wie viel Geld du verdienst, wenn du von Villa weg zu Man U gehst ...«

Ich möchte wirklich nicht despektierlich sein, weder gegenüber Doug noch sonst jemandem, aber ich wäre nie und nimmer mit den Arschgeigen ausgekommen, die uns aus Eigensucht unseren Sport ruinieren. Kurzum, ich habe einfach nicht das Zeug zum Vorsitzenden. Ich bin ein Fan, sonst nichts.

Um auf einer heiteren Note zu enden: Doug Ellis war in der Fußballgemeinde als Deadly Doug bekannt. Das kam daher, dass er innerhalb relativ kurzer Zeit einer ganzen Reihe von Trainern den Laufpass gab. Augenzwinkernd parierte er mal eine diesbezügliche Frage: »Mein Ruf ist unfair. Von den dreizehn Trainern, mit denen ich gearbeitet habe, habe ich nur elf gefeuert.«

Eines Tages fuhr ich von Malvern nach Tewkesbury, um mir

---

[34] Ich spreche zum Beispiel von Heysel.

einen Bulldoggen-Welpen abzuholen. Er war ein großartiges kleines Tierchen, aus dem ein großartiges größeres Tierchen wurde. Als ich wieder zu Hause war, musste ich mir einen Namen für ihn überlegen. Ich hätte ihn gern nach einem Villa-Spieler benannt, aber das war ausgerechnet zu der Zeit, als ein als »Agent« bezeichnetes Übel im Fußball Einzug hielt. Agenten krallen sich unter anderem einen Anteil an den Transfersummen. Es ist also in ihrem Interesse, Spieler aus der Spur zu bringen, damit sie ihre Kommission an den daraus resultierenden Transfersummen kassieren, weshalb diese natürlich auch so groß wie nur möglich ausfallen sollen. Aber was ich sagen will, ich hätte den Hund zu gern Dwight Yorke genannt, aber die Agenten hatten eine Shituation geschaffen, in der gute Spieler heute hier, morgen da waren. Es war klar, dass dieser Prozess im Falle von Dwight bereits eingesetzt hatte – ich hätte also womöglich im Handumdrehen einen Hund mit dem Namen eines Spielers von Man Buh gehabt. Nicht grade ein wahrgewordener Traum ... man kann einen Hund schließlich nicht einfach verbrennen wie ein Man-Buh-Trikot.[35] Mein Dilemma sah also folgendermaßen aus: Wegen der Agenten würde kein guter Spieler bei Villa bleiben, also war das mit einem Spielernamen für meinen Hund nicht drin. Und mit Deadly Doug als Vorsitzendem würde auch kein Trainer bei Villa alt. Das war's! DEADLY! Ich nannte meinen Hund DEADLY! Deadly Doug würde nicht nur bleiben, sein Name würde auch immer für Villa stehen. Damit hatte ich einen super Namen für meinen Doug, äh, meine Dogge. DEADLY DOUG ... DIE TÖDLICHE DOGGE. Es lebe Villa!

---

[35] Ey! Ihr zeternden Mimosen. Ich kümmere mich rührend um meine Tölen und würde nie eine davon verbrennen – also rückt mir bloß nicht mit irgendwelchen Tierschützern auf die Pelle.

Selbstverständlich hätte ich keinen einzigen der Spieler kennengelernt, über die ich im Folgenden schreiben werde, hätte Doug mich ihnen nicht hinter den Kulissen vorgestellt. Also, dank dir dafür, Doug, dass du mein Buch ein bisschen interessanter gemacht hast! Und natürlich wirst du immer in Erinnerung bleiben für deinen Beitrag für die Stadt Birmingham und Aston Villa insbesondere. Du warst definitiv einer der Heroen des Sports.

Ihr seid vermutlich längst selbst draufgekommen, dass Doug nicht mehr unter uns weilt. Dass ich es nicht zu seiner Beerdigung geschafft habe, ist eines der Dinge, die ich ewig bedauern werde. Ich hatte eine Familienkrise hier in Polen, hätte aber zu gerne der Familie ein bisschen Trost gespendet, so klein er auch gewesen sein mochte. Und natürlich hätte ich auch gern den Respekt gezeigt, den ich für Doug als Mensch und Freund gehabt habe.

Was ich von Deadly gelernt habe, ist, dass man sich seine Hingabe bewahren muss und dass es immer eine gute Idee ist, in seinem Haus verdammt noch mal für Ordnung zu sorgen!

NIGEL SPINK – EUROPAPOKALSIEGER UND RUNDUM GROSSARTIGER TORHÜTER

SPINK: Hey, Nige ...
ICH: Yo, Nige ...
SPINK: Ich bin Nigel.
ICH: Ich bin Nigel.
SPINK: Schön, dich kennenzulernen, Nigel.
ICH: Sehr schön, dich kennenzulernen, Nigel. Auf geht's, Villa!

Der Schauplatz: Aston Villas Trainingsgelände in Bodymoor Heath. Ein gammeliger Halb-Punk-Geiger versucht sich Mut dafür zu machen, einem Europapokal-Gewinner und dem womöglich besten Torhüter in England, Wales, Schottland, Nordirland, ja sogar Irland einige Elfmeter reinzuknallen. Die Szene ist sogar noch absurder, da der Punker von Kopf bis Fuß in Zivil gekommen ist und Pikes an den Füßen trägt.

Wir gehen all die Fußballplätze entlang, auf denen Villa trainiert.

SPINK: Auf dem Platz hier haben wir eben trainiert. Erst Flanken, dann Direktschüsse. Wie wär's, wenn du ein paar Elfer auf mein Tor schießt? Das wär ein guter Abschluss für mein Training heute.

ICH: Okay, ja, Wahnsinn, solange ich mich nützlich machen kann (*schön wär's …*)

SPINKSY: Super. Pass auf. Zehn Elfer, mal sehen, wie viele du reinkriegst.

TERRY WEIR: (*der Clubfotograf, der im Laufe der Jahre so viele unvergessliche Bilder von Villa geschossen hat, es sind aber auch zwei Paparazzi da*) Das dürfte spaßig werden. Taugst du denn was, Nige?

ICH: Kommt ganz drauf an, welchen Nige du meinst …

Ich lege den Ball auf den Elfmeterpunkt, gehe sieben, acht Schritte zurück, um Anlauf zu nehmen, sehe dann den Ball an, dann Spinksy und dann das Tor. Der Ball sieht okay aus (*tut jedenfalls so*), Spinksy (*in seinem üblichen grünen Pulli; keine tuntigen*[36]

---

[36] Nicht gleich weinen, meine sensiblen Freunde. Ist nicht homophob gemeint. Diese Milchbubitrikots für Torhüter heute sind einfach zu dämlich – schlimmer als Weihnachtsgeschenke.

Farben für unseren Tormann) wirkt größer als Shrek und das Tor kleiner als eine Streichholzschachtel – es scheint meilenweit weg.

Ich nehme Anlauf, trete den Ball ... *bums* ... okay, dann eben den Rasen ... *rutsch, spritz* ... der Ball kullert sachte Richtung Spinksy, der sich nach ihm bückt.

ICH: Oh, Shit!

SPINKSY: Ey, Nige, ich krieg's im Kreuz, wenn ich mich weiter nach solchen Flachmännern bücken muss ... also, das war der erste ... NÄCHSTER!

Mein nächster Elfer fällt in etwa genauso aus – *patsch, rutsch, spritz*, und wieder kullert der Ball auf Spinksy zu, wenn ich ihn diesmal auch raffiniert einen Meter links von ihm platziert habe. Er tut einen Schritt nach links, bückt sich seelenruhig nach dem Ball.

SPINKSKY: Autsch, mein armes Kreuz. Das war der zweite ... NÄCHSTER ...

So geht es dann weiter. Der Ball stellt sich aber auch wirklich stur und scheint fest entschlossen, auf meiner Seite der Torlinie zu bleiben, obwohl er mich ganz offensichtlich nicht mag. Vielleicht kann er auch das Netz nicht ab oder wird gern von Spinksy begrabscht; er scheint sich jedenfalls in seinen Händen wohlzufühlen. Ich stelle mir vor, ihm mit einer Fahrradpumpe die Luft rauszulassen. Dann würde er nicht mehr so stolz tun.

Natürlich habe ich das Problem, keine Fußballschuhe anzuhaben, was zumindest den Mangel an Bodenhaftung erklärt. Ich finde auf dem rutschigen Boden einfach keinen Halt mit dem linken Fuß, um den Ball mit dem rechten so richtig zu treffen. Wenn ich bloß meine Fußballschuhe mithätte, vielleicht würde ich mich nicht so anstellen, vielleicht sogar glänzen vor den Kameras und

Engel-Lands bestem Schlussmann. Natürlich wäre mir nichts lieber, als den Eindruck zu erwecken, dass ich ein wirklich, nein echt, ein wirklich großartiger, begnadeter Fußballer bin. Die Wirklichkeit sieht natürlich so aus, dass Tony Morley, Sid Cowans, Dennis Mortimer, Gary Shaw, Peter Withe (ich könnte die Liste fortführen) selbst in Stöckelschuhen noch bessere Elfer schießen als ich. Oder wenn ich es mir recht überlege, vielleicht sollte ich sie mir besser nicht in hohen Absätzen vorstellen.[37] Ein gemeiner, grauslicher Gedanke, schlimmer als ein Albtraum. Was ich hier sagen will, ist, ich bin ein beschissener Fußballer, den man immer als linken Verteidiger aufgestellt hat, weil den Posten sonst keiner haben wollte.

Ich habe bislang von acht Elfern noch keinen versenkt; mein einziger moralischer Sieg ist, dass ich noch nicht ausgerutscht und auf dem Arsch gelandet bin, was mir angesichts der Platzbedingungen eine glänzende Leistung scheint. Spink jedenfalls hat nichts zu tun, und selbst die Fotografen beginnen sich langsam, aber sicher zu langweilen. Dann: KAPENG! Ich weiß plötzlich, wie ich die Lage verbessern kann.

ICH: Hey, Leute. Passt auf. (*Ich gehe rüber an die Torlinie, um meine Idee zu erklären; alle hören mir zu, auch Spinksy.*) Das wird langsam langweilig für euch, und ihr habt noch nicht mal ein gutes Foto. Wie wär's damit. Ich schieß in Hüfthöhe knapp innerhalb des rechten Pfostens, Spinksy, du streckst dich, volle Parade Lew-Jaschin-Black-Spider-Style, und wir haben ein echtes Super-

---

[37] Ach Gottchen, liebes Sensibelchen, nicht wieder die Homophobiekiste – oder war's Transphobie? Ich meine nur einfach, dass Fußballer besser keine hohen Absätze tragen sollten, es sein denn freiwillig und nachdem sie damit rausgekommen sind, als was sie sich nun identifizieren.

foto. Wir brauchen ein gutes Bild für die *Evening Mail*, und wenn's wirklich gut ist, bekommen wir's vielleicht sogar in den *Sports Argus*. Okay, Spinko?

SPINKSY: Spinksy ...

ICH: Sorry, Spinky, machen wir das doch, anstatt dich weiter dabei zu knipsen, wie du Rückpässe aufhebst.

SPINKSY: Nenn mich Spinksy, Nige.

Ich lege mir den Ball wieder zurecht, gehe diesmal ein Stückchen weiter zurück und peile die Lage. Spink sieht noch immer aus wie ein Riese, und das Tor sieht aus wie vom 5er-Fußball. Jetzt heißt es konzentrieren und dann aufs Ganze. Ich laufe los und trete den Ball so hart ich nur kann. Spinksy hechtet in die rechte Ecke wie geplant, nicht Black-Spider-, sondern Green-Spider-Style. Der Ball hüpft relativ zahm zu seiner Linken ... ins Netz ... TOR! Ich habe einen versenkt! Kleiner Freudentanz.

ICH: Oh, jaaaaaaa! Ja, Mann. Wo ist mein Vertrag?

Ich höre auf zu tanzen, bevor es geschmacklos wird. Mir ist klar, dass ich auf Latino-Level[38] beschissen habe. Außerdem bin ich kein großer Schauspieler. Wir haben noch einen Elfer vor uns. Es

---

[38] Liebe Heulsusen, das ist nicht rassistisch gemeint. Es ist nur einfach nicht zu leugnen, dass Teile Südamerikas gegen Ende des 20. Jahrhunderts ein schmutziges Element in den Fußballsport gebracht haben. Da legt man sich ohne Körperkontakt hin, krümmt sich wie ein sterbender Schwan, ist aber zwanzig Sekunden später wieder voll auf dem Damm. Nach einem Tritt gegen das Schienbein reißt man sich beide Hände vors Gesicht. Da wird gehechtet wie bei den Schwimmern, nur dass weit und breit weder Wasser noch ein Grund für das Theater zu sehen sind. Leider hat mittlerweile alle Welt diese erbärmlichen Tricks übernommen. Es ist wirklich wichtig, hier die Geschichte nicht umzuschreiben. Was wahr ist, ist wahr. Fakten sind Fakten. Schickt sie zur Strafe auf die Schauspielschule, würde ich sagen.

steht 1:9. Der letzte Schuss ist wieder eine Ballrückgabe und reißt mich zurück in die Realität.

BUMM SKIDRUTSCHSKID   PLOP, PLOP
SCHLURF – SCHARR   – SPRITZ – KULLER
BUFFBOFF   BRZZZ AUS

Der launische kleine Scheißer von einem Ball rollte wieder zurück in die Hände seines Herrn und Meisters wie der kleine Musterschüler, der er ist. Wahrscheinlich heißt er Timmy oder Annabelle oder was weiß ich.

SPINKSY: Keine Sorge, Nige, mein Sohn (*was Anlass zur Sorge ist, weil ich ein paar Jahre älter bin als er; vielleicht sollten wir uns lieber gleich beide in George umbenennen, dann kann George Foreman uns in seine Sammlung tun*). Es gibt so einige, die nie einen Elfer an mir vorbeigebracht haben, und überhaupt bist du ja wahrscheinlich ganz ordentlich auf oder Geige, nach allem, was man so hört.

Nigel Spink hat einen so herrlich subtilen Humor und eine ausgesprochen bescheidene und nüchterne Art. Als Spieler war er stark, furchtlos und hatte all die Qualitäten, die einen großartigen Torhüter ausmachen. Seine erste wichtige Partie für Villa hätte keinen höheren Stellenwert haben können. Er kam nach zehn Minuten als Ersatz für den verletzen Jimmy Rimmer beim ... Achtung! ... Europapokal-Finale gegen den FC Bayern München 1982 zum Einsatz. Wir gewannen 1:0 und er machte ein Bombenspiel. Er war etwa zehn Jahre bei Villa, und es war ein großes Plus für unsere Abwehr, ein so sicheres, zuverlässiges Paar Hände hinter sich zu wissen.

Ich spielte einen Gig zur Unterstützung von Spinksys Ehrenjahr in Brums wichtigstem Veranstaltungsort, der Town Hall. In

Birmingham aufzutreten ist immer phantastisch, weil da jedes Mal ordentlich Villa-Fans aufkreuzen und die Town Hall eine irre Geschichte hat; hier haben die absolut besten Bands überhaupt gespielt. So weit, so gut, ich kann mich an den Gig selbst absolut nicht mehr erinnern ... PARTY? Ich weiß noch, dass Spinksy mir auf der Bühne eine Replik seiner Europapokal-Medaille überreicht hat. Und natürlich erinnere ich mich an all die Spiele, die er für uns gespielt hat. Gibst du mir, so geb ich dir.

Gut gemacht, Nigel.
Dank dir, Nigel.

Spinksy bestätigte mir abermals (vor allem beim Wahren Europapokal-Finale, das erst sein zweites Spiel war), dass man mit der Herausforderung wachsen muss, indem man den Augenblick lebt.

PAUL MCGRATH

Oo – Ah – Paul McGrath,
Say Oo – Ah – Paul McGrath,
Oo – Ah – Go-o-od,
Say Oo – Ah – Go-o-od.

Diese Hymne stimmten unsere gescheiten Fans im Villa Park schon an, lange bevor er durch kulturelle Aneignung des Theaters der Abgehalfterten auf Eric de Gaul überging.

Wo fängt man an, wenn man etwas über eine so legendäre und inspirierende Gestalt wie Paul McGrath sagen will? Am Anfang?

Nein, in der Mitte. Paul hatte für Man Buh gespielt, sich aber ein paarmal am Knie verletzt, womit seine Zukunft beim Fußball in Gefahr war. Man Buh kratzte ein Versicherungspaket von etwa 100 000 Pfund für Paul zusammen – unter der Bedingung, dass er mit dem Fußball aufhörte. Das mag sich großzügig anhören, aber Tatsache war, dass er die Wahl hatte. Entweder er akzeptierte das pseudo-generöse Angebot von Man-Buh, oder er ließ sie wie Trottel aussehen, indem er bei einem anderen Verein wie ein Weltmeister spielte, und das auch noch für geraume Zeit. Er entschied sich für die zweite Option, und ich bin sicher, dass er mit der Entscheidung, viele Jahre weiter sein geliebtes Spiel zu spielen, weit mehr verdiente als die popligen 100 000 Pfund, die – was für eine Farce! – für den Rest seines Lebens hätten reichen sollen.

Ich glaube, es war der allseits beliebte Graham Taylor, der ihn für Villa unter Vertrag genommen hat. Und was für ein phänomenaler Einkauf er war.

Das Erste, was Villa sich einfallen ließ, war ein auf McGraths besondere körperliche Verfassung maßgeschneidertes Trainingsprogramm. Das hieß konkret, Standardsituationen trainieren, aber nur am Freitag, also am Tag vor dem Spiel. Das war wahrscheinlich undenkbar für Spieler, die sich in erster Linie auf ihre Fitness verließen, um anderweitige Mängel zu kompensieren – so ein bisschen wie Musiker, die immer schneller werden, aber musikalisch nichts zu sagen haben. Paul war das genaue Gegenteil. Seine Art, sich auf dem Platz zu positionieren, und sein intuitives Verständnis für das Spiel bedeuteten, dass er immer zur rechten Zeit am rechten Platz war, ohne meilenweit laufen zu müssen. Er war immer stark, entspannt und nicht aus der Ruhe zu bringen, und wie bei den größten Musikern schien alles, was er machte, so einfach zu sein. Es war einfach der Wahnsinn, ihm zuzusehen. Ein wahres Genie beeindruckt nicht mit großen Worten oder Technik (auch wenn heute Wissenschaft und Technik so einige von uns blind gemacht haben gegenüber den Möglichkeiten eines wahren Lebens mit richtigen Antworten).

Ein weiteres unglaubliches Phänomen an Paul war, dass seine Schule des Lebens auf dem Platz ganz entscheidend war für die Entwicklung zweier exzellenter Abwehrspieler: Ugo Ehiogu und Gareth Southgate. Die beiden wären womöglich nicht halb so gut geworden, hätten sie nicht mit Gott auf dem Platz gestanden und von ihm gelernt. Wer hätte da nicht eine ganze Menge gelernt? Es ist interessant, dass ohne Pauls besonnene Anleitung bei den beiden irgendwann eine gewisse Geistesschwäche einsetzte und alle beide zu Middlesbrough gingen, »um mal was zu gewinnen!!!!«. Alles, was sie vielleicht gewonnen haben, sind ein paar Extragroschen. Ich war furchtbar enttäuscht, dass diese beiden großen Abwehrspieler nicht bei uns McGraths Tradition fortsetzen wollten.

Um es mal ganz einfach zu sagen, mir würde jetzt kein anderer Spieler einfallen, der eine solche Wirkung auf unseren Verein gehabt hätte, und wichtiger noch auf uns Fans (weil die Fans der Club SIND, nicht die Eigner, die Vorsitzenden, bla, bla, bla). Nennt mir nur einen einzigen Spieler, für den die Fans nach über zwanzig Jahren noch singen. Die Antwort aller Fans überall ... hmmmm ... nichts. Meine eigene Antwort wäre möglicherweise Andy Lochhead, aber selbst für den wurde nicht Match für Match gesungen wie für einen G-O-T-T ...

> (zu Kumbaya): Paul McGrath my Lord, Paul McGrath,
> Paul McGrath my Lord, Paul McGrath,
> On the piss my Lord, on the piss,
> Oh Lord, on the piss.

Anmerkung für Musiker: *Beide Versionen, mit aufsteigendem Dreiklang oder absteigendem Ganzton, sind akzeptabel.*
Paul war eine Legende vom Kaliber eines George Best. Beiden ließ man einigen Scheiß durchgehen, den man sonst niemandem nachgesehen hätte. Warum? Megatalent und ihre bescheidene, eher scheue Art. Ich erinnere mich noch an zwei klassische Beispiele, was Paul angeht. Einmal, in der dritten Runde des FA Cup war das, fuhren wir Villa-Fans zu einem Auswärtsspiel nach Exeter. Als wir dort eintrafen, hieß es, Paul hätte einen kleinen Umweg über Dublin gemacht, um sich endlich wieder mal ein ordentliches Guinness mit seinen alten Kumpels zu gönnen. Der Mangel an ordentlichem Guinness in England ist schlicht eine Schande, und so stießen wir alle aus Sympathie auf ihn an (natürlich nicht nur einmal, klar). Ein weiteres Mal verschwand er, als Irland auswärts gegen Albanien spielte. Kein anderer Spieler wäre damit ohne satte Geldbuße und Sperre durchgekommen, aber im Fall von Paul betonte es nur seinen Legendenstatus, und sowohl Villa als auch Irland stellten den schwarzen Magier auf, als er sich wieder sehen ließ. Guinness ist wie schwarzer Samt, und wenn es etwas gibt, was noch samtener und flüssiger ist, dann war das Pauls Spiel.

Dass Paul auf dem Platz so überragend war und bis auf den heutigen Tag trotzdem so bescheiden, ein solcher Gentleman, wird umso bemerkenswerter, wenn man all die Hürden bedenkt, die er auf dem Weg zum Erfolg zu überwinden hatte. Erst Adoptiveltern, dann Waisenhäuser, und das alles in frühester Kindheit.
Als einer der ersten, oder überhaupt als erster in Irland geborener schwarzer Ire für St. Patrick's und dann für Irland zu spielen, dürfte problematisch gewesen sein, jedenfalls anfangs, aber er bewältigte diese immensen Herausforderungen auf seine ureigene

ruhige und bescheidene Art. Er wurde der beste Mann, der je für Irland gespielt hat, und er ist es heute noch. Er ist ein Triumph der Menschheit und eine Inspiration für nichtweiße Menschen überall, eine Inspiration für Fußballer, eine Inspiration für Irland und natürlich für uns Aston-Villa-Fans.

Paul ist auf so einigen meiner Gigs gewesen, sei es in Brum oder Manchester, ganz in der Nähe, wo er früher gewohnt hat. Es ist mir eine Ehre, dass ein Mann, der so wichtig für Irland und Aston Villa ist, bei Gigs von mir war.

Die Nummer, die ich für ihn schrieb, trug den Titel »I Believe in God«, und das Holte End ist darauf mit »Oo – ah – Paul McGrath« zu hören. Das war vielleicht ein Gefühl, ein gerammelt volles Holte End über mir zu haben, als ich mit meinem Recorder hinter dem Tor auf dem Platz stand. Das ist ein verdammt satter Sound, Mann. Und inspiriert von dem größten irischen Maestro, der je für Villa gespielt hat.

Was Macca mir beibrachte, war, mir der Leute neben mir auf der Bühne genauso bewusst zu sein, wie er sich aller Spieler auf dem Platz bewusst war, mit anderen Worten: das große Ganze zu sehen, um zu erkennen, wer was als Nächstes macht.

Dank dir, God.

ANDY ROBINSON

Wir hatten nach einem Spiel eine zünftige Party bei mir zu Hause in Malvern, und Andy, ein echter Kumpel, wollte ein bisschen »experimentieren«. Andy war der Mann, der uns zu den Heimspielen fuhr, weil er nicht trank, während ich das sehr wohl tat.

Vor allem an Spieltagen. Er hatte uns wieder nach Hause chauffiert, und wir hatten wahrscheinlich gewonnen, abgesehen davon, dass wir schon durch unsere bloße Existenz und weil wir das Ligasystem für alle Sportarten der Welt erfunden haben, für alle Zeiten Sieger sein werden.

ANDY: Ey, Nige, lass mich ma' ran.

Ich machte gerade Tauziehen mit meiner oben erwähnten Bulldogge Deadly, die verdammt noch mal nicht mehr losließ, wenn sie erst mal was zwischen den Zähnen hatte. Man konnte sie nur dadurch beruhigen, dass man ihr eine Hand zwischen die Zähne schob.

ICH: Okay, Andy. Viel Glück. Aber du weißt, dass Deadly verdammt kräftig ist.

Ich zog an meinem Joint, um mich auf den Unterhaltungsteil des Abends vorzubereiten, aber selbst der beste Spliff hätte nicht das verursachen können, was als Nächstes passierte. Ich reichte Andy das Tauende, und er ging auf alle viere. Wäre das ein Schönheitswettbewerb gewesen, wäre der Sieger gar nicht so klar gewesen, obwohl Andy weniger sabberte. Aber wahrscheinlich hätte man bei einem solchen beide abgewiesen, auch wenn keiner von ihnen das Produkt von Inzucht war. Andy nahm ein Ende des Taus zwischen die Zähne, das andere schnappte sich der begeisterte Deadly, der nicht die Absicht hatte, je wieder loszulassen. Sieben, acht Sekunden lang hielt sich der Kampf zwischen den Kiefer- und Nackenmuskeln der beiden Kontrahenten in etwa die Waage, aber dann war's plötzlich nur noch einer.[39] Ein wüster Ruck von

---

[39] Tierschützer, beruhigt euch, Bulldoggen spielen für ihr Leben gern eine Runde Tauziehen, und es tut ihnen gut. Hier wurden also mitnichten Tiere misshandelt, mal abgesehen von meinem Spezi Andy.

Nacken und Seil brachte Deadly den Sieg – und was kullerte da vor uns über den Küchenboden? Andys Zähne ... Sie klapperten noch wie eine seltsame Mischung aus einem Aufziehgebiss und einem fiesen Nagetier.

Andy sammelte seine ausgebüxten Hauer zusammen und setzte sie wieder ein.

ICH: Ey, Andy ... solltest du die nicht desinfizieren? Hier hast du 'ne Flasche Wodka.

Zuvor: Baník Ostrava 1   Villa 2   3. Oktober 1990

Zwei Wochen zuvor hatten wir Baník im Villa Park 3:1 geschlagen, und jetzt feierten wir unseren 2:1-Sieg beim Rückspiel in Ostrava. Am nächsten Tag sollte es wieder zurück nach Engel-Land gehen, wir hatten also genügend Zeit, um neben unserem Gesamtergebnis von 5:2 auch gleich unseren sensationellen neuen Torschützen – Innenverteidiger Derek Mountfield – abzufeiern, der in beiden Spielen getroffen hatte.

So gingen wir nach dem Spiel in die Altstadt (fast alle osteuropäischen Städte haben eine um einen alten Marktplatz herum angelegte Altstadt) und verschanzten uns in einer Bar, um unsere Seligkeit in – übrigens weit überschätztem – tschechischem Bier zu ertränken. Wir sangen die Songs der einzelnen Spieler, und ein paar Stunden später stellte der eine oder andere von uns auf dem Tresen seine Tanz-Skills zur Schau. Caruso (oder andere italienische Tenöre) brauchten wir nicht, weder musikalisch noch lärmtechnisch. Dem Barmann schmeckte unsere Beinarbeit nicht, so flink und grazil sie auch gewesen sein mochte – Herrgott, der Typ hatte uns genug tschechische Knete für einen neuen Fiat abgeknöpft! Er wurde etwas stinkig und rief dann wohl, ohne jede

Warnung, die Polizei – ganz der brave Informant, der er die letzten Jahre über womöglich gewesen war.

Die Tschechen waren damals kaum ein Jahr von den Sowjets befreit, und obwohl sich hier und da was zu ändern begann, waren die Methoden der Polizei noch immer dieselben wie unter den Faschisten oder Kommunisten. Als die Bullenschweine dann kamen, stürmten sie die Bar à la Stalin,[40] und auch wenn ihnen die Intelligenz richtiger Schweine abgehen mochte, wirkten sie doch verdammt bedrohlich und hatten das Schlimmste im Sinn. Sie waren durch die Vordertür reingekommen, die also jetzt blockiert war, und hatten die Knarren aus ihren putzigen kleinen Halftern geholt. Mit dem Mix aus Metall und Leder wirkten sie wie die vergrätzten Opfer aus einem Bondage-Film. Die Aggression in der Luft war zum Schneiden dick, und im Handumdrehen herrschte auf unserer kultivierten kleinen Teegesellschaft ein anderer Ton. Mit jedem Schritt, den die Bullen auf uns zukamen, nahm die Feindseligkeit einen Zacken zu. Dann, nur einen Augenblick vor dem ersten Schlag, hörte ich ihn:

»Ey, Nige, komm hier raus, *mate*, hier willste nich mit reingezogen wer'n.«

Der Typ winkte mich zu sich. Ich sprang vom Tresen, und er führte mich kenntnisreich durch die Küche zur Hintertür und dann raus. Das war meine erste Begegnung mit Andy Robinson. Er hat mir wahrscheinlich einen gebrochenen Arm und weiß Gott was sonst noch erspart. Die Rempelei im Lokal hatte schon angefangen, als wir auf die Straße kamen. So viel zum Thema Kapi-

---

[40] Ich weiß, Stalin war kein Tscheche, sondern Georgier, nu heul doch nicht gleich, Baby, ich versuche ja nicht die Geschichte um-, sondern lediglich die Polizeiaktion zu beschreiben ... bla bla ...

talismus gegen Kommunismus: Polizeimethoden wie eh und je, Ausbeutung wie eh und je, alles wie eh und je, nur eben unter anderem Namen. Und während die kapitalistische/kommunistische Polizei über die Villa-Fans herfiel, hatte ich einen Freund fürs Leben gefunden. Wir verzogen uns über eine stille Seitenstraße, versteckten unsere Villa-Trikots und gingen in eine andere Bar – wo wir uns vor einer Horde weiterer Villa-Fans wiederfanden. Also zogen wir unsere Trikots wieder an.

Andy war Taxifahrer, bis ihm die Versicherung zu teuer wurde, und natürlich kannte er eine Menge anderer Leute aus der Branche. Manchmal traf sich ein Dutzend von uns und mehr am Holte End, bevor der Tory Moy-no-han dort das Stehen verbot, was es einem unmöglich machte, mit jemandem auf einen Plausch beisammenzustehen. Ein weiterer eindeutiger Nachteil der Sitzpflicht war, dass man dabei zwischen Andy und seinem Kumpel Andy II zu sitzen kam. Nie im Leben hab ich so was gehört. Die gequälten Viecher auf der Insel von Dr. Moreau waren nichts gegen den Gesang von den beiden – an Leidenschaft fehlte es ihnen allerdings nicht.

Auch wenn man Andy kaum in der Ruhmeshalle von Aston Villa finden wird, er steht voll hinter dem Verein, und was wäre ein Verein ohne seine Fans? Es ist das kollektive Erlebnis und die Erinnerungen, die einer Sache Realität verleihen und nicht (wie zur Zeit meiner Arbeit an diesem Buch) ein leeres Stadion mit einer Geräuschkulisse aus der Konserve – was für eine Ohrfeige für die Fans, dass ein Sender meint, er könnte sie auf Knopfdruck ersetzen. Eine Analogie von ähnlicher Abscheulichkeit sind die klassischen Musos, die eine Truppe kleiner Musos von weiß Gott wo in winzigen Kästchen auf einem Bildschirm zusammentrommeln und dann so tun, als wären die kleinen Scheißer da drin ein

Orchester! Die Magie eines Orchesters entspringt nun mal seinem kollektiven Sound, nicht einem Haufen popliger kleiner Mikros an so und so vielen vereinzelten kleinen Musikern. Was für ein Aufwand, nur um einem Möchtegern-Weltverbesserer von Musiker auf die Schulter zu klopfen und ihm das Gefühl zu geben, er sei ein Virtuose und werde gebraucht. Natürlich sind die Medien weit leichter dazu zu bringen, an etwas »Cleveres« zu glauben als an etwas Echtes mit Seele.

SPIELER und FANS wie Andy und ich im selben Stadion = FUSSBALL.

ORCHESTER-Musos und PUBLIKUM im selben Saal – KLASSISCHER ORCHESTER-GIG.

Im Studio fabriziertes oder bloß aufgenommenes ZEUG = PHANTASTISCHES KONZEPT-ALBUM, aber ERBARMEN: bitte nicht von Classicos oder Leuten, die denken, wir bräuchten sie.

ALLES ANDERE = TAND, DÜNKELHAFT-PHARISÄISCHE SELBSTVERLIEBTHEIT.

Ich habe einen Spitznamen für Andy, und zwar Mensa, weil er manchmal einfach klassische Hammer bringt. Als ich zum Beispiel in der alten Heimat tourte, womit ich Irland meine, hatte ich Andy als Fahrer engagiert. Ich steh also da mit meinen Fiedeln, Taschen und Scheiß, um alles im Wagen zu verstauen, mache den Kofferraum auf – und der ist voll! Nicht die kleinste Lücke für meinen Scheiß.

»Was ist denn das alles, Andy?«

»Na ja, meine Frackhemden und Abendkleidung für deine Gigs. Man möchte ja wie 'n Profi aussehen.«

»Andy, und wo soll ich MEINE Sachen hintun? Ich denk mal, es wäre gut fürs Publikum, wenn nicht sogar absolut notwendig, dass ich auf der Bühne was anhabe. Ich meine, Irland ist schließlich katholisch und so. Ich mach doch keine Shows für sexistische Frauen, die zu den Chippendales gehen … und meine Violinen brauch ich womöglich auch.«

Ich muss aber zugeben, dass Andy in seinen Rüschenhemden wirklich fesch aussah.

Bei einer anderen Gelegenheit fragte der Fernsehsender SKY Sport an, ob ich ihnen nicht ein Interview über Villa geben würde. Was mich vor ein riesiges Dilemma stellte. Wenn ich da mitmachte und denen ein Interview gab, dann könnte das so aussehen, als unterstützte ich die gnadenlose Kommerzialisierung und Zerstörung unseres Sports, wie SKY, die Gockel von der Premier League und Fußballagenten sie auf so kriminelle[41] Weise betreiben. Das Interview nicht zu machen, hätte womöglich dazu geführt, dass man dem Zuschauer ein weiteres Propagandasegment über Liverpool oder Man Buh aufs Auge drückte. So gesehen war es das kleinere von zwei Übeln, gute Miene zum bösen Spiel zu machen, und so machte ich es unter der Bedingung, dass wir im Holte End drehten und ein Dutzend meiner Villa-Spezis um mich rumsaßen, um ihren Senf dazuzugeben.

Das Holte End und überhaupt der ganze Villa Park sind mächtig beeindruckend, selbst wenn sie völlig leer sind. Abgesehen von all den Erinnerungen und all dem Lärm, der sich unauslöschlich in alle Ritzen und Winkel des Platzes eingegraben hat, umgibt das Ganze auch noch ein Hauch von Erwartung. Das ganze Stadion (sorry, unanständiges Wort, ich meine natürlich den Platz) wirkt wie in einer Art Stillstand und scheint nur darauf zu warten, dass am nächsten Spieltag wieder Leben reinkommt. Auch der Kontrast zwischen den unbelebten Betontribünen mit ihren leeren

---

[41] Moralisch kriminell.

Plastiksitzen und dem riesigen Rechteck des lebenden grünen Rasens, den sie umgeben, hat was.

Es war ein gutes Gefühl, wenn auch ein etwas komischer Anblick aus der Totale, als unser Dutzend in der Mitte des oberen Drittels vom Holte End saß. Immerhin ist es die größte Tribüne Englands, und der Platz war total leer.

Der Interviewer kam mir gleich mit richtig tiefschürfenden und schwierigen Fragen ...

INTERVIEWER: Sind Sie ein Villa-Fan, Nigel?

ICH: Nein, ich meine JA.

INTERVIEWER: Spielen Sie gern Geige und geben Sie gern viele Konzerte?

ICH: Nein, ähmmm, JA. Vielleicht brauch ich einen Lügendetektor, Herr Doktor.

INTERVIEWER: Sind das Ihre Freunde?

ICH: Wer? Oh, ja, Gott der Allmächtige sei mit allem und jedem einzelnen von ihnen.

INTERVIEWER: Sie sind also alle Anhänger von Villa?

WIR IM CHOR: (*immerhin alle in Villa-Shirts*) VI-LLA – VI-LLA – VI-LLA – VI-LLA.

ICH: Passen Sie auf, mir dreht sich das hier zu sehr um mich. Warum fragen Sie nicht meine Kumpels was? Wir müssen uns ja alle mit anschauen, was hier passiert. (Wir machten damals auf dem Spielfeld gerade eine ziemliche Durststrecke durch.)

Es folgte ein durchaus anständiges Interview, in dem alle erklärten, was es heißt, ein Villa-Fan zu sein, und es kamen einige bewegende Erinnerungen an große Spieler und Spiele aus der Vergangenheit hoch.

Dann kamen wir darauf zu sprechen, dass für das Match um den Pokal die Woche zuvor gerade mal 20 000 Leute aufgekreuzt waren. Das war der Augenblick, in dem Andy auf einen seiner zeitlosen Klassiker kam …

ANDY: SCHAUEN SIE, DER GRUND, WARUM NICHT SO VIELE KOMMEN, IST, DASS SO VIELE LEUTE DIE KARTEN KAUFEN …

Mensa hatte gesprochen, und das Ganze war uns anderen ehrlich gesagt ein bisschen zu hoch. Wir sahen einander ratlos an – was zum Geier hat der da gesagt? Er hatte sich diesmal wirklich selbst übertroffen. (Er bestand immer darauf, dass er wusste, was er damit hatte sagen wollen. Damit war er aber eine Minderheit von gerade mal einem Mann.)

Ich stand auf und beendete das Segment, indem ich auf die Kamera zuging und sagte:

»SCHNITT! DASS IHR MIR DAS JA NICHT BENUTZT?«

Als das Interview dann im Fernsehen lief, war DAS natürlich das Einzige, was man zu sehen bekam. Inklusive meiner selbst, der aufstand und sagte: »SCHNITT! DASS IHR MIR DAS JA NICHT BENUTZT?« Und ein Schnipsel, in dem ich Andy »Dad« nannte. Aber ich will nicht ungerecht sein, es war saukomisch und großes Kino im Fernsehen. Dass ich ihn »Dad« nannte, hat eine ellenlange Vorgeschichte. Wenn wir zu einem Spiel gingen, kam es immer mal wieder vor, dass jemand auf Andy zuging und sagte: »Sie müssen ja stolz sein auf Ihren Sohn.«

Die Gelegenheit, die mir im Augenblick einfallen will, war die Fahrt rauf zu dem berühmten Cup-Match gegen Sunderland im Roker Park, wo Mark Bosnich den Karren ganz allein aus dem Dreck zog. Mit nur vier Chancen gewannen wir schließlich 4:3. (Na schön, du Klugscheißer, hat Bosnich eben den Karren NICHT GANZ ALLEIN aus dem Dreck gezogen, aber er spielte absolut sagenhaft.) Wir sangen die letzten zwanzig Minuten »We Only Had

Four Shots«, bis wir vor Euphorie praktisch am Hyperventilieren waren. Aber das Spiel anzuschauen, war nicht das Problem – das Problem war, da hinzukommen. Meine Freundin und ich hatten beschlossen, mit Andy und seinen Spezis nach Sunderland zu fahren. Wir fuhren also in einem Minibus mit Andys Taxifahrer-Gemeinschaft und saßen hinten und genehmigten uns einen Spliff. Wir waren schon früh losgefahren, und alles sah bestens aus, als der Wagen plötzlich von der M1 abfuhr. Es war so um ein Uhr mittags. Eh wir's uns versahen, fuhren wir im Kreis um den Fußballplatz. Es war richtig unheimlich. Zugegeben, es waren noch zwei Stunden bis zum Anpfiff, aber es war schon komisch, dass so gar keiner da war.

»Wieso ist hier keiner?«
»Offensichtlich schlecht besucht.«
»Vielleicht sind wir zu früh dran.«
»Es ist nirgendwo offen.«
ANDY: Was ist hier los?
»Was ist 'n heute für 'n Tag?«
»Ich muss pissen.«

} Zwölf Cabbies auf der Elland Road, die denken, sie sind in Sunderland.

ICH: (*die geballte Sachkenntnis um mich herum ignorierend*) Hört mal, Leute, ich glaube, das hier ist Elland Road. Wir spielen aber in Sunderland, nicht in Leeds. Wir haben noch ein ganzes Stück zu fahren, und wir wollen doch den Anpfiff nicht verpassen. Scheiße, wir haben keine Zeit zu verlieren.

Noch was: Die Pommes in Sunderland waren spitze, in Schmalz frittiert, so wie's sich gehört. Aber die Lektion aus alledem ist – wenn man wohin will, dann verlässt man sich am besten auf einen Taxifahrer.

Was immer man über Andys Fähigkeiten als Interviewpartner, Steuermann, Olympionike im Tauziehen oder sonst was sagen mag, wir sind Freunde, von dem Abend in Ostrava an bis auf den heutigen Tag. Er ist der größte Villa-Fan und ein klasse Freund, und das nächste Match werde ich mir wieder zusammen mit ihm anschauen. Wie so viele, die ich kenne, hatte er unglaubliche Hindernisse und Entbehrungen zu überwinden, aber im Gegensatz zu vielen anderen höre ich ihn nie jammern. Immer blitzt sein Herz aus Gold durch, und ich kann mich glücklich schätzen, ihn zum Freund zu haben.

Was ich aus meiner Zeit mit Andy gelernt habe, oder was er mir immer wieder vor Augen gehalten hat, ist, dass harte Arbeit und Großzügigkeit keine Entbehrungen sind, sie sind normal.

AUF GEHT'S VILLA!

GORDON COWANS – SID

Gordon Cowans, oder Sid, wie er bei uns Villa-Fans heißt, ist einer der talentiertesten und bescheidensten Menschen, die mir je untergekommen sind. Nichts an dem Mann ist Fassade. Wenn irgendeiner mit weniger Talent größere Anerkennung bekäme als ich (was mir ständig passiert), dann würde ich wahrscheinlich was sagen. Sid geht dieses Problem seit jeher ganz anders an. Er war für seine Mannschaftskameraden da, nicht um seiner selbst willen, aber seinen ganz speziellen Beitrag auf dem Platz zu sehen, war eine ungeheure Freude. Nicht nur hatte er Phantasie und Weitblick, er hatte auch das Arbeitsethos und das Talent, sie umzusetzen. Jede seiner Entscheidungen auf dem Platz war zum Nutzen des Teams, und er war clever genug, jedes Mal die richtige Entscheidung zu treffen.

Jeder Villa-Fan mit ein bisschen Ahnung[42] würde Sid zu den drei besten Spielern zählen, die je für den Club gespielt haben, neben Paul McGrath und einem anderen. Von Sids Lebenslauf können die meisten Fußballer auf diesem Planeten nur träumen, und er erreichte alles für seinen geliebten Verein Aston Villa, und nicht dadurch, dass er sich als Söldner bei einem Verein voller Judas-Typen verdingt hat. Die Teilnahme an Flohhüpf- oder Häkelturnieren mit Posern wie den »Galácticos« aus Madrid war schlicht nicht sein Stil. Mit und für uns gewann er die Meisterschaft, den Europapokal der Landesmeister, den UEFA-Super- und den Ligapokal. Binnen eines Jahres hatte er mit Villa gegen Bayern Mün$chen und Barcelona gewonnen – womit sich diese überbezahlten Schätzchen ihre leicht verdiente Knete in den Pokal schieben können. Ich habe ja schon angedeutet, dass die UEFA mittlerweile auf ihre typisch verdrehte Art einen als Champions League (wohl eher Hemdchen-League) bezeichneten Wettbewerb betreibt, bei dem die meisten Teilnehmer noch nicht mal Vizemeister sind (geschweige denn Champions) – weshalb sie wohl auch die Ferner-liefen-League heißen würde, wenn da nur ein Funken Ehrlichkeit mit im Spiel wäre. Aber so ist das nun mal bei all dem verschlagenen Geklüngel, das in der Welt des modernen Fußballs herrscht. Sid hat den Wahren Europapokal zu einem Zeitpunkt für uns gewonnen, als da tatsächlich nur Champions dabei waren. Die Ferner-Liefen mussten woanders laufen, möglicherweise auf die Toilette, wo sie hingehören. Der Ehrgeiz der heutigen Teams? Versuchen wir doch Vierter zu werden! Also, Ron Saunders hätte das nicht genügt.

---

42 Jeder Villa-Fan hat mehr als nur »ein bisschen« Ahnung, sonst wäre er kein Villa-Fan.

Der einzige Zeitgenosse Sids, der in derselben Position spielte, war Glenn Hoddle (Ha! Ihr dachtet schon, ich sage Glenn Campbell, stimmt's?). Hoddle konnte Pässe spielen, die fast an Sids herankamen, aber er hatte es einfach nicht drauf, sich den Ball um jeden Preis zu holen, wie Sid das konnte. Was Pässe, Standards, Ballgewinn und Effektivität ganz allgemein anbelangt, war Cowans der absolut Beste seiner Zeit. Wäre da nicht der London-&-Lancashire-Bonus gewesen, der damals (ich weiß, kaum zu glauben) noch krasser vorherrschte als heute, er hätte automatisch in der Nationalelf gespielt. Dass er mit beiden Beinen gleich gut schoss und obendrein noch so unerschrocken wie mutig war, vollendete sein Bild als Spieler.

Die Arbeit, die er als Trainer leistete, muss für viele von Villas jüngeren Spielern auf dem Weg nach oben eine Wahnsinnsinspiration gewesen sein, womit sein Erbe auf die denkbar beste Weise fortgeführt wird.

Sid war bei einer ganzen Reihe meiner Gigs in Brum, und in den Gesprächen mit ihm hinterher zeigte sich deutlich, dass er nicht nur ein tiefes Verständnis für Talent und Inspiration hat, sondern auch dafür, dass es nicht ohne harte Arbeit geht. Es gehört zu unserer Aufgabe, egal ob beim Fußball oder in der Musik, das Ganze dann kinderleicht aussehen zu lassen. Deswegen mögen wir Sid alle so, er spielte inspiriert, entschlossen und direkt, aber nichts wirkte kompliziert. Da gab's keine zehn Pässe im Strafraum und einen Rohrkrepierer à la Arsenal. Deshalb war Gordon Cowans immer Mahnmal und Vorbild für mich als Bandleader – den Verlauf der Ereignisse dirigieren, aber immer dafür sorgen, dass die anderen Talente um mich herum ihr Licht nicht unter den Scheffel stellen. Sid hat stets das Beste aus seinen Mannschaftskameraden herausgeholt, und ich habe große Freude daran, es ihm gleichzutun.

Mit das Tolle an Fußball und Kricket ist, dass man im Gegensatz zum Sport in Amerika nicht mit einer Diät aus Anabolika, Burgern und Milch aufwachsen muss, um Erfolg zu haben. Sid war ein relativ schmächtiger Kerl, diktierte aber trotzdem das Spiel und sorgte wie ein hyperintelligenter menschlicher Dynamo pausenlos für Möglichkeiten. Fangesänge wie »Lauf dir für die Jungs das Herz aus dem Leib« musste der gar nicht hören. Er hatte alles, was es im Mittelfeld braucht.

Ein Mensch lässt sich daran messen, wie er mit den größten Problemen umgeht. Sids Message an den Rest von uns, als man bei ihm Alzheimer diagnostizierte, war typisch für ihn. Er brachte seine Liebe nicht nur für alle, die ihm nahestehen, zum Ausdruck, sondern auch für seine Großfamilie von Villa. Und wie er nachschob, gedachte er sein künftiges Leben als neues Abenteuer anzugehen. Er dachte noch immer eher an die Menschen um ihn herum als an sich selbst. Nicht nur ein großer, großer Spieler, sondern ein GROSSER, GROSSER Mensch.

SID! SID! SID!

Sid beim Spielen zuzuschauen, hat mir bestätigt, dass nicht die Anerkennung oder das Geld der Lohn ist, sondern die Arbeit selbst.

TONY MORLEY

Auch wenn Tony Morley nur vier Jahre bei Villa war, seine Wirkung auf den Verein war immens. Die meisten Flügelspieler sind eher Randfiguren, die einen Gutteil des Spiels über rumstehen, bis sie mal ihre flotte Beinarbeit zeigen können. Und in etwa jedes zehnte Spiel läuft für sie rund, sie dribbeln sich einen Wolf und schießen vielleicht im Alleingang ein Tor. Meistens freilich sind sie nur die Schönlinge des Fußballs – wenn sie eine Band wären, würden sie Die Schmucken Boys heißen.

Tony Morley war da aus ganz anderem Holz geschnitzt. Natürlich verfügte er über das für Außenstürmer nötige Tempo, aber was ihn von anderen unterschied, das war seine kompromisslose Zielstrebigkeit. Da gab's keine schön anzusehenden Tricksereien – wenn er den Ball hatte, dann hatte da am Ende was bei rauszukommen. Er brachte Aufregung ins Spiel und schraubte freudig Tempo und Flüssigkeit seines Spiels hoch. Bei aller Geschwindigkeit, seiner natürlichen Auffassung der Situation, seinem Orientierungssinn und der nicht zu bremsenden Energie war Tony sich nicht zu schade, mal dazwischenzugehen und für Chaos zu sorgen oder bis an die Torauslinie zu flitzen, um von dort aus Peter Withe und Gary Shaw Flanken zu liefern, als werfe er ihnen Bonbons zu. Die Partnerschaft Withe-Shaw war an sich schon der Hammer, aber irgendjemand musste dieses Tier mit den zwei Köpfen eben auch fachgerecht füttern. Und er präsentierte ihnen das Essen auf einem Teller – er war ein Fünf-Sterne-Koch. Der ruppige Peter Withe und der an Jimmy Greaves erinnernde Gary Shaw bekamen von Maître Tony Le Roux Morley auf einen Schlag Vorspeise, Hauptgang und Dessert.

Wie ich schon sagte, Tony hatte die Fähigkeit, dazwischenzugehen und bei der gegnerischen Abwehr für Chaos zu sorgen, aber er war auch ein tödlicher Torschütze, weil er ... EINEN HAMMERBUMS DRAUFHATTE!

Meine Ansichten über die Hemdchen-League kennt ihr ja bereits und wisst, dass ich nicht viel anfangen kann mit den herausgeputzten Primadonnen, die dort spielen. SKY Sports und Konsorten wollen uns einreden, dass Fitness und Können erst mit der Einführung der Gockel-Premier-League und der Hemdchen-League aufkamen. Zeit für einen Realitäts-Check! Bitte, bitte, Herr im Himmel, hört auf, uns einen Fiat als Rolls Royce anzudrehen. Ihr braucht euch doch bloß mal Aufzeichnungen von Tonys Spielen zu geben, und diese Lügen müssten euch im Hals steckenbleiben. Bestenfalls ist die Watte, in die einige dieser Lackaffen gepackt sind, qualitativ besser, das ist aber auch schon der einzige Unterschied.

Als wir den Wahren Europapokal gewannen, durften da nur Wahre Champions mitmischen. Zu der Zeit war das schon deshalb interessant, weil die Mannschaften aus Spielern bestanden, die aus ihren eigenen oder Nachbarländern kamen, sodass die unterschiedlichen Stile für ausgesprochen interessante Kontraste sorgten, ob das nun Holzer aus Barcelona waren, italienische Schniegelpoppies, die den Kopf hängen ließen, wenn sie mal ein Tor im Rückstand waren, systematische und versierte westdeutsche Teams, beschissene Mannschaften aus Island oder die Mischung aus Geschick und kampfstarker Beharrlichkeit aus Engel-Land. Alles ist besser als teure Teams im spanisch-brasilianischen Stil, die gegen billigere Teams von der spanisch-brasilianischen Sorte spielen. Der Unterschied zwischen der Champignon-League und dem Wahren Europapokal ist der zwischen homogenisiert-pasteurisierter Milch und frischer Milch vom Bauern. Homogenisiert-pasteurisierte ist sicherer, aber frische ist echt und weniger langweilig. Wenn Villa bei seinem Kampf um den Wahren Europapokal nach Ostberlin oder in die Ukraine musste, war das eine Reise ins Unbekannte. Fußball war noch nicht Opfer des grassierenden Globalismus geworden, von dem wir heute alle betroffen sind.

Der Grund, weshalb ich mich hier über den Wahren Europapokal verbreite, ist der, dass wir ihn ohne die entscheidenden Beiträge von Tony Morley nicht gewonnen hätten. Natürlich erinnert sich jeder an die begnadete Beinarbeit und die Flanke, die Peter Withe im Finale zum Siegestor gegen Bayern Mün$chen verwandelte – aber warum waren wir denn überhaupt im Finale? Hauptsächlich, weil Tony Morleys Tore uns aus zwei verdammt brenzligen Unentschieden gegen Dynamo Berlin und Anderlecht rissen. Seine beiden Tore beim Auswärtsspiel in Berlin und sein Treffer gegen Anderlecht waren es, die bei diesen beiden extrem knappen Kämpfen die Entscheidungen brachten. Ohne Tonys brillante Tore würde sich keiner mehr an Rotterdam erinnern. Tony war absolut tödlich (und nur Maestro Morley selbst wird verstehen, wie zutreffend diese Bemerkung ist).

Tonys Begeisterung für den Fußball hat sich kein bisschen gelegt. Er kann die ganze Nacht über den Sport reden – selbst mit einem Fußballspasti[43] wie mir. Tony ist alles andere als schüchtern, aber er ist kein Angeber. Wenn er spricht, dann legt er dieselbe Direktheit und Konzentration an den Tag wie seinerzeit auf dem Spielfeld – nicht ein Wort zu viel.

Was Tonys Art, Fußball zu spielen, mir als Künstler gezeigt hat, ist, dass Brillanz kool ist, wenn ein Sinn dahinter steckt.

Tony, Tony Morley, Tony Morley on the wing,

Tony, Tony Morley, Tony Morley on the wing.

---

[43] Liebes Sensibelchen, weine nicht. Der »Spasti« bezieht sich ausschließlich auf mich, und ich bestehe auf das Recht, mich als »spastisch«, »elastisch«, »bombastisch« oder was auch immer zu bezeichnen. Niemand sollte Anstoß daran nehmen, es sei denn, er ist Fußballer. Was? Kein Fußballer? Pech gehabt.

JACK GREALISH

Etwa alle zwei Generationen bekommt die Welt ein absolut außergewöhnliches Fußballgenie zu sehen. Einen Spieler, der Magie ins Spiel bringen und es im Alleingang verändern kann. George Best, Gazza, Pelé, keine andere Legende hat den Verlauf so vieler Spiele mit solcher Regelmäßigkeit herumgerissen wie er, praktisch in jedem Spiel. Maradona mag da in etwa rankommen, aber Jack braucht nicht die Hände einzusetzen, außer vielleicht beim Gaelic Football, bei dem Maradona, könnte ich mir vorstellen, eher beschissen war. Ich will damit nicht den Rest unserer Spieler herabsetzen, aber wir wären längst nicht mehr in der Gockel-League, hätten wir nicht Jacks unglaubliche Leistung auf unserer Seite gehabt.

Im Augenblick ist Engel-Lands Trainer eine ziemliche Spaßbremse, und man kann sich des Gefühls nicht erwehren, dass ihm jede Ausrede recht wäre, Jack nicht in der Nationalelf aufzustellen. Bislang ist er einfach zu gut gewesen, und dem Trainer ist keine andere Wahl geblieben, obwohl man den Eindruck hat, dass er lieber viel, viel langweiligere Spieler nimmt. Zum Glück für Jack sind es nicht nur voreingenommene Villa-Fans, die ihn in der Nationalelf sehen wollen, es sind einfach Fußballfans, Fans von gutem, unterhaltsamem Fußball überall im Land. Den Umschwung, den er in jedem Spiel bringt, bedeutet, dass es auch keine Entschuldigung dafür gibt, Jack als Luxusspieler abzutun.

Und noch etwas ist so super an Jack – er ist einer von uns, einer aus der Villa-Familie. Er ist Villa durch und durch. Er war sein Leben lang Villa-Fan, sein Dad ist ein Villa-Fan, und sein Ur-Ur-Großvater hat 1905 mit Villa den FA CUP geholt. Und nur für den

Fall, dass ihr gedacht habt, man könnte nicht mehr perfekter werden, ist er auch noch ein irischer Brummie! Sein Dad Kevin und ich waren zusammen bei vielen Auswärtsspielen, noch lange bevor Jack zur Welt kam. Es ist gerade so, als würde Jack zur Familie gehören, wenn auch ohne den damit verbundenen Druck.

Eines steht fest, seine Magie zaubert jedem ein Lächeln ins Gesicht, der ihn spielen sieht – und das Spiel für Spiel. Und falls Loyalität und Selbstlosigkeit etwas damit zu tun haben sollten, charakterlich steht Jack in keinem nach.

Su-per, Super Jack,
Su-per, Super Jack,
Su-per, Super Jack,
Super Jacky Grealish.

Während ich das hier noch mal durchgelesen habe, bevor ich das Buch an den Verlag schicke, hat man Jack in eine Situation manövriert, in der er uns verlassen musste, um zu Man City zu gehen. Diese Situation wurde ihm meiner Ansicht nach durch Gareth Mousegates Weigerung aufgezwungen, Jack für Engel-Land auf den Platz zu schicken, wann immer es wirklich zählt. Mousegate hätte möglicherweise auch George Best nicht aufgestellt, Pelé oder sonst ein Genie, das uns dabei hätte helfen können, Dänemark höher als 1:0 zu schlagen. Es wäre dieser unglaublichen englischen Truppe durchaus möglich, die Welt zu unterhalten, aber nicht während Mousegates Amtszeit. Abwehr, Abwehr, Abwehr und Amüsemang für die Welt.

Keiner von uns bei Villa nimmt es Jack krumm, dass er gegangen ist. Er hat bereits eine Loyalität gezeigt, die das Begriffsvermögen von Mousegate, Sportreportern etc. weit übersteigt. Neunzehn Jahre als Villa-Fan und sein Einsatz als Spieler für uns waren einzigartig und unbezahlbar. Vielleicht kann Mr. Mousegates Auswahlprozedere den üblichen prosaischen Regeln folgen, jetzt, wo Jack für ein reicheres und reizenderes Team spielt ...

GARY LINEKER

GARY

Hinter uns lagen strahlend die Malvern Hills, durch die noch immer Echos von Elgar, Bernard Shaw und Blessed Ethel hallten. In der Woche zuvor hatten wir ein Feuerwerk auf Elgars Grab abgebrannt, um seinen Geburtstag zu feiern – wir feierten bei Mondschein und im Licht der Raketen, vielleicht feierte er mit, vielleicht nicht. Jetzt jedoch sollte etwas ganz anderes passieren. Die Hügel warteten geduldig, wie sie das schon ein kleines Weilchen vor Darwins und T. H. Huxleys Gedanken getan hatten. Es war ein perfekter Tag, die Sonne stand strahlend an einem blauen Himmel, die bläulichen Hügel wurden allmählich grün, als die Sonne höher und höher stieg. Schmetterlinge tanzten träge von einer Blüte zur anderen, und die Vögel sangen ihr Lied dazu. Wir befanden uns am Mathon Cricket Club, und die idyllische Szene entsprach genau dem, was man sich unter einer netten Partie Kricket im ländlichen England vorstellen würde. Alles schien stehengeblieben in einem Augenblick zeitloser Existenz – was mich dazu bringt, hier von meinem Kricket-Match mit GARY SHAW zu prahlen. Chandra (mein Spezi aus Sri Lanka und Cordon-Rouge-Spezialist) und ich hatten ein Team zusammengestellt, waren aber so lausig, dass wir ein paar Trümpfe brauchten. Gary Lineker tat mir den Gefallen und hatte neben sich selbst auch noch Warwickshires Allzweckwaffe Paul Smith mitgebracht. Gary war selbst ein mehr als passabler Kricketspieler, und mit den beiden an Bord müssten wir schon wirklich starke Gegner haben, um zu verlieren. Ein weiterer Vorteil, den wir hatten, war die offene Flasche Wodka, die hinter dem Wicket bereitstand. Mit einer Flasche hochwertigen Sprits hinter den Stumps gibt man nämlich automatisch sein Bestes, um dafür zu sorgen, dass sie einem keiner umschmeißt. Ganz zu schweigen davon, dass ein bisschen Treibstoff einen über die Overs bringt. Nur nebenbei, falls Sie gern mal einen heben, würde Ihnen Kricket gefallen. Es ist ein Sport, bei dem kaum was passiert, sodass man bestens den ganzen Tag rumstehen und sich einen reinstellen kann. Auf der anderen Seite ist Kricket so beruhigend und die Szenerie so heiter und gelassen, dass nie einer aus dem Rahmen fällt, egal wie dicht er ist.

Als Extramotivation hatten wir noch einen DJ dabei, der uns vom Spielfeldrand her mit Reggae und Ska beschallte. Und auch der richtige Stoff, der einen diese Mucke erst so richtig genießen lässt, lag für jeden bereit, der ihn vertrug.

WEICHEI: Oh, ich bin von Natur aus high. Ich brauche keine Drogen. Laber, leier, Landei, bla, schwätz.

NORMALO: Oh doch, die brauchst du. Sieh dich doch mal an.

An der Binsenweisheit, laut der es beim Kricket auf dem Land nicht ums Gewinnen, sondern ums Dabeisein geht, ist durchaus was dran.

Aber trotzdem ... dank Gary und Paul ... haben wir gewonnen!

Nur um Sie daran zu erinnern, lieber Freund, Paul Smith hat für Warwickshire sieben Trophäen gewonnen, als die noch die All-Stars des Krickets waren, das beste Team, das das englische Kricket je gesehen hatte. Gary Shaw gehört natürlich zur Villa-Familie und hat, wie bereits weiter oben erwähnt, mit Villa in aufeinanderfolgenden Spielzeiten die Meisterschaft gewonnen, den Wahren Europapokal und den Europäischen Supercup.

Als die Schatten länger wurden und einige Tauben sich auf dem Outfield niederließen, machten sich beide Teams über das Barbecue am Spielfeldrand her und planten das weitere Abendprogramm, während über den letzten blassen Strahlen der schwindenden Sonne ein geisterhafter Mond auftauchte.

»LOINACKER«

Wir schrieben das Jahr 1990. Die Sonne brannte vom Himmel, und die hartnäckige Hitze hatte irgendwie etwas Fieses, Erstickendes. Wir waren ziemlich erledigt nach unseren zwei Anschlussflügen, und bei dem Fahrstil des Taxifahrers hätte man um sein Leben fürchten müssen, wäre er nicht Italiener gewesen. Auf einer staubigen Piste, die man kaum als Straße hätte bezeichnen wollen, chauffierte er uns in die luftigen Höhen der sardischen Hügel.

Meine damalige Freundin Brixie und ich hatten den Auftrag, uns während Engel-Lands Weltmeisterschaftskampagne um Gary Loinackers Frau Michelle zu kümmern, und Ellie, meine persönliche Assistentin, hatte eine nette Villa in den Hügeln gemietet, gar nicht so weit von Bobby Robsons Trainingslager und dem Hotel. Wir wollten uns um Meeky kümmern und sie zu den Matches fahren, was wieder mal die Härte war: Mussten wir uns doch tatsächlich die Spiele ansehen und bei jeder Gelegenheit mit Gary und dem englischen Team abhängen.

Die Taxifahrt jedenfalls war interessant. Es wuchs nicht eben viel in dieser trockenen Wüstenei, jedenfalls nichts, was vom Wagen aus zu sehen gewesen wäre, aber der Ausblick von da oben war ziemlich gut. Mal was anderes als London.

Plötzlich brachte der Taxifahrer den Wagen mit kreischenden Reifen in einer gewaltigen Staubwolke zum Stehen.

»Das ista essa, ma non tanto cornetto.«
»Was?« (Meeky)
»Wo?« (Ich)
»Wieso?« (Brixie)
»Das ista Adressa.«
»Können wir nicht weiter?«, greinte Brixie.
»Was für Jammerlappen«, dürfte sich der Taxifahrer wohl gedacht haben. Oder: »Shuddapayour face.«

Wir blickten aus dem Fenster und sahen einen unfertigen Gulag aus Schlackenstein, der von Betonmischern umgeben war. Man hätte nicht glauben mögen, dass dieses Loch bewohnbar war, jedenfalls nicht für Menschen, aber es WAR bewohnt ... von einer Meute räudiger wilder Hunde, die nicht die geringste Lust zu haben schienen, ihren Betonzwinger mit uns zu teilen. Im Gegenteil, ihrem Knurren und den gefletschten Zähnen nach zu urteilen, hatten sie die Absicht, ihn mit allen Mitteln zu verteidigen. Nicht dass wir in ihren Scheißzwinger gewollt hätten.

Meine Rolle als Meekys Begleitung ließ sich gar nicht gut an. Ich hatte die Gattin unseres wichtigsten Mannes bei der italienischen Weltmeisterschaft und eine greinende amerikanische Freundin im Wagen und keine Ahnung, wie es weitergehen sollte. Schließlich drehte Michelle den Spieß um und kümmerte sich um uns. Sie rief Trevor East an, den Sportchef von ITV, der uns die ganze Weltmeisterschaft über hoteltechnisch versorgte, oder jedenfalls solange Engel-Land dabei war. Im Gegenzug dafür drehte ich eine Menge Clips vor Ort und kommentierte das eine oder andere Match. Zum Glück hatte ich meine Fiedel mit und konnte so zu Kost und Logis beitragen. Mal abgesehen davon, dass uns die Irren Iren im ersten Spiel den Rang abliefen, hatte Engel-Land eine phantastische WM und schlug Deutschland im Halbfinale beim Elfmeterschießen. Sorry! Ich habe da mal kurz geträumt ... natürlich haben uns unsere effizienten Freunde wie üblich geschlagen.

KÜCHENGOLF

Mal abgesehen davon, dass es Champagner aus dem FA Cup gab, als Gary Lineker ihn für Tottenham gewonnen hatte (falsches Team, aber große Leistung und ein Wahnsinnstag; ich bin kaum je bei Spielen gewesen, bei denen ich einfach relaxen konnte, weil Villa nicht spielte!), kam es noch zu einer zweiten herausragenden Leistung, für die Gary und ich gemeinsam verantwortlich sind.

Jetzt, wo das Olympische Komitee Hinz und Kunz Gold in jeder nur erdenklichen Sportart gewinnen lässt, wird wohl auch bald Greta Thunberg eine Goldmedaille im Flohhüpfen mit von Menschenhand angewärmten Chips gewinnen. Ich würde mal sagen, dass Gary und ich vor zwanzig Jahren einen Sport erfunden haben, für den die Welt nun endlich bereit ist und der absolut geeignet ist für die heutige (hyper)sensible Welt. Ich meine, gibt es tatsächlich so starke Vorurteile gegen Hausmänner und Hausfrauen, dass man ihnen jede Chance auf eine Goldmedaille in IRGENDWAS vorenthält? Der Sport, den wir erfunden haben, ist die Antwort darauf ... KÜCHENGOLF. Wir waren unserer Zeit so weit voraus, das war sogar noch lange vor Crossgolf, das ans Haus gefesselte Menschen ohnehin schwer benachteiligt und furchtbar nach BBC riecht. KÜCHENGOLF hat den Vorteil, dass es jede Sorte Mensch spielen kann: dick, dünn, groß, klein, egal welche Hautfarbe, Religion, Geschlecht, bla, bla, bla etc. pp.

Zur Erfindung dieses neuen Testosteron-Steroid-Megasports kam es folgendermaßen:

Gary und ich saßen an meinem Küchentisch in Malvern. Es war spät geworden, und so hatten Meeky und Brixie sich entschuldigt und waren schlafen gegangen.

ICH: Gary, jetzt schau dir mal all das ekelhaft saubere Geschirr da an. Was, meinst du, sollten wir damit anstellen?

GARY: Wieso, *mate*, hast du Hunger?

ICH: Nein, Mann. Ich habe nur eine Idee. Du bist doch die Hammer-Sportskanone, das wird dir gefallen. Wir brauchen dazu ein 8er-Eisen, weil das nicht zu lang ist, um hier drin damit auszuholen, und dann hat er Loft genug, um den Ball im Nu hochzubringen. Du bist die Sportskanone, du weißt so'n Scheiß.

GARY: Was meinst du, was deine Frau dazu sagt?

Wir haben uns Folgendes einfallen lassen und dann in einer Partie Proletarier gegen Weltklasse-Sportsmann getestet.

1. Man ziehe sich Shorts in amerikanischem Pseudo-Schottenmuster in Rot und Grün an, falls nicht vorhanden, tut es auch echtes amerikanisches Pink.
2. Man spreche die offizielle Einladung aus: »Partie Küchengolf gefällig?« Die Antwort darauf ist: »Vernasch mich, Bruder/Schwester.«
3. Man suche sich eine Küche, die im Besitz eines der Teilnehmer zu sein hat – Restaurant- oder Hotelküchen sind tabu.
4. Man nehme ein 8er-Eisen – dieser bewährte Schläger ist nicht

zu lang, um auch in relativ beengter Umgebung auszuholen, und er garantiert eine steile Flugbahn.
5. Zwecks besserer Identifikation sollte jeder Teilnehmer mit seinem eigenen Golfball spielen.
6. Man lokalisiere einen Stapel Teller (10) neben der Küchenspüle (als Mann sollte man sich vielleicht erst im Lokalisieren der Spüle üben).[44]
7. Man werfe ein Wombat,[45] um zu entscheiden, wer als Erster abschlägt.
8. Man entferne so entschieden wie möglich jedes andere empfindungsfähige Wesen aus der Küche.
9. Man platziere einen Golfball auf der Seite der Küche, die der Spüle diametral gegenüberliegt.
10. Man nehme Maß, ziehe dreimal leer durch und dresche dann den Ball mit dem 8er-Eisen in Richtung des Tellerstapels neben der Spüle.
11. Man rufe rasch: »FORE!«
12. Man suche nicht weniger rasch Zuflucht unter dem Küchentisch, um dem zurückkommenden Golfball auszuweichen.
13. Herrscht wieder Sicherheit, krieche man verstohlen unter dem Tisch hervor.
14. Man versuche die Spüle ausfindig zu machen.
15. Man addiere die ZERBROCHENEN Teller; Risse und angeschlagene Teller gelten NICHT als zerbrochen.

---

[44] Liebe BBC und andere politisch korrekte Mimosen, weinen Sie nicht. Ich entschuldige mich für diesen geradezu ekelhaft sexistischen Witz gegenüber Männern. Ich spüle bei mir zu Hause ab, halte die Küche sauber und bin darin so gut geworden, dass es ab und an sogar ein LOB dafür gibt! Abspülen kann also sogar den Status im Haushalt erhöhen.

[45] Oh, oh, ... sorry.

16. Man wiederhole, ohne auch nur einen zu überspringen, die Punkte (1–15), trinke bei jedem Durchgang einen Turbo.[46]
17. Man werte seine Scorecards aus. Der Teilnehmer mit der höchsten Zahl zerbrochener Teller ist zum Sieger zu erklären und erhalte eine Goldmedaille live im Nachmittagsprogramm der BBC (BBC4).

Dieser Sport ist wunderbar weichgespült, da er absolut konform mit politisch-korrektem Denken ist. Wo kämen wir hin, wenn einem körperliche Leistung, Talent oder harte Arbeit zum Vorteil gereichen sollten. Kein Kräutlein Rühr-mich-nicht-an muss hier befürchten, dass man seine Gefühle dadurch verletzt, dass es hier nicht antreten darf, hier hat jeder dieselbe Chance auf den Sieg. Insofern er vom Leistungsprinzip nicht weiter entfernt sein könnte, geht dieser Sport außerdem konform mit dem Kapitalismus und der kapitalistischen Denkart.

Ich hoffe, Gary schließt sich meinen Bemühungen an, diesen wunderbaren Sport als olympische Disziplin durchzuboxen. Wir hoffen dabei natürlich auch auf die Unterstützung vom Unter-aller-Kanone-Haus, Ober-Gauner-Haus, Kongreiß und Bolschoi-Ballett sowie auf das Sponsoring von IKEA, Titleist, Laurent-Perrier und natürlich vom arglosen britischen Steuerzahler über die Fernsehgebühren.

Ich kann mich aufgrund der darauffolgenden obligatorischen Festivität nicht mehr erinnern, wer das Prototyp-Test-Match gewann. Ich erinnere mich auch nicht mehr, ob es Meeky oder Brixie war, die sich nächsten Morgen über den Zustand des Austragungsorts geäußert hat: »Nette Küche habt ihr.«

---

[46] Turbo = 1/3 Wodka, 2/3 Champagner.

CRACOVIA UND ST. PAULI

Ich kann meine Ausführungen über Fußball nicht abschließen, ohne Cracovia und St. Pauli erwähnt zu haben. Das wäre eine Nachlässigkeit ersten Ranges. Sie sind meine Adoptivteams, das eine in dem Land, in dem ich lebe, das andere in dem Land, das ich liebe und in dem ich viel Zeit verbringe.

CRACOVIA

Es war meine erste Nacht in Krakau überhaupt, als Agnieszka und ich in einem kleinen Club rein zufällig dem großen Trompeter/Komponisten Tomasz Nowak begegneten. Er hatte eben sein Set beendet und packte seine Sachen ein. Als er mich sah, fragte er (ein Mann, der aussieht und sich bewegt wie Shrek) mit vorbildlicher Artigkeit, ob ich der Violinist sei bla bla. Nachdem wir uns bekannt gemacht hatten, entwickelte sich eine Freundschaft fürs Leben. Neben Jams, Rumhängen und dem einen oder anderen gemütlichen Spliff beinhaltete unsere Freundschaft, dass wir zu Spielen des Clubs gingen, dessen Anhänger er seit seinen Tagen als kleiner Shrek war.

Ich sollte hier erklären, dass Krakau zwei größere Teams hat, Cracovia und die reichen Poser Wisła. Ihre Arenen liegen einander gegenüber zu beiden Seiten des Błonia-Parks – so wie Everton und Liverpool zu beiden Seiten des Stanley Park zu Hause sind.

Einen großen Teil seiner Geschichte hindurch war Wisła ein

Militärteam und die Rekrutierungspolitik des Vereins antisemitisch, weshalb es sich für mich von vornherein verboten hätte, ihn zu unterstützen. Aber wie der Zufall es wollte, nahm Tomasz mich mit zu Cracovia, und die Sache war geritzt. Cracovias Rekrutierungspolitik war anders, wenn man gut genug war, konnte man mitspielen. Punkt. Dass andere Clubs uns »die Juden« nennen, nehmen wir mit Stolz hin, auch wenn es beileibe nicht als Kompliment gedacht ist.

Es war außerdem herzerfrischend, immer mal wieder ein paar gute alte Fußball-Hooligans zu erleben. Mir ist es weit lieber, Gut und Schlecht zu sehen statt dem faden konzernbestimmten Nichts, das man heute geboten bekommt.[47]

Meine ersten Jahre bei Cracovia ähnelten in bemerkenswerter Weise meinen ersten Jahren bei Villa. Erst der Abstieg in die dritte Liga und dann Stück für Stück der Aufstieg an die Spitze. Binnen zehn Jahren hatte Villa den Wahren Europapokal gewonnen. Ich hoffe, dass es nicht allzu lange dauert, bis Cracovia die Europäische Ferner-Liefen-Liga gewinnt.

Es mag etwas merkwürdig oder gar pervers erscheinen, sich ein Team am anderen Ende der Tafel auszusuchen, aber wie ich schon gesagt habe, es sind die Fans, die das Team ausmachen, und nicht andersrum. Wie schon bei Villa habe ich mir das richtige Team mit den richtigen Fans ausgesucht.

PASY! PASY! PASY!

---

[47] Bitte nicht weinen, meine lieben larmoyanten Mäkler. Natürlich billige ich es nicht, wenn Umstehende da reingezogen werden. Ich spreche hier von rivalisierenden Fans und der Polizei.

ST. PAULI

Ein Spiel habe ich noch keines gesehen! Meine Freundin Julia hat mich auf diesen Verein aller Vereine gebracht; sie ist seit frühester Kindheit ein Fan. Als ich die Mannschaft dann im Fernsehen sah und dass sie in ... BRAUN spielten, war's um mich geschehen.

Ich mag St. Pauli aus mehreren Gründen.
1. In Kackbraun zu spielen, ist schlicht originell; dazu braucht es Chuzpe; also ich find das absolut krass.
2. Sie sind das Rock-'n'-Roll-Team. Das Piraten-Logo ist unübertroffen.
3. (Das sollte Nr. 1 sein) DIE FANS.
4. Sie sind NICHT ihre selbstgefälligen, blasierten Nachbarn, der Hamburger SV.
5. Der Platz von St. Pauli ist kein Pseudostadion irgendwo in der verdammten Pampa; er liegt mitten in etwas, wovon Bayern, Man City und viele andere Clubs keine Ahnung haben ... er liegt ... mal überlegen ... Augenblick ... ach ja ... im Herzen einer Gemeinschaft!

Der Spielertunnel von St. Pauli ist der volle Hammer und lehrt jeden Gast das Fürchten – ein phänomenaler schwarzer Stollen, der vom Boden bis zur Decke mit blutroten Graffiti bemalt und mit UV-Licht ausgeleuchtet ist. Ein KUNSTWERK!

Und ich erinnere mich noch an ein phänomenales Gespräch mit dem Vereinspräsidenten Oke Göttlich, in dem wir uns über die Renovierungsarbeiten am Stadion unterhielten, die damals im Gange waren. Irgendwann sagte ich:

»Das muss doch großartig sein, wenn ihr wieder in die erste Liga kommt.«

»Um ehrlich zu sein, uns ist das egal ...«

»Was ☠?!«, sagte ich, völlig entgeistert – als hätte jemand die Kronjuwelen gestohlen.

»Unser Platz ist immer voll, wir haben hier eine besondere Situation. Unsere Fans lieben uns, egal in welcher Liga wir spielen.«

Wow! Was für eine Offenbarung! Der erste Vereinsinsider, für den die Fans TATSÄCHLICH an erster Stelle stehen! Die Antworten auf alle Fragen finden sich in diesem einen Satz.

Scha la la la la la la

WE LOVE FC ST. PAULI!

FORZA ST. PAULI!

St. Pauli hat Kampfgeist, der Gegner zeigt Angstschweiß – St. Pauli!

Ein Sport und ein Lifestyle, nicht jeder kann reich sein – St. Pauli!

DIE KUNST DES FAUSTKAMPFS

Ich bin in einer Trainingshalle und unterhalte mich mit Don King, dem legendären amerikanischen Boxpromoter, dessen Haare immer aussehen, als hätte er die Finger in der Steckdose. Im Hintergrund ist George Foreman zu sehen, der all sein Körpergewicht und seine unvergleichliche Kraft hinter die mörderischen Schläge legt, mit denen er einen von der Decke hängenden Sandsack traktiert. Wie ein gewaltiger menschlicher Amboss drischt er auf ihn ein. Der Sandsack ist grün, die Wände sind blassgrün, Don Kings Haare und Augen sehen auch etwas grün aus. Wahrscheinlich sind seine Dollarscheine auch ... grün.

DON KING: Tja, Nigel-hammad, das Große Amerikanische Publikum ist geschrumpft und die Pay-per-View-Zahlen sind auch zurückgegangen.

ICH: Aber du bist doch mein Manager, Promoter und Agent. Du siehst doch, dass ich in großartiger Form bin und mich im Training brillant gehalten habe.

Keiner hat mir eine Chance gegen Ali gegeben, und ich habe ihn geschlagen – ich weiß, ich kann auch Foreman schlagen, und das möglicherweise ohne allzu viel einstecken zu müssen. Wieso sind meine Zuschauerzahlen gesunken, wo ich kurz davor bin, die beiden größten Schwergewichtler aller Zeiten besiegt zu haben? ... ALLER ZEITEN??!!

Hinter mir ist Foreman zu sehen, der mit einem mächtigen rech-

ten Haken den Sandsack aus der Halterung an der Decke haut, der daraufhin wie von einem Riesen geworfen durch die Halle fliegt.

DON KING: Tja, Nigel-hammad, so sicher wie Amerika groß und Großbritannien mehr oder weniger groß ist, hat das meiner Ansicht nach damit zu tun, dass du angefangen hast, dein Viol-Dings auf so Massenveranstaltungen wie Konzerten zu spielen. So was mögen die Leute nicht. Das ist kein ordentlicher schwarzer Aktivismus, Nigel-hammad.

ICH: (*plötzlich klein und hässlich*) Vielleicht hast du recht, Don. Was machen wir denn da jetzt?

DON KING: Tja, Nigel-hammad. Du wirst sicher und definitiv mit diesem Viol-Dings aufhören und dich fokussieren müssen. Ich denk mal, dass du vielleicht ernster werden und dich mehr mit GROSSER AMERIKANISCHER MUSIK wie Aretha Franklin beschäftigen solltest ... mit dem unübertrefflichen James Brown, oder falls du wirklich verzweifelt sein solltest, wäre sogar Jazz in Ordnung ... mehr oder weniger ...

In diesem Augenblick ist mein Traum schlagartig vorbei, weil mir ein Vorschlaghammer von Hundekopf die Birne vom Kissen drischt.

Traum 14. Oktober 2020

Ich hatte schon immer ein reges Interesse am Boxen und habe enormes Mitleid mit jedem, der sich durch beknackte Ansichten der scheinheiligen Art die Freude daran verderben lässt – so nach dem Motto, ICH, ICH, ICH finde nicht, dass man ihm/ihr das Boxen erlauben sollte (winsel, grein, salbader), weil er/sie einen Hirnschaden davontragen könnte (winsel, grein, salbader) et cetera et cetera et cetera et cetera. Diese Ansicht kann doch wirklich nur jemand vorbringen, der emotional oder intellektuell (oder beides) verkümmert ist. Es gibt wohl kaum einen Boxer, der nach dem zwölften, dreizehnten Lebensjahr noch ein Kindermädchen (oder einen Vormund) braucht.

Als ich nach New York zog, um mein Musikstudium fortzusetzen, hatte ich kaum Freunde, wurde zweimal überfallen, stand unter einem gewaltigen Kulturschock und hatte, mal abgesehen von der Vorbereitung auf meine Violinstunden, nicht viel zu tun. Ich beschloss also, mit Boxen anzufangen, und ging dazu in eine Trainingshalle in der South Bronx. Die Idee erwies sich freilich als Fiasko.

Damals sah das mit den ethnischen Beziehungen noch etwas anders aus. Es half mir also nicht gerade, der einzige Weiße in dem Laden zu sein. Die beiden einzigen Tage, die ich dort war, habe ich solche Keile bezogen, dass ich Blut schiss. Und auch wenn Dorothy DeLay hundertmal sagte: »Das klingt hübsch, Kleiner«, so hatten meine Stunden wenig Sinn, wenn ich nach einem Workout am Sandsack die Finger nicht richtig bewegen konnte. Hätte ich auch nur ein Quäntchen Talent fürs Boxen gehabt, ich hätte weitergemacht, aber alles, was ich wusste, war, dass es nicht unbedingt Spaß machte, was auf die Ohren zu kriegen, und dass ich schlicht nicht dafür gebaut war.

Was mich inspiriert hatte, war Miles Davis mit seinem anhaltenden Interesse am Boxen, aber von da an war es nur noch seine Musik, die mich antrieb.

Auch wenn mir Boxen in der Praxis nicht zuträglich war, so lassen sich doch ganz offensichtlich Parallelen ziehen zwischen dem Leben eines Boxers und dem Leben eines Musikers wie mir. Heute sind Techniken, die ich in den 80ern einsetzte, bei »Plattenfirmen« und Veranstaltern unerlässliche Voraussetzungen für einen Classico, und die wiederum parieren wie geschäftstüchtige

Schafe – damit jedes Schaf von seiner PR-Bagage als einzigartig innovativ bezeichnet werden kann. Aber als ich diese bewusst unternehmungslustige Art der Vermittlung klassischer Musik in die Welt setzte, sah ich mich ganz auf mich allein gestellt, und so einsam fühlte sich das auch zuweilen an. Damals musste ich mir immer wieder sagen: »Denk an die Boxer! Die bereiten sich ihr ganzes Berufsleben hindurch auf den Augenblick vor, in dem sie ALLEIN IM RING stehen. Boxer sehen dort buchstäblich mutterseelenallein dem Tod ins Auge.« Dieses Mantra erinnerte mich daran, dass kleingeistige Journalisten oder neidisch-rotzige Classicos doch eigentlich recht bedeutungslos sind.

Eine weitere, oberflächlich betrachtet sogar offensichtlichere Parallele ist das Training. Das Training für einen Kampf beinhaltet Wiederholung, Studium, Disziplin und verdammt harte Arbeit. Im Ring dann sieht (bei einem talentierten Kämpfer) alles so einfach aus. Man kann sich nicht nur auf sein Talent verlassen, und ohne Hingabe und Opfer sind besondere Erfolge schlicht nicht drin. Ich bin hier und da sogar so weit gegangen, während der Vorbereitung auf wichtige Projekte oder Gigs auf Sex zu verzichten, und habe damit umwerfende Resultate erzielt – außer im Bett, versteht sich.

Trotz dieser Parallelen gibt es einen wichtigen Unterschied, und der besteht darin, dass für einen Boxer nach all der harten Arbeit alles in wenigen Sekunden auf die eine oder andere Weise vorbei sein kann. Ich dagegen weiß, dass mein Gig mindestens zwei, drei Stunden dauern wird, und wenn nicht alles ganz so perfekt läuft, habe ich einige Tage darauf eine weitere Chance. Mein letzter Gedanke zur handwerklichen Perfektionierung ist der, dass man in einem Musiker selten den Mut, die Hingabe und das Engagement des Boxers zu sehen bekommt.

MUHAMMAD ALI

Auch wenn ich nur wenige Minuten hatte, um Muhammad Ali kennenzulernen, könnte ich nicht übers Boxen sprechen, ohne ihn zu erwähnen.

Ali war eine ungeheure Inspiration für diejenigen von uns, die schon immer dachten: »Pfeif auf den Status quo – ich werd was bewegen, indem ich das auf meine Art mache.« Unter weit widrigeren Umständen, als sie unsereins (egal welcher Hautfarbe und welchen Glaubens) je erleben wird, und um einen weit höheren persönlichen Preis schuf er eine bessere Welt für künftige Generationen und alle um ihn herum.

Eines Tages stellte man mich ihm vor, nach einem der großartigen, rein britischen Fights um den Mittelgewichtsweltmeistertitel zwischen Chris Eubank und Nigel Benn – Don King war ebenfalls mit dabei. Vor dem Kampf hatte ich die Nationalhymne gespielt – auf eine Art, über die sich einige psychisch labile und geistig beschränkte britische Mitbürger später künstlich aufregen sollten. Ali überhaupt kennenlernen zu dürfen, war für mich mindestens so wichtig wie für andere eine Audienz beim Dalai Lama oder dem Papst. Ali hat mit Sicherheit mehr zur Verbesserung der Welt beigetragen als die beiden anderen durchaus achtenswerten Herren.

Zu der Zeit hatten einige Yanks noch Probleme mit meinem Namen, was zu abenteuerlichen Äußerungen führte wie Neeyell, Neeeggell, Nieyelle, Nigggle, Nyeyall et cetera. Ali dagegen kam er perfekt über die Lippen, und wie bei jedem anderen, mit dem er sprach, legte er ein lebhaftes, aber ruhiges Interesse an den Tag. Er begegnete jedem auf Augenhöhe und behandelte ihn mit Respekt.

Der Raum war gerammelt voll mit Leuten aus seiner Box-Bruderschaft, aber er ging mit einem verdammten Geiger um, als wäre der nicht weniger wichtig als ein Boxer.

Jetzt, wo ich das niederschreibe, wird mir bewusst, dass Ali im Gegensatz zu den bourgeoisen Lippenbekenntnissen zu diesem Thema ein so ultraintelligentes wie unbezwingbares lebendes Exempel für Black Lives Matter war. Nicht nur legte er zu einem kritischen Zeitpunkt der Geschichte den Namen ab, den Sklaventreiber seiner Familie aufgezwungen hatten, er war auch eine lebende Verkörperung der Tatsache, dass Intellekt nicht nur zwischen den Ohren weißer Menschen zu finden ist. Außerdem brachte er uns allen bei, dass schwarze Kultur nicht weniger hoch entwickelt und wichtig ist als irgendeine andere – meiner persönlichen Musiksammlung nach zu urteilen, ist sie dieser weit überlegen ... bis auf den heutigen Tag!

Meiner Ansicht nach verdanken wir einen großen Teil der heutigen Gleichberechtigung Muhammad Ali, der einer der wenigen wirklich gefeierten Prominenten war, die sich zu etwas äußerten, was wirklich zählte – und das auf eine smarte Art, die die Sphäre der Eierköpfe geflissentlich mied.

Im Ring zeigte er außergewöhnliche Beweglichkeit und Balance. Wie seinerzeit Jack Johnson war er schlicht nicht zu treffen, diktierte dabei aber mit angeborenem taktischen Bewusstsein und Stehvermögen den Verlauf des Kampfes. Sein Körper wie sein Verstand waren die vollen fünfzehn Runden über konzentriert bei der Sache – damals gab es noch keine lahmen Zwölf-Runden-Fights!

Er war ein einzigartiger Kämpfer, aber was auf mich von Kindesbeinen an den größten Eindruck machte, das war seine Stärke außerhalb des Rings. Die Stärke seiner Prinzipien. Er war ein Anführer, zu dem die Menschen rund um die Welt aufsahen, und der beste Präsident, den die Vereinigten Staaten nie hatten.

»Weiße Menschen schicken schwarze Menschen in einen Krieg gegen gelbe Menschen, um ein Land zu schützen, das sie roten Menschen gestohlen haben.«

»Kein Vietcong hat mich je einen Nigger genannt.«

Ich erinnere mich noch, dass ich nicht so recht verstand, warum Muhammad Ali der berühmteste Kriegsdienstverweigerer aller Zeiten wurde während Amerikas kapitalistischer Attacke auf das kommunistische Vietnam, ebenso wenig, wie ich verstand, dass Erfolg und Definition des Kapitalismus von einigen wenigen abhängen, die den gesamten materiellen Reichtum dieser Welt besitzen und auf Kosten all derer kontrollieren, die ihr kurzes Dasein fernab im Dunkeln fristen. Aber durch die Art, wie er das ausdrückte, wurde einem das alles blitzartig klar. Ich brauchte diese Art von Bildung damals, und Ali war der Einzige, der sie mir durch ebenso prägnante wie brillante und unterhaltsame Zitate verständlich vermitteln konnte.

An der Yehudi Menuhin School machte man keinen Unterschied zwischen den Hautfarben oder Religionen. Juden, Inder, Singapurianer, Weiße etc., wir waren alle gleich. Nicht, dass es keine Probleme gegeben hätte, man war zu dick, zu klein, zu mager, zu alt oder einfach ein beschissener Musiker, aber alles in allem urteilte man nach dem Charakter, nicht nach der Farbe der Haut. Entsprechend war es kaum zu glauben, dass es da draußen eine Welt gab, die nach ganz anderen Prinzipien funktionierte.

Wie sich herausstellte, kosteten Alis Prinzipien ihn so einige seiner besten Jahre als Boxer, da er zu einer Zeit im Gefängnis saß, die ihn im Ring auf dem Höhepunkt seines Könnens gesehen hätte. Schon Jack Johnson hatte viele seiner besten Jahre wegen eines ungerechten, rassistischen Urteils verloren. Zu seinem Wort zu stehen, kostete Ali nicht nur seine Freiheit, sondern obendrein auch noch Millionen. Es war von unschätzbarem Wert für einen geigenden jungen Racker, von jemandem lernen zu können, dessen Wort mehr als nur ein Geräusch war. In jungen Jahren seine eloquente und klardenkende Art erleben zu dürfen, empfinde ich als großes Privileg.

»›Unmöglich‹ ist nur ein großes Wort, mit dem kleine Menschen um sich werfen, für die es einfacher ist, in der ihnen gegebenen Welt zu leben, als ihre Macht auszuloten, sie zu ändern. ›Unmöglich‹ ist kein Fakt. Es ist eine Meinung ...«

SEAN CONNERY

Ich schreibe dieses Boxkapitel am 31. Oktober 2020 und habe gerade zu meinem unendlichen Bedauern erfahren, dass Sean Connery gestorben ist. Ich bin ihm einmal begegnet, und so könnt ihr jetzt eine kleine Pause vom Boxen machen, während ich euch das erzähle ...

Mir kommt auf der Stelle zweierlei in den Sinn:
1. Es besteht eine, wenn auch hauchdünne, Connection mit diesem Kapitel insofern, als Mr. Connery in zwei seiner frühesten Rollen Boxer gespielt hat (in der Fernsehserie *The Square Ring* und in der Hauptrolle in dem Fernsehspiel *Requiem for a Heavy Weight*, die in der ursprünglichen amerikanischen Produktion Jack Palance gespielt hatte).
2. Der Nachruf auf der BBC-Website war so herablassend wie

scheinheilig. In ihren endlosen und zunehmend armseligen Versuchen, politisch mehr oder weniger korrekt zu sein, bezeichnete sie Mr. Connerys Filme als Museumsstücke voll nicht einvernehmlicher sexueller Avancen, die dadurch heute an Relevanz verloren haben … Hier habe ich eine Ladung nicht einvernehmlichen Sex für die BBC … BBC – FICK DICH INS KNIE!

Wie auch immer, als ich von der Juilliard-Schule der Mittelmäßigkeit die Nase voll hatte und wieder in London war, noch bevor außer mir und meinen Freunden jemand davon wusste, klingelte es unerwarteterweise an meiner Tür und Sean Connery stand davor.

Ich hatte mich in einem Ein-Zimmer-Häuschen im Garten eines größeren Anwesens in 11 Rosslyn Hill eingemietet. Am selben Abend hatte ich auf der Straße ein als Clown verkleidetes Mädchen kennengelernt, das mir langsam auf den Geist zu gehen begann, weil sie einfach zu viel Stuss redete. BRRRRRINNNG!

ICH: Hä! Wer das wohl sein könnte?

MÄDCHEN: Bla, bla, da-babbeldi-bla … bla, bla …

Ich gehe aufmachen, und ich werd nicht mehr – steht doch glatt James Bond vor der Tür.

ICH: (*ausgesprochen originell*) Hallo …

MR. CONNERY: Hallo, tut mir leid, Sie zu stören, aber Sie können mir nicht vielleicht sagen, wo hier die Nummer 12 ist? Ich kann die einfach nicht finden.

ICH: Ja. Die Hausnummern hier in der Straße folgen keiner Logik, das ist kompliziert. Ich kann's Ihnen zeigen, aber wollen Sie nicht erst auf ein Glas Whisky reinkommen?

MR. CONNERY: Hmm … Ja, natürlich, warum nicht.

An allerhand schmuddeligen Klamotten und Kram vorbei führe

ich ihn in meine Bude, und wir setzen uns an meine alte Fifties-Frühstückstheke, die die vom Bakterienkrieg gezeichnete Küche vom Rest des Raums trennt.

MÄDCHEN: (*das offensichtlich keine Ahnung hat, wer er ist*) Bla, bla, da-babbeldi-bla ... bla, bla ...

Ich schenke uns drei mehr oder weniger saubere Gläser Famous Grouse ein, den mir ein befreundeter Geigenbauer eine Weile zuvor geschenkt hat.

MR. CONNERY: Sehr schön, danke.

MÄDCHEN: Bleeb-bla, bla, da-babbeldi-bla ... bla, bla ... Wetter.

ICH: (*zu Connery*) Nicht übel, *Monsta*.[48]

In diesem Augenblick kommt mir eine hammer Idee. Da das Mädchen immer noch keine Ahnung hat, dass sie da mit keinem Geringeren als Sean Connery alias James Bond, *Die Brücke von Arnheim* etc., einen hebt, nehme ich sie beiseite und flüstere ihr zu: »Siehst du nicht, wer das ist? Das ist Sean Connerys Double. Der macht die Stunts und Liebesszenen in den James-Bond-Filmen.« Wie ein Blitzlicht leuchtet etwas Intelligenz in ihren Augen auf. Sie wendet sich ihm zu.

MÄDCHEN: Oh, hallo – es bla bla so toll sein bleeb bleeb und interessant mit Sean bla bla Connery zu arbeiten. Es muss bli-bla-blu echt kool sein.

MR. CONNERY: (*reagiert auf mein Zwinkern mit dem amüsierten Funkeln in den Augen, das man an ihm so mochte*) Ja, es ist wirklich eine Freude, mit ihm zu arbeiten, es macht echt Spaß. Ich tue mein Bestes, wie er zu sein und auszusehen.

MÄDCHEN: Bleeb-bla, bla, da-babbeldi-bla ... bla, bla ... schön.

---

[48] Ein Kosename, den ich Anfang der 80er benutzte und der kurz darauf dann leider von viel zu vielen TV-Promis aufgenommen wurde.

Kurz darauf zeigte ich Mr. Connery dann den Weg zur Nummer 12. Ich war furchtbar beeindruckt, dass er selbst absolut Fremden gegenüber so galant und witzig war. Ein durch und durch senkrechter Typ. Ich hoffe, seiner Familie geht es gut und dass das hier vielleicht einer von ihnen zu lesen kriegt.

BARRY MCGUIGAN

Barry McGuigan ist ein Kämpfer, dessen Einfluss und Wirkung weit über die Welt des Boxens hinausgehen. Mir würde jetzt kein anderer einfallen, der mehr für Respekt und Frieden in Nordirland – und Irland überhaupt – getan hat.

1985 wurde Barry McGuigan in der brechend vollen Londoner Loftus Road mit seinem Sieg über Eusebio Pedroza Weltmeister im Federgewicht. Seine zähe Unerbittlichkeit hat ihm den Spitznamen Clones Cyclone eingebracht. Clones nach dem winzigen Städtchen an der Grenze zwischen Irland und Nordirland, in dem er geboren ist. Cyclone seiner nicht zu bremsenden Energie wegen.

Abgesehen von seiner unglaublichen Tapferkeit im Ring traf Barry auch eine nicht weniger tapfere Entscheidung hinsichtlich der Hymne, die er vor dem Fight gegen Pedroza hören wollte. Barry ist Ire und Brite zugleich. Anstatt also die unmögliche Wahl zu treffen zwischen »Amhrán na bhFiann« (als Ire) oder »God Save the Queen« (als Brite), entschied er sich für das wunderschöne Lied »Danny Boy«, das sein Dad Pat McGuigan mit viel Gefühl sang. Beide Nationen hätten das als Beleidigung auffassen können, wenn man bedenkt, dass die »Troubles« damals auf ihrem

Höhepunkt waren. Sowohl Katholiken als auch Protestanten hätten sich in gefährlichem Maß gekränkt fühlen können. Wie sich herausstellte, war die Entscheidung für »Danny Boy« ein ganz unglaublich gescheites Wagnis, und beide christlichen Stämme reagierten super auf die Ehrlichkeit und die Reife der McGuigans.

Ich habe Barry kennengelernt, als wir beide Gäste in der britischen Fernsehshow *Mrs Merton* waren. Ich spielte damals »Danny Boy« solo auf der Violine zu Ehren von Barrys Dad, der unseligerweise jüngst verstorben war. Das Lied so unmittelbar neben Barry zu spielen, war ein bewegendes Erlebnis. Ich spiele den Song ziemlich oft, egal wo, als Zugabe, und er hat immer eine einzigartige Wirkung, egal ob in Tipperary oder Taiwan. Ich erinnere mich zum Beispiel, wie in Taiwan das ganze Publikum spontan mitgesummt hat. Die McGuigans vermittelten mir ein Verständnis für die soziale, historische und emotionale Bedeutung des Stücks, weshalb ich ihm heute tiefere Dimensionen geben kann, wenn ich damit auftrete. Es ist ein Lied für den Frieden auf der irischen Insel, und ich verdanke es den McGuigans.

Nach diesem Fernsehauftritt wurden wir Freunde, und es ist mir eine Ehre, einen so ehrenwerten, natürlichen und warmherzigen Mann zu kennen. Sein Sohn ist übrigens heute einer der besten Boxtrainer der Welt.

FRANK BRUNO

Wir sitzen an der Tafel im Buckingham Palace als Angehörige einer Gruppe verdienter Leute, der man den Spitznamen Die Glorreichen Sieben verpasst hat. Wir engagieren uns auf diverse

Arten und Weisen für das Duke of Edinburgh Awards Scheme, eine karitative Einrichtung, die es jungen Leuten ermöglichen soll, über ihr normales Umfeld hinaus auch andere Erfahrungen zu machen. Zu den sieben gehören Gary Lineker, Frank Bruno (der populärste britische Schwergewichtler aller Zeiten), ein netter Geigenspieler und vier andere Typen, die so clever waren, dass sie mir jetzt nicht einfallen wollen. Ich sitze neben Frank, und wir begucken uns den nobel mit Kristall und weiß Gott was gedeckten Tisch.

ICH: Mann ... die Salz- und Pfefferstreuer würden sich daheim echt gut machen, was?

FRANK: (*beguckt sich die massiv silbernen Teile*) Allerdings, Nigel – wo ist Harry? Haha ...

ICH: (*in einem Anflug von rassistischer Stereotypisierung light, die ihr bitte nicht zu Hause oder bei den Schmarotzern von der BBC ausprobieren solltet*) Ich sag dir was, wir machen's am besten so, ich nehm das Salz und du den Pfeffer.

FRANK: Haha, Nigel. Vielleicht ... Ich weiß, wer das organisieren könnte. Wo ist Harry?

So surreal kann das Leben zuweilen sein. Da saß ich an Prinz Philips Tisch im Buckingham Palace und unterhielt mich mit dem Mann mit der mörderischsten Pranke, die Großbritannien je hervorgebracht hat. Sein Jab konnte mehr anrichten als die Haken der meisten seiner Kollegen. Bei wie vielen von Franks Kämpfen war ich gewesen und hatte gesehen, wie er mit einem Jab den Kopf seines Gegners versetzt hatte. Alle Briten mögen Frank, nicht nur im Ring.

KIRKLAND LAING

Wir machen es uns auf der grandiosen Marmortreppe in einem der gigantischen Treppenhäuser der Londoner Royal Albert Hall bequem. Es ist ein Veranstaltungsort, mit dem ich viele wichtige Erinnerungen verbinde, aber an diesem Abend ist Kirkland Laing an der Reihe. Ob inner- oder außerhalb des Rings, sein Stil war so einzigartig wie relaxt. Die Hände unter der Gürtellinie, lehnte er sich zurück, um den Schlägen auszuweichen (im Ring, du Blödmann! Pass doch auf ...). Aus einer Haltung mit gesenkten Händen heraus angreifend, brachte er seine Gegner aus der Fassung, da er damit aus Winkeln schlug, die schlicht nicht erwartet wurden. Er nahm den Oberkörper zurück, um sie aus der Defensive zu locken, und wenn sie dann danebenhauten und übers Ziel hinausschossen, erwischte er sie.

Kirkland war ein Original, ein schillernder Typ; er war der erste Boxer von Weltklasse, der seine Dreads am Hinterkopf zusammengerafft unter einem Tuch in den Farben Jamaicas trug. Als wir damals beisammensaßen, hatte er kurz zuvor Rocky Berg besiegt, und wir überlegten, gegen wen er wohl als Nächstes antreten würde. Ein japanischer Freund von ihm hatte uns vorgestellt; den wiederum hatte ich in der großartigen Lonsdale-Filiale in der Beak Street kennengelernt. Kirkland hatte sich auch an diesem Abend als Weltklasse erwiesen; er ist relaxt, zufrieden damit, mit mir auf der Treppe zu sitzen; seine Kleidung ist nicht weniger relaxt – ganz im Gegensatz zu einigen Leuten aus dem Publikum rings um den Ring. Er ruht in sich, ist zufrieden, natürlich, alles andere als aufgeblasen. Noch nicht einmal so was wie eine Entourage hat er dabei.

»Hey, Nige, Maaannn, reich ma den Spliff rüber, Maaannn ...«

Ich geb ihn ihm. Wir nehmen den Hintern hoch und gehen nach draußen, wo wir um die Albert Hall rumgehen, um ein Taxi zu nehmen. Wir landen schließlich bei einem Freund – ich weiß aber nicht mehr, bei wem (möglicherweise wegen dem feinen Kraut).

Was an Kirkland so beeindruckend ist, ist, dass er ganz sein eigener Herr ist. Er hatte sich von keiner der üblichen Verlockungen von Ruhm und Erfolg den Kopf verdrehen lassen. Ich konnte nur staunen, wie er sich auf dem Höhepunkt seiner Karriere auf so völlig normale und entspannte Art Auszeiten gönnen konnte, um dann wieder mit einer Spitzenleistung in den Ring zurückzukehren. Der hatte wahrhaftig eine Begabung, wie sein Spitzname – »The Gifted One« – durchblicken ließ. Er war sowohl britischer als auch europäischer Champion im Weltergewicht und schlug dann in einem der überraschendsten Siege des Jahrhunderts Roberto Durán. Hey, Kirkland – du bist SPITZE und obendrein ein Ausnahmekumpel.

Ich könnte ewig so weiterquatschen, sollte mich aber vor der Pensionierung wahrscheinlich wieder um weniger interessanten Kram kümmern, wie zum Beispiel Musik. Einige andere Kämpfer, über die ich noch hätte schreiben können: den Gentleman des Boxsports Michael Watson, den Meister der Verteidigung Chris Eubank, den Meister des Angriffs Nigel Benn, den taktischen Meister in einem der besten Fights, die ich je gesehen habe (gegen Canizales im Elephant and Castle), Duke McKenzie, und Boxer, die ich bewundere: die Klitschkos, Tyson Fury, Mike Tyson, Anthony Joshua, Billy Joe Saunders, Lennox Lewis.

ZUGABEN

MEINE KONZERTAUFNAHMEN

Meine Damen und Herren und andere Arten von Leuten (ihr wisst genau, wer ihr seid!), in dieser Zugabe geht es um die klassischen Konzertaufnahmen, die ich im Lauf der Jahre so gemacht habe, und das waren etliche. Wenn ihr das jetzt also irgendwie 'n bisschen langweilig finden solltet, überspringt das Kapitel doch bitte einfach. Und falls mir 'n bisschen langweilig werden sollte, hör ich einfach auf und überspring das Kapitel selbst.

Diese Aufnahmen einzuspielen und damit im Rahmen meines Repertoires öffentlich aufzutreten, ist ein unauslöschlicher Teil meines Lebens, aber ich habe nicht den Hauch einer Ahnung, ob euch das überhaupt interessiert. Tatsache ist: Ohne meine Aufnahmen hättet ihr mit an Sicherheit grenzender Wahrscheinlichkeit das Buch hier nicht in der Hand. Ohne sie und den mit ihnen verbundenen Werberummel hätte es meine Fresse nicht in halb so viele Wohnzimmer geschafft.

Ich schreib also jetzt mal über die Aufnahmen, bis mir die Luft ausgeht. Viel Glück!

Nigel

Elgar, Violinkonzert in h-Moll, London Philharmonic Orchestra, Vernon Handley, 1984

Das war meine erste Konzertaufnahme. Ein Jahr zuvor hatte ich (an einem Tag!) zwei Alben für ein Label namens Chandos eingespielt. Wir waren mit der Aufnahme von Elgars Violinsonate weit früher fertig geworden als erwartet, also besorgte ich einen Kasten Bier, und mein exzellenter Partner am Klavier Peter Pettinger und ich tranken uns einen an und improvisierten ein paar Stunden lang Jazzstandards. Durchaus ungewöhnlich für einen Classico zu der Zeit, fühlte sich Peter im Jazz nicht weniger zu Hause als in der Klassik. Zum Ende des Tages hatten wir ein zweites Album beisammen, dem ich den Titel *Strad Jazz* zu geben beschloss, schließlich hatte ich es auf einer Stradivari eingespielt. Chandos hatte also zwei Alben für den Preis von einem – oder vielleicht besser eines halben, wenn ich mir die Tantiemen so ansehe. Ich habe kürzlich einen Scheck über satte 12 Pfund 50 bekommen. Übrigens ist Peter tragischerweise an seinem Versuch, dem Alkohol zu entsagen, gestorben; also versuchen Sie das bitte nicht zu Hause. Meiner Ansicht nach sind Albernheiten wie Stoptober (für Charakterschwache, die das Rauchen aufgeben wollen) oder Dry January (für Charakterschwache, die das Trinken aufgeben wollen) nicht nur ihrer dämlichen Namen wegen erbärmlich, sondern weil diese Art von lascher Schafsmentalität den Leuten gerade noch gefehlt hat, egal zu welcher Zeit, vor allem wenn es um wirklich wichtige Suchtthemen geht ... ähmmm ... zurück zu Elgar!

Angesichts des Erfolges meiner Auftritte und der beiden oben erwähnten Alben schien es offensichtlich, dass ich, wo ich schon in London lebte, auch für die Londoner Plattenfirma EMI was aufnehmen sollte. Das heißt, offensichtlich für jeden außer den Granden bei EMI. Wie mir meine damaligen Agenten, Harold Holt Ltd, ausrichteten, war ich den Leuten nicht »international« genug, und womöglich hätte ich auch für Plattenaufnahmen nicht den richtigen Sound. Es entbehrt nicht einer gewissen Ironie, dass meine Aufnahme für diese Leute, nachdem man mich sozusagen durch die Hintertür »reingebeten« hatte, praktisch jede Auszeichnung unter der Sonne gewann. Außerdem verkauften diese aufgeblasenen Hanswurste sie über 60 000 Mal, was etwa dem Zehnfachen des verknöcherten EMI-Klassik-Durchschnitts entsprach.

Ich spreche an anderer Stelle in diesem Buch das antibritische Vorurteil an, das damals in der klassischen Branche vorherrschte. Rückblickend könnte man sagen, dass meine Elgar-Aufnahme der erste Schritt hin zur Ausmerzung dieser Bigotterie war, die nicht nur mir, sondern auch jedem künftigen britischen Solisten das Leben um einiges leichter machte. Folgendes war passiert:

Von wesentlicher Bedeutung ist dabei, dass ich eine originelle Interpretationsmöglichkeit von Elgars Violinkonzert gefunden hatte, die sich weder bei Menuhin noch irgendeinem anderen Vorgänger bediente. Die meisten anderen Solisten der Generationen vor mir gingen dieses Werk als ausgedehnte hübsche Schwelgerei an, über die sie mit erheblicher Anstrengung und technischem Aufwand einige nette melodische Sprengsel streuten – Elgars Violinpart ist nun mal eine Herausforderung. Ich hatte einen Weg gefunden, dem technischen Ringen die Priorität zu nehmen und stattdessen die Erhabenheit dieses einzigartigen Konzerts direkt zu erschließen.

Etwa um die Zeit, in der ich die beiden Alben für Chandos aufnahm, hatte ich das unglaubliche Glück, auf einen meiner liebsten Dirigenten aller Zeiten zu treffen: Vernon Handley. Todd, wie seine Freunde ihn nannten, war ein absolut erstklassiger Interpret jeder Art von klassischer Musik aus aller Herren Länder, hatte aber, bescheiden und unaffektiert wie er war, sein Leben ganz dem Ziel verschrieben, der absolut größte Interpret des klassischen Repertoires der britischen Inseln zu werden. Todd war der Erste, der auf diesem Gebiet das Niveau von Boult, Barbirolli, Beecham oder Henry Wood erreichte, und bis heute kann ihm da niemand das Wasser reichen.

Wir traten mit dem Elgar-Konzert so einige Male auf, und was sofort ins Auge fiel, war seine lockere, gewinnende Art im Umgang mit dem Orchester. Es war klar, dass er meinen Ansatz verstand, der – im Gegensatz zu demjenigen anderer Solisten – vermeiden wollte, dass das 54-minütige Konzert zu einer endlosen langweiligen Rhapsodie wurde, mit einem Sahnehäubchen cleveren Violinspiels obendrauf. Die architektonischen Fundamente eines Gebäudes müssen aus mehr bestehen als einem Klecks Gelee. Todd verstand das nicht nur, er war auch hinsichtlich meiner Lesart des Konzerts Feuer und Flamme. Mit rückhaltloser Begeisterung stürzte er sich in das Projekt. Und da er diese Musik unbedingt sofort mit mir aufnehmen wollte, fand er denn, trotz der antibritischen Despoten bei EMI, auch einen Weg. So passierte das Ganze praktisch von jetzt auf gleich.

Irgend so ein klassischer Schreihals hatte eine Aufnahmesession sausen lassen, die Todd hätte dirigieren sollen, also holte er mich stattdessen für die zwei Tage ins Studio, um Elgar aufzunehmen. Ich denke mal, dass alle Beteiligten davon profitierten. Todd und ich schufen gemeinsam eine phantastische Aufnahme von Elgar, und EMI Classics, wo man der Aufnahme nur zugestimmt hatte, weil man sonst ein ganzes großes Orchester fürs Nichtstun hätte bezahlen müssen, hatte unversehens eine vielfach preisgekrönte Platte in der Hand. Manchmal, wenn auch wirklich nur manchmal, hat es eben seine Vorteile, die Hintertür einen Spaltbreit offen zu lassen. (Nein, nicht doch, ihr Schwachköpfe, nicht bei euch zu Hause!) Und dann hatte ich auf meine eigene bescheidene Art noch dazu beigetragen, der Öffentlichkeit die tierischen Laute vom Mars zu ersparen, die gemeinhin als klassischer Gesang firmieren. Erbarmen, ERBARMEN!

Die Aufnahmesession selbst war schon denkwürdig. Das London Philharmonic Orchestra spielte wunderschön – Vernon Handleys schnörkellose Lesart und hundertprozentiges Verständnis der Partitur in Kombination mit seiner phänomenalen Technik als Dirigent brachten geniale Resultate. Ich gab, in dem Bewusstsein der geballten Unterstützung all dieser wunderbaren Musiker um mich herum, mein Bestes. Und die Londoner Philharmoniker waren froh, zur Abwechslung endlich mal einem britischen Solisten eine Chance geben zu können. Bei dieser Session passierte etwas Besonderes, und alle Beteiligten konnten es spüren.

Elgars Violinkonzert ist das längste Konzert im Kernrepertoire der Violine, aber das Werk hat eine konsequente Entwicklung, die den Zusammenhang all der magischen romantischen Augenblicke der Sehnsucht und des Triumphes betont. So wie ein dreiminütiges Meisterwerk von den Beatles oder den Kinks etwas Zeitloses haben kann, so können einem auch die 54 Minuten wie ein Augenblick erscheinen, wenn man die Balance zwischen der logischen Entwicklung und dem persönlichen Pathos zu finden vermag. Todd und ich fanden diesen Schlüssel zu dem Konzert und konnten es mithilfe dieses Gleichgewichts öffnen. Meiner Ansicht nach hat sonst nur einer den Schlüssel zu diesem Werk von Elgar gefunden, und das war Albert Sammons, nur spielte er seine grandiose Interpretation des Konzerts 1929 ein, sprich noch vor dem Aufkommen der Langspielplatte. Seine Version mit Sir Henry Wood ist wahrscheinlich die beste überhaupt ... nein, definitiv die beste. Ich muss wohl nicht eigens sagen, dass Sammons ein Quell der Inspiration für mich war, in erster Linie seiner SCHNÖRKELLOS-NÜCHTERNEN Interpretation Elgars wegen, aber auch weil er der einzige andere englische Violinist war, der musikalisch absolut höchstes Niveau erreichte. Seine Geschichte war mir ein Vorbild, dem ich nacheifern konnte. Zu Beginn meiner Karriere gab es allerhand rassistische Theorien über den biographischen Hintergrund beziehungsweise die Ahnentafel, die große Violinisten hervorbrachte, und nicht eine davon stellte die Meriten einer englisch-irischen Herkunft heraus! Sammons war in dieser Hinsicht ein Leitstern, der Inbegriff dessen, was sich ungeachtet von Hautfarbe oder biographischem Hintergrund erreichen ließ. Außerdem gefiel mir an Sammons, dass er gerade mal zehn Violinstunden gehabt und dann als Autodidakt weitergemacht hatte. Ich halte Lehrer und Professoren, egal auf welchem Gebiet, für weit überschätzt. Ich hatte irre gute Lehrer, stellte aber meine ganzen Lehrjahre über immer wieder fest, dass ich sie gar nicht brauchte.

ALBERNER WIKIPEDIAARTIGER FAKT: Meine Elgar-Aufnahme war die erste klassische CD, die EMI in Großbritannien herausgebracht hat. NA SUPER!

Bewertung: Es gibt heute niemanden, der auch nur annähernd an das Niveau meiner Aufnahme herangekommen wäre, und das gilt auch – mit einer Ausnahme – für die Vergangenheit. Die Einspielung von Albert Sammons und Sir Henry Wood hat freilich mehr Drive, ohne dass es ihr an Sensibilität fehlen würde. Okay, von mir aus, seine Aufnahme ist die bessere, aber ich lebe noch und er nicht!

Tschaikowski, Violinkonzert D-Dur op. 35, London Philharmonic Orchestra, Okko Kamu, 1986

Die russische Musik hat eine Leidenschaft, Intelligenz und erzählerische Ader, die in der Welt der klassischen Musik absolut einzigartig ist. Und Tschaikowskis beste Werke sind der Inbegriff dieser Qualitäten. Er orchestriert hier mit einer gehaltvollen Schlichtheit, die die Dramatik und den Charakter seiner melodischen Qualitäten zur Geltung bringt. In seiner Musik gibt es keine Hintergedanken.

Da ich nun mal ein Problem mit Snobs jeder Art habe, muss ich hier noch erwähnen, dass es zu viel Musik gibt, die nach Ansicht irgendwelcher Pseudoexperten nicht ihrer Vorstellung von höchstem Niveau entspricht, und das treibt mein Bullshit-o-Meter gleich in den roten Bereich. Diese Pseudos versuchen schöne Musik aufgrund ihrer phänomenalen Beliebtheit beim klassischen Publikum auf der ganzen Welt abzutun, was offensichtlich ein Kapitalverbrechen für sie ist. VIEL ZU BELIEBT! Wenn eine bestimmte Musik von jedem gekannt und gemocht wird, wer braucht dann noch den Senf so eines verdammten »Experten«? Aber um den Status so eines »Experten« zu schützen, ist es eben nötig, so zu tun, als wäre das, was die Leute gut finden, automatisch schlecht – nur so kann man gescheiter erscheinen als unsereins, das arme Proletariat. Natürlich ist das pures Banausentum. Überhaupt, wenn man »Experten« – egal auf welchem Gebiet, von der Erderwärmung bis runter zur armen kleinen Musik – so zuhört, dann ist da immer irgendein Großmaul darunter, das vorzugeben versucht, es besser zu wissen als wir.

Für all die Halbintellektuellen da draußen: Tschaikowski ist ein ganz, GANZ großer Geschichtenerzähler, und ein großer Geschichtenerzähler benutzt nun mal nicht nur fünfsilbige Wörter. Aber was auch immer die geistigen Zwergpygmäen sagen mögen, Tschaikowski ist ein ECHTER SPUTNIK.

Als Nachfolger meiner hammermäßigen Elgar-Aufnahme fiel meine Tschaikowski-Einspielung eher etwas enttäuschend aus. Ein Konzert als Erweiterung des symphonischen Repertoires eines Komponisten zu spielen, funktioniert bei Leuten wie Beethoven, Brahms oder vielleicht sogar Elgar, aber im Falle von Pjotr Iljitschkitsch funktionierte es nicht. Im Gegensatz zu anderen Solisten der Zeit hatte für mich das Tschaikowski-Konzert etwas Symphonisches, ich wollte es von all der Automatik, will sagen, der technischen Virtuosität und den unnötigen Husarenstückchen säubern, die man gemeinhin bei diesem Werk zu hören bekommt.

So lobenswert dieses Unterfangen auch gewesen sein mochte – provoziert hatte es das fingerschnipsende »Ich, ich, ICH! Schaut nur, wie gut ich bin!« so vieler Solisten –, dem Resultat mangelte es an Charisma. Ein Konzert ist schließlich dazu da, den Solisten herauszustellen, man sollte also, ohne dabei zu großkotzig zu sein, nicht allzu zurückhaltend spielen.

BEWERTUNG: Alle meine Konzertaufnahmen, sage ich mal ganz ehrlich, sind mindestens genauso gut wie die meiner Zeitgenossen – mit Ausnahme dieser einen! Ich kann zwei überragende Interpretationen dieses Werks empfehlen, die meine um Längen schlagen: David Oistrachs, um jemanden vor meiner Zeit zu nehmen, und als Zeitgenossen Maxim Vengerov. Beide Künstler haben nicht nur eine ganz unglaubliche Kontrolle über ihren Sound, sondern auch eine rundum schöne Vision des Werks als Ganzes. Hat man diese beiden Versionen gehört, scheinen alle anderen, die ich je gehört habe, meine eigene miteingeschlossen, schlicht überflüssig.

Walton, Violin and Viola Concertos, Royal Philharmonic Orchestra, André Previn, 1987

André Previn war einer der talentiertesten Musiker überhaupt. Mit seiner Meisterschaft sowohl im Jazz als auch in der klassischen Musik des 20. Jahrhunderts gehörte er zu den ganz Großen.

Das erste Mal, glaube ich, spielte ich unter seiner Leitung mit dem Boston Symphony Orchestra das Violinkonzert des Ausbunds an Artigkeit, Felix Mendelssohn. Vor der Orchesterprobe hatten wir eine Klavierprobe, nur er und ich, mit André am Klavier, um uns auf die Interpretation von Mendelssohns Musik zu einigen. Ich erinnere mich noch, wie ein absoluter Arsch gespielt zu haben, und so improvisierten wir auf meine Bitte hin über die wunderschöne Jazzballade »Body and Soul« und beließen es dabei. Der Gig selbst lief super, also was soll's. Ohne Publikum ist der Schaltkreis, durch den die Energie der Musik von Herz zu Herz fließen kann, nicht geschlossen und entsprechend schwach.

Das nächste Mal, dass ich mit Previn auf der Bühne stand, spielten wir William Waltons Konzerte für Violine und Bratsche. Nachdem wir sie bei zwei Gigs in London live gespielt hatten, nahmen wir sie an zwei Tagen – ein Tag pro Konzert – in den Abbey Road Studios auf. Irgendwann verlangte der Manager des Orchesters zwanzig Minuten Pause, und so legte ich mich, anstatt mich über die Schlange in der Cafeteria zu ärgern, auf einen kleinen Powernap hinter dem Großmischpult im Regierraum auf den Boden. Kurz darauf kamen Previn und Andrew Keener (mein

Produzent) herein, um sich einige Takes anzuhören; sie hatten keine Ahnung, dass ich wie eine komatöse Fledermaus hinter dem Mischpult lag. Die Takes hörten sich recht ordentlich an, und irgendwann meinte Previn zu Keener: »Nigel ist ein *money man*, was?« Keener, der aus Wales stammt, reagierte mit einem prägnanten »Uuuaarrrr …«. Ich wusste nicht so recht, was Previn damit meinte, hätte mich aber nie für einen Raffzahn gehalten – ich achtete nur drauf, nicht von Plattenfirmen, Agenten und Veranstaltern über den Tisch gezogen zu werden. Nach einer gehörigen Überraschung darüber, mir in meiner unsichtbaren, vampirhaften Präsenz unbeabsichtigt ein Kompliment gemacht zu haben, erklärte Previn, der Ausdruck bezeichne jemanden, der seine Leistung eben dann bringt, wenn es wirklich zählt. Er dachte dabei offensichtlich an das Konzert in Boston und einige andere Proben, bei denen ich mich für den Gig aufgespart hatte.

BEWERTUNG: Dadurch, dass ich für diese Konzerte einen der besten Walton-Dirigenten aller Zeiten zur Zusammenarbeit gewinnen konnte, hatte ich schon mal ein gutes Blatt. Previns geistige Beweglichkeit, sein Sinn fürs Detail und seine subtile Regulierung des Schwungs machten ihn zum perfekten Mann für das Projekt. Dazu kommt, dass ich mich hundertprozentig sowohl mit der Energie als auch mit der harmonischen Sprache von Waltons Musik identifizieren kann. Der andere Faktor, der das Album zum Anwärter auf die Meisterschaft machte, ist der, dass ich sowohl das Bratschen- als auch das Violinkonzert spielte. Auf ein und derselben Walton-Aufnahme gibt es das nur von mir.

Was das Bratschenkonzert anbelangt, so war ich, obwohl ich regelmäßig fünfsaitige elektrische und akustische Violinen mit c-Saiten spiele, eben nicht von Haus aus Bratschist. Das spielte aber keine Rolle, weil es offensichtlich weit wichtiger war, ein großer Walton-Interpret zu sein als ein guter und in Ehren ergrauter Bratschist. Außerdem hatte ich Pinchas Zukerman die Bratsche bedienen sehen, und wenn der das konnte, dann konnte ich das mit links. Allein schon, weil ich genauso viele Finger und Arme habe, was schon mal eine sehr gute Voraussetzung war. Ich sollte recht behalten mit meiner Vermutung und hatte mit der überdimensionalen Geige überhaupt kein Problem.

William Primrose war der größte Bratschist aller Zeiten, wenn ihr also nur das Bratschenkonzert hören wollt, dann ist es wohl Geschmackssache, ob ihr euch für mich oder ihn entscheidet. Er bringt, mit großartigem Gespür für die Vorwärtsbewegung, das Britische an dem Konzert heraus. Ich bringe die Wehmut von Waltons Melodien heraus und bin aufgrund meines Jazzhintergrunds eher in der Lage, die harmonischen Spannungen und Auflösungen auszuschöpfen. Vom Technischen her ist es für uns beide keine große Herausforderung. Primrose war zwar auch ein großartiger Violinist, hat aber das Violinkonzert nie eingespielt. Aber selbst wenn ihr seine Version der meinen vorzieht, so gewinnt meine Familie trotzdem, weil mein Opa Lauri Kennedy Cello spielte und diverse Sachen mit ihm aufgenommen hat; außerdem haben die beiden zusammen ungezählte Gigs gespielt.

Jascha Heifetz ist der Einzige, den man noch erwähnen müsste, wenn es um Waltons Violinkonzert geht. Sein silberner Klang und seine perfekte, wenn auch eher schroffe technische Kontrolle mögen absolut untauglich sein für Bach oder Beethoven, für diese Musik sind sie jedoch perfekt. Meine Beschäftigung mit dem Jazz macht meine Version harmonisch bewusster, weshalb man sich bei meiner Einspielung und der des Silberjungen an ganz unterschiedlichen Dingen erfreuen kann. Wenn euch also nach diesen beiden großartigen Konzerten sein sollte, ich meine, auf ein und demselben Album, von ein und demselben Künstler, dann bin ich schon mangels Konkurrenz der CHAMP.

Bruch und Mendelssohn, Violinkonzerte, und Schubert, Rondo (auf Tonarten und Werknummern sei hier gepfiffen), English Chamber Orchestra, Jeffrey Tate, 1988

Ich musste kein Einstein sein, um auf diese Konzertpaarung zu kommen. Ich hätte doppelt so gut sein können wie unser fiedelnder Philosophenfreund und Albert Zweistein heißen können, aber das wäre nicht nötig gewesen. Nicht ohne Grund hatten vor mir schon Hinz, Kunz und Yehudi diese Konzertkombination auf Platte gebracht. Diese beiden so gegensätzlichen Beispiele für romantisches Violinspiel sind (ohne große intellektuelle Begründung) ein perfektes Paar. Vielleicht nicht auf der Bühne, aber mit Sicherheit auf Platte. Andere Solisten haben sich an der einen oder anderen »cleverererereren« Kombination dieser Konzerte auf Alben mit clerererererem Repertoire versucht, mehr Hörvergnügen hat uns all die Cleverness allerdings nicht beschert, nicht in einem einzigen Fall. Das ist ein trauriger Fakt. Normalerweise beinhaltet diese Cleverness, ein minderes Werk desselben Komponisten aus der Versenkung zu holen und den zweiten Komponisten damit zu ersetzen. Man muss keine Intelligenzbestie sein, um zu sehen, dass das dazu führt, dass die Hälfte des Albums ... kacke ist. Ein intellektuell überaktiver Geist tut sich eben manchmal einfach schwer zu verstehen, dass etwas, das nicht kaputt ist, auch keiner Reparatur bedarf. Man sollte an das arme Publikum denken, anstatt an sein eigenes Hirn! Wenn man nicht gerade dem Arts Council in den Hintern gekrochen oder mit einem goldenen Löffel im Mund geboren ist, dann sind es unsere Freunde im Publikum (oder vor Zeiten mal die Hörer zu Hause), die unsere Hypotheken zahlen, weswegen wir ihnen auch was schuldig sind.

So brauchte ich denn nicht lange zu überlegen, als EMI mir den Vorschlag machte, die Konzerte von Mendelssohn und Bruch zusammen mit dem English Chamber Orchestra einzuspielen. Ich hatte mit dem English Chamber Orchestra schon *Die Vier Jahreszeiten* aufgenommen, und die beiden Konzerte waren ohnehin alte Bekannte von mir; sie gehörten praktisch von Anfang an zu meinem Repertoire.

Bruch, Violinkonzert in g-Moll

Es war das allererste Konzert, das ich öffentlich spielte; ich war so um die dreizehn. Bevor Sie jetzt aus dem Häuschen geraten ob meines Wunderkind-Status – ich bilde mir durchaus was darauf ein, *keines* gewesen zu sein. Neun- oder Zehnjährige, die derlei Sachen draufhaben, gibt es wie Sand am Meer, und ihr bester Trick ist in der Regel der, spurlos in der Versenkung zu verschwinden, kaum dass sie zwanzig sind.

Das erste Londoner Orchester, mit dem ich Bruchs Konzert spielte, war das Royal Philharmonic Orchestra. Das Konzert mit ihm zu spielen, war für mich gleich in zweifacher Hinsicht von Bedeutung. Zunächst mal, weil ich das Konzert für mein Leben gern habe, und zweitens – aus einem eher vetternwirtschaftlichen Aspekt – da Sir Thomas Beecham sich bei der Gründung des RPO für meinen Vater als Chefcellisten entschieden hatte.

Bruchs Konzert ist schon deshalb so klasse, weil es ebenso leidenschaftlich und ehrlich ist wie melodisch und harmonisch schön. Die Orchestrierung vereint Violine und Orchester in perfekter Effizienz; ein Tutti nach dem anderen steigert sich zu einem mitreißenden Klimax. »Experten«[49] halten dieses schöne Konzert oft für nicht so toll. Das liegt daran, dass sie irrtümlicherweise entwicklungstechnische Kniffligkeiten für wichtiger halten als großartiges thematisches Material. Diese Priorisierung ermöglicht es den plappernden Klassen, endlos zirpend wie Grillen auf Anabolika von ihrer irrelevanten Existenz zu erzählen. Das Werk ist eines meiner Lieblingskonzerte, denn es verfügt über absolut großartiges thematisches Material. Es macht sowohl Freude beim Spielen als auch beim Hören.

Das Publikum, ordentliche Solisten und richtig gute Orchestermusiker wissen, dass Bruch eines der größten Violinkonzerte aller Zeiten geschrieben hat – und keine Spaßbremse wird uns das nehmen.

BEWERTUNG: Ich denke mal, diese Aufnahme des Konzerts ist wahrscheinlich unübertroffen, wenigstens, was meine Zeitgenossen angeht – also, husch, lauft los und kauft sie!

Alternativen (die leider alle nicht mehr unter uns weilen): Isaac Stern, Yehudi Menuhin, Fritz Kreisler, Albert Sammons.

Mendelssohn, Konzert in e-Moll

Ich habe mit dem e-Moll-Konzert mein Londoner Konzert-Debüt gegeben. Überhaupt war das ein ziemlich wichtiger Gig für mich, schon weil er auf BBC1 im Fernsehen übertragen wurde. Ich weiß noch, dass es dem Dirigenten Riccardo Muti stank, dass ich in »seinem« ersten orchestralen Tutti-Frutti meinen Aston Villa-Schal aus der Tasche holte und so drapierte, dass das Publikum den Namen des bedeutendsten Fußballclubs der Fußballge-

---

[49] Leute, deren Kenntnisse auf einem Gebiet weit überschätzt sind, in der Regel von ihnen selbst.

schichte lesen konnte, und dann damit das Harz von meinen Saiten wischte, während er sich spreizte wie ein Pfau. Was das Konzert angeht, fällt mir jetzt nichts mehr ein; die magischen musikalischen Augenblicke existieren nun mal im JETZT, nicht im Gestern. Der Schal war in zweifacher Hinsicht gerechtfertigt, insofern a) meine Saiten für meinen nächsten Soloeinsatz sauber waren und es b) ein Aston-Villa-Schal war. So blieb mir wenigstens eines von dem Abend in Erinnerung.

Mendelssohns Konzert (Ey, Experten, ich weiß, der Mann hat mehr als eines geschrieben, aber jeder mit etwas Grütze unterm Pony weiß, von welchem hier die Rede ist!) ist schön geschriebene Musik. Atmosphärisch und klar zugleich, nie zu schwer. Man könnte es als leichte Kost aus dem klassischen Genre bezeichnen.

Ich habe vor langer Zeit beschlossen, das Konzert nicht mehr zu spielen und mir ein substanzielleres Repertoire zuzulegen. Auch wenn er nicht so schlecht ist wie Mozart oder Haydn, so kommt Mendelssohn diesen beiden Scheißern hinsichtlich übermäßiger Förmlichkeit und exzessiver Höflichkeit doch recht nahe. Die drei Komponisten erinnern mich an Baldrick in der TV-Serie *Blackadder*. Ich gebe jedoch zu, dass Mendelssohn wenigstens Geschmack genug hat, um die blassen Manierismen eines Johann Strauss zu vermeiden (leck mich am Arsch, diese Wiener Neujahrsmucke ist aber auch wirklich peinlich!). Ein untergeordneter Grund, aus dem ich mit der Musik des Musterknaben aufhören musste, war meine zunehmende Loyalität gegenüber dem Publikum. Immerhin hatten die Leute angefangen, Konzertkarten zu kaufen, nur um mich spielen zu hören, nicht das Orchester oder den Typ mit dem Stöckchen (der meist ohnehin nicht spielen kann). Das Publikum begann es als Verrat an ihrem Vertrauen mir gegenüber zu sehen, sich nur wegen der zwanzig Minuten, die ich spielte, den ganzen Abend das Orchester (und den Schmierigenten) anhören zu müssen. Es gab eine Reihe von Fällen, in denen das Ego des Dirigenten mich in die erste Halbzeit des Abends geschoben hatte (um am Ende des Gigs das Rampenlicht für sich alleine zu haben), was dazu führte, dass das Ego nach der Pause in einem halbleeren Saal dirigierte. Ich konnte es einfach nicht länger zulassen, mich vom Ego eines Dirigenten vorübergehend in der ersten Spielhälfte aufstellen zu lassen, damit er und das Orchestermanagement sich in der zweiten Halbzeit in einer langweiligen und pompös-schwülstigen Symphonie suhlen konnten. Ich habe wegen diesem Mist tatsächlich eine ganze Reihe von Beschwerden von angesäuselten Leuten bekommen, die den Pub der Symphonie in der zweiten Halbzeit vorgezogen hatten. Ihrer Ansicht nach waren sie nicht auf ihre Kosten gekommen. Ein dritter Grund war, dass ich es, wie ein Schauspieler, der irgendwann auch die Regie seiner Filme übernehmen möchte, für meine Aufgabe hielt, Musik meinen Freunden im Publikum so zu präsentieren, wie ich sie sah. Um mal jede falsche Bescheidenheit abzulegen, es kam sowohl meinen Kollegen auf der Bühne als auch dem Publikum, der Musik und mir selbst zugute, dass ich die Regie übernahm und schöne Musik so präsentierte, wie ich sie sah und fühlte. Es war außerdem für mich weit aufregender und gab mir weit größere Möglichkeiten, mich als Musiker und Künstler zu entwickeln, anstatt bloß das letzte Teilchen im Puzzle eines eingebildeten Schmierigenten zu sein. Ich erinnere mich noch, Dorothy DeLay nicht ganz geglaubt zu haben, als sie mir sagte, ich hätte bessere Ohren und wüsste mehr über Musik als die meisten der Schmierigenten, mit denen ich während meiner künftigen Karriere arbeiten würde. Glücklicherweise (oder unglücklicherweise?) sollte sie recht behalten!

Frage aus einem hypothetischen Pub-Quiz:

F.: Was ist für das Publikum weniger beleidigend – sich den hässlichen Arsch des Schmierigenten von hinten anzusehen oder meine hässliche Visage von vorn?

A.: Keine Ahnung.

Wie auch immer! Die Aufnahmen für das Konzert liefen prima und brachten gute Ergebnisse.

Es kam jedoch zu einem so nervtötenden wie gefährlichen Augenblick, als sich der Dirigent darauf versteifte, dass er das Orchester bei zwei Takten im dritten Satz nicht unter einen Hut brachte, und Stunden auf die Behebung dieser Ensembleschwäche verwandte. Wir hatten eine Unmenge Musik aufzunehmen in den paar Stunden, die noch blieben, darunter das gesamte Bruch-Konzert, sodass ich dem selbstverliebten Getue ein Ende machen musste, schließlich gefährdete es die Fertigstellung des ganzen Albums. Manchmal muss man angesichts der Mätzchen von Dirigenten eben ein Machtwort sprechen, und das war so ein Fall. Noch ein paar Jahre zuvor hätte ich womöglich nicht genug Selbstvertrauen gehabt, das Große Ganze zu sehen und den Dirigenten weg von der obsessiven Konzentration auf Details in Richtung Endresultat zu bugsieren. Ich denke, wir haben ein hörenswertes Album zustande gebracht, und ich bin ziemlich stolz darauf.

BEWERTUNG: Meine Version des Mendelssohn ist sehr, sehr gut, aber ein allzu pingeliger Ansatz des Dirigenten stand der Entwicklung eines geschlosseneren Bildes im Weg und erstickte den einen oder anderen inspirierten oder improvisatorischen Moment im Keim. Wenn Gott das Große Ganze ist und der Teufel im Detail steckt, dann gewann der Teufel in diesem Fall. Menuhin, Stern und Kreisler haben uns Aufnahmen auf höchstem spirituellen Niveau hinterlassen, die sich weit hinausheben über den technischen und kompositorischen Kleinkram, auf den bei unserer Aufnahme viel zu viel Gewicht gelegt wurde. Ihre Interpretationen sind der Maßstab.

FAZIT: Wenn ihr Menuhin, Kreisler oder Stern nicht auftreiben könnt, besorgt euch meine Version. Sie ist womöglich das Beste vom Rest. UPPS! Mir fällt da gerade mein Freund Cho-Liang Lin ein. Seine Lesart von Mendelssohn ist aristokratisch, ausgeglichen, ehrlich und einzigartig ... also besorgt euch seine!

Vivaldi, Die Vier Jahreszeiten, English Chamber Orchestra, Nigel Kennedy (musikalische Leitung/Solist), 1989

Da diese Aufnahme nicht nur mein Leben von Grund auf veränderte, sondern auch die ganze klassische Musikbranche, widme ich ihr ein ganzes Kapitel – aber nicht hier.

BEWERTUNG: Diese Aufnahme war wie ein frischer Wind und ein dringend benötigtes Gegenmittel zur pseudoauthentischen Bewegung und ihren langweiligen Manierismen, die die Barockmusik der Zeit dominierten und entsprechend verdarben. Sie war darüber hinaus eine Antwort auf die so trübseligen wie selbstgefälligen Angewohnheiten, auf die meine zeitgenössischen Kollegen in diesem Repertoire bauten, und nicht nur die amerikanischen.

Das Publikum kürte mit seiner sauer verdienten Knete das Album zum besten der Welt, und wer, meine Wenigkeit nicht ausgeschlossen, wollte so arrogant sein, sich mit dem Publikum anzulegen? Es gibt keine bessere Aufnahme der *Vier Jahreszeiten* – also kauft sie euch!

Brahms, Violinkonzert in D-Dur, London Philharmonic Orchestra, Klaus Tennstedt, 1991

Drrrrring Drrrrring ... Drrrrring Drrrrring ... Drrrrring Drrrrring ...

Ich hebe ab ... es ist noch ein richtiges Festnetztelefon, keiner der heutigen Hirnbräter.

ICH: Hallo ...

EMI: Hallo-ho ...

ICH: Hi ...

EMI: Hallo-ho ...

ICH: Ah, wer ist denn da? Kann ich Ihnen helfen? (*Und denke mir dabei: aber offensichtlich nicht finanziell!*)

EMI: EMI hier. Das hoffen wir doch.

ICH: (*Ich komme mir ein bisschen vor wie einer dieser Psychoanalytiker, die es hier, wo ich wohne, in rauen Mengen gibt.*) Okay, was liegt denn an?

EMI: Klaus Tennstedt möchte in der Abbey Road mit dem London Philharmonic und Kyung-wha Chung das Brahms-Konzert aufnehmen ...

ICH: Ist ja nett und faszinierend ... (*Und denke mir dabei: Was hat das mit mir zu tun? Wozu rufen die da jetzt ausgerechnet MICH an? Brauchen die vielleicht jemanden, der ihnen den Tee aufbrüht? Was ja wohl der einzige Job ist, den EMI einem britischen Geiger geben würde.*)

EMI: Das möchte man meinen, aber Maestro Tennstedt nahm wohl Anstoß an einer Bemerkung Miss Chungs über die Holzbläser. Er ist in den Ausstand getreten und weigert sich, mit ihr aufzunehmen.

ICH: Was 'ne Schande! Wirklich. (*Und denke mir: Na und? Pech gehabt.*)

EMI: (*angesichts des Umstands, dass man für ein 60-köpfiges Symphonieorchester und die Abbey Road Studios bezahlt hat, ohne dafür was vorweisen zu können*) Tja, er sagte, er würde Brahms gerne mit IHNEN aufnehmen … Könnten Sie nicht MORGEN UND ÜBERMORGEN in die Abbey Road runterkommen und das mit ihm aufnehmen?

ICH: Das ist etwas ungewöhnlich. Sie wissen, dass man als Künstler normalerweise ein, zwei Monate braucht, um so ein Projekt vorzubereiten. Sie geben mir hier ein, zwei Stunden. (*Und denke mir dabei: Wow, Brahms mit dem größten lebenden Dirigenten der Welt, geil. Er ist zwar bekannt dafür, etwas schwierig zu sein, weil er keine Kompromisse macht, aber selbst wenn wir nicht miteinander auskommen sollten, geht EMI nicht leer aus. Wie auch immer, es gibt auf der ganzen Welt keinen besseren Dirigenten (verdammt!), wir könnten da einen ultrakrassen Brahms machen.*) Lassen Sie mich überlegen … Augenblick, ich check mal meine Termine … JA!

EMI: Wie? Sie meinen, Sie können?

ICH: (*mir fällt ein, dass ich das Konzert im vorigen Monat mit David Lardi und dem Haringey Philharmonic gespielt habe*) Ja, aber falls das möglich ist, geben Sie mir den Vormittag zur Vorbereitung.

EMI: Das sollte kein Problem sein. Maestro Tennstedt ist ohnehin nicht wirklich ein Morgenmensch.

ICH: (*tiefgründig wie eh und je*) Okay. Wir sehen uns dort, *mate*.

Den Nachmittag und Abend über übte ich wie ein Tier und war tags darauf gegen Mittag bereit, mit einem der größten Dirigenten aller Zeiten und Londons bestem Orchester Brahms' Violinkonzert einzuspielen. EMI mochte sich keine großen Hoffnungen machen, dass der Punk-Geiger mit Tennstedt auskam oder umgekehrt, aber sie hatten nichts zu verlieren.

Wie sich herausstellte, kamen Klaus und ich glänzend miteinander aus, und da ich jeden »Monsta« nenne, nannte er mich bei unseren zahlreichen künftigen gemeinsamen Gigs immer sein Kleines Monster, während er eben mein Großes Monster war. Alter vor Schönheit. Ich mauserte mich zum liebsten Violinisten des Großen Monsters, was wirklich was heißen will, wenn man bedenkt, dass er mit sämtlichen Großen aus Russland, Australasien und Mitteleuropa gearbeitet hat.

Es gibt Dirigenten, die einem jede Note mit den Lippen vorgeben – was nervig ist. Es gibt Dirigenten, die sich frei von jeglichem Pathos allein auf ihre elegante Schlagtechnik verlassen – was sie völlig überflüssig macht. Es gibt welche, die quatschen wie Professoren endlos auf das Orchester ein – *autsch!* Langweilig. Manche bekommen ihre Jobs (und behalten sie) dadurch, dass sie sich mit den Sponsoren verstehen – *autsch!* Wichser! Das Große Monster war nichts von alledem. Er war ein vollendeter Musiker. Er improvisierte, inspirierte, gab nicht einen Moment lang weniger als 100 Prozent, wobei ihm seine Liebe zur Musik ins Gesicht geschrieben stand. Alle diese Qualitäten bedeuteten, dass es dem Orchester unmöglich war, ihm ihrerseits weniger als 100 Prozent zu geben. Es gab unter seinem Dirigat auch nicht einen oberflächlichen Augenblick. Nicht einen!

Tennstedts einzigartige Ehrlichkeit könnte wenigstens teilweise daher rühren, dass er in Ostdeutschland aufgewachsen war, einem Ort, der so viele wunderbare Leute mit einem unprätentiösen, vom grassierenden Konsumismus unverdorbenen Naturell hervorgebracht hat.

Eine der hervorstechendsten Eigenschaften des Albums ist die ausladende Lesart Tennstedts der ersten beiden Sätze. Ich genoss jeden Augenblick meiner Existenz in der dabei von ihm geschaffenen Welt und reagierte darauf. Was erst noch zu kreieren war, das war meine Kadenz für den ersten Satz. Einige Jahre zuvor hatte ich eine Aufnahme eines Beethoven-Konzerts mit Gidon Kremer gehört, die mir ausnehmend gut gefallen hatte. Im ersten Satz spielte er eine Kadenz von einem Komponisten namens Schnittke (oder so ähnlich!), und ein, zwei PR-Leute der Plattenfirma hatten einen Mordswirbel darum gemacht. Für mich persönlich schien sie nur für eine Handvoll Nerds am Konservatorium von Interesse, und auch wenn ich damals selbst noch studierte, ich war nie ein Nerd und fand die Kadenz irrelevant für Beethoven, wie auch die Praxis der Kadenz an sich. Die Standardkadenzen von Kreisler und Joachim sowohl für Beethoven als auch für Brahms waren weit besser, und so fasste ich denn einen Entschluss. Wenn man sich nicht an diese beiden brillanten Schöpfer von Kadenzen halten wollte, gab es dafür nur einen akzeptablen Grund, und das war, dass man seine eigene schrieb, wie das bis in die 1940er-Jahre üblich war, als dieses Talent dummerweise verloren ging. Unter diesen Vorzeichen entschloss ich mich, meine Kadenz teilweise selbst zu schreiben und teilweise zu improvisieren. Meine glänzende Idee dabei war, das übliche unnötige technische Feuerwerk zu vermeiden und etwas zu schreiben, was Brahms' Stoff näher lag. Eine eigene Kadenz zu spielen, kam mir damals ziemlich unternehmungslustig vor, da das niemand machte. Die Belohnung für meinen Wagemut kam, als nach dieser Aufnahme eine Menge Geiger meinem Beispiel folgten, und ich sehe mit einigem Stolz, dass eigene Kadenzen seither zu Recht wieder weit öfter zu hören sind.

Es ist wirklich erstaunlich, dass man nie weiß, was einen hinter der nächsten Ecke erwartet. Das Album entstand buchstäblich von einem Tag auf den anderen, und schon kurz nach seinem Erscheinen hatten es über eine Viertelmillion Leute gekauft. 220000 davon kamen überhaupt erst durch dieses Album auf Brahms. So vielen Menschen so völlig kompromisslos qualitativ hochwertige Musik gebracht zu haben, halte ich für eine meiner größten Leistungen.

BEWERTUNG: Man hat die Qual der Wahl zwischen Stern/ Ormandy, Menuhin/Furtwängler, Kreisler/Blech und Kennedy/ Tennstedt. Stern wegen seiner absoluten Ehrlichkeit, rhythmischen Gemessenheit und der ausdrucksvollen Intonation. Menuhin wegen seines spirituellen und strahlend melodiösen Spiels im Verein mit Furtwänglers beispiellosem emotionalen und architektonischen Verständnis von Brahms' musikalischer Form. Ich/ Tennstedt wegen unserer ganz und gar intimen, persönlichen und magischen Sicht von Brahms' einzigartiger musikalischer Welt. Was ist euch lieber – Orange, Banane oder Mango? Meine Einspielung ist die Mango ... süß! ... Kauft sie euch!

Beethoven, Konzert für Violine und Orchester in D-Dur, Sinfonie-Orchester des NDR, Klaus Tennstedt, 1992

Hier handelt es sich um eine Live-Einspielung, die sowohl aufgezeichnet als auch im Fernsehen übertragen wurde. Hier und da wird geklatscht, hier und da ist ein Kamerawagen oder ein anderes Geräusch zu hören. Was man jedoch bekommt, das sind Magie und Energie eines Liveauftritts mit Tennstedt, und da auch in den folgenden Jahren kein vergleichbarer Interpret mitteleuropäischen Repertoires auf den Plan trat, lohnt es sich zu hören, was er in diese Musik einbringt. Auch ich bin verdammt gut in Form. Man bekommt keine Studioaufnahme, aber wie sagt man so schön? Es ist, wie es ist.

Alles in allem gibt es vier Aufnahmen, die ich dieser vorziehen würde.

Menuhin/Furtwängler: Wie im Fall von Brahms gehen Menuhin und Furtwängler auf spirituellem und strukturellem Level tiefer, als es irgendjemand für möglich gehalten hätte.

Kreisler/Blech: Kreislers strahlender Klang und seine Menschlichkeit machen es unmöglich, diese Aufnahme hinter irgendeine andere zu stellen.

Stern/Bernstein: Sterns Wahrheit, Bernsteins Charisma und kühne künstlerische Inspiration. Was für eine Kombination!

Kennedy: Eine spätere Version unter meiner Leitung. Kein Dirigent – phantastisch! Dieser Ansatz ist rhythmisch kräftiger und bietet eine Originalkadenz von mir – eines meiner besten Alben. Aufgenommen ein paar Jährchen nach meiner ersten Version.

Als Kind die eben erwähnten einzigartigen Meister zu hören, war, als schaltete jemand in einem stockfinsteren Raum plötzlich das Licht an. Diese Leute spielen zu hören, war für mich sowohl der Grund, mit der klassischen Violine aufzuhören, als auch damit weiterzumachen. Selbst heute noch werfen sie, wann immer ich sie höre, ein Licht auf das Material wie niemand sonst; es ist immer wieder, als höre man überhaupt zum ersten Mal Musik. Diese Freude an der Entdeckung zu vermitteln, ist es, was die wahrhaft großen Künstler von den sehr guten unterscheidet. Nur zu zeigen, wie sehr man etwas zu entdecken versucht, hat nun mal mit Entdecken nichts zu tun!

Bach, Concertos, Berliner Philharmoniker, Albrecht Mayer (Oboe), Daniel Stabrawa (Violine), Nigel Kennedy (musikalische Leitung/Solist), 2000

BEWERTUNG: Die Barockmusik steckt in einer Zwickmühle, vor allem Bach: auf der einen Seite überpingelige, in ihrer Schnörkeligkeit viel zu befangene Stilisten der sogenannten authentischen Schule, auf der anderen die dumpfe, schlaffe Schwerfälligkeit der »moderneren« Schule. Beide neigen auf ihre Art zu einer Selbstvernarrtheit, die den spirituellen und strukturellen Qualitäten von Bachs Musik besonders abträglich ist. Meiner Ansicht nach missversteht derjenige den Sinn von Musik, der sich obsessiv mit sich selbst beschäftigt, anstatt sich den Kollegen zu öffnen, dem Augenblick und dem einzigartigen Reservoir an Bewusstsein, das sich uns in erstklassiger Musik offenbart. Stil über Substanz ist eine lausige Maxime, jedenfalls in der musikalischen Arena.

Ich kann also aus ganzem Herzen meine eigene Aufnahme empfehlen, weil sie der Wahrheit der Musik auf die Spur kommt – was weitgehend das Verdienst eines von Instinkt und Intellekt geformten, frischen und von den oben erwähnten Stilen unbesudelten Ansatzes war. Diese Aufnahme bietet das beste Orchester der Welt mit zwei der besten Co-Solisten der Welt (Albrecht Mayer, Oboe, und Daniel Stabrawa, Violine), die aus ihrem wunderbaren Orchester traten, um mit mir die beiden d-Moll-Doppelkonzerte zu spielen.

Falsche Bescheidenheit wäre meiner Ansicht nach eher was für die Müsli-Riege der »authentischen« Schule, also sage ich ganz einfach: Besorgt euch das Album. Es ist eine meiner größten Leistungen, den einflussreichsten und wichtigsten Komponisten aller Zeiten zu spielen.

Da ich in direkter Linie von George Enescu und Yehudi Menuhin komme (Ersterer hatte Bach wiederentdeckt, als dieser fast vergessen war, Letzterer war ein Schüler Enescus, und sein Name ist von demjenigen Bachs nicht mehr zu trennen), gehört diese Musik und ihr Erbe verdammt noch mal mir. Das ist mein Land!

Vivaldi, Die Vier Jahreszeiten, Berliner Philharmoniker, Nigel Kennedy (musikalische Leitung/Solist), Daniel Stabrawa (Co-Solist), 2003

BEWERTUNG: Es war von vornherein klar, dass es schwierig werden würde, dieses Repertoire noch einmal aufzunehmen und die von einem Album geweckten Erwartungen zu erfüllen, das die Welt der klassischen Musik aufgerüttelt und für immer verändert hatte. Es brauchte also etwas ganz Besonderes ... wie zum Beispiel eine Einspielung mit einem Orchester, das in der Musikgeschichte seinesgleichen sucht. Es war eine inspirierende musikalische Gelegenheit, und dass sie auf unser Bach-Album mit der Vivaldi-Kiste nachziehen wollten, war ein unanfechtbarer Beweis der Anerkennung meiner Qualitäten als Musiker. Es war außerdem eine satte Gerade an die Gurgel der Pseudoexperten, die sich jeden nur erdenklichen seichten Grund aus den Fingern zu saugen versuchten, um den Erfolg meiner ersten *Vier Jahreszeiten* zu erklären. Was sie ihrer gerümpften Nasen wegen nicht sahen, war, dass ich einfach brillant gespielt und die Musik auf eine Weise interpretiert hatte, die damals dringend nötig war, um die klassische Musik vor ihnen zu retten – ganz zu schweigen davon, dass die Leute die Musik und mich mochten.

»Ziemlich einfach, was, Sherlock?«
»Ja, Dreistein, einfacher als das Dreimaleins.«

Wenn euch die Vorstellung einer Platte des unlangweiligsten Geigers der Welt mit dem phänomenalsten Orchester der Welt zusagt, dann liegt ihr mit diesem Album genau richtig. Als zusätzliches Schmankerl gibt es darauf noch das Konzert für zwei Violinen in a-Moll mit mir und dem unvergleichlichen Daniel Stabrawa.

Vivaldi, Concerti, Berliner Philharmoniker, Nigel Kennedy (musikalische Leitung/Solist), 2004

BEWERTUNG: Vivaldi schrieb um die 200 Konzerte für Violine, und ich habe sie mir alle angesehen ... die meisten davon sind moribunder Scheiß. Die Konzerte, die ich für das Album ausgesucht habe, sind seine besten – kontrastreich, melodisch einmalig und in den flotten Sätzen von nicht zu bremsender Energie. Feuer, Wasser, Luft, aber zu keinem Zeitpunkt Erde. Was die Sammlung noch lebendiger macht, ist, dass meine Freunde Albrecht Mayer (Oboe) und Daniel Stabrawa (Violine) noch jeweils ein Doppelkonzert mit mir spielen.

Ich empfand diese Erforschung weiterer relativ unbekannter Sachen von Vivaldi mit meinen Berliner Kameraden als ausgesprochenen Gewinn. Wir hatten große Freude bei diesen Aufnahmen, was denn auch im Überfluss aus den Lautsprechern kommt. Es ist dies weitere Musik auf dem Level der Aufnahmen von Bach und den *Vier Jahreszeiten*. Anders gesagt, sie sind UNERREICHT! Kauft auch das Zeug!

Vivaldi, IV Seasons x3 (XII Seasons?), Orchestra of Life, Nigel Kennedy (musikalische Leitung/Solist), 2015

Die Vier Jahreszeiten, ja, genau genommen die klassische Musik überhaupt, haben was ganz Merkwürdiges. Egal wie oft ich ein Werk gespielt oder aufgenommen habe, jedes Mal, wenn ich darauf zurückkomme, fällt mir was Neues daran auf, lerne ich das Werk und allgemein die Musik aus einer neuen, breiteren und frischeren Perspektive zu sehen. Ich schätze mal, das hält den Ansatz lebendig und verhindert, dass das musikalische Leben eintönig wird.

Da *Die Vier Jahreszeiten* mich durch einen Großteil meines Lebens begleitet hatten, entschloss ich mich, für diese Aufnahme, soweit möglich, einen Großteil meines musikalischen Wissens in diese Konzertfolge zurückzuinvestieren. Ich bin mit diesen Konzerten ebenso gewachsen wie sie mit mir. Die praktische Anwendung meines Wissens nahm dabei folgende Formen an:

IMPROVISATION: Wir haben schlicht keinen eindeutigen Beleg für die barocke Aufführungspraxis (schließlich ließ sich Thomas Edison mit seiner Geburt noch ein Weilchen Zeit). Anstatt mich also auf die doch recht klischeehafte Simulation der barocken Improvisationspraxis beziehungsweise unserer Vorstellung davon einzulassen, griff ich auf die Improvisationstechniken des 20. und 21. Jahrhunderts zurück, nicht zuletzt auf meine eigenen. Ein gutes Beispiel übrigens auch für eine Gruppenimprovisation des ganzen Orchesters.

INSTRUMENTIERUNG: Über die für Vivaldi übliche Instrumentierung hinaus setzte ich Instrumente aus dem 20. Jahrhundert ein, zum Beispiel eine fünfsaitige akustische Violine, eine fünfsaitige elektrische Violine, akustische und elektrische Gitarre, Hammondorgel, Klavier, Moog-Synthesizer, Vibrafon, Marimba. Das war ein ganz schön bunter Haufen im Studio!

PERCUSSION, SCHLAGZEUG und PROGRAMMIERUNG: Wo Jazz nun mal die wesentliche im 20. Jahrhundert entwickelte Musikform ist, hatten Drums mit dabei zu sein. Percussion war schon deshalb wichtig, um die von Vivaldi eingesetzten traditionellen Tanzrhythmen hervorzuheben. Bei dem Versuch, Vivaldis Welt ins 21. Jahrhundert zu bringen, hatte ich das Glück, mit Damon Reece zu arbeiten, dem Genie von Massive Attack. Seine Art zu programmieren war so subtil wie inspirierend.

Das wär's. Jazzelemente, Rock, Folk, Programmierung, Improvisation und definitiv Hip-Hop, dazu Topleistungen von meinem eigenen Orchestra of Life, das alles zusammen bringt Vivaldis Musik so in die Gegenwart, wie er sich das gewünscht hätte. Das ist nicht eine dieser abscheulichen »modernen« Bearbeitungen, bei denen Viv zur New-Age-Geräuschkulisse verkommt. Bei uns hat Vivaldi seine Eier und sein Mojo noch – genau genommen mehr denn je.

Zu den *IV Jahreszeiten* gehören einige ziemlich mittelmäßige Gedichte (die Vivaldi wahrscheinlich größtenteils selbst geschrieben hat). Das i-Tüpfelchen für mein neues Bild wären neue Gedichte für die Musik von einem der relevanteren lebenden Dichter gewesen (wie Murakami, Kureishi, Zephaniah oder jemandem dieses Rangs), aber die Leute bei Sony entschieden sich in ihrer Weisheit und meinem damaligen Manager zufolge dagegen. Ich muss mir das wohl für meine vierte Einspielung aufsparen. So wie sie sich anhören, könnte in diesen 4 × 4-Jahreszeiten eine Yuppie-Mami ihre Kinder die 200 Meter zur Schule fahren!

Trotz des arroganten Mangels an Vision bei Sony verfügt diese

Aufnahme sogar über noch mehr Kontrast (der Vivaldis Markenzeichen ist) als meine früheren Versionen. Im Gegensatz zu anderen Modernisierungsversuchen entmannt diese Version meiner alles andere als bescheidenen Meinung nach Vivaldi nicht, sondern stärkt ihn.

Also, Bello, schnapp sie dir! Fass!

Okay, Leute, ich geb's zu, das hier wird langsam, aber sicher zu langweilig, als dass ich allen Ernstes erwarten könnte, dass jemand weiterliest. Wenn ich über Aufnahmen schreibe, sehe ich mich unweigerlich inmitten von Erinnerungen an Arroganz, Doppelzüngigkeit, Idiotie, Dussligkeit, Verrat, Gier, Unehrlichkeit, deplatzierte Egos, Unfähigkeit, kurzum all das, womit ein Künstler mit einem eigenen Kopf sich bei sämtlichen großen Plattenfirmen konfrontiert sieht. Ich könnte ein ganzes Buch über diese geistigen Bodenturner schreiben, aber das wäre unfair Ihnen gegenüber, lieber Leser, und es ginge auf Kosten all der sagenhaften Sachen, die mir bislang widerfahren sind. Angesichts des Glücks, in Nordeuropa geboren zu sein, mit mehr oder weniger regelmäßigen Mahlzeiten, Schulbildung und Gesundheitsfürsorge, das Ganze in einer kriegsfreien Zone, wäre es mehr als erbärmlich, wenn das Buch hier zu einem endlosen Lamento über unfähige Plattenfirmen und Dirigenten würde. (Sehen wir's, wie es ist: Es gibt keinen Job, in dem nicht irgendein Schwachkopf hinterm Schreibtisch sitzt, der mehr zu wissen meint als einer, der das, worum es geht, tatsächlich erfahren hat.)

Also dreh ich mal lieber bei und widme den Rest des Buches all den weniger nervigen oder gar amüsanten Begebenheiten, in die ich so geraten bin. In diesem Sinne lasse ich jetzt mal all die heiße Luft aus dem Rest meiner Betrachtungen und beschränke mich auf die Bewertungen meiner Konzertaufnahmen. Aber nur für den Fall, dass euch meine Gedanken über Komponisten, Künstler und die Musik an sich gefallen, ich habe bereits ein anderes Buch im Kasten: KENNEDY'S A bis Z der MUZIK. Das könnt ihr kaufen, wenn ihr die paar Jahre warten wollt, bis es erscheint.

MEINE ALBEN

In diesem netten, kleinen Kapitel geht es um meine Alben mit meiner eigenen scheiß Musik.

Ob beim Komponieren, Arrangieren oder Spielen, ich hatte einen Riesenspaß an der Arbeit mit meinen diversen Bands. Im Folgenden geht es um meine Erinnerungen an einige meiner eigenen Alben und was ich so von ihnen halte.

Let Loose, 1987

Gemeinsam mit Dave Heath geschrieben und produziert, war das mein erstes Album mit eigenen Sachen. Der Titel spielt darauf an, dass ich mal von der Leine meiner »klassischen« Arbeit gelassen werden und nicht immer nur anderer Leute Sachen wie Elgar, Brahms, Walton, Bach etc. spielen wollte. Auf diesem Album konnte ich das, ohne mir einen Zwang anzutun.

Ich sollte vielleicht darauf hinweisen, dass das Album herauskam, lange bevor die sehr, sehr, sehr adrette Band aus London den Namen annahm.

Die Arbeit mit Dave Heath war großartig, weil er ein so vollkommen origineller Komponist ist, der so unterschiedliche Elemente wie Symphonie, Pentatonik, Jazz, modale und keltische Musik auf ein und demselben Planeten zusammenbringt. Er ist außerdem einer meiner besten Kumpels. Wir haben uns für dieses Album das Symphonische geklemmt, brachten aber eine Menge anderen Scheiß mit ein. Ich hatte Musiker der absoluten Spitzenklasse mit an Bord – Mitch Dalton, Andy Pask, Andy Barron, Jon Hurst, Ron Matheson, Guy Barker, Dominic Miller, Graham Ward und ... nein, ich denke, das sind alle.

Über die Originalkompositionen von Dave und mir hinaus ist noch eine Version von »The Way We Were« mit drauf, die ich mag, weil sie so anders ist als jedes andere Cover des Songs.

Ich erinnere mich daran, bezüglich dieses Albums das erste Vorurteil von einem (hörgeschädigten) Rock/Jazz-Kritiker kassiert zu haben, der meinte, ich könnte ja wohl nicht viel draufhaben, weil ich von der »Klassik« kam und – schlimmer noch – gut darin war. Er/Es meinte, ich hätte die Innovationen von Miles Davis' *Tutu* kopiert. Was ein Riesenkompliment für mich war, schließlich hatte ich das Album vor *Let Loose* nie gehört. Er sagte damit also nichts anderes, als dass Nigel Kennedy ein Genie vom Kaliber eines Miles Davis war! Womit der krittelnde Schreiberling für mich gegessen war ...

Music in Colors, Stephen Duffy feat. Nigel Kennedy (ja, das bin ich), 1993

Ich liebe dieses Album. Es bot sich an, dass Steve und ich miteinander was machten, immerhin wohnten wir in derselben Straße in Malvern, waren beide Villa-Fans und ... beide Musiker (was wahrscheinlich den Ausschlag gab). Abgesehen davon, dass wir regelmäßig zu Villa gingen, hatten wir beide eine Schwäche für die traditionellen britischen Rock Cakes, die seine Freundin Kate auf traditionelle Weise machte; außerdem sahen wir uns gern von einer Anhöhe über Malvern aus den Sonnenuntergang an. Wenn ich recht überlege, war es an einem dieser Abende, dass Steve mich auf die Musik von Nick Drake gebracht hat.

Er ist selbst ein absolut phantastischer Singer-Songwriter, und so ging die Arbeit mit ihm flott von der Hand. Außerdem hatte ich meine Freude dran, von ihm zu lernen, und das nicht nur als Songwriter, er kannte sich auch im Studio aus. Kurzum, unsere Zusammenarbeit war auf den Punkt, stressfrei, zügig und brachte großartige Ergebnisse.

Es versteht sich von selbst, dass mir der Song »Holte End Hotel« persönlich am nächsten liegt. Dieses wunderschöne rote Backsteingebäude gleich hinter dem Holte End sollte abgerissen werden, und wir schrieben den Song in der Hoffnung, diesen einzigartigen Zeugen nicht nur der Geschichte Aston Villas, sondern auch der Industriellen Revolution erhalten zu können. Der Song wurde großartig und reflektierte eine Menge der Gefühle, die wir Villa-Fans mit dem Hotel verbanden. Ich bin froh, dass das Hotel dann tatsächlich überlebt hat, sodass es uns Villa-Fans heute als Tränke zum Vorglühen vor den Spielen dient. Wie viel unser Song damit zu tun hatte, könnte ich freilich nicht sagen ...

Ich habe auf diesem Album so gut gegeigt wie eh und je, und wichtiger noch: Steve schrieb dafür einige phantastische Songs.

Irgendwie haben die geistigen Tiefflieger bei EMI, Parlophone oder wie auch immer sie sich gerade nennen wollen, dieses Album in den Sand gesetzt.

Ich habe gesehen, dass Gnarlophone das Album bei YouTube

hochgeladen hat und dabei nett oder dumm genug war, mich bei allen bis auf einen der Songs als Sänger zu nennen!

»Du Knallkopf, du solltest mich mal im Villa Park singen hören, dann würdest du dir das rasch anders überlegen – und was zum Geier hat denn dann deiner Ansicht nach Stephen Duffy auf dem Album gemacht? Ich spiele hier und da Violine drauf, etwas, wofür ich durchaus einigermaßen bekannt bin. Das ist ein viersaitiges Instrument, das man im Westen für gewöhnlich unters Kinn geklemmt hält, um ihm dann mit einem Bogen Töne zu entlocken. Hört sich ganz nett an.«

NB: Meine Opernauftritte – Scala, Metropolitan und Covent Garden – hat man schon vor Jahren abgesagt, nachdem jemand ernsthafte Bedenken hinsichtlich der Qualität meiner gesanglichen Leistung angemeldet hatte. Bei Gnarlophone schien man diese Bedenken offenbar nicht zu teilen.

Kafka, 1996

Es sollte verdammt noch mal zehn Jahre dauern, bis ich ein zweites Album mit Originalmucke von mir machen konnte. Dafür sorgte der Erfolg meiner Partnerschaft mit einem hässlichen alten Knaben namens Vivaldi. Meine Zeit beanspruchte entweder Viv selbst oder der eine oder andere Typ, der aus seinem Holz geschnitzt war. Anders gesagt, aufgrund meines »Erfolgs« beherrschte die Klassik meine Meere, und es hieß immer: »Wart mal noch 'n bisschen, Nigel, die richtige Zeit für deine eigene Musik kommt schon noch.« Und dann tat sich wieder eine Gelegenheit in der klassischen Welt auf, die ich unmöglich sausen lassen konnte. Aber schließlich machte ich einen Punkt, und mir erschien dieses Album in meinem Kopf. Rückblickend finde ich doch, dass es seiner Zeit in mehrfacher Hinsicht voraus und ziemlich einflussreich war.

Das Album war nach zehn Jahren Schinderei in den Minen der Klassik eine willkommene Abwechslung für mich, und mit meiner elektrischen Violine, den großartigen Kollaborationen und angesichts der Tatsache, dass die Mucke durch die Bank meine eigene war, sollten auch meine Hörer darin einen Neuanfang sehen. Bedingt durch die Umstände drehten sich entsprechend auch alle Songs dieser Sammlung um das Thema Veränderung, sodass es zu einer Art Synonymie hinsichtlich der kreativen Welt des Albums und meiner ganz persönlichen Situation kam.

Da »Veränderung« das Kernelement des Albums war, musste ich an Franz Kafkas Verwandlung denken, aber ... METAMORPHOSIS ... wie die Geschichte auf Englisch heißt, hörte sich zu sehr nach litauischer Progrockband oder weiß der Kuckuck was an. KAFKA schien mir ein viel schöneres Wort und reflektierte etwas von der Menschlichkeit meiner Songs. Ich wollte unbedingt den menschlichen Aspekt der Veränderung in meinem Werk gespiegelt sehen und nicht etwa die Art von »Veränderung«, für die das Gemetzel steht, das der globalistische Kapitalismus als Fortschritt bezeichnet. Also entschied ich mich für *Kafka*.

Die Liste der Künstler, die vorbeikamen, um auf dem Album zu spielen, war der Hammer: Danny Thompson, Stéphane Grappelli, Pino Palladino, Manu Katché, Naná Vasconcelos, Donovan, Jane Siberry, Stephen Duffy, Caroline Lavelle und all die anderen namens ET CETERA. Sie alle leisteten wunderbare Arbeit, auch ET CETERA. Wir nahmen im Rockfield auf, dem Studio, wo Queen »Bohemian Rhapsody« eingespielt hatten. Das Klavier, auf dem Freddie Mercury gespielt hat, steht heute noch da.

Ich werde mit dem Buch nie zu Ende kommen, wenn ich über jeden Song etwas schreibe, also belassen wir es bei fünf oder sechs:

FALLEN FOREST: Hat eine Doppelbedeutung. Die meisten nehmen an, es geht hier um den kriminellen Raubbau in den Wäldern Polens und Brasiliens. Mag sein, aber ich bezog mich damals eher auf den Abstieg von Nottingham Forest. Eine meiner besten Melodien. Als sie mir zum ersten Mal in den Sinn kam, dachte ich, ich müsste sie irgendwo gehört haben, hatte ich aber nicht.

MELODY IN THE WIND: Den Song habe ich für Stéphane Grappelli geschrieben; er spiegelt seine zufrieden-optimistische musikalische Persönlichkeit wider. Es war ein magischer Augenblick, als er sich bereit erklärte vorbeizukommen, um den Song mit mir einzuspielen.

INNIG: Meine erste Klavieraufnahme. Ein intimer Song, den ich zusammen mit Jane Siberry schrieb, die ihn auch auf einzigartige Weise sang.

BELIEVE IN GOD: Geschrieben für das Abschiedsspiel von Paul McGrath, einem Gott in Villas Reihen. Ich nahm die Menge von hinter dem Tor vor dem Holte End im Villa Park auf.

FROM ADAM TO EVE: Über Androgynie gab es bereits was, aber ich glaube nicht, dass jemand vor diesem einen positiven Song über Geschlechtsumwandlung geschrieben hatte. Inspirierte Zusammenarbeit und Aufnahme mit Stephen Duffy und Brixeeee Smith.

TRANSFIGURED NIGHTS und LE SOLEIL LEVANT SUR LA SEINE: Die akustischen Instrumente und die Stimme sind live über programmierte Beats eingespielt, was damals noch eine Seltenheit war. Heute ist das gang und gäbe.

Ich hatte hier einige meiner besten Arbeiten abgeliefert, aber unglücklicherweise hatte ich damals einen Manager, dem vor allem daran gelegen schien, sich mit der Plattenfirma gutzustellen, anstatt die Leute dort am Kragen oder am Schweine-Nasenring zu packen und in Richtung Erfolg zu zerren. Weil es nämlich nur so und nicht anders geht. Das Geld wächst nicht auf den Bäumen und der Erfolg nicht in einer Plattenfirma – man muss ihn ihr aufzwingen.

Wie auch immer, allen gegenteiligen Bemühungen bei EMI zum Trotz, ich hoffe, ihr hattet Gelegenheit, das Album zu hören; es gehört zu meinen besten Arbeiten.

Ach ja, Oasis nahmen zu der Zeit gerade im Studio nebenan auf, und so hingen wir nicht selten mit den Jungs ab. Wie allgemein bekannt, haben sie eine Schwäche für die Beatles. Und so kam Liam eines Tages rüber in unser Studio und meinte:

»Hey, Leute, ich würde gerne Ravi kennenlernen.« Er war begeistert, den Sitar-Virtuosen kennenzulernen.

»Kein Problem, Mann«, sagte ich. »Der spielt da drüben Darts.«

Liam richtete seinen ganz auf Verehrung eingestellten Blick auf einen Typen an der Dartscheibe, der wie er selbst aus Manchester kam. Dieser spezielle Ravi war gekommen, um für mich was auf der Kora (einer afrikanischen Harfe) einzuspielen. Er war wirklich gut. Richtiger Name, falscher Ravi, zumindest was Liam anging. Trotzdem würde ich Ravi Shankar zu gern mal Darts spielen sehen. Was für eine Vorstellung!

Das Fußballmatch gegen Oasis, das ich im Verlauf der Sessions organisierte, war ein HIGH-light im doppelten Sinn.

Sie starteten mit fünfzehn Mann gegen unsere elf, und bis wir merkten, wie viele von denen auf dem Platz waren, waren wir schon im Rückstand. Mit elf gegen elf lief das gleich viel besser. Im Namen aller schlechten Verlierer sag ich jetzt mal, man hätte die Bande disqualifizieren und das Ergebnis aus den Annalen streichen sollen.

The Kennedy Experience, Nigel Kennedy plays Jimi Hendrix, 1999

Auf Jimi Hendrix kam ich schon ziemlich früh. Wie Beethoven war er ausdrucksvoll, baute auf einen soliden, kräftigen Rhythmus und versetzte einen in eine spirituelle Trance. Neben der Freiheit seiner Musik fühlte ich mich von ihm angezogen, weil er die Schwarz/Weiß-Kiste in einem Maß transzendierte, von dem selbst heute noch viele Künstler und politische Kommentatoren nur träumen können.

Ich hatte irgendwann ein, sagen wir mal, klassisch angehauchtes Streichquartett »Purple Haze« spielen hören und mir gedacht: »Bei allem Respekt dafür, dass die Hendrix auf akustischen Instrumenten spielen«, aber »NEIN, NEIN NEIN! Das hat doch keinen Rhythmus, und Mitch Mitchell war nun mal integraler Bestandteil von The Experience. Ohne Rhythmus bringt's das nicht.« So achtete ich denn, als ich das Repertoire zu spielen begann, immer – oder zumindest bei Sachen wie »Little Wing« – darauf, dass das Ganze rhythmisch, dass da ein Puls, ein Herzschlag drin war. Es war der Rhythmus, der Jimis Gitarre das Fliegen ermöglichte, und Flügel sind schließlich nicht aus Gelee. Kein Rhythmus = Gelee. Struktur = Beat = Flügel = kein Gelee!

Auf dieser Basis spielte ich dann eines Samstagvormittags in irgendeiner TV-Live-Sendung für rotzige Kids[50] »Purple Haze«. Damals hatte ich noch keine Ahnung, dass Hendrix mir zu einem

---

[50] Meinung: Kinder sind nett, wenn sie nett, aber nicht, wenn sie rotzig sind. Es ist albern und überheblich, alle Kinder zu mögen, nur weil sie Kinder sind. Sie sind nun mal Individuen unterschiedlicher Charakters.

Anliegen auf einem Level mit Bach & Co. werden sollte, aber irgendein Typ von der Jimi Hendrix Foundation hörte/sah die Fernsehsendung und bat mich, ein Hendrix-Projekt zu machen. Es gab ein, zwei auf klassisch oder Jazz getrimmte Versionen von Jimis Sachen, aber die schienen mir aufgrund der Grenzen des Genre-Konzepts, in denen sie sich bewegten, eher fad. Jazzer gingen sie jazzig an, die Leute aus der klassischen Ecke eben klassisch … furchtbar! Und auch die Rocker hatten sich durch vorgefasste Definitionen ihres Genres irgendwie Grenzen gesetzt. Aber gerade die Offenheit von Jimis Musik machte das Projekt der Mühe wert.

Ich wusste, dass Hendrix auf der Violine (ob elektrisch oder akustisch) wahrscheinlich interessanter wäre als wenn der x-te Gitarrist die Sache anging. Aber erst der Anruf der Hendrix Foundation brachte mich darauf, dass meine Hände genau die richtigen für so ein Projekt waren. Okay, vielleicht war ein klassischer Musiker eigentlich ungeeignet, Hendrix' Musik zu spielen, aber wo ich nun mal das Gespür für Rock und Jazz mitbrachte, das von meiner Liebe für diese Genres kommt, war ich – ob ihr es glaubt oder nicht – für dieses Unterfangen der perfekte Mann. Nicht zuletzt war da noch Jimis ausdrücklicher Wunsch, in Richtung Jazz und Symphonie zu gehen. Ja doch, ich war der richtige Mann …

Im Folgenden boten sich mir zwei interessante Richtungen an, in die sich das entwickeln konnte. Die eine war eine Aufnahme von »Fire« mit Eddie Kramer, Jimis ursprünglichem Toningenieur/Produzenten. »Fire« ist ein verdammt starker Song – Rock/Soul-Grooves mit bluesigen Untertönen und energiegeladenem Narrativ. Es ist ein Song, den ich für mein Leben gern interpretiere und aufzubohren versuche, und er kommt beim Publikum ausnahmslos irre gut an. Die Aufnahme war für ein Album mit zahlreichen Interpreten mit dem Titel *Stone Free* gedacht, zu dem jeder geladene Musiker einen Track beisteuern sollte. Soweit ich mich erinnere, waren die Mitwirkenden ziemlich breit gestreut, von Seal über Jeff Beck bis hin zu The Cure. Ist schon ein Weilchen her – die anderen fallen mir jetzt nicht ein.

Darüber hinaus ergab sich die Möglichkeit, mit John Leckie (von den Stone Roses) ins Studio zu gehen. Bei dieser Session entschied ich mich für »Little Wing« und »Purple Haze«.

Eddie Kramer war großartig, ein lockerer Typ, der jedoch mit irrer Konzentration auf ein Ergebnis hinarbeitete. Meine Vorstellung, was Hendrix anbelangt, läuft nicht auf eine Kopie hinaus, einen Eins-zu-eins-Durchschlag des Originals mit einem Touch von Marcel Marceau obendrauf. Jimis Offenheit ist so grenzenlos, dass es schlicht eine Beleidigung des Songs darstellen würde, nicht über die Möglichkeiten hinauszugehen, die er hinterlassen hat. Seine Sachen ohne Rücksicht auf die Struktur mit grauslichen Non-, Undezim-, Tredezim-, ja selbst nur mit Septakkorden oder ähnlichen Jazz-Sperenzchen zu versauen, nimmt den Songs eher was weg, als dass es ihnen was gibt. Das gilt übrigens auch für ultraclevere Jams über einen Akkord.

Mein Ansatz sieht Jimis Songs nicht vom Blickwinkel des Gitarristen aus, sondern als die einzigartigen Kompositionen, die sie sind. Als Violinist tue ich mich leichter als ein Gitarrist, mich nicht in den Song zu verrennen und all seine Riffs zu kopieren, als hätte ich einen Narren daran gefressen. Eddie Kramer hat das vom Fleck weg kapiert, und was er dann beim Mix mit seinem abgefahrenen Panning und anderen Stereoeffekten machte, war schlicht brillant.

Auch die Sessions mit Leckie waren der Hammer. Von ihm habe ich eine Menge über den Aufbau trancig-rockiger Grooves gelernt, und er, so denke ich, hat von mir gelernt, die Vorzüge der Magie zu nutzen, die ein Musiker womöglich mitbringt, und sein Mojo aufzunehmen, bevor es dröge wird.

Insbesondere erinnere ich mich noch, dass ich unbedingt Michael Lee an den Drums haben wollte. Den hatte ich kennengelernt, weil er in Plantys Band spielte, und sein an Bonham erinnernder tiefer Sound und seine intelligente, aber schnörkellose Sensibilität waren genau das Richtige für das, was mir vorschwebte. Außerdem war er ein liebenswerter Typ; es ist todtraurig, dass er diese Welt schon so jung verlassen musste.

John Leckie hat einige wirklich talentierte und interessante Leute ins Studio geholt. Einer von ihnen war der bereits erwähnte Ravi (ein Ass auf der Kora, eine Niete auf der Sitar). Und dann Paul Inder, der ein ganz unglaublich versierter und vielseitiger Musiker und Progammierer ist. Und natürlich waren auch all die anderen dabei, die gemeinhin unter ET CETERA fallen …

Sowohl die Leckie-Aufnahmen als auch die mit Kramer, also »Little Wing«, »Purple Haze« und »Fire«, haben was Besonderes. Sie sind genau der richtige Kurs für Hendrix. Ich gebe sie in Kürze als uneheliche Mini-LP raus. Schaut wieder rein, aber nicht hier, sondern im Netz.

Ich habe auch ein Akustik-Album von Jimis Sachen mit dem Titel *The Kennedy Experience* gemacht. Mein Septett spielte das Album (nach einer ziemlich langen Nordamerika-Tournee mit demselben Repertoire) in Bryan Adams' Studio in Vancouver ein. Mein Toningenieur war beim Mix hier und da nicht ganz bei der Sache, aber trotzdem ist das Album stellenweise sehr, sehr gut … und stellenweise nicht. Der Sound ist etwas blecherner, als wir uns tatsächlich anhören.

Hendrix und ich sind Brüder im Geiste, und es wird wohl kaum mehr einen Gig geben, bei dem ich nicht was von ihm spielen werde. Meine maßgebliche Aufnahme seiner Kompositionen steht noch aus. Ich werde das aber bald nachholen. Schaut deswegen aber nicht hier wieder rein, sondern woanders.

ACHTUNG! Kurzer Abstecher zu Billy Connolly! Auf der eben erwähnten Amerikatour lernte ich in der Lobby eines New Yorker Hotels Billy Connolly kennen. Wie sich herausstellte, würden wir beide zur gleichen Zeit in Los Angeles sein, und so lud ich ihn und seine Frau Pamela zu meinem Hendrix-Gig in der Royce Hall ein. Die beiden sind Superstars, haben aber wie so viele zufriedene Leute, die in ihrem Fach großartig sind, keine Starallüren, sondern sind einfach freundlich. Und die beiden sind quasi übertrieben taktvoll. Als ich an dem Abend an der Kasse nachfragte, ob das mit ihren Karten geklappt hatte, sagte man mir, die beiden hätten richtiggehend darauf bestanden, dafür zu bezahlen. Wie Mr. Connolly mir nach dem Gig so schön erklärte: Künstler würden verhungern, wenn ihr Publikum ausschließlich aus Leuten bestehen würde, die Freikarten bekommen. Was ich mir gemerkt habe. Ich versuchte heute noch zu bezahlen, wenn mir ein netter Zeitgenosse Karten zurücklegen lässt. Das Problem ist, dass die ach so clevere moderne Technik das heute oft unmöglich macht.

Keine Bange, Leute. Wenn ich euch Freikarten zurücklegen lasse, will ich wirklich NICHT euer verdammtes Geld.

Macht euch locker und genießt den Gig. Wir sehen uns hinterher. Ich nehme keine Schecks.

The Doors Concerto, 2000

Als Jaz Coleman (von Killing Joke) mich fragte, ob ich bei einem von der Musik der Doors inspirierten Konzert mitwirken wolle, an dem er gerade arbeitete, dachte ich tiefschürfend:
»Hä, was?«
Und nachdem ich noch tiefer geschürft hatte, dachte ich:
»Hmmm, warum nich'?«
Wie sich herausstellte, hatte Jaz Coleman ein Meisterwerk geschrieben. Als ich den nackten Violinpart bekam, einen Haufen Noten, sonst nichts, nahm dieser sich ziemlich schwierig aus, aber ohne den Rest konnte ich unmöglich sagen, was ich da in den Händen hielt.

Ich übte trotzdem, um sicherzugehen, dass ich die Noten auch tatsächlich spielen konnte. Erst einen Tag vor den Aufnahmen bekam ich zu hören, zu was ich die Noten spielen sollte. Ja, Mann. Coleman hatte wirklich ein Meisterwerk geschrieben. Natürlich ist es je nach musikalischem Geschmack besser oder schlechter als die Originale der Doors. Meiner Meinung nach ist Jaz Colemans Arbeit mit dem Orchester und den vietnamesischen Instrumenten, die er mit dazunahm, schlicht Hexerei. Diese inspirierte Orchestrierung hat etwas so Brillantes geschaffen, dass man es nicht mit irgendetwas vergleichen muss. Selbst jemandem, der die Doors nie gehört hat, würde dieses Konzert gefallen. So wie Jaz es geschrieben hat, schwebt das Orchester, gleitet durch die Lüfte, stürzt sich herab, umarmt, weckt, liebkost das Herz des Hörers und öffnet es; und was mich angeht, spiele ich dadrauf eine so heiße wie gefühlvolle Fiedel.

Aufgenommen haben wir das Concerto im Abbey Road Studio

No. 2. Das ist das, wo der Aufnahmeraum unten und der »Kontrollraum« oben ist. Das Tolle an der Session war, dass Jaz sich das Bein gebrochen hatte und auf Krücken rumlief. Das bedeutete, dass er, wenn ich unten was spielte, nur humpelnd und unter großen Schmerzen die Treppe runterkommen konnte, was mir Gelegenheit gab, einfach draufloszuspielen, ohne dass mir allzu viel Gequatsche über das Wie dazwischenkam. So konnte ich mich konzentrieren und in die Musik eintauchen, was immer die besten Ergebnisse bringt.

Checkt dieses Album aus, verdammt noch mal. Jaz hat ein Meisterwerk geschrieben.

Es ist verdammt noch mal verdammt gut.

Interludium: Jazz Summers – Summertime

Eine spezielle Erwähnung muss Jazz Summers bekommen. Ich habe eine Zeitlang mit ihm gearbeitet, und es war sofort klar, dass er ein großartiger Manager war. Wir machten zusammen eine Japan- und Australien-Tour, außerdem die Aufnahme für mein Doors-Konzert und die Bach-Konzerte mit den Berliner Philharmonikern.

Er war eine echte Persönlichkeit; ich würde ihn nicht direkt als oldschool bezeichnen, dafür war sein Denken zu modern und nonkonformistisch, aber man spürte eine gewisse altmodische Bedrohlichkeit unter dem liebenswürdigen Charme. Bei Plattenfirmen jedenfalls sorgte er für Muffensausen, und genau wie John Stanley verschwendete er seine Zeit dort nicht mit den Untergebenen. Als EMI Classics beim Aushandeln eines neuen Vertrags mir nicht geben wollte, was ich wert war, ging er einfach über ihre

Köpfe hinweg zum »Weltweiten Chef« und rieb Classics den Vertrag dann unter die Nase.

Mal war er ganz Zen, mal jagte er menschenähnlichen Kreaturen wie den PR-Typen von Plattenfirmen eine Heidenangst ein. Er hatte was von Terence Stamp in *The Limey*, aber selbst meine Mutter, für die's nur klassische Musik gibt, mochte ihn. Es gibt einige Zitate von ihm, die ihn perfekt auf den Punkt bringen:

»Ich habe nie einen Konzertsaal niedergebrannt. Ich habe nie einen A&R-Mann geschlagen. Ich habe mal einen von ihnen in einen Schrank gesperrt, als Strafe für seine rassistische und sexistische Art.«

Wenn das nicht großartig ist! Trotz des hammermäßigen Erfolgs, den er als Manager von Wham!, The Verve, Yazz, Badly Drawn Boy, The Scissor Sisters, Lisa Stansfield, Soul II Soul, The Orb und einigen anderen hatte, sagte er auch mal etwas, in dem seine Liebe zur Musik durchklang.

»Für mich ist Erfolg ganz einfach: Wenn ich ein Musikstück wirklich mag und dafür sorge, dass man es aufnimmt, rausbringt und auch nur ein Exemplar verkauft wird, dann ist das ein Erfolg. Es bedeutet, dass man was geschaffen hat. Man hat der Welt was gegeben. Man hat dem Leben ein Musikstück hinzugefügt.«

Auch wenn er ein Meister in der Kunst der Konfrontation war, zeigen sich im nächsten und letzten Zitat von ihm seine grundlegende Bescheidenheit und seine Null-Bullshit-Einstellung.

»Ich habe den Aufstieg vom Wichser zum Genie gemacht, wie er in der Musikindustrie möglich ist – auch wenn man normalerweise die Woche darauf dann wieder ein Wichser ist.«

In diesen langweiligsten aller grauen Tage in der Geschichte des Musikbusiness fehlen die Originalität und die Chuzpe eines Jazz Summers mehr denn je. Im Vergleich zu anderen Managern, mit denen ich gearbeitet habe, wirken John Stanley und Jazz Summers wie Sehbegabte in einem Land voller Blinder, die alle im Dunkeln rumtappen. Anwesende ausgenommen! Vielleicht ...

East meets East, featuring
Tomasz Kukurba's Kroke Band, 2003

Für mich wurde, schon weil ich zwei Arten von Ausbildung genossen habe, die das exzessive Notenspiel pflegten (und obendrein dazu anhielten), die Melodie zum kostbarsten Element der Musik. Diese Wertschätzung erweist sich spätestens dann als mehr als eine bloße Meinung, wenn man sich all der schönen Melodien bewusst wird, die von Generation zu Generation weitergereicht wurden, ohne je notiert, geschweige denn aufgenommen worden zu sein. Warum erinnert man sich noch nach Hunderten von Jahren an sie? Weil sie schlicht verdammt GUT sind und die Melodie das ist, was zählt. Große Künstler können eine Melodie spielen, mindere Künstler haben damit ein großes Problem.

Mit meiner Liebe zur Melodie und meiner Fertigkeit im Umgang damit war ich wie geschaffen für dieses Album. Konkret ermöglicht haben das Werk zwei dauerhafte Freundschaften. Nach der Einspielung seines wunderschönen Doors-Konzerts hatte ich das Glück, Jaz Coleman als Produzenten gewinnen zu können. Er verpasste dem Album den nötigen Biss, der es zu mehr machte als einem Strauß flockiger Melodien. Und dann hatte sich eine neue und solide Freundschaft zwischen mir und Tomasz Kukurba entwickelt. Er ist ein ebenso talentierter wie spiritueller Bratschist, Sänger und – sagen wir es, wie es ist – verdammt versierter Multiinstrumentalist. Die Kombination seiner irren Phantasie und meines Sinns fürs Wesentliche und die gerade Linie sorgte vom Fleck weg für eine hammer Connection zwischen uns.

Mit dem beträchtlichen Erbe von Klezmer-Tradition und Balkanmelodien hatte ich schon lange was machen wollten, und jetzt hatte ich die idealen Partner gefunden, mit denen ich diese Vision teilen konnte. Von diesen zeitlosen Melodien inspiriert, schrieben wir auch einige Originale.

Als persönliche Favoriten unter den Tracks könnte man »Ajde Jano«, »T 4.2«, »Ederlezi«, »Kazimierz« und »One Voice« bezeichnen (ich hatte den schlicht phantastischen palästinensischen Geiger Aboud Abdel Aal eingeladen, um diese Melodie mit mir und Tomasz zu teilen). Juden und Palästinenser, die zusammen in Frieden musizieren.

Ich war noch an der Schule, als mein musikalischer Mentor Yehudi Menuhin ein Album mit Ravi Shankar mit dem ausgesprochen treffenden Titel *West Meets East* gemacht hatte. Da die Mehrheit der Musiker auf diesem Album aus Osteuropa kamen und Musik aus Osteuropa mit ein paar zusätzlichen Einflüssen aus dem Nahen Osten und dem Osten Nordafrikas spielten, kam ich auf die furchtbar clevere Idee, das Album *East Meets East* zu nennen.

Der Titel sorgte auf meiner Promo-Tour für das Album für so einige Probleme, da eine ganze Reihe von Interviewern den Titel nicht auf die Reihe kriegten. Angesichts all der verbalen Übergriffe in Form von »East Meets West« musste ich immer wieder mal in den Spiegel schauen, um mich zu vergewissern, dass ich nicht vielleicht doch Yehudi Menuhin oder Ravi Shankar war. Weitere Verballhornungen des Titels waren East Meets Yeast, Yeast Meets East, Yeast Meets Yeast, East Meets Meat (seitens der Vegetarier?), Yeasts Meats Eat, Eat Yeast Meat, Meet Easts Yeasts,

Iiiiiiiest Miiiiez Siiieeeeessssstz (was ein paar Gebisse zum Wackeln brachte).

Mein Rat: Übt die Aussprache, bevor ihr das Teil kaufen geht.

The Blue Note Sessions, 2006

Sorry, jetzt ist es passiert! ... Ich habe ein ganzes Kapitel über die Rock-Aristokratie geschrieben. Bei diesem Album geht es um die Jazz-Aristokratie. Wie euch nicht entgangen sein dürfte, tauchte ich schon mit dreizehn kopfüber in die Jazzwelt ein und spielte regelmäßig mit Stéphane Grappelli. Später spielte ich ziemlich regelmäßig mit Jimmy Rowles im Bradley's. Es entbehrt nicht einer gewissen Ironie, dass Leute aus beiden Lagern, Grappellis und Rowles', der Ansicht waren, ich würde mich verkaufen, wann immer ich sie wissen ließ, dass ich als Nächstes einige klassische Gigs spielen würde. Die taten das allen Ernstes als Klassenkiste ab – als würde ich mich für eine gesellschaftliche Schicht entscheiden anstatt für Lebenswerte. Vielleicht hatten sie da in gewisser Weise nicht ganz unrecht, aber ich freute mich einfach, wenn man mich gute Musik zu spielen bat, egal welcher Art. Wie auch immer, Jazz hat schon immer zu meinem Leben gehört. Es kommt nicht selten vor, dass ich nach einem Gig noch fünf, sechs, sieben Stunden mit den Leuten jamme – bis alle umfallen!

Seit jeher mochte ich die Kameraderie und die Inklusivität der Jazzwelt. In einem Jazzclub stehen Publikum und Musiker gesellschaftlich auf ein und demselben Level; in anderen musikalischen Genres ist es höchst unwahrscheinlich, Musos und Kundschaft vor, während und nach dem Gig beisammen zu sehen.

Im Bereich der klassischen Musik geht es mir, wie ihr mittlerweile mitbekommen haben dürftet, ein bisschen zu verklemmt zu, und beim Pop und Rock ist das so ein bisschen wie beim Fußball, wo die Leute sich oft als Stars sehen, die nicht gern mit dem Proletariat abhängen, das ihnen ihre Swimmingpools bezahlt hat. In der guten alten Zeit ging es im Jazz nicht um soziale Trennung, sondern um geselliges Beisammensein. Ich bilde mir gern ein, etwas von der Spontaneität des Jazz und seiner Liebe zum Augenblick auf die Bühnen der Klassik gebracht zu haben. Von der Klassik dagegen habe ich die dynamischen Sprünge und möglicherweise ein höheres Maß an Gespür für Struktur und rhythmische Disziplin auf die Bühnen des Jazz gebracht.

Es hatte eine Weile gedauert, und so war es denn ein großer Augenblick für mich, als endlich die Gespräche mit Blue Note begannen, ein richtiges Jazzalbum einzuspielen.

Nicolas Pflug stellte mir eine hammermäßige Band an die Seite, ein Line-up aus wahren Jazz-Aristokraten: Ron Carter (Bass), Jack DeJohnette (Drums), J. D. Allen (Saxofon), Joe Lovano (Saxofon), Lucky Peterson (Hammondorgel), Kenny Werner (Piano) und Danny Sadownick (Percussion).

Die Rhythmusgruppe aus Ron Carter und Jack DeJohnette erwies sich als inspirierte Wahl; die beiden zusammenarbeiten zu sehen, war faszinierend. Es gibt nichts, was Ron nicht spielen könnte, aber er kommt nie in Versuchung, auch nur eine Note zu viel zu spielen. Und dann spielte er mit perfektem Timing und ein mikroskopisches Bisschen hinter dem Beat, was Jack an den Drums jede nur erdenkliche Freiheit gab – weil Ron das starke Fundament lieferte, das eine solide Struktur braucht. Es war perfekt. Jack wiederholte sich nie und hatte alle Freiheiten, die er nur wollte; jeder Take war anders, und nicht einer seiner Fills glich dem anderen. J. D. Allen spielte ein großräumiges, versonnenes

Solo auf meinem »Stranger in a Stranger Land«; wo immer er mit von der Partie war, Kenny Werner spielte ein schönes, geschmackvolles Klavier; Lucky Peterson war der Hammer in den bluesigeren der Songs (Hammond und Geige passen super zusammen, und beide haben endloses Sustain, wenn man das will); Joe Lovano spielte großartig auf den beiden Nummern von Duke Pearson, die ich arrangiert habe, ausgesprochen gefühlvoll.

Während der Aufnahmen zu dem Album kristallisierten sich für mich zwei Wegweiser für die Zukunft heraus. Zum einen nahm ich mir vor, Duke Pearsons Werk nach weiteren seiner phantastischen Songs zu durchforsten; ich wusste, ich würde meine Freude dran haben. Das habe ich denn auch gemacht, und die Reise ist noch nicht zu Ende. Zum anderen dachte ich mir, wenn Musiker dieses unvergleichlichen Kalibers eine derartige Freude dran hatten, meine Songs zu spielen, sollte ich doch noch mehr schreiben. Auch das habe ich seither gemacht, und auch diese Reise ist noch nicht am Ziel.

Meine drei liebsten Songs auf diesem Album sind »Stranger in a Stranger Land« (subtile und schöne Arbeit von Kenny Werner und Danny Sadownick), »I Almost Lost My Mind« und »After the Rain«.

Mach schon, du Bastard,[51] check es aus!

---

[51] Liebes politisch-korrektes Mimöschen, heul nicht gleich los. Ich stelle den Familienstand deiner Eltern weder infrage, noch messe ich ihm auch nur die geringste Bedeutung bei. Für mich ist jeder Bastard kool. Und da ich unehelich zur Welt gekommen bin, bin ich selber einer.

Nigel Kennedy Quintet – A Very Nice Album/Shhh!, 2008/2010

Der Titel *A Very Nice Album* kam mir in den Sinn, als ich mir ein altes Muttchen vorstellte, das sich an der Bushaltestelle mit einer Freundin unterhält, die vermutlich ebenfalls aus dem Seniorenheim ausgebüxt ist.

»So schön, dich zu sehen, Mavis, ist lange her, ganze fünf Minuten.«

»Ja, Ethel, meinst du, dass hier ein Bus vorbeikommt? Es wäre so toll, einen Bus zu sehen.«

»Ich habe hier 1946 einen gesehen, gleich nach dem Krieg, kann sein, dass in ein, zwei Jahren wieder einer kommt. So ist das nun mal unter unserer tollen Tory-Regierung, Mavis.«

»Weißt du, Ethel, wenn ich nicht gerade stricke, mag ich so richtig nette Sachen und Sachen, die einfach toll sind? Also, ich habe da heute was gekauft, was so richtig toll und nett ist ...«

»Was den, Mavis, was ist denn so richtig nett und toll?«

»Na, du kennst doch diesen tollen Punk-Geiger, diesen Nigel Kennedy, oder Kennedy, wie man manchmal sagt, oder Nigel oder einfach nur Nige?«

»Ja doch, war der nicht vor dem Ersten Weltkrieg im Fernsehen? Der ist toll, nicht wahr?«

»Ja, und furchtbar jung obendrein, erst so um die fünfzig ist der.«

»Oh, toll.«

»Also, der hat so eine neue Plastikplatte gemacht.«

»Eine Spastikplatte?«

»Nein, nein, das glaube ich nicht, sonst könnte er doch nicht so schön Geige spielen.«

»Dann geht es ihm also gut, ja?«

»Also, ich find den toll, so was von toll, und er macht so gut wie nie Ärger ...«

»Im Kerker?«

»Ähm ... Na ja, jedenfalls ist er toll, und ich hab mir diese neue Plastikplatte besorgt ... es ist ein sehr nettes Album ...«

Und so war der Titel *A Very Nice Album* geboren.

Eine andere Unterhaltung zwischen diesen beiden Angehörigen der Intelligenzia hätte so gehen können:

»Hallo, Ethel, hast du *A Very Nice Album* von Nigel Kennedy?«

»Nein, Mavis, die, die ich habe, sind alle schrecklich ...«

Dann ist da noch das *Shhh!* Dieser alberne Titel kam durch die Schwachköpfe bei EMI und deren Ignoranz zustande. Ich hatte ursprünglich einen ganz anständigen Titel für das Album ... OY! Aber einer von den schwerhörigen Pappnasen kam mit der Theorie daher, dass »OY!« Nazi-Assoziationen hätte, was der eine oder andere als anstößig oder gar antisemitisch empfinden könnte. Also, ich bin nicht antisemitisch, weder gegen Juden noch Araber.

Eine sattsam bekannte Strategie von Plattenfirmen besteht darin, eine scheinbar unlösbare Diskussion vom Zaun zu brechen, um die Überweisung hinauszuzögern, die bei pünktlicher Ablieferung eines Albums fällig wäre. Falls sie das versuchten, es hat nicht funktioniert. Dieses eine Mal war mir nicht nach einem Streit; ich war in einer ziemlich kurzen milden Phase, und so gab ich der Ignoranz dieser Banausen nach.

Ich bin selbst teilweise Jude, und mir kamen bei dem Wort OY! nun wirklich keine Bilder von widerlichen Nazis in den Sinn. Ich benutze es selber regelmäßig, wenn ich jemanden auf mich aufmerksam machen oder von meinem Land haben möchte, und nie ist dabei was passiert. Diese Bremser bei EMI waren nicht dahintergekommen, dass OY! kein schlechter Name für ein Album ist, wenn man die Leute darauf aufmerksam machen will! Wegen ihrer Selbstgefälligkeit hatten wir schließlich einen Namen, den keiner aussprechen, geschweige denn buchstabieren konnte, und der im Radio nun sicher nicht als solcher zu erkennen ist. Gut gemacht, Marketingteam! ... OY! Wacht auf! Ich möchte noch mal wiederholen, dass ich nicht antisemitisch gegen Semiten bin. Der Antisemitismus gegen Araber und Juden ist so lebendig wie eh und je, und er sagt nichts Gutes über unsere Gesellschaft. Aber ich habe immer noch keinen Beweis dafür gefunden, dass OY! ein antisemitisches Wort ist – jedenfalls nicht in irgendeinem der Länder, in denen ich meine Alben spiele oder verkaufe. Was ich dagegen weiß, ist, dass die Einführung so haltloser Pseudobedenken wie dem obigen nur die wirklichen Probleme verharmlost, denen sich andere tatsächlich ausgesetzt sehen.

Beide Alben, *A Very Nice Album* und *OY! (Uppps! Shhh!)* habe ich mit meinem polnischen Jazzquintett NKQ (The Nigel Kennedy Quintet) eingespielt. Ich habe die Jungs kennengelernt, als ich in den Krakauer Jazzclubs abhing und jammte, von denen der Jazz Club u Muniaka der beste ist. Tomasz Grzegorski und Krzysztof Dziedzic verdienen hier eine besondere Erwähnung, nicht nur für ihr beträchtliches Talent als Musiker, sondern auch wegen ihrer Fähigkeit, von einigen meiner grundlegenden musikalischen Zielsetzungen zu lernen. Ich habe vier ebenso einfache wie unabdingbare Methoden der effektiven Kommunikation durch Musik. Wenn man diese respektiert (ungeachtet des Genres), dann ist Musik nicht nur ein Haufen cleverer Noten, sondern wird zu einer Erzählung, einer Story. 1. Dynamischer Kontrast. 2. Kontrastreiche Energielevels. 3. Spiel nicht zwei Noten, wenn eine genügt; wenn eine Note nicht nötig ist, SPIEL SIE NICHT. 4. Keine

Manierismen wie etwa die automatische Überkomplikation. Jazz-Komplikationen sind in der Hauptsache gewohnheitsmäßige Manierismen. Der Beweis dafür ist, dass Jazzer, wenn man sie bittet, Harmonien ohne Septimen zu spielen, dazu fast ausnahmslos nicht in der Lage sind. Meiner Ansicht nach kommuniziert man nicht durch Manierismen, sondern versteckt sich hinter ihnen. Unsere Aufgabe besteht darin, eine Geschichte zu erzählen, und nicht, uns hinter musikalischen nervösen Tics zu verstecken.

Ich lernte eine ganze Menge von meinen Kollegen vom NKQ, aber jede Vorwärtsbewegung musste von mir kommen, und so kommt eine Band nun mal nicht voran.

Nichtsdestotrotz sind zwei Alben auf einem Major (wenn auch nur dem Namen nach) Label gar nicht so schlecht, und OY! ist ein richtig gutes Album. Alle Songs darauf (außer Boy Georges Version von »Riverman«, die die Pfeifen von EMI aber auch so was von vergeudet haben) sind von mir, und ich bin mit den Ergebnissen recht zufrieden.

Lieblingstracks:

A Very Nice Album: »Nice Bottle of Beaujolais, Innit?«, »Invaders«, »15 Stones«, »Father and Son«.

OY! (Shhh!): »Transfiguration«, »River Man«, »Silver Lining«, »Shhh!«.

While My Guitar Gently Weeps, British Rock Symphony, 2000

Als man mich bat, auf einem Album mit dem Titel *British Rock Symphony* zu spielen, reagierte ich erst mal mit Argwohn. Symphonieorchestern fehlt es an Rhythmus, und außerdem haben sie in ihren unkoolen Versuchen, kool zu sein, im Lauf der Zeit so viel

Mist im Rock verbreitet, dass das womöglich ein weiterer Griff ins Klo würde.

Als ich jedoch erfuhr, dass es sich bei dem Song, den ich dazu beitragen sollte, um »While My Guitar Gently Weeps« handelte, klang die Idee schon besser. Der Song ist nicht eigentlich Rock 'n' Roll, und der rhythmische Aspekt würde bei einer Ballade keine so große Rolle spielen. Und als man mir sagte, dass Zak Starkey Drums spielen würde, war ich auch in rhythmischer Hinsicht beruhigt.

Ich befand mich zur Zeit der Aufnahmen auf Tournee durch mein geliebtes Deutschland, hatte aber in Hannover einen Tag frei, was es mir erlaubte, in Mousse T.s Studio meinen Part als Overdub einzuspielen.

In Anbetracht von George Harrisons melodischem Gitarrenstil beschloss ich, Strophen und Refrain auf der akustischen und die Soli auf der elektrischen Violine zu spielen. Bis auf den Klimax in einem der Soli hielt ich das Ganze ziemlich melodisch, aus Respekt vor Mr. Harrison.

Das Resultat ist ein Hammer, und ich hatte eine Menge positiver Reaktionen darauf. Ich bin froh, George Harrison keine Schande gemacht zu haben. Ich mag seine Musik.

Checkt den Song aus.

PS: Ich zerrte meinen alten, alten Freund Pieter Daniel ins Studio, und er spielte da mit. Piet, Alter – was zum Geier machst du denn so?

My World, 2017

Für dieses Album setzte ich wieder auf Eigenkompositionen. Deshalb auch der Titel. Die erste Hälfte war eine Sammlung von Songs, die ich unter dem Titel »Dedications« zusammenfasste, da die wichtigsten von ihnen Musikern gewidmet sind, denen ich mein Verständnis für und meine Freude an der Musik verdanke.

»Solitude« schrieb ich für Yehudi Menuhin wegen seiner offenen, wenn auch manchmal sehr eigenen Ansichten über Menschheit und Politik.

»Fallen Forest« war für Isaac Stern, weil meine Melodie meiner Ansicht nach Sterns unbeirrbare Ehrlichkeit reflektiert.

Die beiden waren wichtig für mich, aber es war letztlich Stéphane Grappelli, der eine frische Brise in mein Leben brachte, die mich weg von der geschriebenen Seite und in Richtung des als JETZT bezeichneten Augenblicks wies. Mag sein, dass wir wichtige Erinnerungen haben, dass wir wichtige Pläne für die Zukunft haben, aber der wirklich magische Augenblick, das JETZT, scheint in allen möglichen Arten von Musik und vielen anderen Bereichen des Lebens größtenteils in Vergessenheit geraten zu sein. Technische Gedanken wie »Ach du liebe Güte, gleich kommen ein paar schnelle Noten, die die Leute beeindrucken könnten, vor allem wenn ich dabei ernst genug schaue.« spielen im großen Ganzen kaum eine Rolle, scheinen aber diesen Augenblick gemeinsamer Inspiration ersetzt zu haben, der (wenigstens für mich) ein so großer Teil der Musik ist. Menuhin, Stern, aber vor allem Grappelli nutzten diesen magischen Augenblick. Ich tue das auch. Stéphane war meine größte Inspiration, wann immer ich welche brauchte, also holte ich das eigens für ihn geschriebene »Melody in the

Wind« wieder heraus. Dieser Tage spiele ich den Song mit Mostafa Saad; ich habe meine Freude dran zu sehen, wie das Stück nach dem genialen Violinisten der alten Generation einen genialen Violinisten der neuen Generation erreicht.

Der zweite Teil des Albums ist Bühnenmusik, die ich für meine Frau Agnieszka beziehungsweise die Produktion ihrer eigenen Übersetzung von Tschechows *Drei Schwestern* geschrieben habe.

Normalerweise schreibe ich aus mir selbst heraus, in diesem Fall jedoch regte mich das Meisterwerk eines anderen an. Es war eine inspirierende Erfahrung. Im ersten Augenblick meinte ich, unmöglich Interesse an Tschechows bourgeoisen Figuren haben zu können, aber letztlich waren es menschliche Werte, die den Mann interessierten, und seine brillante Sicht der Dinge war für jedermann relevant. Live bei den Vorstellungen zu spielen, war ebenfalls denkwürdig. Auf das zu reagieren, was von den Schauspielern kam, war eine dreidimensionale Version dessen, was sonst lediglich auf dem Papier steht. Außerdem war es einfach kool, an dieser Art von Energie teilzuhaben, ohne als Mittelpunkt auf der Bühne zu stehen.

Nach den Vorstellungen wurde klar, dass die Musik auch für sich allein stehen konnte, also nahm ich sie für dieses Album auf. Das Gefühl, dass hier Schicksale ihren Lauf nehmen, ging nicht verloren.

Es ist ein ausgesprochen nettes Album … oh, nein, ist es nicht. Es bietet einige Aspekte meiner Welt.

Kennedy Meets Gershwin, 2018

George Gershwin wurde in Brooklyn geboren, war aber jüdisch-ukrainischer Herkunft.

Seine Musik ebnete den Weg nach vorne für Jazzgrößen der jüdischen Schule des Lebens wie Artie Shaw, Benny Goodman, Dave Brubeck und viele mehr.

Seine Musik ist durch und durch seine eigene, eine einzigartige Mixtur von Einflüssen aus Jazz, Klassik und Klezmer. Ich sehe mich, was die Interpretation seiner Musik angeht, in einer einzigartigen Position, nicht nur weil er ein berühmter Komponist ist, sondern weil ich mich mit jedem seiner drei wesentlichen Einflüsse mit Liebe und Hingabe befasst habe. Außerdem bringe ich einzigartige Erfahrung dahingehend mit, dass ich seine Songs schon im zarten Alter von dreizehn Jahren gespielt habe.

Ich begann sie damals mit Stéphane Grappelli zu spielen, ohne zu wissen, von wem sie waren. »Lady Be Good«, »The Man I Love«, »How Long Has This Been Going On?« und andere gehörten zum Standardrepertoire von Steffs Setlists, sodass ich die Songs und Gershwins Stil, Songs zu schreiben, bei der Arbeit mit einem Meister kennenlernte. Nichts von diesem Wissen kam aus einem Buch; das ging tiefer. Außerdem hörte ich richtig gute Versionen von Gershwin von Miles Davis, Satchmo und Ella Fitzgerald, einer Frau mit Tiefgang, aber ohne Angst.

Mit das Größte an Gershwins Musik ist die bitter-süße Komponente, vor allem in seinen Balladen, aber über allem steht stets ein für ihn typisches erbauliches Element. Allerdings solltet ihr euch nicht von seinen Musicals abschrecken lassen. Ich bin da ganz eurer Meinung, bei den hyperdramatischen, pseudoklassischen

Sängern kann einem schlecht werden – es sei denn, man ist zugedröhnt bis an die Halskrause, aber in dem Fall schießt einfach eure Anlage/euren Computer über den Haufen, und der Spuk ist vorbei.

Ich entschloss mich also, was von Gershowitz–Gershwina–Gershvin–Gershwin (so viele Namen innerhalb von zwei Jahrzehnten) einzuspielen. Meine Versionen der Songs bauen alle bis zu einem gewissen Grad auf dem, was ich im Laufe der Zeit von Grappelli, Menuhin, Folkmusik in der Klezmer-Tradition und, wichtiger noch vielleicht, dadurch gelernt habe, einfach ich selbst zu sein.

Weil ich mit Grappelli eine so großartige Zeit in allen möglichen Clubs und Konzerthallen hatte, entschloss ich mich hinsichtlich der Instrumentierung, beim größten Teil dieses Repertoires die Gitarre mit dazuzunehmen, ganz nach Stéphanes Vorbild. Ganz oben auf der Liste stand dafür mein alter, alter, alter Freund Rolf »das Kobra« Bussalb, mit dem ich jede nur erdenkliche Art von Musik spiele und der besonders phantastisch ist, wenn es um Mucke nach Art des Hot Club geht. Der überaus kultivierte Tomasz Kupiec war für mich sofort die erste Wahl am Bass. Von einer Inspiration gepackt, lud ich schließlich den Swing-Narr Howard Alden aus Amerika ein (wir hatten einige Jahre zuvor eine absolut krasse Jam gehabt) – was für ein Künstler, verdammte Scheiße! Er hat wirklich Supersachen beigetragen. Das Sahnehäubchen war schließlich Beata Urbanek-Kalinowska. Sie ist eine der größten Cellistinnen Polens und spielte die eigens von mir für sie geschriebenen Parts mit Gefühl, Anmut und Eleganz. Ihr Cello half mir bei der Interpretation von Gershwins klassischem Aspekt, der bei jazzorientierten Interpretationen seiner Musik oft verlorengeht.

Meine Favoriten auf diesem Album sind meine Auszüge aus *Porgy & Bess* (intime, aber schwungvolle Melodien mit einem ausgeprägten Jazzfeeling): »Summertime« (mit dem ich eine eher unerwartete Richtung einschlage) und »They Can't Take That Away from Me« (auf dem mein Debüt als Jazzpianist zu hören ist – ich bin nun mal eher für Feeling als für »Spieling«). Shit! Jetzt hätte ich um ein Haar Dave Heaths Flötensolo auf »Summertime« vergessen, wegen dem allein schon sich die Anschaffung des Albums lohnt.

Recital, 2013

Das habe ich ganz vergessen! Dieses Album habe ich für Sony im Abbey Road Studio 2 aufgenommen, und es sind darauf einige Songs von dem unnachahmlichen Fats Waller zu hören. Ich habe Waller immer gemocht, weil er uns gezeigt hat, dass es Spaß machen kann, spitzenmäßige Musik zu machen. Außerdem hat er einige phänomenale Songs komponiert. Wie das Schicksal so spielt, starb Dave Brubeck in der Zeit, in der wir das Album aufnahmen, also habe ich auch noch eigens eine Version von »Take Five« eingespielt.

Es kam irgendwann zum Streit zwischen mir und dem Chef von Sony, einem Wichser namens Bogdan aus Serbien. Also, ich habe so einige Freunde in Serbien und war der erste Künstler, der nach den Gräueln der Vereinten Nationen gegen die Bevölkerung von Belgrad dort auftrat. Ich weiß, für die Serben ist alles schwarz oder weiß, das ist mit das, was ich an ihnen mag. Und als dieser Bogdan-Depp (angeblich) sagte, mit diesem Repertoire käme mein Album nur über seine Leiche raus, dachte ich mir, jammerschade, dass er sterben muss, aber niemand würde mir sagen, wie mein Album auszusehen hat. Das Album erschien denn auch genauso, wie ich es geplant hatte, und das Letzte, was ich über den Wichser gehört habe, war, dass er noch lebt, was durchaus eine Erleichterung war. Selbst Wichser sollte man leben lassen.

Das Album klingt großartig, und ich hätte womöglich noch mehr Songs darauf untergebracht, wenn nicht einer der Sony-Leute so viel Studiozeit damit verschwendet hätte, mit mir darüber zu diskutieren, was ich hätte aufnehmen sollen.

Das Bild auf dem Cover hat der wunderbare Freigeist Dora Holzhandler eigens dafür gemalt. Wir haben uns in der Straße kennengelernt, in der ich wohne, und sie war mit ihren achtzig Jahren noch immer Malerin und ein echter Hippie im besten Sinne des Wortes. Ihr Werk lebt weiter, und ich bin stolz darauf, ein Beispiel ihres Schaffens auf dem Cover dieses Albums zu haben.

Wenn ihr wissen wollt, wie sich das Album anhört, CHECKT ES AUS!

FREUNDE – PRIVAT, BERUFLICH ODER SOWOHL ALS AUCH

PETER ADAMS – Als einer aus der langen Linie großer englischer Cellisten folgt er dem ebenso natürlichen wie musikalischen Weg von Jacqui du Pré. Obwohl »folgen« es nicht eigentlich trifft. Er ist sein eigener Herr.

ANDREAS ADELHOFER – »Das Hof« ist ein phantastischer Toningenieur für Live-Events, und wir arbeiten seit einer Ewigkeit zusammen. Wir haben so starke wie unterschiedliche Ansichten und lernen entsprechend voneinander. Der Mann wächst stets über sich hinaus, um ein großartiges Resultat zu bekommen.

HOWARD ALDEN – Der Mann ist ein Meister des Swing. Seine Liebe zur Musik, seine originellen Solos, sein wunderbar rhythmisches Spiel und sein einzigartiger Ansatz, all das bedeutet unterm Strich: Ich genieße jede Note mit ihm.

LIZZIE BALL – Ein wunderbares Talent in jedem Genre, auf das sie sich einlässt, sei es als Violinistin oder als Sängerin. Sie ist die Art von Musikerin, die mich mit Stolz erfüllt, wenn sie mich als Einfluss nennt. Sie hat mein Orchestra of Life geführt, wie ich das niemandem sonst zugetraut hätte.

ERNST BIER – Was für ein phantastischer Drummer. Ein »Musician's Musician«. Eine hammer Institution im Berliner A-Trane. Ich freue mich schon darauf, wieder mal mit ihm so richtig zur Sache zu gehen.

ROLF BUSSALB – »Die Kobra« (er kann es nicht haben, wenn ich ihn »das Kobra« nenne, und ich bin gerade nicht in Stimmung, ihn zu ärgern) ist einer der besten und vielseitigsten Gitarristen, die mir je untergekommen sind. Wir waren schon zu Zeiten der Dinosaurier Freunde und Kollegen und haben alles gespielt, was bei drei nicht auf dem Baum war.

CALEB (K-LEB) CLARKE – Wir waren immer die besten Kumpels und haben überall gespielt: in Flughäfen, auf Straßen, in Pubs, auf Konzertbühnen. Der Typ sieht aus wie Roger Waters und hat ein Kommunikationsproblem. Schaff dir ein Handy an, Caleb! Meine Nummer ist immer noch die alte.

BASIA DZIEWIECKA – Noch so ein Naturtalent. Als ich sie kennenlernte, hat Basia nicht improvisiert, das hat sich mittlerweile geändert. Und ihre Improvisation ist wunderschön, ehrlich und erliegt nie dem Klischee.

JOHN ETHERIDGE – Einer der großen englischen Gitarristen. Zusammen spielen wir einfach alles. Wir haben uns kennengelernt, als wir Hot-Club-Sachen mit Stéphane Grappelli gespielt haben, aber bei seiner Vergangenheit mit Soft Machine haben wir noch ganz andere Sachen gemacht. NEGATIV: Mampft alles im Backstage alleine weg, indem er einem mit seinen Stelzen den Weg verstellt.

DR. BARRY GRIMALDI UND HAZEL – Wo wäre man ohne einen guten Arzt? Dass ich noch hier bin, sagt alles.

MICHAEL GUTTMAN – Ein wunderbarer Musiker. Auch einer, dem die Flucht aus Juilliard gelungen ist. Großartiger Humor und überhaupt einer, mit dem man Pferde stehlen kann.

KUBA HAUFA – Jakub ist ein großartiger Violinist und Orchesterleiter aus Posen, der eine ganze Weile mein Orchester geleitet hat. Eine wahre Freude.

HUXLEY – Wie jeder Hund braucht auch Huxley vier Dinge zum Glücklichsein: Fressen, Bewegung, Spiele und Gesellschaft. Seine Art, Freude auszudrücken, ist ganz speziell und anders als bei jedem anderen Hund. Der Satz »Der Hund ist der beste Freund des Menschen.« ist ein abgegriffenes Klischee, aber es ist was dran. Huxley hat mir im Laufe seines Lebens so viel Glück und Kameradschaft beschert, dass ich tief in seiner Schuld stehe, und jetzt mache ich es wett. Er ist sehr, sehr alt und kann sich nicht mehr alleine fortbewegen. Ich bin ihm treu ergeben und in jeder Minute, die ich habe, sorge ich dafür, dass Huxley glücklich ist und noch einen weiteren wundervollen Tag erleben darf. Und er ist weich wie Sau.

JAWORKI – Wie in jede Gemeinschaft, die mich je aufgenommen hat, habe ich auch hier mehr reingesteckt als genommen. Fünfzig Gratis-Konzerte im Muzyczna Owczarnia im Lauf von fünfzehn Jahren, um nur ein Beispiel zu nennen. Ich habe großen Respekt vor den Menschen in Jaworki. Und es lief auch alles großartig, bis man dort wie auf einem Grabhügel zwei neue Häuser zu bauen begann. Seither hatten wir immer wieder Eindringlinge auf unserem Grund und Boden, Akte von Vandalismus und selbst versuchte Körperverletzung. Schon merkwürdig, wie ein Albtraum von neuem Nachbar den Vibe einer Gegend verändern kann.

JAZZ KLUB U MUNIAKA – Der mit Abstand beste Jazzclub in Krakau. Von dem großen Saxophonisten Janusz Muniak gegründet, garantieren heute meine Freunde, die Familie Lunz, den hohen Standard des Clubs.

DOM KELLY – Einer der größten Oboisten und ganz der englischen Tradition verbunden, sodass man keine trendigen Sounds befürchten muss. Er ist ein intuitiver Muso und ein großartiger Kerl. Und falls Sie mal ein Orchester brauchen sollten, besser als mit seinem English Session Orchestra können Sie gar nicht fahren.

TOMASZ KUKURBA – Großartiger Violinist/Sänger/Percussionist/Komponist. Kennengelernt haben wir uns, als wir zusammen Klezmer spielten, aber unsere spirituelle musikalische Partnerschaft trug uns weit darüber hinaus.

PIOTR KUŁAKOWSKI – Sieht ein bisschen aus wie ein Fußballhooligan (weil er einer ist). Ein (klanglich) wunderschöner Bassist. Sein Bass klingt nach Holz (so wie es sein sollte, aber selten der Fall ist), und sein Timing und sein Sinn für Harmonie sind eins a.

TOMASZ KUPIEC – Sein Bass passt sich immer den Musikern um ihn herum an, und ob ich nun Klavier oder Violine spiele, stets spüre ich seine musikalische Großzügigkeit. Großartiger Sound.

STEFAN DE LEVAL JEZIERSKI – Der beste Hornist, den ich je gehört habe. Kennengelernt haben wir uns, als ich was mit den Berliner Philharmonikern machte. Er ist einer der ganz, ganz, ganz, ganz wenigen Hornisten, die auch im Jazz brillant sind. Ich hoffe, bald mehr mit ihm machen zu können. Der Mann ist wirklich auf einem anderen Leval ...

CHO-LIANG LIN – Ein Gigant der Violine. Das erste Mal, als ich ihn mit fünfzehn Mendelssohns Violinkonzert spielen hörte – WOW! Tadelloser Geschmack, tadelloses Feeling, tadelloser Sound. Ich habe das nie vergessen. Außerdem ist er ein verantwortungsbewusster, optimistischer und warmherziger Freund.

CORA LUNNY – Mit ihr zu musizieren, ist so super, wie mit ihr abzuhängen. Sie ist die Einzige, deren Partys so gut sind wie die meinen. Cora hätte eine führende Violinistin sein können, in der klassischen Musik wie im Balkan, bekam aber lieber ein Kind.

AZADEH MAGHSOODI – Ich könnte Azadeh ewig zuhören, wenn sie Violine spielt. Sie spinnt eine Geschichte, und aus ihrem herrlichen Sound spricht die Wahrheit.

MUZYCZNA OWCZARNIA – Wietek Kołodziejskis einzigartiges Konzept eines Musikclubs in den Hügeln von Jaworki hat eine Bühne wie keine andere geschaffen. Untergebracht ist der Club in einem umgebauten Schafstall, und die Musiker, die dort auftreten, gehören zu den besten der Welt. Wenn man dafür sorgt, dass laute Touristen ihm nicht den Garaus machen, wird der Club auf ewig ein Juwel in der polnischen Krone sein.

OLA UND ZBIGNIEW NOWAK – Hier und da kommt auf diesem Planeten jemand zur Welt, der all die positive Energie um uns herum zu nutzen weiß, zu unser aller Gewinn. Die Wissenschaft mag einige der Wahrheiten unserer Welt nicht erklären können, aber dieser großzügige Freund heilt regelmäßig das Unheilbare. Und selbst auf die relativ Gesunden wie mich hat er eine so positive Wirkung, dass eine wissenschaftliche Erklärung das Phänomen nur entwerten würde. Und Ola ist eine intelligente, mitfühlende Kraft, die Struktur in Zbiggys Inspiration bringt.

ORCHESTRA OF LIFE – Jeder in diesem Orchester ist mein Freund. Ich gründete das Orchester in der Absicht, jede nur erdenkliche Art von Musik damit zu spielen. Und jeder entsprach diesem Wunsch auf höchstem Niveau. Wie im Falle des Polish Chamber Orchestra, dessen Direktor ich vor dem Orchestra of Life war, öffnete ich meinen Freunden die Türen zu wichtigen Labels und brachte sie in die wichtigsten Konzerthallen der Welt.

JAMES PEARSON – Wir arbeiten nicht oft genug zusammen. Seine breit gestreute Erfahrung aus seinen Gigs bei Ronnie Scott's ermöglicht ihm eine so phänomenale wie einfühlsame Arbeit. Jedes Mal, wenn ich ihn sehe, hat er etwas ganz Besonderes und Neues zu geben.

EDD RICHARDSON – Ein absolut krasser Drummer. Er kann rocken, spielt aber auch komplexen Jazz. Ich habe mit ihm Hendrix so gern gespielt wie Komeda oder meinen eigenen Scheiß.

ORPHY ROBINSON – Ein Blue-Note-Künstler, der Vibrafon, Marimba und Percussion spielt, aber auch komponiert und produziert, um nur ein paar seiner Talente aufzuzählen. Seine Technik und sein musikalisches Wissen sind unvergleichlich, aber es sind sein Gespür und seine Liebe zu jeder Art von Musik, die ihn so besonders machen. Wenn er reinkommt, wird es hell im Raum. Er hat in meinem Orchestra of Life gespielt und aufgenommen und mein Gershwin-Album produziert.

RONNIE SCOTT'S – Der beste Jazzclub der Welt. Ich freue mich auf meinen nächsten Gig dort.

MOSTAFA SAAD – Mostafa ist ein großartiger Vertreter seines Volkes und der Musik. Ein wunderbarer, charismatischer Musiker; und er hat eine große Chance, das palästinensische Volk in eine bessere Zukunft zu führen.

SONJA SCHEBECK – Könnte eine große Präsenz in der Violinwelt sein, würden ihre anderen Talente nicht so viel Zeit beanspruchen, was ein Gewinn für Multi-Genre-Performances ist und gleichzeitig ein Verlust für aller Freunde der Geigenmusik.

MANFRED SEIPT – Nicht jeder Agent (oder Manager) hat so viel Sinn für Musik, dass man mit ihm nächtelang darüber diskutieren kann. Er ist riesig groß und einer der klügsten und elegantesten Leute, mit denen ich je gearbeitet habe.

GABBY SWALLOW – Eine weitere Musikerin, die hin und wieder behauptet, ich hätte sie inspiriert. Falls dem tatsächlich so ist, bin ich stolz darauf, auf ihre musikalische Richtung Einfluss genommen zu haben. Auf der Bühne ist sie supercharismatisch und hat einen irre positiven Einfluss auf alles, was sie spielt.

BEATA URBANEK-KALINOWSKA – Eine der führenden Cellistinnen nicht nur Polens. Ihr aristokratischer, erhabener und einfühlsamer Ansatz bringen zum Leuchten, was immer sie spielt.

CLEVELAND WATKISS – Was für ein Künstler. Er singt jede Art von Musik, weil sie aus seiner Seele kommt. Wir haben miteinander alles gemacht, »Kashmir«, Jazz, Zigeuner-Musik, Hot Club, und ihm geht es nicht nur ums Geld, sondern er jammt auch gern noch nach dem Gig. Wir wollen ein Album über Inklusivität machen, um zu sehen, ob sich nicht eine Alternative zu der Gespaltenheit ermöglichen lässt, die derzeit in unserer Gesellschaft herrscht.

PIOTR ZALEWSKI – Er kümmert sich seit Jahren um das Monitoring bei meinen Live-Auftritten, und das brillant. Seine Liebe zur Musik allgemein und den Genres, die ich spiele, macht ihn zu was ganz Besonderem. Der 28. Dezember war für die Welt ein zweifacher Glückstag, weil wir beide an dem Tag zum ersten Mal in ihr aufgewacht sind.

OUTRO

Tja, Gefährten – ich darf euch wohl als solche bezeichnen, nachdem ihr mir so weit gefolgt seid, könnt ihr nur Gefährten sein (Waffengefährten im Kampf gegen die Pseudos, deren Entlarvung und Vertreibung ich mein Lebenswerk gewidmet habe, da die Welt ohne sie eine bessere ist) – lebt wohl!

So war denn das Leben in diesem von einigen windigen Politikern erzwungenen Schockdown doch nicht ganz umsonst. Ich schreibe diese letzten Worte meines ersten Buches, nachdem ich auch mein erstes Violinkonzert »Für Ludwig Van« vollendet habe. Ich habe es letzten Monat einige Male gespielt, und es schlug ein wie eine verdammte Bombe, sowohl bei den Orchestern als auch beim Publikum.

Seit ich mich mit Musik beschäftige (oder die Musik sich mit mir), hatte ich wahnsinniges Glück, nicht nur auf einzigartige Menschen zu treffen und mit ihnen zu arbeiten, sondern auch dieses untrennbare Band mit euch zu schmieden, sei es durchs Konzertieren oder andere Formen musikalischer Kommunikation.

In meinen Zwanzigern lief musikalisch für mich alles glänzend, allerdings stand ich angesichts der üblichen britischen Gagen bei meiner Bank mit 15 000 Pfund in der Kreide. Ich habe durchgehalten, weil ich einen verrückten Traum hatte, irgendwann mal von der Musik leben zu können. Dass ich davon nicht länger träumen muss, verdanke ich euch und anderen aus meinem Publikum, mit anderen Worten all denen, die zu meinen Gigs kamen, um meine Musik zu hören.

Auch auf die Gefahr hin, mich wie bei einer dieser furchtbar banalen Dankesreden anzuhören (von Stars, die so tun, als wüssten sie nicht, dass sie die Auszeichnung gewinnen würden), möchte ich mich doch bei euch und all den anderen bedanken, die sich meine Mucke angehört haben. Es ist wirklich ein Wahnsinnsprivileg, einem Beruf nachgehen zu können, den ich so liebe, und dabei immer noch besser zu werden. Es ist mein Ziel, euch bessere Gigs denn je zu liefern.

Musik ist eine unglaubliche Entdeckungsreise ins Unbekannte, deren Bestimmungsorte nur im Augenblick und in einzigartigen ungeplanten Realitäten liegen. Zu diesen unvorhersehbaren besonderen Augenblicken kommt es aufgrund der Lebenskraft der Musik – die sich aus der Vereinigung von Publikum und Künstlern ergibt. Richtige Musik kann nur aus dem Zusammenwirken beider Komponenten entstehen. Würde eines davon fehlen, gehörte unsere geliebte Kunstform ins Labor oder auf das Fließband einer Fabrik.

Ich danke euch für eure Freundschaft. Ihr habt zu mir gehalten und mich unterstützt, und ich werde euch immer dankbar dafür sein. Ich sehe euch bald in einem dieser besonderen Augenblicke, die wir nur gemeinsam erschaffen und erleben können, ihr und ich.

INDEX

A

Abe, Kobo 273
Adams, Peter 303, 498
Adelhofer, Andreas 498
Adenauer, Dorit 222
Agbonlahor, Gabby 206
Airey, Keith 162, 295
Alden, Howard 495, 498
Ali Khan, Nusrat Fateh 258
Ali, Muhammad 426–428
Allen, J. D. 485
Amos, Tori 210
Anderson, Willi 357, 360
Armstrong, Louis »Satchmo« 85, 494
Armstrong, Neil 85
Asmussen, Svend 197

B

Bach, Johann Sebastian 18, 24, 45, 48, 63, 90, 133, 156, 197, 200, 205, 219 f., 224, 227, 234, 243, 254, 256, 265, 267, 272, 321, 330, 332, 368, 447, 461–463, 467, 475, 480
Bachdenkel 156, 341
Badly Drawn Boy 481
Ball, Lizzie 232, 498
Barbirolli, John 440
Barker, Guy 468
Barron, Andy 468
Bartók, Béla 29, 225, 313, 321 f., 325
Barton, Will 275
Bauldry, Phil 221
Beat, The 156, 340 f.
Beatles, The 55, 63, 68, 150, 156, 158, 163, 212, 341, 441, 473
Beck, Jeff 243, 476
Beecham, Sir Thomas 125, 139, 440, 449
Beethoven, Ludwig van 18, 50–55, 90, 133 f., 145, 156, 178, 195, 197, 265, 299, 314, 444, 447, 458, 474
Benn, Nigel 426, 436
Berg, Rocky 435
Bernstein, Leonard 460
Best, George 357, 389, 407
Bhujhangy Group 156, 341
Bier, Ernst 269, 300, 499
Black, Mary 271
Blackmore, Ritchie 190
Black Sabbath 340, 375
Blech, Leo 459 f.
Bosnich, Mark 398
Boulanger, Nadia 30

Boult, Adrian 440
Bradley, Keith 360
Bragg, Melvyn 321
Brahms, Johannes 63–65, 72–76, 90, 103, 105, 140, 144, 265, 444, 455 f., 458–460, 467
Bremner, Desmond George »Des« 366
Brendel, Alfred 136
Brown, James 220, 423
Brubeck, Dave 243, 303, 494, 496
Bruno, Frank 434
Bukowski, Charles 79
Burke, Kevin 271
Bush, Kate 14, 208–210
Bush, Lennie 34
Bussalb, Rolf 216, 495, 499, 519
Butler, Geezer 375
Buzzcocks, The 256

C

Cage, John 91
Cameron, David 270
Campbell, Glenn 402
Carrott, Jasper 41
Carter, Ron 181, 485
Casals, Pau 86, 198
Chandra 410
Charlton, Bobby 357
Chopin, Frédéric 18, 28
Chung, Kyung Wha 455
Clare, Alan 34
Clarke, Caleb »K-Leb« 213, 315, 499
Clinton, George 140
Coleman, Jaz 479, 482
Coleman, Ornette 197

Coltrane, John 54, 68, 111, 140, 225
Connery, Sean 429–432
Connolly, Billy 478
Corea, Chick 220
Cowans, Gordon »Sid« 366, 373, 383, 400–403
Cox, Steve 233, 235
Craig, Daniel 343
Crowe, Vic 348, 360, 362
Cure, The 476

D

Dalton, Mitch 468
Daltrey, Roger 14, 179 f., 182–185
Daniel, Pieter 317, 491
Davis, Miles 134, 140, 195 f., 217, 225, 424, 468, 494
Dazai, Osamu 273
Death, Napalm 341, 375
Debussy, Claude 28, 225
Deep Purple 190
de Gaul, Eric 386
Degen, Bob 218
DeJohnette, Jack 485
Dekker, Desmond 256
DeLay, Dorothy 38–40, 51, 69, 72 f., 310, 424, 452
de Leval Jezierski, Stefan 502
Dexys Midnight Runners 340
Die drei Tenöre 43
Disley, William Charles »Diz« 36, 40
Djagilew, Sergej Pawlowitsch 94
Djokic, Pierre 73
Docherty, Tommy 347 f.
Donovan 192 f., 195 f., 295, 471
Doráti, Antal 83

Dorham, Kenny 111
Dostojewski, Fjodor Michailowitsch 24
Douglas, Alan 146
Drake, Nick 156, 206 f., 252, 469
Duffy, Stephen 468–472
Dunn, John 359
Duran Duran 212, 340
Dury, Baxter 256
Dylan, Bob 196
Dziedzic, Krzysztof 489
Dziewiecka, Basia 499

E

East, Trevor 413
Edward, Earl of Wessex 221
Ehiogu, Ugo 388
Elgar, Edward 95, 157, 203, 243, 276, 410, 438–442, 444, 467
Ellington, Duke 37, 330 f.
Ellis, Doug 373–375, 377–380
Ellis, Heide 374
Ellis, Ollie 374
ELO 202, 340
Emerson, Keith 189
EMF 186
Enescu, George 101, 462
Entwistle, John 14, 180, 184
Etheridge, John 36, 296, 321 f., 325, 328, 499
Eubank, Chris 426, 436
Evans, Allan 366

F

Fall, The 192
Fame, Georgie 189

Fela Kuti 256
Feltham, Mark 213
Foreman, George 385, 422
Fortescu, Jeeves 243
Foster, Simon 87
Fowke, Captain Francis 182
Foy, Paddy 239–241
Foy, Patricia 239
Franklin, Aretha 423
Friese-Greene, Tim 213
Furtwängler, Wilhelm 136, 459 f.
Fury, Tyson 103, 436

G

Gallagher, Rory 148, 271
Gaye, Marvin 68, 195
Gazelle, Jacqueline 101 f., 104 f.
Gazelle, Marcel 19
George, Boy 205–207, 490
Gibson, Colin 366
Gillan, Ian 190
Gillespie, Dizzy 239
Gilmour, Dave 295
Godfrey, Brian 348, 359
Goodman, Benny 156, 177, 303, 494
Goodman, Jerry 111, 197
Göttlich, Oke 420
Gould, Phil 295
Grappelli, Stéphane 14, 30, 33 f., 38, 40, 43, 54, 60, 84 f., 103, 157 f., 197 f., 200, 217, 254, 303, 471 f., 484, 492, 494 f., 499
Grealish, Jack 184, 407–409
Green, Jeff 36
Greenway, Barney 375

Index **511**

Grimaldi, Dr. Barry und Hazel 500
Grzegorski, Tomasz 489
Guirey, Sagat 223
Guttman, Michael 500

H

Hamilton, Chico 348, 356 f., 360
Hampton, Lionel 177
Händel, Georg Friedrich 90
Handley, Vernon 438 f., 441
Haringey Philharmonic 456
Harris, Lee 213
Harrison, George 160, 491
Haufa, Kuba 500
Hawkes, Bill 227
Hawkins, Coleman 143
Haydn, Joseph 142, 451
Heath, Dave 467, 496
Heifetz, Jascha 129 f., 447
Hendersons, Mrs. 33
Hendrix, Jimi 50, 58, 133 f., 137, 140, 146, 151, 153, 157, 172, 199, 201, 215, 220, 224 f., 263, 268 f., 474–478, 503
Hepburn, Audrey 223
Hiraide, Takashi 273
Hoddle, Glenn 402
Holiday, Billie 156
Holley, Major 60
Hollis, Mark (Talk Talk) 211, 213 f.
Howlin' Wolf 68
Hughes, Chris 166
Hughes, Howard 301
Humes, Helen 60
Hurst, Jon 468

Hutton, Mick 228–230
Huxley 280

I

Inder, Paul 477
Isaacs, Ike 36
Ishiguro, Kazuo 273

J

Jackson, Garfield 29, 34
Jackson, Sid 29
Jankel, Chaz 189
Jaschin, Lew Iwanowitsch 383
Jaworki Jazz Klub u Muniaka 288, 500, 502
Jay-Z 195
Joachim, Joseph 458
Johnson, Boris 289
Johnson, Jack 427, 429
Jones, Brian 230
Jones, Elvin 54
Jones, Grace 225
Jones, Norah 111
Joshua, Anthony 436
Judas Priest 340
Jürgens, Udo 227 f.

K

Kamu, Okko 443
Karajan, Herbert von 87, 136
Katché, Manu 471
Kawabata, Yasunari 273
Kawaguchi, Toshikazu 273
Kawamura, Genki 273
Keener, Andrew 445 f.
Kelly, Dom 501

Kennedy, Agnieszka 179f., 276, 278, 280f., 285, 418, 493
Kennedy, Dorothy 131
Kennedy, John 122, 125f.
Kennedy, Lauri 121, 447
Kennedy, Samuel 123–125
Kennedy, Sark 179–183, 262f., 305–308, 362
Kidd, Brian 357, 359
King, B. B. 198
King, Don 422f., 426
King, Mark 214f.
Kinks, The 441
Klein, Jeff 36
Klemperer, Otto 51
Klitschko, Wladimir und Vitali 436
Komeda, Krzysztof 256, 503
Kramer, Eddie 475–477
Kreisler, Fritz 63, 86, 129, 136, 144, 158, 225, 450, 453f., 458–460
Kremer, Gidon 458
Kukurba, Tomasz 258, 482, 501
Kułakowski, Piotr 303, 501
Kupiec, Tomasz 495, 501
Kureishi, Hanif 465

L

Lagerfeld, Karl 223
Laing, Kirkland 435f.
Laird-Clowes, Nick 295–297
Lang, Eddie 42
Lardi, David 456
Larkins, Ellis 60
Lavelle, Caroline 471
Law, Denis 357
Leckie, John 192, 476f.

Led Zeppelin 18, 140, 156, 228
Lee, Michael 166, 477
Lewis, Lennox 436
Lin, Cho-Liang 454, 502
Lineker, Gary 412, 414f., 417, 434
Lineker, Michelle 412f., 415
Little, Brian 366
Lochhead, Andy 356–359, 388
Lord, Jon 189
Lovano, Joe 485f.
Lucchesi, Amina 19–21
Lunny, Cora 263, 271, 332, 335, 502
Lunny, Dónal 271
Lydon, Johnny 366
Lynch, David 204
Lynott, Phil 271

M

Maghsoodi, Azadeh 502
Mahavishnu Orchestra 111, 197f., 232
Mandela, Nelson 134
Mansfield, Jayne 61
Marceau, Marcel 296, 476
Marley, Bob 156
Marsden, Gerry 375
Martin, George 158
Martin, Lionel 348
Masters, Mrs. 23
Masters, Robert 19, 23, 100f.
Matheson, Ron 468
Mayer, Albrecht 268, 461, 463
Mayfield, Curtis 140, 301
McCann, Barry 87
McCartney, Linda 161
McCartney, Paul 14, 158–163, 295
McCormack, John 129

McFerrin, Bobby 269
McGrath, Paul 329, 373, 386–390, 401, 472
McGuigan, Barry 432 f.
McGuigan, Pat 432
McIntosh, Robbie 160
McKenzie, Duke 436
McLaughlin, John 198
McMahon, Pat 348, 357, 360
McNaught, Ken 366
Melba, Nellie 128
Mendelssohn, Felix 32, 445, 449–451, 453 f.
Menuhin, Diana 45 f., 49
Menuhin, Yehudi 14, 19–21, 23–25, 29 f., 33, 37, 42, 44–55, 73, 84–86, 97, 101, 136, 141, 163, 199, 239, 254, 272, 321, 439, 448, 450, 453 f., 459 f., 462, 483, 492, 495
Mercury, Freddie 471
Miller, Dominic 468
Milstein, Nathan 97
Mingus, Charles 143, 197
Mishima, Yukio 273
Mitchell, Joni 197, 210
Mitchell, Mitch 148, 474
Molloy, Matt 271
Monroe, Marylin 231
Moody Blues, The 340
Moore, Gary 148, 271
Morissette, Alanis 210
Morley, Tony 366, 373, 383, 403 f., 406
Moroder, Giorgio 222, 224
Mortimer, Dennis 366, 383
Most, Mickie 164

Mountfield, Derek 392
Move, The 203
Mozart, Wolfgang Amadeus 38, 40, 75, 142, 310, 451
Murakami, Haruki 273, 465
Murakami, Ryu 273
Muti, Riccardo 450
Muzyczna Owczarnia 281, 500, 502

N

Nance, Ray 37
Norris, Peter 33, 37
Nowak, Ola 503
Nowak, Tomasz 418
Nowak, Zbigniew 304, 503
Nurejew, Rudolf 238

O

O'Connor, Sinead 271
Oistrach, Dawid Fjodorowitsch 129, 444
Orb, The 481
Orchestra of Life 465, 498, 503 f.
Ormandy, Eugene 459
Orth, Peter 63
Osloer Philharmonie 161

P

Paganini, Niccolò 310
Page, Jimmy 172, 174
Palladino, Pino 471
Palmer, Del 209
Parker, Charlie 111
Parkin, Simon 22, 31
Pask, Andy 468
Pavarotti, Luciano 44, 129

Pearson, Duke 256, 486
Pearson, James 503
Perry, Rupert 87f., 95
Peterson, Lucky 485f.
Petre, Thomas 129
Pettinger, Peter 228, 438
Pflug, Nicolas 485
Piszt, Leutnant 327
Plant, Logan 170
Plant, Robert 14, 163–174, 200f., 477
Pogues, The 271
Ponty, Clara 202
Ponty, Claudia 201f., 233
Ponty, Jean-Luc 200–202, 232–234, 254
Porter, Cole 154f.
Previn, André 14, 243, 445f.
Price, Alan 189
Price, Mark 295
Primrose, William 129, 447
Prokofjew, Sergei Sergejewitsch 161
Punjabi Villans, The 341

R

Ramone, Phil 158
Rau, Fritz 227f.
Reece, Damon 465
Reinhardt, Django 36, 42, 158, 217
Richardson, Edd 503
Rimmer, Jimmy 360, 366, 385
Rioch, Bruce 30, 348
Robinson, Andy 390–396, 398–400
Robinson, Orphy 331, 333, 335, 503
Robson, Bobby 412
Rolling Stones, The 156, 228
Rowles, Jimmy 484

Rubinstein, Arthur 130, 198
Rush, Jennifer 208

S

Saad, Gandhi 244
Saad, Mostafa 245f., 493, 504
Sadownick, Danny 485f.
Sakamoto, Kyu 273
Sakamoto, Ryuichi 272
Sammons, Albert 40, 130, 441f., 450
Sander, Otto 229
Saunders, Billy Joe 436
Saunders, Ron 179, 362, 366f., 401
Savile, Jimmy 253
Scarlatti, Domenico 90
Schaljapin, Fjodor Iwanowitsch 129
Schaw, Andy 310f., 313
Schebeck, Sonja 504
Schiffer, Claudia 223
Schiller, Friedrich 138
Schmidt, Felix 31
Schnittke, Alfred 458
Schofield, Phillip 255
Schröder, John 218
Scissor Sisters, The 481
Scott, Major-General Henry Y. D. 182
Scott's, Ronnie 36f., 239, 241, 296, 503f.
Seal 476
Seipt, Manfred 504
Sellers, Peter 225
Shankar, Ravi 55, 163, 473, 483
Shannon, Sharon 271
Shaw, Artie 303, 494
Shaw, Bernard 410
Shaw, Gary 366, 373, 383, 404, 410f.

Siberry, Jane 471 f.
Sinatra, Frank 42
Skeat, Len 36
Smith, Brixie 192 f., 221, 236, 263, 317, 412 f., 415, 417, 472
Smith, Paul 411
Smith, Stuff 197 f.
Souness, Graeme 329
Southgate, Gareth 388
Spink, Nigel 380–386
Stabrawa, Daniel 461, 463
Stanislawski, Konstantin 184
Stanley, John 43, 88, 94, 96, 100, 112 f., 115 f., 118, 480, 482
Stansfield, Lisa 481
Starkey, Zak 180, 184, 491
Steel Pulse 340
Stern, Isaac 84 f., 92, 450, 453 f., 459 f., 492
Strauss, Johann 451
Stride, Steve 374
Sulzmann, Stan 162
Summers, Andy 296
Summers, Jazz 480–482
Swain, Kenny 366
Swallow, Gabby 504

T

Talk Talk 195, 211–213
Tanizaki, Junichiro 273
Tate, Jeffrey 448
Taylor, Graham 387
Tennant, Neil 188
Tennstedt, Klaus 455–459
Thatcher, Margaret 106, 141, 245, 349, 354, 362, 365

Themis, John 207
Thompson, Danny 471
Thunberg, Greta 212, 414
Tolstoi, Lew Nikolajewitsch 24
Tormé, Mel 42
Toscanini, Arturo 130
Townshend, Pete 14, 180–185
Trotzki, Leo 103
Tschaikowski, Pjotr Iljitsch 103, 443 f.
Turner, Jacquie 163, 168, 228, 231
Tyson, Mike 436

U

Urbanek-Kalinowska, Beata 495, 505
Urbaniak, Michal 304

V

Vanakorn Nicholson, Vanessa-Mae 267
Vasconcelos, Naná 471
Vengerov, Maxim 444
Venuti, Joe 42, 198
Verve, The 481
Vivaldi, Antonio 86 f., 90, 92–94, 116, 244, 256, 261, 267, 454, 462–466, 470

W

Waddy, Philip 345
Waits, Tom 207
Wakeman, Rick 189
Waller, Fats 35, 195, 243, 496
Walton, William 243, 445–447, 467
Ward, Graham 468
Waterboys, The 271
Watkiss, Cleveland 292, 505

Watson, Michael 436
Webb, Paul 213
Weir, Terry 381
Wenders, Wim 229
Werner, Kenny 485 f.
Who, The 178–180, 182–185, 217, 228
Whyte, Dillian 116
Williams, Gary 366
Williams, Joe 60
Williams, Vaughan 203, 250, 252
Winwood, Steve 189, 340
Withe, Peter 366, 383, 404, 406
Wonder, Stevie 186
Wood, Roy 202–205, 340, 375
Wood, Sir Henry 440, 442
Wright, Denny 36

Y
Yamashta, Stomu 272
Yorke, Dwight 379
Yoshimoto, Banana 273
Ysaÿe, Eugène 103

Z
Zalewski, Piotr 505
Zbigniew, Ola 503
Zephaniah, Benjamin 465
Zukerman, Pinchas 447

REDAKTIONELLE ANMERKUNGEN

Einige Kapitel des vorliegenden Buches enthalten Material aus einem Interview, das Nigel Kennedy im Juli 2021 seinem deutschen Verleger Tom Müller gab.

Das Kapitel »Auf Tour mit Nigel: Ein Wort von Rolf ›das Kobra‹ Bussalb – ›Erinnerungen meines dienstältesten Musos‹« stammt aus der Feder von Rolf Bussalb, Nigel Kennedys Freund und Gitarrist seit mehr als zwanzig Jahren; der Abdruck erfolgt mit freundlicher Genehmigung. Alle Rechte vorbehalten.

www.tropen.de

Jonathan Lethem
Talking Heads – Fear Of Music
Ein Album anstelle meines Kopfes

Aus dem Englischen von
Johann Christoph Maass
176 Seiten, gebunden
ISBN 978-3-608-50333-3
€ 18,– (D) / € 18,50 (A)

»Meine Identifikation mit *Fear of Music* war so groß, dass ich wünschte, das Album anstelle meines Kopfes zu tragen ...« Jonathan Lethem

Brooklyn im Sommer 1979. Ein fünfzehnjähriger Junge liegt auf seinem Bett und hört Radio, als eine monotone Stimme zwischen den gespielten Songs verkündet: »Die Talking Heads haben ein neues Album, es heißt Fear of Music«. Für den Jungen, es handelt sich um Jonathan Lethem, ein alles entscheidender Moment.

www.tropen.de

Ulrich Gutmair
**Die ersten Tage
von Berlin**
Der Sound der Wende

256 Seiten, broschiert,
12 s/w Abbildungen
ISBN 978-3-608-50315-9
€ 18,– (D) / € 18,50 (A)

Warum Berlin heute ist, was es ist.

Nach dem Fall der Mauer wird Berlin für einen Moment zur Hauptstadt der Gegenwart. Berlin-Mitte mit seinen Brachen und zerfallenden Häusern ist das Zentrum einer neuen Bewegung. Künstler, Hausbesetzer, Clubbetreiber, Galeristen, DJs und Raver eignen sich die alte Stadtmitte an und erwecken sie wieder zum Leben. Diese Zwischenzeit, die das Image der Stadt noch heute prägt, dauert nur ein paar Jahre. Ulrich Gutmair lässt Akteure von damals zu Wort kommen und verwebt Erinnerungen mit historischem Material zu einem elektrisierenden Porträt der gerade wiedervereinigten Stadt auf dem Sprung zur Metropole.

www.klett-cotta.de

Eberhard Straub
Wagner und Verdi
Zwei Europäer im
19. Jahrhundert

352 Seiten, gebunden mit
Schutzumschlag, mit s/w und
farb. Abbildungen
ISBN 978-3-608-94612-3
€ 25,– (D) / € 25,70 (A)
Auch als
@book

»Eberhard Straub schreibt unterhaltsam,
spannend und mit großer Sachkenntnis.«
Dorothea Hußlein, BR Klassik

Doppelbiographie und Jahrhundertporträt: In den Lebenswegen
der beiden Musikgenies spiegeln sich die Hoffnungen und
Brüche des 19. Jahrhunderts wie auf einer Opernbühne. Auf
verschiedene Weise revolutionierten sie beide das Genre der
Oper und führten das Musiktheater auf einen seither nicht
mehr erreichten Zenit.

Klett-Cotta

Musik & Ästhetik

»Eine Zeitschrift, die – auch international – ohne Vergleich ist: Offen gegenüber jeglicher Richtung des ›musikalischen Denkens‹ und jeglicher Art anspruchsvoller Musik – an- und aufregend, daher: unverzichtbar.« *Nike Wagner*

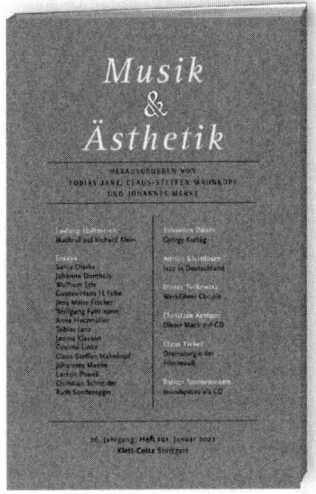

Die erste Zeitschrift, die zukunftsträchtig Brücken schlägt zwischen
- Musik und Ästhetik
- Künstlerischer Praxis und Theorie
- Musikalischer Analyse und Philosophie
- Interpretationsforschung und Kulturwissenschaft

www.musikundaesthetik.de